国家出版基金项目
NATIONAL PUBLICATION FOUNDATION

抗日战争专题研究

张宪文 | 主
朱庆葆 | 编

第九辑
日本侵占
东南亚

太平洋战争研究

雷国山 等　著

江苏人民出版社

图书在版编目(CIP)数据

太平洋战争研究/雷国山等著. —南京:江苏人
民出版社,2022.7(2025.8重印)

(抗日战争专题研究 / 张宪文,朱庆葆主编)

ISBN 978 - 7 - 214 - 26713 - 9

Ⅰ.①太… Ⅱ.①雷… Ⅲ.①太平洋战争—研究
Ⅳ.①K152

中国版本图书馆 CIP 数据核字(2021)第 234045 号

书 名	太平洋战争研究	
著 者	雷国山 等	
责 任 编 辑	孟 璐	
装 帧 设 计	刘葶葶	
责 任 监 制	王 娟	
出 版 发 行	江苏人民出版社	
地 址	南京市湖南路 1 号 A 楼,邮编:210009	
照 排	江苏凤凰制版有限公司	
印 刷	苏州工业园区美柯乐制版印务有限责任公司	
开 本	652 毫米×960 毫米 1/16	
印 张	30 插页 5	
字 数	349 千字	
版 次	2022 年 7 月第 1 版	
印 次	2025 年 8 月第 2 次印刷	
标 准 书 号	ISBN 978 - 7 - 214 - 26713 - 9	
定 价	118.00 元	

(江苏人民出版社图书凡印装错误可向承印厂调换)

教育部哲学社会科学研究重大委托项目
2021年度国家出版基金资助项目
南京大学"双一流"建设卓越计划项目
"十四五"国家重点出版物出版专项规划项目

合作单位

南京大学　北京大学　南开大学　武汉大学

复旦大学　浙江大学　山东大学

台湾中国近代史学会

学术顾问

金冲及　章开沅　魏宏运　张玉法　张海鹏

姜义华　杨冬权　胡德坤　吕芳上　王建朗

总　序

张宪文　朱庆葆

　　日本侵华与中国抗日战争是近代中国最重大的历史事件。中国人民经过 14 年艰苦卓绝的英勇奋战,付出惨重的生命和财产的代价,终于取得伟大的胜利。

　　自 1945 年抗日战争结束至 2015 年,度过了漫长的 70 年。对这一影响中国和世界历史进程的重大事件,国内外历史学界已经做过大量的学术研究,出版了许多论著。2015 年 7 月 30 日,在抗日战争胜利 70 周年前夕,中共中央政治局就中国人民抗日战争的回顾和思考进行集体学习,习近平总书记发表重要讲话,指示学术界应该广为搜集整理历史资料,大力加强对抗日战争历史的研究。半个月后,中共中央宣传部迅速制定抗日战争研究的专项规划。8 月下旬,时任中共中央宣传部部长刘奇葆召开中央各有关部委、国家科研机构和部分高校代表出席的专题会议,动员全面贯彻习总书记的讲话精神,武汉大学和南京大学的代表出席该会。

　　在这一形势下,教育部部领导和社会科学司决定推动全国高校积极投入抗战历史研究,积极支持南京大学联合有关高校建立抗战研究协同创新中心,并于南京中央饭店召开了由数十所高校的百余位教授、学者参加的抗战历史研讨会。台湾也有吕芳上、陈立文等十多位教授出席会议，共同协商在新时代深入开展抗战历史研究的具体方案。台湾著名资深教授蒋永敬在会议上发表了热情洋溢的讲话。经过几个月的酝酿和准备，南京大学决定牵头联合我国在抗战历史研究方面有深厚学术基础的北京大学、南开大学、武汉大学、复旦大学、浙江大学、山东大学及台湾学者共同组建编纂委员会，深入开展抗日战争专题研究。中央档案馆和中国第二历史档案馆也积极支持。在南京中央饭店学术会议基础上，编纂委员会初步筛选出 130 个备选课题。

南京大学多次举行党政联席会议和校学术委员会会议，专门研究支持这一重大学术工程。学校两届领导班子均提出具体措施支持本项工作，还派出时任校党委副书记朱庆葆教授直接领导，校社科处也做了大量工作。南京大学将本项目纳入学校"双一流"建设卓越计划，并陆续提供大量经费支持。

江苏省委、省政府以及江苏省委宣传部，均曾批示支持抗战历史研究项目。国家教育部社科司将本项研究列为哲学社会科学研究重大委托项目，并要求项目完成和出版后，努力成为高等学校代表性、标志性的优秀成果。

本项目编纂委员会考察了抗战历史研究的学术史和已有的成果状况，坚持把学术创新放在第一位，坚持填补以往学术研究的空白，不做重复性、整体性的发展史研究，以此推动抗战历史研究在已有基础上不断向前发展。

本项目坚持学术创新，扩大研究方向和范围。从以往十分关注的九一八事变向前延伸至日本国内，研究日本为什么发动侵华战争，日本在早期做了哪些战争准备，其中包括思想、政治、物质、军事、人力等方面的准备。而在战争进入中国南方之后，日本开始逐步将战争引出中国国境，即引向广大亚太地区，对东南亚各国及东南亚地区的西方盟国势力发动残酷战争。研究亚太地区的抗日战争,有利于进一步揭露日本妄图占领中国、侵占亚洲、独霸世界的阴谋。

本项目以民族战争、全民抗战、敌后和正面战场相互支持相互依靠的抗战整体,来分析和认识中国抗日战争全局。课题以国共两党合作为基础,运用大量史实,明确两党在抗日战争中的地位和作用,正确认识各民族、各阶级对抗日战争的贡献。本项目内容涉及中日双方战争准备、战时军事斗争、战时政治外交、战时经济文化、战时社会变迁、中共抗战、敌后根据地建设以及日本在华统治和暴行等方面,从不同视角和不同层面,深入阐明抗日战争的曲折艰难历程,以深刻说明中国抗日战争的重大意义,进一步促进中华民族的伟大复兴。

对于学界已经研究得甚为完善的课题,本项目进一步开拓新的研究角度和深化研究内容。如对山西抗战的研究更加侧重于国共合作抗战;对武汉会战的研究将进一步厘清武汉会战前后中国政治、经济、社会的变迁及国共之间新的友好关系。抗战前期国民党军队丢失大片国土,而中国共产党在十分艰难的状况下,在敌后逐步收复失地,建立抗日根据地。本项目要求对各根据地相关研究课题,应在以往学界成果基础上,着力考察根据地在社会改造、经济、政治、人才培养等方面,如何探索和积累经验,为1949年后的新中国建设提供有益的借鉴。抗战时期文学艺术界以其特有的文化功能,在揭露日军罪行、动员广大民众投入抗战方面,发挥了重要作用。我们尝试与艺术界合作,动员南京艺术学院的教授撰写了与抗日战争相关的电影、美术、音乐等方面的著作。

本项目编纂委员会坚持鼓励各位作者努力挖掘、搜集第一手历史资料,为建立创新性的学术观点打下坚实基础。编纂委员会要求全体作者坚决贯彻严谨的治学作风,坚持严肃的学术道德,恪守学术规范,不得出现任何抄袭行为。对此,编纂委员会对全部书稿进行了两次"查重",以争取各个研究课题达到较高的学术水平,减少学术差错。同时,还聘请了数十位资深专家,对每部书稿从不同角度进行了五轮审稿。

本项目自 2015 年酝酿、启动,至 2021 年开始编辑出版,是一项巨大的学术工程,它是教育部重点研究基地南京大学中华民国史研究中心一直坚持的重大学术方向。百余位学者、教授,六年时间里付出了艰辛的劳动,对抗战历史研究做出了重要贡献!编纂委员会向全体作者,向教育部、江苏省委省政府以及各学术合作院校,向江苏凤凰出版传媒集团暨江苏人民出版社,向全体编辑人员,表示最崇高的敬意和诚挚的感谢!

目 录

导　论

　　在地球的东方,有一个与中国有着悠久交往历史的岛国日本。它有着富丽的山川,四面环海,天生带有浓厚的海洋文化色彩。这个国家在经过长达 700 余年的军事封建时代之后,随着西方坚船利炮的到来而打开了国门,虽然被动,却是全亚洲第一个走上资本主义发展之路的国家。1868 年开始"明治维新"之后,它迅速地走上了对外扩张之路,但在留下一连串的侵略足迹之后,在 1945 年最终战败投降。投降之后在和平宪法的框架下和平发展的日本,也终于在明治维新 100 周年的 1968 年,以经济实力成功跃居资本主义世界第二位,实现了真正的国强民富。回顾历史,真正的国富和国强未必要通过战争的形式实现,日本就是个活生生的例子,战后的德国也是如此。不过,尽管和平可以带来很好的发展,日本这个国家却仍然有很多人沉醉于昔日欺压东方各国的旧梦,而欲重蹈军国主义的覆辙,对这一点我们必须有清醒的认识。为了保卫和平,为了总结历史教训,我们有必要研究昔日看似强大的日本如何走到与美国作战并战败投降的地步。

一、研究史的回顾与存在的问题

太平洋战争爆发后，美、日、澳、中、荷等参战各方都有对该战争进展的伴随性研究。

二战后，就日本学术界主流而言，其研究以 20 世纪 80 年代为分界，之前基于反思而偏重于历史唯物主义的客观研究，如 1959 年商务印书馆出版的日本历史学研究会编《太平洋战争史》、1963 年朝日新闻社出版的 8 卷本《太平洋战争之路》、1965 年中央公论社出版的儿岛襄著《太平洋战争》。尽管现在看来，这些研究在材料方面不大充实，尤其是对档案材料的利用不够充分，论说缺少严密感，但它们所展示的视野，比如已经将国际格局、日本政府、日本军方、日本民众这四方纳入考察范围，是相当难能可贵的。家永三郎所著《太平洋战争》一书 1968 年由岩波书店出版，从日本内部即政府、军方、民众三方面以及体制、社会、人性诸层面，深刻揭示了日本政府发动太平洋战争的罪恶。战后日本右翼则一直没有改变其立场，《大东亚战争的总结》便是其立场的代表。最近十余年来，战争与政治、战争与女性这样的宏大视角，也在太平洋战争研究领域催生了一些优秀的著作。

1978 年之后迄今为止，中国和欧美学界关于太平洋战争的研究集中在以下几个方面：

（1）深层次的研究。一是关于日军军事思想的研究。在这方面，中国军事科学院起步早，而且起点高。早在 1992 年，该院在出版的一部集体撰写的专著（《日本军事思想研究》）中，就专门讨论了日本在"侵华战争和太平洋战争期间的军事思想"（章名称）。二是关于战争爆发原因的探讨。这一主题的探讨一直持续到近年，说明探讨空间还很大。美国学者入江昭所著《第二次世界大战在

亚洲及太平洋的起源》是这方面的代表性著作。这本在 20 世纪 80
年代以英文面世的专著在 2016 年出版了中文版。入江昭在该书
中着重谈及的两点原因让笔者印象深刻，一是日本发动太平洋战
争是企图反抗欧美上位的现有国际秩序（即所谓的对日"ABCD 包
围圈"），二是东条英机既是典型的官僚，也是一个民族主义者。笔
者认为，可以从现实的层面和更深的层面分别去思考太平洋战争
爆发的原因。

　　（2）战争进程的探讨。这方面的研究比较多，在中国学术界可
举赵振愚《太平洋战争海战史：1941—1945》（1997）为代表，在欧美
学术界可举美国学者安德鲁·威斯特（Andrew Wiest）等著《血战
太平洋》（中文版，2002）为代表。两书主要是以英文资料为基础，
内容由战争的爆发、转折和盟军获胜三大部分组成，并且都比较详
细地介绍了美日两军的攻守和争夺，在数据统计的口径上也比较
一致（但不完全一致）。此外，赵振愚的著作还利用了日方的研究
成果和部分资料，并分析了两国海军的战术，可谓资料与分析俱
佳。以他们为代表的许多学者，对亚洲历史资料中心所存的 2 万
多份太平洋战争档案的利用不是很直接、很充分。究其原因，恐怕
还是日藏太平洋战争档案本身在库存整理这一环节上存在着诸多
的混乱。因此可以说，在太平洋战争的总体叙事方面，利用原始档
案重新描绘太平洋战争的全景仍有巨大的作为空间。

　　（3）立体的太平洋战争研究。如果说表层描写属于对历史事
件的表象进行叙述，那么立体研究就囊括了战争的表与里的各个
层面和多项要素。在 21 世纪之初，旨在这方面实现创新的研究就
在中国和欧美同时出现了。美国学者路易斯·莫顿（Louis
Morton）等人所著丛书"二战中的美军　太平洋战争"（*United
States Army in World War Ⅱ. The War in the Pacific*, 2000）和

英国学者道格拉斯·福特(Douglas Ford)所著《太平洋战争》(中文版,2014),从广阔的视域对这场战争进行了探讨:除了对海战的点描之外,更多的笔墨被用来探讨作战方针和战略的制定过程,以及战术实施、技术比较、经济比较、后方比较与原子弹的使用,但基本框架仍然是"战前—战争爆发—盟军初战失利—态势转折—盟军战胜"。这两部著作主要利用了欧美所存文献。同样对海岛争夺战着墨不多而着重论述战争背景、灾难、结果的中国学界著作,有李玉、骆静山《太平洋战争新论》(2000)。这部力作基本上合理地继承了当时为止日本政府和学界对太平洋战争研究的成果,并有视角上的升华。在笔者看来,该著作所展示的立体观察框架到如今也不过时,但也可以对其略作修正,比如对海岛争夺战的记述方面,似可加入美军对日本本土岛屿的攻打。

(4)中国与太平洋战争的关系。这方面的研究以前未得到足够重视,至2010年,始有探讨太平洋战争爆发前后国民政府外交战略和对外政策的专著出现(彭敦文一部,王建朗一部)。其他从诸侧面探讨的论文也有若干。总体观察而言,这方面的研究仍有发展的空间。

(5)太平洋战争的局部战役研究。在这一方面,目前学术界积累了很多研究成果,中国学者的成果比较突出,具体体现在2013年武汉大学出版了一系列有关局部战役的专著。最新的成果当数英国学者威尔莫特(H. P. Willmott)的大作《莱特湾海战》(中文版,2020),该书虽然行文略显晦涩,但可贵的是作者在书中就许多细节提出质疑并作分析,一些精彩的引文总能给读者留下深刻的印象。

(6)特色分支研究。目前在研究思路上专门以太平洋战争期间美日军机的比较为主题的技术型专著已经面世,英籍华人爱德华·M.杨(Edward M. Yang)所著《F6F"地狱猫"对阵A6M"零"

式》(2016)便是代表,这样的专著对于太平洋战争研究的深拓具有重大的学术价值。至于其他的分支,既有研究人物的,也有专门研究日军舰队的,抑或是专门研究美军舰队在整个太平洋战争期间的后勤保障的,还有人专门研究了太平洋战争与女性的问题,主题多样,不一而足。可以说,在特色分支研究方面,现在正是百花齐放的好时节。

综上所述,可以说目前为止的太平洋战争研究角度是多元的,并且完全可以期待学术界出现其他新的研究视角。但是目前的研究在大面上有三个比较明显的倾向。第一个倾向是,由于研究者中精通英文的相对较多,所以以英文文献为写作材料所取得的研究成果,在质和量上都要远超以日文原档为写作材料所取得的研究成果。这说明在发掘和利用日文档案来书写太平洋战争方面仍然存在着很大的发展空间。第二个倾向是研究成果较多地集中在太平洋战争中盟军获得重大转折的中途岛战役及之后的获胜各役,这似乎比较好理解,因为它反映了学术界比较正面的一种价值取向。第三个倾向是太平洋战争研究正在向更细的分支领域进展,这也是最值得期待的一个学术倾向。或许等到某一天,这些细的分支都研究透了,太平洋战争的全貌和局部也就更加清晰了。

二、本课题的研究任务

通常来说,太平洋战争的总体研究有两种途径:一是"各战役各领域的研究——→太平洋战争的总体研究",这种途径需要大量的人力、物力与资金支持;二是在现有知识的基础上进行修补或拓深研究,比如上述的特色分支研究就属于拓深研究。本课题的研究则属于第二种研究中的修补型。

如上所述,基于日本档案的全景式研究在目前仍然是有发展空间的,因此本课题组打算在这一方面作出尝试。作为被盟国共同反对和抵抗的侵略者,作为太平洋战争中主要对垒的两方之一,日本所存的大量战时档案的重要学术价值是毋庸置疑的。从资料的收集、整理、翻译到再整理以至于展开研究,虽然这一过程繁琐而劳累,但是所幸前人已经积累并公布了很多关于太平洋战争的知识,因此可以说我们是相当幸运的,我们可以很好地利用这些既有知识,并将日本档案的内容补充进去,以期达到重新解读太平洋战争的目的。

基于上述思路,并同时考虑到"抗日战争专题研究"学术委员会的学术布局,我们将本书的研究任务设定为:在继承前人研究成果的基础上,大量利用太平洋战争主要当事国日本的战时档案,通过对原始档案的翻译和整理去研究和书写太平洋战争。具体来说,本课题的研究任务包括:一、阐明美国是如何走向抵抗日本侵略的;二、阐明美日两国开战之前在军事、政治、外交上做了哪些准备;三、阐明美日开战之后的军事决策、战略战术以及战场较量的过程与结局;四、阐明太平洋战争的意义与启示。

对于重新阐释太平洋战争这一任务,由于受限于时间和精力,本课题决定选择代表性战役来完成一幅比较清晰的全景式素描。也就是说,本书仍然属于"点描"的性质。虽然是点描,但我们还是希望对这些"点"采用工笔画的方法去描绘,也就是对每一个代表性的战役都作出比较准确的阐释。我们期待在完成这些任务的同时在两个方面做到有所创新:一是在叙事的空间架构方面有所创新,二是对每一个代表性的战役提供我们独到的观察。

第一章　奉行孤立主义的美国走向抗击日本侵略

第一节　不变的美国对华政策——"门户开放"

自从地理大发现之后,随着人类对新技术的持续追求以及贸易地域的不断扩大,人类的各治理单元——国家之间的交往不仅在面上不断扩大,而且在层次上也越来越深入。进入 19 世纪,欧美多国进入东亚,先后要求中国和日本开放国门以图打开中日两国的市场。但是中国和日本都拒绝了这些要求,并且以战争的形式力图保持原有的独立,可惜最后都失败了。

日本率先跟欧美多国签订条约,打开国门。看到中国在 1840 年的鸦片战争中败北,日本不得不审时度势,被迫开放。但是这种做法遭到了日本国内革新派的反对,他们作为维新派起兵推翻了军事政权德川幕府,建立起了资本主义导向的明治政府。

新建立的明治政府基于一种朴素的认识,认为日本被迫开放国门是西方技术实力所致,所以遵循保持国魂("大和魂")和采用西方技术的思路,由明治天皇发布"求知于世界,宣皇威于宇内"的五条誓文,将追求的目标定为"富国强兵",即先努力让国家富裕起来,然后以此为基础发展壮大军事。因此,日本一开始就是打算实行对外扩张的。1868年为明治维新元年,1872年日本吞并琉球,1874年则出现日本侵略军在台湾琅峤登陆事件,1884年日本策动朝鲜内部政变,1894年发动对华战争,1905年与俄国进行战争,1910年吞并朝鲜半岛,1919年接收德国在中国山东的权益,1927年出兵中国山东阻止中国统一,1928年炸死不肯亲日的中国东北地区军阀张作霖,1931年干脆发动九一八事变把东北地区从中国分裂出去。日本的野心一如丰臣秀吉①所展示的一样,远不止中国东北四省,它借口1929年的世界经济危机,想要进一步分裂华北,然后逐步蚕食,控制甚至吞并整个中国。1932年国联以全票通过谴责日本的决议,日本干脆退出国联,从此踏上了独奔路线,并直接挑起了1937年的卢沟桥事变,由此引起了此后的一切灾难,包括攻击美国的珍珠港,直到最后于1945年战败投降。

美国早在日本于甲午战争中战胜大清帝国之后就敏锐地察觉到了日本的野心,于是提出了"门户开放""利益均沾"的对华政策。因此从那时起,日本的对华政策便同美国的对华政策相对立。经过第一次世界大战,日本势力更加膨胀,美国和英国加紧限制日本,1922年的"华盛顿条约"便是要限制和遏止日本野心。到1926年,美国越来越担心日本最终会与美国开战。这种担心被披诸美国报端,有人声称美日必有一战,但也有人反驳说美日不会开战。当时的日本档案显示,日本参谋本部对于美媒的担忧给予了强烈

---

① 丰臣秀吉(1537—1598),日本战国末期武将。原名木下藤吉郎,1585年被天皇赐姓丰臣,1587年曾在信中写道:"在我生存之年,誓将唐(明朝)之领土纳入我之版图。"丰臣于1590年统一日本全国后,即于1592年入侵朝鲜并明确提出了"定都北京"的计划,结果失败。1596年再度入侵朝鲜,亦失败,忧愤而死。丰臣是日本历史上第一个提出吞并中国计划的统治者。

的关注。

问题是,对于美国而言,它寻求的是在中国这一巨大市场中分一杯羹,再慢慢把蛋糕做大,而日本寻求的则是独吞中国,因此当日本一步一步展现出这种基于军事科技的现实可能性,特别是当日本在甲午战争中打败了作为东亚老大的大清帝国时,美国就对其趋势十分警惕了。"门户开放",这正是国力不断提升并寻求远东市场的美国的一项国策,让列强都能心照不宣地共同在华瓜分利益。

第二节　日本的全面侵华战争陷入泥潭

如上所述,1931年日本发动的九一八事变以及据此而建立的傀儡政权"满洲国"都未能满足日本的胃口,它始终在谋求向关内扩大占领区和商品市场。从1933年到1937年的卢沟桥事变之前,日本在华北地区连续制造了一系列的摩擦事件,日本方面称之为"华北事变"。这些连环事件进一步发展,就有了日本在同一地区挑起的卢沟桥事变。

如果说日本发动九一八事变是为了趁中国刚刚统一,难以顾及边疆区域,也难以和直接侵略进来的日本进行军事对抗,那么卢沟桥事变则是出于主动出击的考虑,因为1936年的西安事变,使日本对中国国共两党联合抗日局势的出现产生了焦虑性恐惧。可以说卢沟桥事变的爆发,有一定的必然性。

在这种必然性之下,日本同时在上海点火,这就是1937年的八一三事变。日本挑起这个事变,是企图借着对首都南京的威胁,达到胁迫国民政府答应日本侵略条件的目的。战火扩大到华东地区之后,日本叫嚣3个月可以灭亡中国,但事实证明日本过于低估了中国的抵抗能力。中国不但在华北地区和华东地区坚决抵抗日军的侵略，而且国民政府果断迁都重庆，准备长期抵抗日军。日军包围南京之际，曾通过德国驻华大使陶德曼同国民政府谈判，在谈判过程中，日本政府提出的价码一次比一次苛刻，但国民政府始终没有答应，日本的企图落空。因此在1937年12月13日攻克南京之后，日本也被迫继续对华用兵，开始在战略上陷入被动的、骑虎难下的局面。而面对中国广阔的国土、数量庞大的兵员和坚强的抵抗意志，日本的用兵总是存在极限的，更何况中国还有诸多大国的支持。因此对于日本而言，侵华战争的前景绝非光明，日本中央高层对此也非常清楚。

第三节　来自东西方法西斯国家的威胁

攻下南京之后，日本决定从政治分裂和战场用兵两方面同时下手来逼迫国民政府就范。在政治分裂上，日本建立了蒙疆、华北、华东等傀儡政权；在军事上，就有了台儿庄战役、武汉会战、广州战役等。在1938年夏天攻克武汉和广州之后，日本侵华战争进入战略停滞阶段，日本政府公开打出了"建设东亚新秩序"的口号。

一战之后的世界格局，是美国代替英国成为综合实力第一的国家。日本提出"东亚新秩序"口号，就是主张日本单独控制中国，这显然与美国一贯主张的"门户开放""利益均沾"的对华国策相左。

另一方面，自从1905年打败俄国之后，日本对俄国人很是轻视。尽管日本关东军在张鼓峰争夺战（1938年7月末至8月初）和诺门罕战役（1939年5月至9月）中均败于苏军，但是日本关东军并不愿意承认失败。

根据日本自身的判断，进入1939年之后，日本的各种资源已经出现供给上的困难，为了压迫国民政府的生存空间，日本大肆发行国债，并从金融战、资源掠夺方面下手，以求维持战争的艰难继续。正当日本在东方的侵略陷入泥潭之际，1939 年春天，德国希特勒法西斯政权在西方发难，大大鼓舞了日本的野心。继前一年与苏联发生张鼓峰争夺战并败北以后，此时的日本关东军马上借着西风，在东边再度向苏军发起军事争端，这就是著名的诺门罕战役。

至此，东方法西斯的面目已经显露无遗，全世界面临着东西两方面的法西斯的威胁。一战后的世界秩序，是以美、英为主导的世界秩序，美英二国都希望保持其稳定性，但是现在德日两国都已经动作起来，企图以武力颠覆这个现有的世界秩序。

第四节　美国政府决定抗击日本侵略

一战之后，整个美国都奉行"孤立主义"，不愿意再度卷入外部战争。但在中国，日本自从发动全面侵华战争以来，对各国的在华权益都是极尽掠夺之能事，对美国也不例外。然而，美国一直秉持外交交涉的立场，给予了足够的容忍。到了武汉会战之后、广州战役进行之际，美国才在 1938 年 10 月 6 日照会日本，重提在华"门户开放""利益均沾"的老原则，不过日本对此仅仅进行了搪塞性的回复。不仅如此，日本政府甚至在日本军队攻克中国的武汉和广州之后，更加嚣张地宣称要"建设东亚新秩序"。

当 1939 年春天日本趁希特勒在欧洲起事而在东方对苏联发起诺门罕战役之后，全球的局势便骤然严峻起来。特别是英国在 1939 年 7 月 24 日被日本逼迫签署的《有田-克莱琪协定》，给美国造成了很大的震动。在该协定中，英国被迫完全承认了日本在华造成的一切实际局面。该协定彻底暴露了日本宣称的"建设东亚新秩序"的野心。美国政府开始对日本果断出手,于 7 月 26 日宣布《美日通商航海条约》在来年 1 月到期后不再续约。这意味着美国将在条约到期后不再对日出售武器和军需物资。

　　1939 年 11 月 5 日,汪精卫答应日本政府的侵略性条件。同日,蒋介石发表讲话,在批判汪精卫集团卖国行径的同时,明确指出日本的"建设东亚新秩序"就是要灭亡中国。1940 年 2 月 3 日,日本外相有田在议院会议上反复强调"东亚新秩序"首先要从"日满华"①开始,等于确认了日本即将南进一事。当月,由于在先进武器(核弹)的研发上取得进展,罗斯福政府已经将东西方法西斯势力联合起来考虑,明确指出要粉碎日本的美梦,首先就要消灭欧洲的法西斯势力。随着 1940 年 3 月汪伪政权成立,4 月美国即同国民政府签订了借款合同,支持中国抗日战争。对此,愤怒的日本政府认为可以不惜对美一战。

　　虽然日本成功扶植了汪伪政权,但是日军在诺门罕战役中被苏军打败了。日本政府否决了关东军继续作战的企图,认为解决"中国事变"是核心课题,遂于 1940 年 6 月 9 日同苏联政府签署了停战协定。

　　随着汪伪政权成立和苏日和平的暂时到来,日本认为南进的时机已经成熟,日本外相有田遂于 1940 年 6 月 29 日悍然宣布"东亚新秩序"的范围还包括东南亚的所有国家和地区。对此,美国则针锋相对地宣布不认可日本做东亚领导的希望或要求。当日本新任外相松冈于 8 月 1 日宣布日本将在"大东亚新秩序"前提下建立"大东亚共荣圈"后,美国政府则在 8 月 25 日宣布立即对日禁运石

---

① 即日本政府、伪满洲国以及汪伪政权。

油和废铁。对于近年来一半以上的进口军需物资都需依靠美国的日本来说,这无疑是一个巨大的打击。

实际上此时的美国不得不同时面对来自中国和英国的求援,因为中英两国正各自在东方和西方坚强地抵抗着来自法西斯日本和德国的侵略,他们的英勇表现也越发获得美国民众的同情。美国总统罗斯福本人也在极力推动舆论向援外方向倾斜,孤立主义在美国的生存空间开始逐渐缩减。

随着德意日三国于 1940 年 9 月 27 日缔结军事同盟,世界法西斯阵营正式形成。同年 11 月,罗斯福在竞选中击败孤立派胜出,得以继续担任美国总统。面对来自东西方法西斯的威胁,12 月 29 日,罗斯福指出美国必须成为世界上所有民主国家的兵工厂。据此,1941 年 1 月至 3 月,美国和英国在华盛顿举行参谋长级会谈,确定了打击法西斯的"先欧后亚"的战略总方针。3 月 11 日,罗斯福签署《租借法案》。至此,在东西方法西斯的步步紧逼下,作为全球实力最强的国家,美国以罗斯福为首的援外派终于压倒了孤立派,并为美国支援反法西斯国家提供了法律上的保障。

对此,为了进一步稳定北方安宁局面的日本决定对苏联采取和平方针,遂于 1941 年 4 月 13 日同苏联签订了《苏日中立条约》。在当时的形势下,这一条约无疑对苏日双方都是有利的:苏联借此可以专心应付西面的希特勒,日本则可以在稳住在华局面后专心南进。

第二章　漫长的美日谈判最终破裂

截至 1940 年,伪满洲国和汪伪政权都没有被美苏英等大国所承认,加上日军的"囚笼政策"和北进侵苏也都以失败告终,而美国恰恰在此关键时刻宣布对日本禁运石油和废铁,因此当时的日本政府和日军大本营都看到,形势已经对日本越来越不利了。

为了获得石油和橡胶并从南面威胁重庆政权,日本打算南进,即侵略东南亚各国。南进必然涉及英、美、法、荷等欧美多国在东南亚的利益。在御前会议上,日本的大臣们一致认为如果同时与欧美开战,日本将毫无胜算。但是陆军大臣东条英机在会上主张,日本现在与其坐以待毙,不如拼死一搏,或许还能获得一线生机。最终日本天皇裁决,赞同了东条英机的意见。

日本既已决定南进,就必然绕不过美国这道坎。尽管美国总统罗斯福在 1941 年 3 月已经批准了《租借法案》,完全表明了美国反对法西斯的立场,但日本仍然希望同美国谈判,争取美国能够同意日本南进。因此,日本接下来就做了两手准备,一边继续同美国保持接触和谈判,一边暗自备战。

日本同美国之间的谈判由日本驻美大使同美国外务方面进行。这场旷日持久的谈判从一开始就遭遇了两个难关,一是美国难以接受日本政府提出的"东亚新秩序",二是美国主张日本必须从中国撤军。谈判由此陷入僵局。尽管后来又继续谈判了三四个月,但双方都心知肚明,谈判只是在拖延时间,明里在谈,暗里都在备战。在谈判的晚期,尽管美国方面做出了一定让步,表示可以承认日本关于"东亚新秩序"的主张,但美国仍然主张日本必须从中国撤军,导致谈判没有实质性进展。档案显示,直到日本为了先发制人于 1941 年 12 月 7 日偷袭美国在太平洋夏威夷的军事基地珍珠港的前一天,两国之间的谈判一直在继续。

下面就是美日谈判各个阶段的具体情况。

第一节　苏德战争爆发前的美日谈判

在德国侵略苏联的战争爆发之前,日本政府已经签署了《德意日三国同盟条约》和《苏日中立条约》。因此,日本的南进计划可以说是"万事俱备,只欠美国"了,两款条约被日本政府用来压迫美国答应其南进。而在美国方面,总统罗斯福也于 1941 年 3 月批准了反法西斯的《租借法案》,旗帜鲜明地向日本法西斯亮出了针锋相对的立场。接下来日本的外交重点,就是对美谈判。

日本的对美谈判是从一份谅解案开始的。1941 年 4 月 16 日以前,日本驻美大使馆三方人士(野村大使、陆军武官、海军武官)共同拟订了《日美两国谅解案》[①]。4 月 16 日,野村大使带着谅解案在美国国务卿赫尔(Cordell Hull)的私人住宅里会谈,并把它出

---

① 「日米両国諒解案」、JACAR(アジア歴史資料センター)Ref. B02030745400、日、米外交関係雑纂/太平洋ノ平和並東亜問題ニ関スル日米交渉関係(近衛首相「メッセージ」ヲ含ム)第十七巻(A. 1. 3. 1)(外務省外交史料館)。笔者调阅时间为 2001 年,下同。

示给了赫尔看。赫尔说,可以按照该谅解案谈判,希望得到本国(美国)政府的授权,只怕他同野村大使谈妥以后东京方面不认可。4月17日,野村大使将该谅解案电告近卫首相,并讲明这是一份秘密备忘录,在美国也"仅止于总统侧近的二三位阁僚知道"①。

　　该案就改善美日关系提出了五项谅解事项,具体为:(一)日本提出,关于美日两国所持的国际观念及国家观念,两国政府应声明:各国和各人种相互依靠进行"八纮一宇"②,通过和平方法调节相互间利益;两国政府相互保持基于两国固有的传统国家观念、社会秩序以及作为国家生活基础的道义原则,抱着巩固的决意,不容许与此相违的外来思想横行。(二)关于两国政府对欧洲战争的态度。日本希望美国对欧战保持中立。(三)关于"中国事变"。在中国问题上,日本提出了五条原则:(1)关于撤军,日本将按照所谓"日支间应该成立的协定"从中国领土撤退;(2)关于美国在华权益,日本主张,美国提倡的门户开放原则的解释及其运用,应该在将来的某个适当时期由美日两国来共同协商,而不是由美国一国决定;(3)关于中国的重新统一,日本主张以蒋汪合流的形式来实现;(4)关于日本已经并正在实施中的移民中国一事,日本愿意在此事上自军队开始节制;(5)关于"满洲国"问题,日本要求美国承认伪满政权。(四)关于美日两国在太平洋的平衡协议条件。日本提出,关于太平洋上的两国海军兵力和航空兵力,美日间不应进行军备竞赛,而应进行协商;关于海运,日本提出,"中国事变"到了解

① 「野村大使発近衛首相外務大臣宛第二三五号」、JACAR(アジア歴史資料センター)Ref. B02030714600(第4画像)、日、米外交関係雑纂/太平洋ノ平和並東亜問題ニ関スル日米交渉関係(近衛首相「メッセージ」ヲ含ム)第一巻(A.1.3.1)(外務省外交史料館)。

② "八纮一宇"是当时日军宣扬大东亚战争正当性的用语,意为"天下一家"。

决的时候,日本政府将响应美国政府的希望,同意依据同美国之间签订的条约,就现役本国船舶中可以解役的部分迅速进行斡旋,主要让其在太平洋服役,但其吨位数等由美日会谈决定。(五)关于美日联合主宰太平洋的构想。如果双方达成以上共识,则应举行美日首脑会谈,不让第三国参与,届时双方将讨论谅解事项之外的"新事项"。

下面来分析这五项内容。

关于第一项。日本在这里首先主张的,就是各国都来进行扩张(尤其是领土扩张),至于扩张过程中出现的矛盾,则应通过和平方法来解决。因此,实际上日本还是在坚持"大东亚新秩序"和"大东亚共荣圈"。

关于第二项。日本自己已经同德国和意大利订立军事同盟条约,却在这里要求美国永远保持中立。

关于第三项。日本在此提出的条件,都是一些能够保证达到日本侵略中国这一目的的最低条件。

关于第四项。在这里,可以看到日本始终想掌握主动权,至少也要与美国平等。

关于第五项。首先,日本当然不会忘记要求重新通商。如果说这一点要求无可厚非,那么日本进而要求金融上的联合,要求美国在西南太平洋协助和支持日本获得石油、橡胶、锡等资源,就显得有些过分。与其说这些条件是在要挟美国,或者说是在试探美国,毋宁说根本就是暗示着日本的一种企望:美日联手瓜分和主宰太平洋。事实上,如果把第一项和第五项联合起来考察,就会发现日本这个有"头"有"尾"的方案,是想与美国平起平坐、共同主宰太平洋。

对此方案,美国如果答应,则不得不容忍日本对中国的侵略行径,也就是说不得不认可日本对中国所具有的特殊权益;如果美国不答应,日本仍会坚持自己对中国的特殊权益。美国国务卿赫尔给了日本大使一个模棱两可的答复,他说:"美国政府正在研究重建战后世界的对策(包括国内对策)。"[1]这个回答给了弱势的日本以极大的压力。

1941年4月18日收到上述谅解案后,近卫首相表示日本方面的方针要等松冈外相归京后再慎重审议和决定,同时还附上了自己的8个提问:(1)这个方案岂不是帮助对方而违背三国同盟的精神吗?(2)如果拒绝本案,或者本案不成立时,日美关系的前景如何?(3)日美之间有无可能共同尝试调停欧洲战争?(4)如果本案成立,太平洋的波涛自然可初步平静,但如果德意方面胜利,日军的立场自然将会不利;即使英美胜利了,会不会又像第一次世界大战后那样,英美共同无视本案而压迫日军?(5)美国会不会无视本案而表明参加欧战的意图?(6)为了获得西南太平洋的必要资源,美国会给日军提供什么样的具体合作与支持?(7)即使美国方面考虑过日军在美洲地区的移民问题,但对在美国以外的地区的日本移民,美国将通过什么样的方法实现日军的希望呢?西南太平洋的范围如何?澳大利亚不包含在该地域之内吗?(8)美国在东亚和西南太平洋有无领土上的图谋?对日本以和平方式获得这些地区有商量的余地吗?[2]

① 「野村大使発近衛首相外務大臣宛第二三七号」、JACAR(アジア歴史資料センター) Ref. B02030714600(第5画像)、日、米外交関係雑纂/太平洋ノ平和並東亜問題ニ関スル日米交渉関係(近衛首相「メッセージ」ヲ含ム)第一巻(A. 1. 3. 1)(外務省外交史料館)。

② 「貴電第二三四号について」、JACAR(アジア歴史資料センター)Ref. B02030714600 (第15~18画像)、日、米外交関係雑纂/太平洋ノ平和並東亜問題ニ関スル日米交渉関係(近衛首相「メッセージ」ヲ含ム)第一巻(A. 1. 3. 1)(外務省外交史料館)。

　　显然近卫首相还是希望谈判的,但是1941年4月22日回国的松冈外相极力反对谈判。这样,方案只能再行修改。然而,此时日本做了一件刺激美国的事情,这就是法属印度支那和泰国于5月9日签订了和平条约,按日本意图,两国重新划定了边界。不仅如此,5月16日日本提交给美方的日美谅解案修正案中,威胁成了基调,这又大大刺激了美国。修正案的内容是对美四条、对日四条,其中的对美四条将美国逼到了一个尴尬的角落里。日本希望美国能够出面调停日本的侵华战争,接着要求美国承认中日恢复和平后日本对中国的领导地位,并且日本始终不放弃对南洋的重要经济利权(含借款),在此基础上,日本才会以蒋政权为对手,保证不对南洋行使武力,保证不把轴心同盟作为对付美国的手段。此外,这个方案特地明确了日本不允许第三国干涉日本对华战争的原则。[①] 总之,日本的方案在威胁美国的同时,要求美国在中国问题上除了起到调停作用之外,还要帮助日本。

　　另外,此时德国的对美谈判也在威胁美国。德国因国内粮食和石油不足,期望苏联能够确保向德国供给粮食和石油,为此希望美国从中斡旋,于是派遣了斯达菲尔特(Stalfelt)作为秘密使者于1941年5月10日前后赴美。尽管德国密使斯达菲尔特同美国国务卿赫尔进行了密谈,美国国务院内同意者也不少,但是德国开出的和平条件是"不把手伸向大不列颠和日本"[②],这就让美国觉得德

① 「在華府野村大使発松岡外務大臣宛電報第三一五号」、JACAR(アジア歴史資料センター)Ref. B02033014100(第5画像)、大東亜戦争関係一件/館長符号扱来電綴 第一巻（A.7）(外務省外交史料館)。

② 「在華府野村大使発松岡外務大臣宛電報第三六一号」、JACAR(アジア歴史資料センター)Ref. B02033014100(第12画像)、大東亜戦争関係一件/館長符号扱来電綴 第一巻（A.7）(外務省外交史料館)。

国是在威胁自己以及自己的盟友英国和苏联，所以决定对德国的意见不予理睬。①

　　从此时开始，美国舆论对德意日的谴责和批判越来越严厉，美国海关对日本采取的措施也越来越强硬。② 1941 年 6 月 5 日，中英 500 万英镑出口信用借款协定在伦敦签署。在中国不断获得外部支持的时候，日本与荷兰的石油谈判进展异常艰难。6 月 17 日，日荷经济谈判中止，只剩下关键的石油谈判还在继续。形势显然对美国采取强硬的对日政策有利。6 月 21 日，美国作出本方方案。美国方案提出了两个关键要求：一是要求日方告知有关中日和谈的基本条件；二是该基本条件中，应包含如何处置日本军队这一要点。关于日本军队的处置这一要点，美方的对日要求是：（1）关于驻军，"针对有害的共产运动的共同防卫（包含日本驻军中国）问题，今后当进一步讨论决定"；（2）关于撤军，"尽快地遵从日中间缔结的协定，从中国领土内撤走日本的武力"。③也就是说，美国要求日本必须尽快撤走在华日军。同日，美国国务卿赫尔发表口头声明，说美国对亚太和平的希冀不逊于日本，美国相信日方方案代表的是日本政府的意见，但是美国方面认为，日本

① 「在華府野村大使発松岡外務大臣宛電報第四七七号」、JACAR（アジア歴史資料センター）Ref. B02033014100（第 13 画像）、大東亜戦争関係一件/館長符号扱来電綴第一巻（A. 7）（外務省外交史料館）。

② 5 月 31 日，野村报告说，由于最近停泊在旧金山的日本商船上的海军密码本全部被美方没收，希望松冈及有关方面下达指示，请求自今日起停用海军用 S 临时用法；还报告说，以前美国国民对政府只冻结德意两国的在美资金而不冻结日本在美资金的做法感到诧异，现在看来，如果美国方面认为日美之间已经不可能有任何话可谈，资金冻结很快就会实行的。

③ 「日米交渉卜支那ニ於ケル日本軍隊ノ駐兵及撤兵問題」、JACAR（アジア歴史資料センター）Ref. B02030731200、日、米外交関係雑纂/太平洋ノ平和並東亜問題ニ関スル日米交渉関係（近衛首相「メッセージ」ヲ含ム）第九巻（A. 1. 3. 1）（外務省外交史料館）。

希望美国参加欧洲战争并且将在美国参加欧洲战争时站在希特勒一方。① 可以说，赫尔的声明表达了美国将参加欧洲战争的立场，同时还宣布了美国的欧洲政策和亚洲政策同德意日的称霸政策是势不两立的。

赫尔发表声明的次日即 6 月 22 日，德国即对苏联发动突然袭击，苏德战争爆发。自此，美日谈判开始受到苏德战争的影响，进入第二阶段。

第二节　苏德战争爆发后的美日谈判

1941 年 6 月 24 日，日本外务省收到上述美方方案，判断与美国"妥善解决的可能性很小"②。次日，日军大本营—政府联席会议拟定草案《伴随形势推移的日本国策纲要》，表示"不管世界形势如何变化，日本都将坚持建设大东亚共荣圈的方针"；同时决定加快南进步伐，相机解决北方问题。为此，《纲要》决定：(1) 为了推进侵华战争，将继续采用从南往北压迫的军事战略，辅以汪政权对重庆政权发动战争，以促使重庆方面屈服；(2) 保持对英美作战的决心，如果美国加入欧战，日本将自主决定对美宣战的时机；(3) 暂时不加入对苏作战，但要秘密地做好对苏战备，等待有利时机进攻苏

---

① 「オーラル・ステートメント」、JACAR（アジア歴史資料センター）Ref. B02030731300、日、米外交関係雑纂/太平洋ノ平和並東亜問題ニ関スル日米交渉関係（近衛首相「メッセージ」ヲ含ム）第十二巻（A. 1. 3. 1)（外務省外交史料館）。

② 「米案ニ対スル日軍ノ意見」、JACAR（アジア歴史資料センター）Ref. B02030739600（第 3 画像）、日、米外交関係雑纂/太平洋ノ平和並東亜問題ニ関スル日米交渉関係（近衛首相「メッセージ」ヲ含ム）第十二巻（A. 1. 3. 1)（外務省外交史料館）。

联;(4)要迅速转为彻底的本土防卫体制。[①] 7月2日,这一《纲要》在日本御前会议上通过。

德国进攻苏联,间接恶化了美日关系,而上述《纲要》的强硬立场,更让业已触礁的美日谈判无望继续。可以预见的战争硝烟让近卫内阁面临存废危机。1941年7月15日,松冈外相把大本营——政府联席会议上基于上述国策纲要而决定的对美谈判日方修正案以电报形式发给野村大使,第二次近卫内阁次日即辞职了。

第三节　美日谈判的停滞期

在1941年7月18日成立的第三次近卫内阁中,近卫首相让丰田外相代替了太过强硬的松冈洋右。美日谈判进入第三阶段。在这一阶段的谈判中,美国利用了日本政府的内部不和,开始对日本重拳出击。在这一阶段,美日关系已经由严重的对立发展到对抗了,所以谈判处于停滞状态,此阶段为谈判的停滞期。

此间美国的重拳体现在以下几个方面。

第一,7月19日,美国派遣拉铁摩尔(Owen Lattimore)飞抵重庆担任蒋介石的政治顾问。中美关系有了实质性的拉近。

第二,美国明确反对日本南进,称其是对美国安全的威胁。7月24日,野村大使同美国总统罗斯福举行非正式会谈,罗斯福告诉野村大使

---

① 「情勢ノ推移ニ伴フ日本国策要綱」(1941年6月25日大本营政府联席会议案,7月2日御前会议决定)、『对タイフランス領インドシナ国策决定文書』、JACAR(アジア歴史資料センター)Ref. B02032438600(第53〜54画像)、大東亜戦争関係一件/日、仏印共同防衛協定及コレニ基ク日本軍隊ノ仏印進駐関係　第二巻(A. 7)(外務省外交史料館)。

说,如果日本进军荷属东印度,就意味着日本是在以美为敌。①同日,美国副国务卿威尔斯(Sunlner Welles)递交给野村大使一份声明,内称日本侵略法属印度支那的行为已经威胁到美国的安全。② 美国第一次把日本南进的行为说成是对美国安全的威胁,从而使日本南进行为在性质上变得更加严重了。

第三,7月25日,日军进入荷属东印度,美国于当日宣布冻结日本在美资产。

第四,组建远东陆军总司令部。7月26日,麦克阿瑟(Douglas MacArthur)就任美国远东陆军总司令。

美国虽然在经济、政治和军事上采取了一系列对日措施,尤其还组建了远东陆军总司令部,但是仍然希望日本迷途知返。于是,罗斯福暗下训令给美国驻日大使格鲁(Joseph C. Grew),令其主动同日本政府沟通,希望日本政府能够放弃强硬立场。7月26日,日本丰田外相同美国驻日大使格鲁举行秘密会谈。作为回答,同日丰田外相通过驻美野村大使向罗斯福递交了一份备忘录,称美国副国务卿威尔斯的声明"实在是触及了日本自身的生存"③。

---

① 「米側情報から見た日米交渉」、『参考第三十八号十六年10月8日』、JACAR(アジア歴史資料センター)Ref. B02030742700(第14画像)、日、米外交関係雑纂/太平洋ノ平和並東亜問題ニ関スル日米交渉関係(近衛首相「メッセージ」ヲ含ム) 第十四巻(A.1.3.1)(外務省外交史料館)。

② 「米側情報から見た日米交渉」、『参考第三十八号十六年10月8日』、JACAR(アジア歴史資料センター)Ref. B02030742700(第15画像)、日、米外交関係雑纂/太平洋ノ平和並東亜問題ニ関スル日米交渉関係(近衛首相「メッセージ」ヲ含ム) 第十四巻(A.1.3.1)(外務省外交史料館)。

③ 「7月26日豊田大臣覚書」、『外交資料 日米交渉記録ノ部[第三次近衛内閣時代(上)]』、JACAR(アジア歴史資料センター)Ref. B02030745700(第34画像)、日、米外交関係雑纂/太平洋ノ平和並東亜問題ニ関スル日米交渉関係(近衛首相「メッセージ」ヲ含ム) 第十七巻(A.1.3.1)(外務省外交史料館)。

　　日本毫不妥协的态度使得美日关系急剧恶化。经过美国的外交工作,荷属东印度方面于 7 月 27 日通告日本,自次日起停止《日荷属东印度金融协定》并冻结日本在荷属东印度的资产,同时限制本国进口日本产品。① 荷属东印度的态度促使日本不得不于 7 月 28 日终止《日荷石油民间协定》,日军也于同日进驻法属印度支那南部。至此,日本的两只脚都踏上了法属印度支那的土地,控制了印支半岛(今中南半岛)总面积的三分之一强,不但直接威胁到整个印支半岛的其他国家如缅甸和泰国,而且还威胁到邻近的东南亚和南亚各岛国。

　　日军进驻法属印度支那南部之举,断绝了美国对日本的最后一丝期待。美国于 8 月 1 日允许组建抗日援华空军志愿飞行队(即"飞虎队")。8 月 2 日,美国又开始了对苏联的经济援助。8 月 9 日,罗斯福开始同英国首相丘吉尔在大西洋上的军舰上就战后的世界秩序进行密谈,罗斯福倾向于首先解决欧洲战争的问题,所以决定先对日本缓和。

　　8 月 11 日,国务卿赫尔声明美国愿意同日本重开谈判。同日,日本丰田外相同英国驻日大使克莱琪(Robert L. Craigie)举行会谈。② 克莱琪大使强硬指出,日本方面称泰国属于"东洋共荣圈",正在向泰国施加高压,企图独占泰国的所有物资,这威胁到了英国同泰国之间已经成立的契约关系,是英国不能容许的。这次会谈表明,英国决定走联美抗日的道路。

---

① 「蘭印政府ノ対本邦の非常措置(正金ヘノ入電要領)」、JACAR(アジア歴史資料センター)Ref. B02032449200、大東亜戦争関係一件・各国ノ態度 第一巻(A. 7)(外務省外交史料館)。复件号 A‐10800539。
② 「石井部長声明問題等ニ関スル豊田外務大臣及「クレーギー」英国大使会談録」、「豊田大臣会談要領」、JACAR(アジア歴史資料センター)Ref. B02030005200(第 6〜8 画像)、外務大臣其他本省員会談要領集(A. 1)(外務省外交史料館)。

　　8 月 12 日，在经过数日的会谈之后，美国总统罗斯福与英国首相丘吉尔商定了"两国不求领土或其他方面之扩张"等 8 项原则，并于 8 月 14 日以联合声明的形式公布，史称《大西洋宪章》。《大西洋宪章》只点了"纳粹"的名字而没有点日本的名字，表明美国仍然为美日谈判留置了回旋的余地。

　　然而，《大西洋宪章》反对领土侵略的精神同样也是针对日本的，这从美国在稍后的 8 月 17 日向日本驻美野村大使递交的 3 份文件中可以看出。这 3 份文件中的两份，是总统罗斯福亲手递交给野村大使的，另外一份是国务卿赫尔递交给野村大使的。罗斯福递交的两份文书之一题为《对继续武力进军的警告》[1]，题目已经表明了内容，在此不赘述；另外一份是美方对日方关于重开美日非正式会谈的提议的回复，该文书同样警告日本：美国为了保卫自己的合法权益和国家安全，"将不得不寻求一切必要的措施"[2]。同日递交野村大使的第三份文书来自美国国务院方面，该文书对野村大使奉命提出的关于举行美日首脑会谈的提案，称根据以前会谈的结果来看，美日谈判"已经失去了继续进行的基础"[3]。

―――――――――――――

① 「現在以上ノ武力進出二対スル警告（8 月 17 日米大統領ヨリ在華府大使ニ手交）」、JACAR（アジア歴史資料センター）Ref. B02030745900、日、米外交関係雑纂/太平洋ノ平和並東亜問題二関スル日米交渉関係（近衛首相「メッセージ」ヲ含ム）第十七巻（A. 1. 3. 1）（外務省外交史料館）。

② 「日側による日米非公式会談再開の提案に対する米側の回答」、JACAR（アジア歴史資料センター）Ref. B02030717000、日、米外交関係雑纂/太平洋ノ平和並東亜問題二関スル日米交渉関係（近衛首相「メッセージ」ヲ含ム）第二巻（A. 1. 3. 1）（外務省外交史料館）。

③ 「8 月 17 両国首脳会談提案に対する米側の回答（其一）要旨」、JACAR（アジア歴史資料センター）Ref. B02030717000（第 39 画像）、日、米外交関係雑纂/太平洋ノ平和並東亜問題二関スル日米交渉関係（近衛首相「メッセージ」ヲ含ム）第二巻（A. 1. 3. 1）（外務省外交史料館）。

　　日方关于首脑谈判的提议虽然遭到了拒绝，但仍然起了一定的作用。美国很明显是在向日本施加压力，显示其对美日谈判还有耐心。

　　由于美国对日略有缓和，所以接下来的美日谈判进入了对峙期，是为第四阶段。

第四节　美日谈判的对峙期

　　日本驻美大使野村认为，在美国已经对日缓和的情况下，日本应该对美国采取温和政策而不宜强硬。

　　野村大使在 1941 年 8 月 18 日向东京提交的报告中建议：如今日美已面临和战的临界点了，中央应放弃赌上国运深入南方的国策，即使现在对美国的提案拿出协调态度，也不能认为这会给日军"东洋共荣圈"的建设及日军自存自荣带来巨大的障碍。[①] 8 月 21 日，野村大使又报告说，美国总统本人有亲自出马谈判的意向，这可能是最后的谈判机会了，希望日本政府的谈判内容简明扼要，尤其不能像对其他各国宣传那样敷衍美国，态度要殷勤。[②]

　　8 月 28 日，美国政府向外界公布了对日谈判一事。中国方面担心美国会向日本妥协，所以强烈反对美日谈判。

---

① 「1941 年 8 月 18 日野村大使より豊田大臣宛の電報第七〇九号」、JACAR（アジア歴史資料センター）Ref. B02030745900（第 32 画像）、日、米外交関係雑纂/太平洋ノ平和並東亜問題ニ関スル日米交渉関係（近衛首相「メッセージ」ヲ含ム）第十七巻（A. 1. 3. 1）（外務省外交史料館）。复件号 A－02980254。

② 「1941 年 8 月 21 日野村大使より豊田大臣宛の電報第七二三号」、JACAR（アジア歴史資料センター）Ref. B02030716900（第 42～44 画像）、日、米外交関係雑纂/太平洋ノ平和並東亜問題ニ関スル日米交渉関係（近衛首相「メッセージ」ヲ含ム）第二巻（A. 1. 3. 1）（外務省外交史料館）。复件号 A－02980254。

日本却继续在不妥协的道路上越走越远。就在美国公开美日谈判事实的同日，日本政府即制定《日美谈判纲要（案）》，直率地表明了日本不允许美国干涉中日战争，以及日本想利用三国同盟条约进行扩张的企图。当天日本外务省告知全权大使野村，让其据此草案进行折中，以防止美日之间爆发战争，同时表示希望谈判"尽量在短期内结束"①。9月1日，日本政府在修改上述草案后拿出了定案。由于武力侵华是谈判中绕不过的一道坎，所以定案将中日问题的处理列为谈判的头条事项。此外关于从法属印度支那撤军的问题，定案秉持了一贯的暧昧立场："如果中国事变解决了，或者东亚安定的基础确定了，则从法属印度支那撤军。"②

　　9月1日当天，日本驻美大使野村夜访美国总统。关于美日首脑会谈的地点，罗斯福回答说，太平洋上的某一地点（位置在东京与华盛顿的中央）是可以的。③ 9月3日，罗斯福又当面对野村表示赞成首脑会谈。

　　然而，日本无视了美国总统有意于首脑会谈这一点，径直沿着战争的轨道滑了出去。

① 「8月28日日米交渉要綱」、JACAR（アジア歴史資料センター）Ref. B02030727000（第2画像）、日、米外交関係雑纂/太平洋ノ平和並東亜問題ニ関スル日米交渉関係（近衛首相「メッセージ」ヲ含ム）第七巻（A.1.3.1）（外務省外交史料館）。

② 「日米交渉要綱」（9月1日）、JACAR（アジア歴史資料センター）Ref. B02030727600、日、米外交関係雑纂/太平洋ノ平和並東亜問題ニ関スル日米交渉関係（近衛首相「メッセージ」ヲ含ム）第八巻（A.1.3.1）（外務省外交史料館）。

③ 「9月2日野村大使発豊田大臣宛電報第七六三号」、JACAR（アジア歴史資料センター）Ref. B02030746100（第1～4画像）、日、米外交関係雑纂/太平洋ノ平和並東亜問題ニ関スル日米交渉関係（近衛首相「メッセージ」ヲ含ム）第十七巻（A.1.3.1）（外務省外交史料館）。

9月4日，日方向美方正式提出了对华撤军案①，主张日本准备在中日两国实现正当关系的基础上，遵循中日间的协定尽快从中国撤军。但此案对美国附加了一个条件，就是美国不要阻挠日本为撤军所进行的努力。这个条件又是一个含义暧昧的表述，是要求美国不要插手"中国事变"问题。

9月6日，日本御前会议决定《日本国策施行要点》②，决定在不辞对美（及英、荷）作战的决心下，拟以10月下旬为目标（时间上提前了一个月）完成战争准备，并且规定如果外交谈判到10月上旬尚未达到日方要求的底线，则应立即下决心对美、英、荷开战。日方的下限是：（一）关于"中国事变"，美、英不得插手，不得阻挠日本对事变的处理；封闭滇缅公路；事变解决后日本会撤军；英美只要理解了"新东亚"并做出相应的行为，日本就不会限制其在华权益。（二）美、英等国要确保日本国防安全，包括：（1）承认以日本和法国的约定为基础的日本和法属印度支那之间的特殊关系；（2）在泰国、荷属东印度、中国和远东苏联领土内，不占取军事权益；（3）远东兵备维持现状，不再增加。（三）美、英应在日本获得必要物资方面提供合作，包括：（1）恢复与日本的通商关系。并且，两国在西南太平洋上的领属地，应向日本供给其生存所急需的物资；（2）对于日本与泰国、荷属东印度之间的经济合作，应进行友好

---

① 「日米交渉ト支那ニ於ケル日本軍隊ノ駐兵及撤兵問題」、JACAR（アジア歴史資料センター）Ref. B02030731200（第19画像）、日、米外交関係雑纂/太平洋ノ平和並東亜問題ニ関スル日米交渉関係（近衛首相「メッセージ」ヲ含ム）第九巻（A. 1. 3. 1）（外務省外交史料館）。

② ［日］外务省编：《日本外交年表和主要文书（1840—1945）》下卷，东京：原书房1969年版，第544—545页。转引自复旦大学历史系日本史组编译：《日本帝国主义对外侵略史料选编(1931—1945)》，上海：上海人民出版社1975年版，第334—337页。

协助。

可知,日本开列的下限其实都把关键的东西紧握在手里,表明日本的态度是强硬的,于谈判有害无益。

9月15日上午,罗斯福在发给蒋介石的电报中再次确认,美国不会改变其远东政策。

按照御前会议的决定所作、9月25日由日本政府提交给美国政府的谈判方案就更加过分。关于在华驻军和由华撤军这两个核心问题,日案要求在防共的名义下永远在中国的一定地区驻军,只有被派到中国解决"中国事变"的兵力才会在事变解决后撤出。[①]

对此,10月2日美国在给日本的回复中指出:(1)关于驻军问题,美国政府认为,这种方法将不会带来和平或者安定;(2)关于撤军问题,为了将来太平洋地区的安定与进步,日本如果有从中国和法属印度支那撤军的意向,那么将极为有效地给人以希望。[②] 同日,美国国务卿赫尔通告日本,美国拒绝日本提出的美日首脑会谈。

至此,美国在关键的驻军和撤军问题上没有对日本作出让步。

第五节　故意拖延的美日谈判

首脑会谈的搁浅表明美日谈判的对峙时期结束,美日谈判进

---

① 「支那ニ於ケル駐兵及撤兵問題」、JACAR（アジア歴史資料センター）Ref. B02030731200（第7～8画像）、日、米外交関係雑纂/太平洋ノ平和並東亜問題ニ関スル日米交渉関係（近衛首相「メッセージ」ヲ含ム）第九巻（A.1.3.1）（外務省外交史料館）。

② 「10月2日米側覚書」、JACAR（アジア歴史資料センター）Ref. B02030731200（第9～10画像）、日、米外交関係雑纂/太平洋ノ平和並東亜問題ニ関スル日米交渉関係（近衛首相「メッセージ」ヲ含ム）第九巻（A.1.3.1）（外務省外交史料館）。

入了收尾时期。这一时期,美日双方都在尽量拖延谈判,并为开战做准备。

　　针对日本在华盛顿的外交失败,并乘着德军袭击莫斯科,1941年10月3日,日本内阁会议拟定《关于时下对美外交的舆论指导方针》,开始对国民作精神动员。该文件的前言把日本政府对美谈判的态度和对谈判的展望说得很清楚:"政府处理时下的对美外交的决心,在于……不变更日军国策的根本……不仅仅是调整邦交之类的简单事情,值此超非常时期,政府打算在遂行日军国策方面进行最后的努力。然而是否能达到所期的成果,不仅不容预先断定,而且谈判的终局或至于开战的可能性也不小。"该文件还特别提及对那些"主和论"要严加压制:"以调整日美邦交为打开难局的唯一途径为由,向美英献媚,或以不管条件、只求和平的极端论削弱日军外交弹性的言论,对此要严加排除和阻挡。"①总之,美日谈判破裂并走向开战几成定局。

　　但是这时日本决策层内部在对美谈判问题上出现了较大的意见分歧,并直接导致了第三次近卫内阁辞职。这是因为近卫首相认为可以按照美方提出的"四原则"②展开谈判,而其他内阁成员大都不同意。③10月4日午后,野村大使给丰田外相发电报,在陈述了"中国事变中进一步扩大战线之不利"之后,冷静地建议说对美

---

① 「現下ノ対米外交ニ対スル世論指導方針」、JACAR(アジア歴史資料センター)Ref. B02032970100、大東亜戦争関係一件/開戦関係重要事項集(A.7)(外務省外交史料館)。

② 这四项原则是:(1)保全一切国家的领土,并尊重主权;(2)不干涉他国内政;(3)通商上的无差别待遇;(4)不用和平方式以外的手段改变太平洋的现状。

③ 「豊田外務大臣発在華府野村大使宛電報第六三七号」、JACAR(アジア歴史資料センター)Ref. B02030720200(第3画像)、日、米外交関係雑纂/太平洋ノ平並東亜問題ニ関スル日米交渉関係(近衛首相「メッセージ」ヲ含ム)第四巻(A.1.3.1)(外務省外交史料館)。

开战要慎重。①接到电报的丰田外相回电认为"苏德的单独讲和及美国安心深入大西洋,将有利于日美关系",又说"三悬案中其二已经大致解决……余下的是驻军问题"。② 这表明日本高层在采取拖延谈判的策略。10 月 6 日,丰田外相更致电野村大使,说日本不承认美方 10 月 2 日的备忘录。在这封电报中,关于美方提出的让日军从中国和法属印度支那撤军一事,丰田外相指示说,那得等到两国间的和平已经恢复,防共已无必要时才会撤军。显然,日本故意在撤军问题上寸步不让,是在主动把美日关系往危险的边缘推。

虽然文件显示日方态度强硬,但实际情况是日本领导层内部出现了严重的意见分歧。1941 年 10 月 12 日,近卫首相在荻窪的首相官邸同陆、海、外相和企画院总裁就和与战的问题进行讨论。次日,丰田外相提出了名为《外务大臣关于日美交涉的信念》的文件,阐述了个人对美日谈判的看法。丰田外相在该文件中表示,"向着和平手段即调整日美邦交一心一意迈进,对于建设共荣圈是绝对必要的"③。他在文书中对日本方案提出了一些具体的修正意见:(1)"东亚新秩序的建设",应首先打开美日邦交局面,继之解决"中国事变",

① 「在華府野村大使発豊田外務大臣宛電報第六三七号」、JACAR(アジア歴史資料センター)Ref. B02030720200(第 5 画像)、日、米外交関係雑纂/太平洋ノ平和並東亜問題ニ関スル日米交渉関係(近衞首相「メッセージ」ヲ含ム)第四巻(A. 1. 3. 1)(外務省外交史料館)。
② 「豊田外務大臣宛野村大使発電報写」、JACAR(アジア歴史資料センター)Ref. B02030720200(第 9 画像)、日、米外交関係雑纂/太平洋ノ平和並東亜問題ニ関スル日米交渉関係(近衞首相「メッセージ」ヲ含ム)第四巻(A. 1. 3. 1)(外務省外交史料館)。
③ 「日米交渉ニ関スル外務大臣所信」、JACAR(アジア歴史資料センター)Ref. B02030731000(第 5 画像)、日、米外交関係雑纂/太平洋ノ平和並東亜問題ニ関スル日米交渉関係(近衞首相「メッセージ」ヲ含ム)第九巻(A. 1. 3. 1)(外務省外交史料館)。

再则谋求太平洋地区的安定,这才是最为切实有效的方法和途径;(2)要消除目前美日之间的危局,应该停止对法属印度支那增兵,且全面停止对该地域的可疑行动。这些修正意见表明,丰田外相把解决业已恶化的美日关系放在了首位,企图将缓和矛盾和打开困局作为解决"中国事变"的基础。

近卫首相本人认为,在"中国事变"还没有得到解决的情况下闯入前途未卜的南进之战,从自身责任之所在出发考虑,这无论如何难以接受。

陆军又怎么看呢?陆军认为,根据1941年9月6日在御前会议上决定的方针,如果美日之间到10月上旬还达不成协议的话,日本就必须对美、英、荷开战,陆军坚持这一决定。东条陆相认为,如果美国对日本的物资禁运、经济封锁和资产冻结持续下去,日本的国力就会日渐消耗,这样下去只会自取灭亡,因此不如拼死一战,也许还有出路。

这样,当美日关系到达和与战的临界点时,首相和外务方面的意见达成一致,但和陆军意见相左,而海军的态度又不明确,所以近卫内阁只得在10月16日集体辞职。① 第三次近卫内阁突然辞职,表面上看是陆军方面为难了政府,实际上正如近卫首相辞职后重臣会议上众口一致埋怨的那样,问题的关键在于9月6日草草作出的御前会议的决定现在束缚住了政府和军方,导致双方达不成一致意见。

日本的政局变动表明日本的强硬派更有力量。第三次近卫内阁全体辞职当日(10月16日)午后的美日会谈中,尽管日方代表若杉外交官是为了寻求美方6月21日提案和日方9月25日方案的

①《近卫内阁总辞职和东条内阁成立的重臣会议记录摘要》,[日]木户日记研究会编:《木户幸一关系文书》,东京:东京大学出版会1966年版,第481—488页。转引自复旦大学历史系日本史组编译:《日本帝国主义对外侵略史料选编(1931—1945)》,第347—359页。

共同点而依约拜访国务卿赫尔的（副国务卿威尔斯也陪席），但是长达两个小时的会谈①却是针锋相对的。赫尔问及日本内阁全体辞职的事情和新内阁的预想时，若杉回答说，还没有接到任何详报，但是不管什么样的内阁都非常重视美日关系。接着话锋一转，若杉带着威胁的口吻说，在目前美国反日空气异常浓厚的情况下，如果美日之间不达成某种协调结果的话，形势将不容预测。赫尔则是先花了大约30分钟，详细叙述了以前同野村大使进行会谈的情况，然后声明说：美国方面热心希望美日和平及能够恢复正常关系，但是在欧洲希特勒想通过武力树立新秩序，在远东日本也想通过武力树立新秩序，这样世界就变成了很小的东西，此事关乎美国的生存，所以不得妥协。然后赫尔又揪住日本的尾巴，说美日关系的难关也是因为日本一面在高唱和平，一面却行使武力，日本国内的舆论现状是否能真正协助美国所期望的和平政策，美方对此是怀疑的。对此若杉说，日方是想在重要问题上同美国达成协议的，是想对南进北进都加以抑制的，所以如果此时美国在"中国事变"的解决及解除通商限制等方面没有拿出友好态度的话，事态只会进一步恶化。

就这样，当日会谈从一开始就充满了浓重的火药味，会谈没有任何进展，双方只得次日再谈。

1941年10月17日，美日会谈的要点有三，即自卫权、通商无歧视、撤军与驻军。关于日本提出的自卫权问题，美方揪住三国同盟条约不放，明言要看日本是采取武力政策还是采取和平政策。关于通商无歧视问题，美方表示没有太大问题。关于撤军与驻军

---

① 「在華府野村大使発豊田外務大臣宛電報」、JACAR（アジア歴史資料センター）Ref. B02030720700、日、米外交関係雑纂/太平洋ノ平和並東亜問題ニ関スル日米交渉関係（近衛首相「メッセージ」ヲ含ム）第四巻（A. 1. 3. 1）（外務省外交史料館）。

问题,美方毫不让步,称只要日本不停止武力政策,美国就将考虑对策,要看新内阁如何处理这个问题。①

面临美日谈判艰难的不妙局面,当日,日本天皇下令东条英机组阁。10 月 18 日,以强硬派东条英机为首的新内阁成立。19 日,日本海军军令部即认可了攻击夏威夷的作战计划。

为了把对美谈判拖延至最后一刻,10 月 21 日 7 时,东乡外相电示野村大使,应以旧案继续谈判。日本在拖延,美国也以变更谈判思路为策略进行拖延。在 10 月 24 日的谈判中,若杉大使表示形势不容永远拖延下去,并问美方对日方 9 月 25 日方案的意见。副国务卿威尔斯说:美方的原则和提案在 6 月 21 日方案里很明白,谋求调整该方案和日本案的字句是一个方法,但是对照过去数月的非正式会谈的经验,美方难以期待有什么进展,因此尝试重新讨论才会是一条捷径:第一,从"通商无差别待遇"开始谈起,此条比较容易达成一致;第二,应该讨论"三国同盟"的义务;第三,希望日方在"中国事变"问题上作出显著妥协。由此看来,两国代表都对谈判已经死心,现在都只是在敷衍对方而已。若杉继续敷衍回答,本日还没有接到政府的详细训令,所以除了日方 9 月 25 日方案以外,他没有权利自作主张,但是对该提案所示的新办法,希望在下次会谈之前美方先作出提案交给日方,由日方对其进行研究。②

---

① 「17 日会见要点」、JACAR(アジア歴史資料センター)Ref. B02030731200(第 7 画像)、日、米外交関係雑纂/太平洋ノ平和並東亜問題ニ関スル日米交渉関係(近衛首相「メッセージ」ヲ含ム)第九巻(A. 1. 3. 1)(外務省外交史料館)。

② 「在華府野村大使発東郷外務大臣宛電報第九九五号」、JACAR(アジア歴史資料センター)Ref. B02030720800(第 19〜22 画像)、日、米外交関係雑纂/太平洋ノ平和並東亜問題ニ関スル日米交渉関係(近衛首相「メッセージ」ヲ含ム)第四巻(A. 1. 3. 1)(外務省外交史料館)。

第六节　美日谈判最终破裂

一个星期以后,日本决定对美开战。具体来说,日军大本营——政府联席会议在 1941 年 11 月 2 日拟定了《日本国策实施要点》①,决定为了"建设大东亚新秩序","现在决心对美、英、荷开战",如果对美谈判成功则中止进攻。

日本对美谈判按照甲、乙两个方案进行。从甲方案的内容看,在关键的驻军问题上,日本仍然打算把主要日军留驻中国(大概留驻 25 年),少数军队撤退;关于从法属印度支那撤军,日本表示在中国问题得到解决、"公正"的远东和平得以实现以后,将立即撤退;关于在中国的通商无歧视待遇问题上,日本也走极端,声称如果"无差别原则能适用于全世界,日本国政府就承认这一原则适用于整个太平洋地区,亦即适用于中国",从而故意设置了障碍;关于三国条约的解释及履行问题,日本强调"根据自己的决定采取行动",这明显是在威胁美国;关于美国方面的所谓四原则,日本绝对不能承认。

乙案的内容为:(1) 美日两国都承诺不向法属印度支那以外的东南亚及南太平洋地区进行军事扩张(言下之意是保住日本在法属印度支那的优先权,并且日本不撤军);(2) 美国应保证日本在荷属东印度取得其必需的物资;(3) 恢复美日通商关系,美国供给日本所需要的石油;(4) 美国政府不得采取行动阻挠中日两国"走向

---

① [日]外务省编:《日本外交年表和主要文书(1840—1945)》下卷,第 554—555 页。转引自复旦大学历史系日本史组编译:《日本帝国主义对外侵略史料选编(1931—1945)》,第 359—362 页。

和平"。如果加上备注项,在笔者看来,日本的总主张是:美国不要指望日本撤军,驻军是绝对的;在中国,美国不要指望日本能给予无差别待遇;日本是不会背弃三国同盟条约的;日本要求美国供应石油给自己用,并要求美国保证把荷属东印度的石油也给日本。

11月3日,东乡外相将上述两个方案上奏天皇并获得裁决认可。11月5日,来栖特命全权大使①便带这两套方案前往美国。此后,美日谈判进入了最后阶段,同时日本也在为开战做最后的准备。

第一,11月12日前后,日本拟定了《战争理由》②。该文件自夸日本在美日谈判中所作出的努力,说美国对日本的同盟国德意两国发动了攻击,因此日本决定积极地参加欧战。追加的修订案还追加一项理由,称是美国伙同英、荷、中等各国一道截断了日本人民的生活必需资源。

第二,11月12日,日军大本营—政府联席会议拟定《战争经济基本方略》③,提出:(1)国防资源尤其是石油,要快速地开发并取得,对"满洲"及中国的煤炭、铁矿的开发利用要实现飞跃。同时应完全封锁和切断美国在"东亚共荣圈"内获得物资的渠道;(2)为达此目的,特别要促进和强化以石油(含人造石油)、煤炭、钢铁、造船为中心的自给生产,同时动员所有的资本积蓄,对产业进行合理化

---

① 日本政府鉴于时局严重,于11月5日决定急派来栖大使到美国去。该大使于同月15日到达华盛顿,从17日起,帮助野村大使进行谈判。
② 「戦争理由」、JACAR(アジア歴史資料センター)Ref. B02032964800、大東亜戦争関係一件/開戦関係重要事項集(A. 7)(外務省外交史料館)。
③ 企画院:「戦争経済基本方略」、JACAR(アジア歴史資料センター)Ref. B02032963700、大東亜戦争関係一件/開戦関係重要事項集(A. 7)(外務省外交史料館)。

整顿；(3) 至 1943 年末为止，实现必要物资的计划性自给。

第三，日本为大举南进做好了计划和安排。11 月 12 日南洋局制定了《对应新形势的对南方政策及与之关联的外交政策纲要(案)》①。该纲要决定：(1) 只要美日谈判一破裂，即对南方进行实力进军；(2) 战争目的是确立"大东亚共荣圈"和解决"中国事变"；(3) 预定作战对象为英、美、荷的其中一国或二国或全部；(4) 策划作战时要采取特别措施以保证获得石油及其他重要资源；(5) 对占领地区先行军政，事态安定后则大体上承认其原来的社会制度、组织、机构。

同时，日本南进需要一个基地及物资供给地，法属印度支那就是日本早已确定的南进基地。11 月 12 日南洋局所作的《应对新形势的对法属印度支那政策(案)》，打算要求法属印度支那为日军"提供一切必要的协助和便利"②。

第四，11 月 15 日，大本营—政府联席会议议决《关于促进结束对美、英、荷、蒋战争的内部方案》③。该方案的方针之中，第一条便规定了 3 个目标，一是要迅速摧毁美、英、荷在远东的根据地，二是同时以积极的措施促使蒋政权投降，三是与德、意合作，然后使英国屈服，并使美国丧失继续战争的意志。无疑，日本的方针完全是

———————————

① 南洋局：「新情勢ニ対応スル対南方方策及之ニ関連スル外交政策要綱(案)」、JACAR(アジア歴史資料センター)Ref. B02032964200、大東亜戦争関係一件/開戦関係重要事項集(A. 7)(外務省外交史料館)。

② 南洋局：「新情勢ニ対応スル対フランス領インドシナ施策(案)」、JACAR(アジア歴史資料センター)Ref. B02032964000(第 1 画像)、大東亜戦争関係一件/開戦関係重要事項集(A. 7)(外務省外交史料館)。

③《关于促进结束对美、英、荷、蒋战争的内部方案》，[日]参谋本部编：《杉山笔记》下卷，东京：原书房 1967 年版，第 82—83 页。转引自复旦大学历史系日本史组编译：《日本帝国主义对外侵略史料选编(1931—1945)》，第 362—365 页。

自取灭亡的方针。

至此，日本已经做好对美开战准备。

尽管在美的野村大使仍在希望日本能够自制，但是东乡外相在11 月 16 日告诉他，自制是不可能的，在既定的日期之前"必须妥善结束谈判一事是绝对不容变更的"，"所以切切希望再努力一把"，希望在剩下的时间里，以日方提案作为基础压迫对方，以导向妥善了结。① 东乡外相的指示，实质仍然是在为日本备战拖延时间。

1941 年 11 月 20 日，日本政府向美国政府发出了最后通牒。日方的备忘录内容是：(1) 两国政府保证，不向法属印度支那以外的东南亚和南太平洋地区实行武力扩张；(2) 两国政府保证相互合作，从荷属东印度获取必要的物资；(3) 两国政府约定，恢复以前的通商关系，美国政府向日本供应必要的石油；(4) 美国政府不阻挠中日两国"实现和平"；(5) 日本政府准备在中日实现和平或太平洋地区确立"公正的和平"时，即撤回派往法属印度支那的日本军队，并在达成这项谅解时，即准备将现驻扎在法属印度支那南部的日军队转移到法属印度支那北部。② 这一方案仍然试图把美国的目光往南方引，而对美国关于日本必须从中国撤军的主张视而不见，并把从法属印度支那撤军问题作为要挟美国同意日本解决"中国事变"的条件；同时日本继承了在能源问题上的对美要求。

---

① 「日米交渉［東郷外務大臣発在華府野村大使宛電報第七八一号ノ（乙）］」、JACAR（アジア歴史資料センター）Ref. B02030722900（第 19～20 画像）、日、米外交関係雑纂/太平洋ノ平和並東亜問題ニ関スル日米交渉関係（近衛首相「メッセージ」ヲ含ム）第五巻（A. 1. 3. 1）（外務省外交史料館）。

② 《对美通牒（备忘录）》，［日］外务省编：《日本外交年表和主要文书（1840—1945）》下卷。转引自复旦大学历史系日本史组编译：《日本帝国主义对外侵略史料选编（1931—1945）》，第 375—376 页。

同日，东京方面明确通知野村大使，"日军进一步的让步是不可能的"①，日本将会在对美谈判不顺利时对美宣战。当日，野村和来栖两大使一同拜访国务卿赫尔，但被赫尔告知："变更援蒋政策是困难的，就恰如要美国取消援英政策一样。"②

11 月 21 日的进一步谈判也以失败告终。是日，面对来谈的日方大使来栖，国务卿赫尔说出了美国的真心话："本来日本作为东亚的领导者是极为当然的……所谓'大东亚共荣圈'的理念美国也不吝[给予]理解，只要日本不是以武力达成遏制他国的目的，作为美国来说，并非想对其有任何妨害。"③当晚，改由野村大使同赫尔继续会谈。当野村把日方方案的序文递给赫尔看并询问其是否愿意逐条承诺时，赫尔说："美国没有理由被要求[承诺]，美国对您刚才毫无遮拦地逼问美国承诺与否之类的话语感到失望。"④美国的回答直截了当，干脆利落。由此可见，日方多费口舌也是无效的。

---

① 「日米交渉現段階ニ関スル件（東郷外務大臣発在瑞西三谷公使並に在土耳古・浦盐栗原大使宛電報合第二三六四号）」、JACAR（アジア歴史資料センター）Ref. B02030722900、日、米外交関係雑纂/太平洋ノ平和並東亜問題ニ関スル日米交渉関係（近衛首相「メッセージ」ヲ含ム）第五巻（A.1.3.1）（外務省外交史料館）。

② 「在華府野村大使発東郷外務大臣宛電報第一一四七号」、JACAR（アジア歴史資料センター）Ref. B02030722900（第 2 画像）、日、米外交関係雑纂/太平洋ノ平和並東亜問題ニ関スル日米交渉関係（近衛首相「メッセージ」ヲ含ム）第五巻（A.1.3.1）（外務省外交史料館）。

③ 「在華府野村大使発東郷外務大臣宛電報第一一六〇号」、JACAR（アジア歴史資料センター）Ref. B02030722900（第 13 画像）、日、米外交関係雑纂/太平洋ノ平和並東亜問題ニ関スル日米交渉関係（近衛首相「メッセージ」ヲ含ム）第五巻（A.1.3.1）（外務省外交史料館）。

④ 「在華府野村大使発東郷外務大臣宛電報第一一六〇号」、JACAR（アジア歴史資料センター）Ref. B02030722900（第 17～18 画像）、日、米外交関係雑纂/太平洋ノ平和並東亜問題ニ関スル日米交渉関係（近衛首相「メッセージ」ヲ含ム）第五巻（A.1.3.1）（外務省外交史料館）。

　　11 月 24 日，日本东乡外相再度致电野村大使，表示除了答应从法属印度支那南部撤军之外，"超出范围的让步是绝对不可能的"，如果美国不认可，那么日军实难理解。① 日方虽然答应在南进问题上可以让步，在"中国事变"问题上却毫不让步，这与美国的战略完全冲突，因此谈判要成功几乎是不可能的。

　　11 月 26 日，攻打美国夏威夷珍珠港的日军航母编队出发。在同日的谈判中，国务卿赫尔要求日方首先承认美方的谈判"四原则"（但第四项改为"为防止纠纷的国际合作和调停"），同时提出了一个把美方 6 月案和日方 9 月案折中而成的方案，希望以此作为今后谈判的基础。这个方案分为 10 条，主要的内容是：(1) 美日两国政府努力和英国、荷兰、中国、苏联、泰国一起签订多边互不侵犯条约；(2) 美日两国政府努力在日、美、英、中、荷、泰各国政府间签订有关尊重法属印度支那领土主权的条约；(3) 日本政府应从中国和法属印度支那撤出一切军队（陆、海、空军和警察）；(4) 两国政府只支持重庆政权；(5) 两国政府放弃在中国的治外法权（包括租界和根据义和团事件议定书所取得的权利），并劝告其他国家也照此办理；(6) 两国政府应根据互惠的最惠国待遇和降低关税壁垒的原则，商议签订通商条约；(7) 两国政府相互解除资产冻结令；(8) 签订稳定日元和美元的汇兑协定，两国各提供半数的汇兑资金；(9) 两国政府同意：与第三国签订任何协定，不能作出与本协定的根本目的，即确保整个太平洋地区的和平相矛盾的解释；(10) 劝告其他国家接受以上各项原则。

_____

① 「東郷外務大臣発在米野村大使宛電報第八二一号」、JACAR（アジア歴史資料センター）Ref. B02030722900（第 28 画像）、日、米外交関係雑纂/太平洋ノ平和並東亜問題ニ関スル日米交渉関係（近衛首相「メッセージ」ヲ含ム）第五巻（A. 1. 3. 1）（外務省外交史料館）。

　　对于此案,野村、来栖两大使都作了强硬的答复,而赫尔方面也毫无让步之意。① 很明显,美方新案是主张东亚至少要恢复到卢沟桥事变前的状态,而日方的本意则是要确保"中国事变"的解决,所以美日双方在根本问题上是冲突的。在美日谈判的最后时刻,美日双方都在中国问题上毫不相让,说明双方都深知,战争已经不可避免。

　　11 月 27 日这一天,野村、来栖两大使和总统罗斯福的会谈也毫无结果。罗斯福说,现在他还希望美日谈判能够成功,但又说道,在 7 月进行谈判时,日军开进了法属印度支那南部地区,给美方泼了冷水,而根据最近情报,美方担心日方再泼冷水,即使设法暂时打开局面,如果两国的根本原则和方针并不一致,临时性的解决也终究没有效果。②

　　1941 年 12 月 1 日是最后的谈判期限。当日,日本御前会议决定,按照既定计划对英、美、荷开战。12 月 2 日,野村大使同来栖大使一道会见了副国务卿威尔斯,双方就 11 月 26 日的美方新方案交换了意见,日本大使感觉"美国方面目前很明显是希望和平收场的"③。

① 《对美、英、荷开战案》(1941 年 12 月 1 日御前会议决定),[日]外务省编:《日本外交年表和主要文书 (1840—1945)》下卷,第 564—569 页。转引自复旦大学历史系日本史组编译:《日本帝国主义对外侵略史料选编(1931—1945)》,第 371—372 页。

② 《对美、英、荷开战案》(1941 年 12 月 1 日御前会议决定),[日]外务省编:《日本外交年表和主要文书 (1840—1945)》下卷,第 564—569 页。转引自复旦大学历史系日本史组编译:《日本帝国主义对外侵略史料选编(1931—1945)》,第 372 页。

③ 「在華府野村大使発東郷外務大臣宛電報第一二三二号」、JACAR(アジア歴史資料センター)Ref. B02030723700(第 5 画像)、日米外交関係雑纂/太平洋ノ平和並東亜問題ニ関スル日米交渉関係(近衛首相「メッセージ」ヲ含ム) 第六巻(A. 1. 3. 1)(外務省外交史料館)。

12月5日,日本内阁议决《对美通牒(备忘录)》①。12月8日凌晨3时25分,日军航母部队突然袭击了美军的夏威夷军港,此即"珍珠港事件"。凌晨4时20分,日本对美发出最后通告,宣布结束美日谈判。上午11时45分,日本对美宣战,太平洋战争爆发。同日,美英对日宣战。

---

① 《对美通牒(备忘录)》,[日]外务省编:《日本外交年表和主要文书(1840—1945)》下卷,第569—573页。转引自复旦大学历史系日本史组编译:《日本帝国主义对外侵略史料选编(1931—1945)》,第374—379页。

第三章　开战初期日本的节节胜利

第二次世界大战欧洲战事爆发后，特别是苏德战争开始后，一直秉持孤立主义的美国，其外交战略发生重大变化。日本推进南进战略，向美国"门户开放"政策及其在亚洲太平洋地区的利益发起挑战，并在国际上与德国、意大利法西斯结盟，以反共的名义推进其称霸世界的计划。美国开始担心日本的南下会威胁到其在菲律宾的统治利益、威胁到英国以及荷兰在东南亚的势力范围。中国战场在美国世界战略中的地位开始上升，中国战场牵制了日本陆军主力的事实愈发显示中国在美国以后的战略中的关键地位。在远东实现美国与中国合作、中美共同制止日本的扩张步伐开始走入实际外交谈判中。

美国为维护其在远东（包括中国）的利益，开始对日本采取某些制裁措施，美日矛盾趋向尖锐，冲突一触即发。美日双方经历 8 个月马拉松式的秘密谈判，没有达成任何一致。双方都在谈判的同时加快了实际战争准备：日本积极进行发动太平洋战争的准备，美国也从政治、经济、军事、外交各方面进行牵制日本的准备。但总体上，美国的应战准备相对不足，从而在开战后一段时间内处于被动地位。

第一节 战前的综合形势

日本近代对外扩张、进而称霸世界的大陆政策和海洋政策是日本发动太平洋战争的重要背景。1895 年甲午战争夺取朝鲜和中国台湾,1931 年侵占中国东北,1937 年发动全面侵华战争,日本一步步走上侵吞中国、进军南洋、挑战英美主导的远东秩序的不归路。

第一次世界大战后,美国在远东的主要竞争对手是英国和日本。英国一战后开始走向衰落,而日本则是一个新兴的扩张性的帝国主义国家,第一次世界大战中在亚洲趁机扩张势力,大发战争财。战后日本又接收了德国在太平洋南部的群岛(委任统治地),海上力量正在急速发展,已经对美国的远东利益构成了严重威胁。

1921 年 11 月至 1922 年 2 月召开的华盛顿会议,主要目的就是调整列强的海军力量对比和重新划分远东、太平洋地区势力范围,会上签订的《五国海军条约》规定日本可以保持英美 60% 的海军力量,一定程度上限制了日本海军力量的扩张,但不能从根本上缓和美日军备竞赛和对太平洋海上霸权的争夺。

1927 年 7 月,日本召开策划侵略中国的东方会议,会后首相田中义一明确提出了日本称霸世界的步骤:"如欲征服中国必先征服满蒙;如欲征服世界,必先征服中国……"①明确提出在征服中国之后要进军印度和马来群岛,与英美争夺世界霸权。1931 年日本关东军制造九一八事变,侵吞中国东北。日本的对华侵略逐步升级,华北事变、卢沟桥事变相继爆发,局部战争升级为全面战争,美国

①〔日〕日本历史学研究会编,金锋等译:《太平洋战争史》第 1 卷,北京:商务印书馆 1965 年版,第 224 页。

在中国(远东)的利益进一步受到威胁。1937年，美国总统罗斯福发表了所谓"防疫演说"，不指名地谴责侵略并对以集体行动共同对付侵略表示赞同，但同样没有对日本采取任何实际制裁措施。

这一时期美国面对日本在远东地区逐步升级的侵略始终保持防守态势。美国国内孤立主义盛行，不愿意单独打头阵走上遏制日本侵略的第一线，而是尽力缓和美日矛盾，不牺牲在华利益以避免或推迟美日战争。而日本陆军主力在中国战场，深陷一场长期消耗战。日本本土资源贫乏，军费开支又空前增加，在中国占领区尽力搜刮也无法满足庞大的战争需求，因此日本当局看上了东南亚丰富的橡胶、锡和石油等战略资源。日本侵华战争的扩大也使得美日间矛盾日益尖锐，1940年美国废除《美日通商航海条约》，开始限制对日本的军事物资出口，同时向中国提供了少量经济财政援助。[1]

一、日本确定南进战略

通过琉球、台湾向南方海洋扩张一直是日本海军的主张。卢沟桥事变后，日本海军积极出兵支援陆军对华侵略，协同陆军占领大量中国沿海岛屿，还派遣大量航空兵力对中国实施越海轰炸。日本海军积极支持陆军在中国沿海的侵略，很大原因就是这与其南进战略是一致的。

日本陆军一度坚持北进(对苏作战)战略，但因1938年7月到8月的张鼓峰事件、1939年5月到9月的诺门罕战役两次试探性进

---

[1] 随着中国战场牵制日本的战略作用凸显，美英陆续向中国提供了一些经济援助，主要包括1938年美国宣布提供2 500万美元桐油借款、1939年英国提供500万英镑外汇平准基金贷款。

攻惨败,日军大本营认为根本没有足够力量对苏联开战。日本陆军看到,日军已经陷入中国持久战的泥淖无法脱身,北进苏联又有心无力,而英美等国还在纵容日本对华侵略。权衡利弊,日本陆军立场逐步松动,赞成为实施南进战略进行必要准备。进攻苏联的北进战略虽然没有被完全放弃,但其在日本国策中已经被迫让位于海军的南进战略。另外中日战争的长期化与国际化,使日本决心通过转向南进占领东南亚、彻底封锁中国外援通道来解决中国问题。

德国法西斯在欧洲闪击战迅速击败英法联军、横扫西欧各国的巨大胜利也极大地刺激了日本的侵略欲望。英国、法国和荷兰的失败给东南亚的殖民地当局带来巨大负面影响,它们已经无力与日本对抗,这为日本实施南进战略提供了千载难逢的良机。

面向东南亚方向的海洋扩张战略在日本国内特别是海军方面有极广泛的舆论基础。南进战略认为,日本有三条生命线,一是中国东北(满蒙),二是内南洋,三是外南洋。[①] 日本认为中国和内南洋已经到手,下一步应该夺取外南洋。1936 年日本内阁制定的基本国策就提出,确保在东亚大陆的地位的同时,期望向南方海洋发展。1939 年 2 月、3 月间,日军攻占中国海南岛和南沙群岛,为南进战略提供了前进基地,掌握了南中国海的海空优势,直接威胁到英属马来亚、美属菲律宾和法属印度支那等西方殖民地。

英、法、荷在欧洲的失败使日本看到了夺取东南亚殖民地的机会。日本认为,一旦控制东南亚的丰富战略资源,不但可以解决迫

---

① 日本把一战后接收的德国在太平洋的殖民地马里亚纳群岛(Mariana Islands)、马绍尔群岛(Marshall Islands)和加罗林群岛(Caroline Islands)等委任统治地称为内南洋,其他菲律宾、马来亚、荷属东印度群岛等为外南洋。

切的石油供应问题,还可以西进印度洋。由此,日本南进战略基本确立。1940 年 8 月,日本发表了建立"大东亚共荣圈"①的声明,把新西兰以西、澳大利亚以北的太平洋岛屿都纳入日本的"共荣圈",包括美国统治下的菲律宾群岛。

日本当局确立北守南攻的战略后,一边与西方国家进行外交谈判交涉,一边做好南进的军事准备。经过与法国维希政权的交涉,日本于 1941 年 7 月顺利进占法属印度支那;9 月 6 日,日本御前会议通过《帝国国策实施要领》,其中正式提出,帝国为确保自存自卫,大致以 10 月下旬为期完成战争准备。如果 10 月上旬外交谈判仍不能实现日方要求,日本即决心对美开战;12 月 1 日,御前会议作出最后对英、美、荷开战的决定。在与美国进行长期交涉谈判的同时,日本也在组织南进方面的实地调查,搜集军事情报和制定作战计划,加强陆海军的作战实力。

二、日本南进的作战计划与战前准备

日本御前会议决定发动太平洋战争后,大本营就着手制定对美、英、荷的战争指导计划,到 1941 年 10 月就制定了《对英美荷战争指导纲要》,主要内容包括战争目的、指导方针、攻占范围、占领地处理纲要以及经济战、外交战、思想战指导纲要等。12 月,日军大本营又制定了《关于促进结束对美、英、荷、蒋战争的草案》,该草案后来在大本营—政府联席会议上通过。此方案规定,日本应对英美等国实行闪击战,摧毁西方国家在东亚及西南太平洋地区的统治,确立战略优

---

① 外务大臣松冈洋右在上台后的演说中首次正式提出要建立"大东亚共荣圈",在政治上以"共存共荣"为幌子,建立一个以日本为主宰的,"以日、满、华的牢固结合为基础的",囊括印度以东、澳大利亚以北、新西兰以西的所有地区和国家的殖民帝国。

势;同时确保重要资源地和主要交通线,形成长期自给自足的态势;以一切方法引诱并歼灭美国在太平洋的海军主力。

日本攻占东南亚是以夺取橡胶、石油、锡矿等战略资源和保障海上交通线安全为主要目标。为达成此目标,日本把第一阶段作战目标定为缅甸、马来亚、荷属东印度群岛、婆罗洲(即加里曼丹岛)、菲律宾、关岛(Guam)、威克岛(Wake Island)、新几内亚、香港等地。① 其中菲律宾和马来亚是两个主要方向。日本海军主张从菲律宾向西转南方的进攻路线,陆军则倾向从马来亚向东进攻。经过协调,日本最后决定同时对菲律宾和马来亚两个方向发动袭击,再合攻爪哇方向。

日本海军本来在 1940 年制定的计划是在第一阶段迅速歼灭东南亚盟军海军力量夺取制海权;协同陆军攻占菲律宾和法属印支、关岛,酌情夺取婆罗洲、马来亚和新加坡;尽力削弱美国海军力量。第二阶段联合舰队主力在东洋海区歼灭英美舰队主力。很明显这个计划是要在第一阶段占领南方要地,第二阶段歼灭英美舰队,但在敌人主力舰队尚存的情况下,日本海军输送陆军是很危险的。后来,日军大本营采取了山本五十六的在开战之初首先袭击珍珠港以摧毁美太平洋舰队的计划。

同 1940 年的计划相比,最终作战计划主要有两点修改:一是采纳了山本袭击珍珠港的计划;二是综合陆军先取新加坡、海军先夺菲律宾的方案,决定同时进攻菲律宾和马来半岛。

三、日本的扩军备战

日本根据御前会议决策,抓紧做好发动太平洋战争的各项准

---

① 赵振愚:《太平洋战争海战史:1941—1945》,北京:海潮出版社 1997 年版,第 30 页。

备和海军、空军的战略部署。

日本海军一直在为对美开战积极准备。早在 1940 年，海军就将转为预备役的军舰大批恢复现役并补充人员。到 1941 年，联合舰队已经达到前所未有的规模，另外还征用了 180 万吨商船。航空兵方面，1941 年初，日军把中国沿海的岸基航空兵编为第 11 航空舰队，与舰艇协同训练。

海军是日本扩军的重点。由于综合国力的限制，日本不可能在舰艇总数上与美、英、荷竞争，只能在超级战列舰和航空母舰方面追求大致相等。太平洋战争爆发前，日本海军已拥有包括战列舰 10 艘①、航空母舰 10 艘、重巡洋舰 18 艘、轻巡洋舰 20 艘、驱逐舰 112 艘、潜艇 65 艘在内，舰艇总数达 391 艘的强大力量，舰船排水量达到 146 万余吨。日本海军总兵力达 32.2 万人，飞机 3 200 余架。

1941 年 12 月，日本陆军总兵力增加至 51 个师团、58 个混成旅团，共 210 余万人，包括陆军地面部队 200 多万人、航空部队 10 万人。陆军拥有作战飞机 3 500 架、坦克 1 200 辆。为实施南进作战，日本陆军又抽调 11 个师和 66 个航空中队，共拥有飞机 700 架，总兵力 40 万人。

训练准备方面，1941 年日军强迫法国维希政府接受日军进驻印支南部，取得了有利的南进基地；陆海军和航空部队都在华南沿海及海南岛进行热带地区的作战训练，进行夺取新加坡、马来亚、菲律宾的演习。与此同时，日本间谍在预定作战各地搜集防卫、机场、登陆海滩等相关情报，把这些情报送到帝国统帅部，为发动战争做好了准备。

———————————

① 日本大和号战列舰于开战后服役，有的研究将其列入，因此一说战列舰 11 艘。

日本开战的首要企图,是迅速占领菲律宾群岛、英领马来亚、荷属东印度等南方重要区域,获得战时必需的燃料及其他资源,形成持久不败的战略态势。为了实现此目的,陆军进攻兵力的主力分为两派,分别前往菲律宾群岛和马来亚的两大战线。与此展开直接协同作战的,是海军中将近藤信竹率领的南方部队。

1941年11月5日,日本御前会议决定发动太平洋战争。大本营海军部下达大海令第1号,联合舰队据此发布开战命令:各作战部队根据预先计划的兵力部署,分别开进战争出发地域。日本海军兵力展开如下:

山本五十六指挥海军的主力部队部署于濑户内海西部,支援整体作战;

南云忠一第1航空舰队为航母舰队,包括航空母舰6艘、战列舰2艘,11月26日从单冠湾出发,悄悄驶往夏威夷群岛附近海域,准备袭击珍珠港;

第11航空舰队(岸基航空兵)协同陆军,袭击菲律宾和马来半岛,继而在战区遂行空战任务。第2舰队在菲律宾海域执行夺取制海权、保障海上输送陆军安全的任务。第3舰队为登陆菲律宾及南方要地的部队护航,并掩护登陆行动。南遣舰队协同在马来半岛登陆部队作战;

南洋部队主力在特鲁克(Truk)、一部在塞班岛(Saipan Island),任务时警戒南洋方面,进攻关岛和威克岛;

南方部队在台湾、海南岛等地展开,准备掩护和支援陆军进攻菲律宾和马来亚等地;

北方部队担任北方海域警戒、保护海上交通线的任务。

同日,大本营陆军部正式发布了南方部队战斗序列,任命寺内寿一大将为南方军总司令官。大本营陆军部大陆命第555号确定南方军总司令寺内寿一下辖第 14、15、16、25 集团军和第 3、5 飞行集团，以及第 21 师团、第 3 铁道部队等，总兵力合计 12 个师团和 2 个飞行集团，拥有飞机约 700 架，总兵力约 40 万人。①

　　寺内寿一南方军直属部队包括：第 21 师团、第 21 独立混成旅团、第 4 独立混成旅团、南海支队、第 3 和第 5 飞行集团、第 21 独立飞行队。南海支队负责进攻关岛和俾斯麦群岛（Bismarck Archipelago）等地。

　　第 14 军司令官为本间雅晴中将，下辖第 16、48 师团及第 65 旅团等，负责进攻菲律宾；

　　第 15 军司令官为饭田祥二郎中将，下辖第 33、55 师团等，负责进攻泰国和缅甸；

　　第 16 军司令官为今村均中将，下辖第 2 师团、第 56 混成旅团等，负责进攻荷属东印度；

　　第 25 军司令官为山下奉文中将，下辖第 5、18 师团和近卫师团，负责进攻马来亚。

　　根据上述命令，南方军的战略展开如下：第 3 飞行集团集结在中国南部和印支北部，第 5 飞行集团在台湾南部展开；预定登陆菲律宾的第 14 军各部分别在马公、帕劳（帛琉）、奄美大岛、高雄和基隆集结；进占泰国的第 15 军在印支集结；计划攻击菲律宾南部达沃（Davao）、霍洛岛（Jolo，又译和乐岛）的第 16 军在帕劳（帛琉）群岛集结；计划攻击婆罗洲的南方军直属第 18 师团川口支队在广东南下；预定攻击关岛和俾斯麦群岛的南海支队，在小笠原群岛集结。

---

① 后来日军大本营又将在中国战场的第 38 师团和日本本土的第 56 师团编入南方部队；在华作战的第 4 师团为总预备队，在上海待命。

在作战计划中,日本陆军以夺取马来半岛和新加坡为重点,海军以袭击珍珠港为重点。如遇到敌方舰队袭扰,除第3舰队和南遣舰队继续协同陆军进攻外,联合舰队其他兵力全力以赴截击并歼灭敌方舰队。以上就是日本在第一阶段作战的基本计划。日军大本营判断大约用5个月时间就能按计划完成对南方大部分地区的占领,至于以后如何行动,尚未进行认真研究。

四、美英在东南亚的联合防御

1938年前美国比较重视太平洋防御,但1939年德国法西斯在欧洲的侵略把美国的注意力转移到了欧洲。是年美国陆海军联合委员会提出,如果两洋(太平洋和大西洋)同时受到威胁,美军将在太平洋采取守势。这一战略转折标志着美国海军放弃了对日本实施进攻作战的指导思想。

1939年6月,美国陆海军联合委员会制定了"彩虹计划",对战争进行了种种预测。但1940年4月后德国先后席卷北欧、西欧,传统的西方大国法国也没有能够挡住德国进攻,迅速败降,英国自敦刻尔克溃败退守。由此美国直接面对大西洋防线崩溃的威胁,美国领导人意识到,控制大西洋是保卫美国和整个西半球的关键。在此背景下,美国提出了建立"两洋舰队"的计划,开始增加造舰计划,同年7月美国国会批准了《两洋海军法案》,规划增加海军拨款40亿美元,将海军力量增加70%,此外还相应地加强陆军和空军建设。

1941年3月,英美参谋会议确定"先欧后亚"战略方针,提出如果日本发动攻击,美英在远东采取守势,在欧洲战场打败德国之前,对日本采取牵制消耗战略。由此美国规定了太平洋舰队的任务是防御日本,确保夏威夷、菲律宾、威克岛和关岛等地。4月,英、美、荷代表在新加坡商讨共同防御计划,英荷两国提出美国向新加坡派军舰以威慑日本,美国以不符合总体战略为由拒绝。8 月大西洋会议,罗斯福和丘吉尔一致同意对日本发出严重警告。

11 月,英国派出由无敌号航空母舰、威尔士亲王号战列舰、反击号战列巡洋舰及 3 艘驱逐舰组成的 Z 舰队开赴远东。但无敌号航空母舰不幸在百慕大触礁,其余舰船于 12 月 7 日前抵达新加坡。

五、美国加强战备

在欧洲大战爆发后到太平洋战争之前,美国逐步改善了在太平洋地区的防御态势。1940 年 4 月,美国派遣舰队到夏威夷群岛演习,之后美海军作战部部长斯塔克(Harold Raynsford Stark)就通知舰队司令理查森(James O. Richarson),舰队演习结束后不返回本土,而是长期驻扎珍珠港,目的是威慑日本乘英、法、荷在欧洲的失败而夺取东南亚的行动。然而,当时珍珠港基地尚未完全建成,理查森认为其不具备常驻条件,建议返回西海岸。但罗斯福总统没有理睬这些反对意见,后来还免除了理查森的职务。

1941 年 1 月,驻日大使格鲁向国务卿报告,日本有可能动用全部军事力量袭击珍珠港。他本人对此感到难以置信,但他从各个渠道都听到了同一信息。美国国务院将此重要情报转发给陆军部和海军部,但没有引起他们的重视。海军作战部部长斯塔克仅仅致电太平洋舰队告知情报要点,认为这只是不可信的传言。

到 11 月,美国总统罗斯福在白宫最高军事会议上判断,日本随时会发动突然袭击,因为日本人在不宣而战这点上是臭名昭著的。甚至 12 月 1 日前后,美国就有可能遭到日本的进攻。罗斯福的判断说明美国已经感觉到战争一触即发,因此下决心按预定计划迎击日本的入侵。

1940 年 7 月，罗斯福签署《两洋海军法案》，规定 1940—1945 年间，拨款 40 亿美元，建造军舰 257 艘，排水量 132.5 万吨，使美国海军实力增加 70%。具体包括：战列舰 9 艘、航空母舰 11 艘、巡洋舰 44 艘、驱逐舰 100 余艘，以及飞机 10 万架。此时的美国军队规模还比较小，陆军（含航空兵）只有 27 万人，海军（含陆战队）19 万人，另有国民警卫队 23 万人。

1941 年 2 月，美国正式成立两洋舰队，大西洋分遣队改为大西洋舰队，欧内斯特·金（Ernest King）上将担任舰队司令；驻扎珍珠港的舰队改为太平洋舰队，赫斯本德·金梅尔（Husband Edward Kimmel）上将任司令。驻菲律宾的原远东海军部队改称亚洲舰队，海军上将托马斯·哈特（Thomas C. Hart）任司令。太平洋舰队司令金梅尔多次发出警告，日本偷袭珍珠港是可能的，要求加强珍珠港的防卫。4 月至 5 月间，根据"先欧后亚"战略，美国将太平洋舰队的 3 艘战列舰、1 艘航空母舰、5 艘驱逐舰和 3 艘油船、3 艘运输船调往大西洋。

1941 年 7 月 26 日，为防范日军南进，已经退役担任菲律宾军事顾问的道格拉斯·麦克阿瑟被任命为新组建的远东美军总司令。到 12 月，驻扎菲律宾的兵力共有 15 万余人，包括美军 3.1 万人、菲律宾军队 1.2 万人和民兵近 11 万人，拥有飞机近 140 架（包括新型的 B-17 轰炸机）；驻菲律宾的美国亚洲舰队有巡洋舰 3 艘、驱逐舰 13 艘、潜艇 18 艘等。

日本进占法属印度支那后，太平洋形势急剧恶化，美国加快战争准备。当时美国总兵力为 207 万人，其中陆军 35 个师 137 万人；陆海军飞机 6 000 余架，航空部队 27 万人；海军总兵力 43 万人，拥有战列舰 17 艘、航空母舰 8 艘、重巡洋舰 18 艘、轻巡洋舰 19 艘、驱逐舰 165 艘、潜艇 106 艘，其中太平洋舰队拥有战列舰

9 艘、航空母舰 3 艘、重巡洋舰 12 艘、轻巡洋舰 9 艘、驱逐舰 67 艘、潜艇 52 艘，以及舰载机 200 余架。与日本此时在太平洋拥有的海军兵力相比，美国的两支舰队在舰船和飞机数量上都明显处于劣势。①

英国在亚太地区的防御力量也比较薄弱。随着远东形势变化，1939 年英国向马来亚和新加坡陆续增派步兵旅和轰炸机部队，加强当地的防卫力量。1941 年英国察觉日本南进迹象明显，但此时英国已经投入北非和欧洲战场，无力在远东增加兵力。况且英国一直低估了日本对东南亚开战的决心，直到 10 月份，英国还武断地认为，在德国击败苏联之前，日本不会发动太平洋战争。兵力薄弱加上战略判断失误，使英国错失及时加强远东防卫力量的有利时机。

新加坡是英国远东防御的核心要地。1940 年 10 月，英国在新加坡设立东方军司令部，统一指挥马来半岛、缅甸、北婆罗洲和香港等地的英联邦军队。英国判断，只要在这里部署一支足够控制南中国海的舰队，就可以阻止日本登陆马来半岛；即使日方成功登陆，也可以切断其补给线。为确保这一战略要地的安全，1941 年 11 月，英国派出由威尔士亲王号战列舰、反击号战列巡洋舰②及 3 艘驱逐舰组成的远东舰队开赴新加坡，由海军中将菲利普斯（Tom

---

① 加上驻扎菲律宾的亚洲舰队，美日在太平洋的海军舰艇数量对比为 172 艘对 236 艘，具体如下：战列舰（9∶10）、航空母舰（3∶10）、重巡洋舰（13∶18）、轻巡洋舰（11∶20）、驱逐舰（80∶112）、潜艇（56∶65）。

② 威尔士亲王号战列舰是当时英国最新型号战列舰，1940 年服役，排水量达 4.3 万吨，时速 30 海里；火力强大，装甲厚重，被称作"不沉的战舰"。反击号战列巡洋舰排水量 3.2 万吨，进行过现代化改造，装备大量火炮，搭载飞机 4 架，如同一座巨大的活动炮台。

S. V. Philips)担任舰队司令。此时英军部署在新加坡的海军力量包括:战列舰和战列巡洋舰各 1 艘、巡洋舰 3 艘、驱逐舰 4 艘、炮舰和轻巡洋舰各 2 艘;另有正在修理的巡洋舰 1 艘、驱逐舰 4 艘、潜艇 1 艘。

荷兰方面,其本土已经被德国占领,无力加强对荷属东印度群岛的防御,当地仅拥有几艘轻巡洋舰以下的水面舰艇和数艘潜艇。

总体上美英荷三国在远东太平洋地区的军舰数量与日本差距不大,但是在后来作战中起最关键作用的航空母舰的数量上,日本占据了绝对优势(10∶3)。且盟军方面军舰多数陈旧,而日本军舰装备了更多的枪支和鱼雷,有更强大的动力,舰队的机动能力大大提高,作战半径大大增加。① 日军装备的长矛鱼雷是当时最先进的鱼雷,它能以每小时 45 海里的高速打击 5 海里外的目标。日本军舰多数是新装备的,航速更高、性能更好。日本海军舰队也擅长夜间操作。这些优势在爪哇海战中得到充分体现,日本舰队总能在盟军反应过来之前锁定并击沉他们的舰船。

日军在东南亚的情报网络也为登陆作战提供了重大帮助。时任第 25 军参谋的辻政信回忆说,日军曾详细调查马来半岛的登陆海滩,并实地验证了内陆推进路线。日本的潜伏人员还系统性摧毁了机场、油田、铁路等设施。另外,日本情报机构一直与当地民族主义领导人保持联系,向当地居民宣传反西方殖民的思想,结果日军入侵得到了当地居民的广泛支持。日军登陆荷属东印度和菲律宾后,当地殖民政权几乎一夕之间土崩瓦解。在马来半岛,有几千印度人反叛,支持日本侵略军。

---

① [英]道格拉斯·福特著,刘建波译:《太平洋战争》,北京:北京联合出版公司 2014 年版,第 62 页。

陆军兵力方面，日本投入南方作战总兵力为 40 万人，美、英、荷连同当地军队总兵力为 30 万余人[①]，双方有明显差距。而且英美荷各国军队各守一方、各自为战，而日本可以集中全力进攻一地，得手后再转攻其他方向，渐次集中优势兵力，从而在战略上形成巨大优势。

航空兵力方面，日本为南方作战调集了 66 个航空队合计 700 余架飞机，此外还有第 11 航空队 480 多架岸基飞机。美英荷方面合计拥有飞机 646 架，差距明显。与海军舰艇陈旧落后类似，盟军方面的飞机除了美国在菲律宾的 B - 17 轰炸机外，其他飞机都很陈旧；日本装备的主力战斗机是零式战斗机，服役时间短，而且作战半径远远超过了盟军战斗机。

在掌握海空优势的情况下，日本陆军进攻东南亚就更加有利了。

第二节　日军进攻马来亚、新加坡和香港

日本开战的首要企图，是迅速占领菲律宾群岛、英领马来亚、荷属东印度等南方重要区域，获得战时必需的燃料及其他的战争资源，建立持久不败的战略态势。为了实现此目的，陆军进攻兵力的主力分为两派，首先前往菲律宾群岛和马来亚的两大战线。与此展开直接协同作战的，是海军中将近藤信竹率领的南遣舰队。日军在远东的对手是美、英、中三个大国，但是在战争之初，日军的

---

① 盟军在远东陆军兵力包括：英国驻香港 1.1 万人；英国驻马来亚、新加坡 8.8 万人，飞机 158 架；英国驻缅甸 3.5 万人，飞机 37 架；美国驻菲律宾 3.1 万人，菲军 11 万人；美、荷、澳驻荷属东印度合计 3 万余人，飞机 144 架。

军事进展是相当顺利的。

一、开战后日军频频得手

1941 年 12 月 8 日太平洋战争爆发的同时，日本第 15 军基于日泰外交谈判，在泰国开始行动，9 日完成曼谷进驻。在马来半岛，日本第 25 军 8 日在宋卡（Songkhla）和哥打巴鲁（Kota Baru）登陆，开始南进，10 日在马来海战给英国舰队以沉重打击；12 月末，占领怡保（Ipoh）、关丹（Kuantan）；1942 年 1 月 14 日、15 日左右突入柔佛（Johor），攻占马六甲，31 日占领毛淡棉（Moulmein），2 月 3 日登陆新加坡，15 日完成占领。

菲律宾方面，1941 年 12 月 8 日日本陆海军部队进行的航空歼灭战成功，10 日，日本第 14 军先遣队在吕宋岛（Luzon Island）北部登陆，以此为始，同月中旬第 14 军以一部登陆民都洛岛（Mindoro），主力则于下旬登陆林加延湾（Lingayen Gulf，也称仁牙因湾）、拉蒙湾（Lamon Bay），1942 年 1 月 3 日攻克马尼拉市。吕宋岛之美菲联军其后凭据巴丹半岛（Bataan Peninsula）的既设阵地顽强抵抗，日军做好充分的攻击准备后，4 月 3 日起对其发动总攻。9 日之前，日军攻克整个半岛，其后第 14 军在做好攻击科雷希多岛（Corregidor）的准备后，开始广泛区域内的攻击作战，5 月 7 日攻克科雷希多岛，是日整个吕宋岛陷落。

香港方面，日本第 23 军 12 月 12 日占领九龙市，14 日起开始总攻，25 日攻克香港。

北婆罗洲方面，日军川口支队 12 月 16 日在英属婆罗洲成功登陆，第 16 军坂口支队先后于 1 月 11 日对打拉根（Tarakan）、1 月 24 日对巴厘巴板（Balikpapan）完成占领，第 16 军一部同月 31 日攻克安汶（Ambon），2 月 9 日、10 日左右，马辰（Banjarmasin）和望加锡

（Makassar）也落入日军手中。

爪哇、苏门答腊方面，2月4日爪哇海战中，英荷联军舰队受到日军重创，日军第38师团配合2月14日空投部队的降落，17日占领巨港（Palembang，又称巴邻旁）的巴邻旁机场，2月下旬泗水海战后进一步击破美军舰队，对爪哇的攻击态势得以确立，接着3月1日在巴达维亚（雅加达旧称）海战中击破美军残余舰队，同日第16军在爪哇成功登陆，3月9日荷兰军投降，此方面的作战归于平静。

太平洋方面，日军于12月11日占领瓦胡岛（Oahu Island），23日占领威克岛，2月20日东方支队成功登上帝汶岛（Pulau Timor）。

缅甸方面，日本第15军3月8日攻克朗坤（Lauhkaung），继而挥师缅甸中部，4月29日占领中缅边境的腊戍（Lashio），5月1日攻克要冲曼德勒（Mandalay），同月上旬攻克云南龙陵，并占领了阿恰布（Akyab）机场。

日本海军在4月上旬攻克安达曼群岛（Andaman Islands）和尼科巴群岛（Nicobar Islands），又空袭锡兰（斯里兰卡旧称）首府科伦坡，对印度洋形成控制之势。

5月7日，美日在珊瑚海发生海战，互有胜负。至6月上旬，阿留申群岛（Aleutian Islands）方向的阿图岛（Attu Island）和基斯卡岛（Kiska Island）被日本陆海军部队占领，但日本海军在中途岛（Midway Island）海战中失败，没能达到作战目的。

4月18日，日本本土遭到美国舰队航空部队的空袭，为了应对这种空袭，以攻克美军在华中方面的机场为目的的浙赣作战于6月10开始。

日本南方军进行的第一阶段攻击作战，以5月的攻克吕宋岛暂告一段落。于是6月末，日本第14军转为大本营直辖，南方军转入防守态势。

二、马来半岛黑云压城

马来半岛东临南中国海（太平洋），西接缅甸海（印度洋），西南与东印度群岛的苏门答腊岛隔海相望，大部分属于英属马来亚，北部分属泰国和缅甸。半岛南端的新加坡地处太平洋与印度洋主要航道马六甲海峡的咽喉，是东南亚最重要的海上交通要冲；北部克拉地峡(Isthmus of Kra)是半岛的最窄处。半岛地形以山地丘陵为主，东南沿海为狭窄平原。当地为热带雨林气候，常年高温多雨。半岛出产水稻、橡胶、菠萝等，尤以天然橡胶闻名世界；锡矿储量、产量均居世界首位。日本如以马来半岛为基地，南下可以夺取东印度群岛，北上可以占领缅甸，切断中国取得西方国家援助的唯一陆路通道；西进可以进入印度洋，切断西方国家与中东的海上交通，与希特勒德国遥相呼应。因此，对英国和日本来说，马来半岛及新加坡的得失关系重大。

1941 年 12 月初，英海军发布了东方舰队的编制，司令官菲利普斯中将乘坐最新型战列舰威尔士亲王号，在战舰反击号的陪同下，进入新加坡港口，负责监控远东事态。马来的英国空军将其主力集结于新加坡，其余兵力则部署在泰国，对新加坡东方海域的战舰与航空器进行相当严格的警戒，哥打巴鲁、关丹方面，英军早已开始对海正面的飞行监控。另外，泰国国境方面则部署了强有力的地面兵力，哥打巴鲁方面至少有 9 000，肯达里(Kendari)地区则有约 2 万的兵力。

如此，英国自 12 月初以来，命令在马来方面实施特别警戒，暗中防备日军南下，在展示威压态势的同时，逐渐增强在英属婆罗洲的兵力。然而，日本与法属印度支那有共同防卫协定，法属印支也已成为日本陆海军的重要前进作战基地。日本判断此时在印度洋方面,英国有约 6 艘主力舰、2 艘航空母舰、6 艘甲巡洋舰、10 艘乙巡洋舰进行巡逻活动。

日军特别重视马来亚登陆作战,任命曾担任关东军司令官的山下奉文中将任第 25 军司令官,下辖近卫师团、第 5 师团和第 18 师团。

日军的参战陆军部署如下:日军大本营派遣陆军大将寺内寿一任南方军总司令,他命令第 25 军(司令官山下奉文中将)及第 3 飞行集团负责击败马来的英军,企图攻克其要地尤其是新加坡,占领英国在东亚的根据地;第 15 军(司令官饭田祥二郎中将)确保泰国的安定,为马来作战的顺利进行创造良好的条件,且为缅甸战役做准备。派往马来、泰国协同陆军作战的,是海军中将小泽治三郎率领的马来部队。第 7 战队第 3 水雷战队,第 4、5 潜水战队及第 22、12 航空战队等加入了南遣舰队。

日军的攻略作战计划如下:首先以 X 日为期,部分第 25 军先遣兵团以及部分第 15 军秘密突袭,登陆马来北岸以及泰国南部,在确保登陆据点的同时,凭借法属印支方面基地航空兵力展开的积极作战,封锁马来方面英空军的活动。剩余的先遣兵团迅速登陆,从马来两岸南下,开始进击新加坡。之后乘胜追击,让部分兵力依次从敌侧方登陆,为日军进攻创造良好条件。马来部队不仅在运输、登陆作战以及航空作战方面与陆军协同作战,而且为防备新加坡英国远东舰队的出击,抓住良机将其歼灭,为之后作战的顺利进行创造良好的条件。

日本陆海军中央协商决定,马来作战使用兵力为陆军第 25 军近卫师团、第 5 师团、第 18 师团、坦克联队、军直炮兵第 11 大队(高射炮 60 门配属马来部队)、第 15 军第 33 和第 55 师团(泰国、缅甸)、海军第 2 和第 3 舰队部分、第 3 水雷战队、南遣舰队、第 22 航空部队。马来作战陆军总兵力近 10 万人，都是日本陆军的精锐部队。第 25 军装备坦克 210 辆、配属飞机 799 架；南遣舰队的支援兵力拥有战舰 46 艘，包括重巡洋舰 5 艘、轻巡洋舰 5 艘、水上飞机母舰 3 艘、驱逐舰 15 艘、潜艇 16 艘。

攻打马来的陆军作战要领是：

（1）第 25 军、第 3 飞行集团、南遣舰队为主力部队：

（甲方案）派先遣兵团奇袭登陆万隆（Bandung）、那空（Nakhon）、宋卡、北大年（Pattani），整备基地。先发制人，对敌航空兵力舰艇发起空袭。

（乙方案）奇袭登陆困难的情况：

若先遣兵团尽可能地达成少数奇袭登陆成功，则从法属印支西岸出发。先遣兵团主力则在 X 日以后开始登陆。

（2）先遣兵团登陆后，在情况允许的范围内迅速登陆哥打巴鲁。根据情况，也可派少数兵力与先遣兵团主力同时登陆。

（3）菲岛方面，海军兵力增强后，第 25 军主力依次登陆泰国南部，向新加坡扩张。看准时机尽可能地促使一兵团成功登陆南方马来东岸。

航空作战方面，为了攻打马来半岛，日本陆海军的中央协定如下：

（1）使用兵力为：海军战机 117 架，陆军第 3 飞行集团侦察机 73 架、战斗机 447 架、轻型轰炸机 108 架、重型轰炸机 99 架。

（2）作战任务区分：基地维护方面陆军担任主力，海军协助；反之登陆战主力为海军，陆军协助。

在此期间，海军中将小泽治三郎率领的南遣舰队，在印支方面的航空基地、补给基地、陆上中枢，部署对敌通信设施以及气象装置，努力进行港湾及对空防御的准备。

在陆海军协同努力下，开战时日本在法属印支航空基地、港口的战力配备和补给设备如表3-1所示，为作战实施创造了良好的条件。

表3-1 开战时法印航空基地配备表

基地名称	西贡(胡志明市旧称)航空基地	土龙木(Thu Dau Mot)	朔庄(Soc Trang)	芽庄(Nha Trang)	金兰湾(Cam Ranh Vinh)
配备状况	能使用陆攻机约80架	同左	能使用战斗机约40架	能使用陆攻机约25架	储炭能力约5万吨，给炭能力每日约5千吨，给水能力每日约3千吨

资料来源：「馬來攻略作戰/第一、開戰前ノ情勢卜南遣艦隊ノ準備」，JACAR(アジア歴史資料センター)Ref. C14061136200、昭和16年12月 昭和17年3月 馬來攻略作戰(防衛省防衛研究所)。

三、日军第一次马来登陆作战

（一）日军部署歼灭战

日军计划的重点是，不等英军舰队被歼灭，首先发起隐秘的奇袭，命令第一波先遣兵力在马来北岸到泰国南部各地同时登陆，即便在部分地区出现失败，也必定会有地区可以成功登陆，从而获得据点，推进航空基地的建设，强化航空压制战，为后续部队的登陆创造良好的环境。

为此，日军首先派水雷部队以及部分潜艇在马来东南海域以及英领婆罗洲之间的阿南巴斯群岛（Kepulauan Anambas）①铺设机械水雷，同时派大部分潜艇在马来东方海域构成散开阵型，应对英军舰队的北上。基地航空部队在法属印支基地散开，开战伊始

———————
① 位于马来半岛以东、纳土纳群岛（Kepulauan Natuna）以西，新加坡西北方260千米，控扼马六甲海峡出口，战略地位十分重要。

便在新加坡将英空军主力全部歼灭,之后果断发起航空歼灭战。

以第 3 水雷战队为基干的兵力负责护卫第 25 军先遣兵团第一次登陆部队从三亚输送至马来半岛东北部的哥打巴鲁、北大年、宋卡登陆。另外日军决定由香椎号巡洋舰、占守号海防舰护卫部队第 15 军从头顿(Vung Tau)、富国岛(Phu Quoc Island)输送至马来半岛东北部的那空、万隆、春蓬(Chumphon)、巴蜀(Prachuap Khiri Khan)登陆。第 7 战队在被任命负责护卫运输船队的同时,还主要防备英舰队的出现。马来部队指挥官、海军中将小泽乘坐旗舰鸟海号,指挥海军整体作战。

登陆甫一成功,第 9 战队即受命向宋卡方面扩张,并负责登陆泊地的警戒工作。另外,水上飞机部队被任命在登陆前负责护卫运输船队,若是登陆成功,便在宋卡方面设立基地,实施充分的泊地警戒。

(二)战前准备

对于能否顺利实施该作战计划,日军自然有些担忧。一是由于低速舰艇较多,且使用燃料搭载量较少的扫雷艇来护卫兵力,所以日军在选择前进基地的出发时机以及待命地点等花费了一番心思。部分护卫舰艇在护卫途中进行替换,前往事先准备的附近基地进行燃料的补给。二是泰国的动向如何,对日军的作战目标有着至关重要的影响,因此英方对日本入侵泰国时的对策是最受重视的。日本陆海军之间研究后决定,若出现这种情况,立即派部分兵力从陆路、海路进入泰国,确保曼谷,确保在泰国南方的航空基地。三是由于哥打巴鲁登陆是在英军航空基地的眼皮底下进行,出于对英军航空兵力的顾虑,日军计划第一天的登陆仅在夜间进行,等天未亮时,船队以及护卫舰避退至北大年方面,等次日夜再到哥打巴鲁海面,剩余的人员全部完成登陆。

日军计划运输船 26 艘,负责护卫的海军方兵力部署如表 3-2 所示。

表3-2　第一次马来登陆部队兵力部署

部队	登陆地点	兵力		
第25军第5师团运输船约16艘	宋卡方面	河村部队 队长河村少将 步兵第9旅团主力(步兵)约4大队 战车部队(以中队炮队2大队为基干)	师团直辖部队部队以步兵约3大队、战车2中队为基干	登陆作业队队长田边少将部队以第2登陆团停泊地司令部及独立工兵团约3中队为基干
	北大年及塔佩(Tha Pae)方面	安藤支队 队长安藤大臣 部队以步兵3大队、战车1中队、炮兵2中队以及村中中佐指挥的部分登陆作业队为基干		
第25军佗美支队运输船3艘	哥打巴鲁方面	第一线长官:那须大佐 部队以步兵2大队、山炮1中队为基干	预备队步兵1大队	登陆作业队队长森木中佐部队以停泊地司令部以及独立1中队为基干
第15军宇野支队运输船7艘	那空、巴蜀、春蓬、万隆方面	第55师团步兵3大队 炮兵1中队、通信部队、航空关系部队		

资料来源:「馬来攻略作戦/第三、馬来第一次上陸作戦及南部泰上陸作戦」、JACAR(アジア歴史資料センター)Ref. C14061136400、昭和16年12月 昭和17年3月馬来攻略作戦(防衛省防衛研究所)。

　　攻击前夜,日军还加紧临战准备。1941年11月26日,负责进攻马来半岛的日军部队大部分在中国海南岛三亚完成集结,继续商议实施作战准备。12月1日,接到最终决定开战的通知,长沙号于同日傍晚、辰宫号于3日正午为了在婆罗洲西端亚比角(Api Tanjong)以及雕门岛(Pulau Tioman)东方铺设水上鱼雷,各自从三亚出击。航空部队大体在6日为止完成西贡、土龙木、朔庄基地的展开部署,水上飞机部队以法属印支沿岸为基地,实施运输船队的警戒部署,其航空兵力分为陆攻机(轰炸机)、侦察机、战斗机、水上飞机。12月2日,开战时机定为8日,7艘运输船和香椎号前往头顿,3艘运输船和占守号前往富国岛,其余全部留在三亚,一直等待出击日的到来。

接到铺设机械水雷的任务南下的辰宫号、长沙号在12月6日上午相继与英国军舰持续接触,长沙号最终退回金兰湾。辰宫号隐藏起来,在夜里抵达预定地点铺设了456个机械水雷,7日天明后,遭到英荷飞机以及英国潜艇的追踪,但仍平安返回了金兰湾。

日军潜水部队12艘潜艇大致已配属其他部队,部署至中国南海以及马来半岛东方。12月7日天未亮,伊56潜艇报告对哥打巴鲁进行了气候侦查,认为"适合登陆作战"。同日夜晚,伊122潜艇报告新加坡方面的航空特别气象对明早的航空攻击有所帮助。

伊121与伊122潜艇计划在新加坡海峡东口附近铺设机械水雷,以应对敌舰队的北上,但最终没有实施铺设机械水雷的计划。

(三)攻击舰队出击

1941年12月4日早晨,第1护卫队掩护第25军第一波次登陆部队搭乘的19艘运输船从三亚出击。接着栗田海军中将的护卫主力(7S/11dg)、小泽海军中将的马来部队主力(鸟海号、狭雾号)相继从三亚出击。

另一方面,近藤海军中将的南方部队主力(4S[缺2d]、2d/3S、4dg、6dg)在12月4日中午从澎湖马公出发南下,预计在预定登陆日8日的早晨抵达昆仑岛(Con Dao)东南海面。第2护卫队的香椎号部队5日从西贡出发,同日傍晚护卫第15军宇野支队从头顿出发。同样,第2护卫队的占守号在7日天未亮时护卫部分第15军另一部的3艘运输船从富国岛泊地出击。

第1护卫队在出击的第二天,也就是12月5日天未亮时遭遇北上的挪威号轮船，浦波号对其进行临场检查后，指定航路并将其释放。6 日早晨，来自三亚的浅香山号、关西号在初鹰号护卫下平安并入第 1 护卫队。

同日下午，从金瓯角（Ca Mau Mui）南方向西航行的第 1 护卫队、第 2 护卫队、运输船队都遭遇英国大型军机侦察，日军秘密突袭登陆的企图看来早已暴露，作战计划也岌岌可危。

小泽海军中将立即命令击退与第 22 航空战队遭遇的英军战机，另外对于在 12 月 5 日傍晚从三亚出发，目前正朝着配备点南下的第 5 潜艇队，下令实施急速的水上航行，开往金瓯角南方 100 海里处，以应对英军的攻击。不过日军舰队最终未受到英军攻击，全体攻击部队在 7 日 10 时 30 分左右抵达暹罗湾（Gulf of Siam）预定集合地点（北纬 9 度 25 分、东经 102 度 20 分），各部队朝各自的预定登陆点前进。鸟海号、狭雾号与护卫队分离，朝暹罗湾东方海面进发，应对北上的英军舰队。

（四）日军登陆成功

1941 年 12 月 7 日上午，英军侦察机观测到日军船队向泰国方向航行，英军指挥部接到报告后认为日军将先登陆泰国，再越过克拉地峡南下。其实日军船队在抵达富国岛西南后立即转向，兵分数路开往宋卡、北大年和哥打巴鲁，这些地方都在克拉地峡以南。

日军运输船队在第 1、2 护卫队的直接护卫下，于 8 日零点左右进入预定泊地；宋卡、北大年、哥打巴鲁方面的日军在凌晨 4 时突袭登陆成功；10 时左右，万隆、那空、春蓬、巴蜀方面日军也都成功登陆。这些登陆仅在哥打巴鲁遇到抵抗，各地日军上岸后迅速抢占机场，日军航空兵对尚未占领的马来半岛、新加坡的基地进行多次空袭，基本掌握了战场制空权。

哥打巴鲁方面，3 艘运输船在以海军少将桥本率领的第 3 水雷战队旗舰川内号为首的第19驱逐队(有4艘驱逐舰、2艘扫雷艇、1艘反潜艇)的护卫下,排除了英军的有力抵抗,开始登陆。日军第二次登陆成功之后,从凌晨3时到上午9时,运输部队的数艘船遭到了3到4架英军飞机的反复攻击,运输舰淡路山号发生火灾,绫户号和佐仓号也受损严重,因此第三次登陆仅在部分成功之后便中止,在护卫队的引导下,绫户号和佐仓号都避退到了北大年方面。进行避退时,处于单独行动中的绫波号受到了英军编队飞机的鱼雷攻击,但没有遭受损伤。

宋卡—北大年方面,桥本少将把第3水雷舰队的全体兵力追加给哥打巴鲁护卫部队,12月8日日落后,再次护卫绫户号和佐仓号进入哥打巴鲁泊地。在这里,他把在对荷兰军作战中打散的登陆艇集合了起来,自9日黎明再次发起了登陆作战。日落后虽然再次受到英军的轰炸,但日军登陆作战顺利进行,至傍晚,登陆完成。当天淡路山号由于受到轰炸,最终沉没;剩下的2艘运输船虽然也受到了严重的损伤,但还能继续航行。第3水雷战队出于下一阶段作战的需要,是夜从泊地出发,前往金兰湾。在此前,同日下午鸟海号、狭雾号都并入了第7战队,也为协商下一阶段的作战而一同返回了金兰湾。

在马来半岛东海岸登陆的日军分为东西两路向南推进。从哥打巴鲁上岸的日军沿东海岸南下,牵制英军。东路日军1942年1月6日攻占关丹,继续向柔佛前进。日军主力从宋卡等地向西南方穿插作战,沿西海岸南下。日军西路部队1941年12月19日攻占槟榔屿(Pulau Penang)的英军航空基地,消除了英联邦军从印缅方向对马来英军给予空中支援的可能性。1942年1月11日,日军占领马来亚首府吉隆坡,继续前进。到1月30日各路英联邦军退至最南端,次日又退守新加坡,马来半岛沦陷。

(五)英国远东舰队主力的出现

英国远东舰队司令菲利普斯海军中将很快获悉日军在哥打巴鲁等地登陆的消息。菲利普斯感到阻止日军登陆已经不可能,但也不能坐视日军扩大战果,更不能困守军港坐等日军飞机轰炸。在菲利普斯指挥下,英军远东舰队在1941年12月8日17时35分经柔佛海峡、阿南巴斯群岛向北航行。此时英国空军因为多数机场落入日军手中,无法为舰队提供空中掩护。

英国远东舰队主力威尔士亲王号以及反击号战舰的所在和动向,几乎是日军在马来第一次登陆作战中注意的焦点。8日下午,第22航空战队飞机对新加坡进行侦察,确认湾内有战列舰2艘、巡洋舰2艘、驱逐舰4艘,判断威尔士亲王号和反击号就在上述战舰内。日军在第二天(9日)的新加坡港湾飞行侦察中,报告有战列舰2艘、巡洋舰4艘、驱逐舰4艘停泊在岸,判断敌主力依然在新加坡湾内待命。9日午后17时10分,乘坐伊65潜艇的第30潜水队司令官发出警报,发现英军"反击"型战舰2艘,地点昆仑岛正南偏西(196度)、距5海里处,航向340度,速率14节。

朝金兰湾回撤的日军全军被命令立即进入伏击部署,巡洋舰部队搭载机出发侦察敌情,运输船等其他会对战斗带来妨碍的队伍则退避至暹罗湾。马来部队司令从南方部队总司令处得到的战斗方针为,确保航空机潜艇整晚监控英军,等到次日天明,航空部队举全力攻击英军舰队,水上部队集结起来策应航空部队的攻击。

从12月9日夜晚至10日黎明,鬼怒号和熊野号的舰载机虽然一时与英军舰队遭遇,但得益于雨天,英军舰队不久逃脱而去。伊65潜艇及伊64潜艇也因雨天影响,将一度发现的英军跟丢了。

南下中的南方部队主队与北上中的马来部队主队以及护卫队于10日4时左右,在昆仑岛东南方约50海里处完成会合,之后继续南下。10日3时41分,伊58潜艇发现南下中的英军主力后,立即发射了5枚鱼雷,但都未命中,便立即浮出水面,以16节的速率追踪英军,最终在4时35分左右失去对方的踪迹。

南下中的水上部队也接到了上述报告,判断终究没有可能追上英军,因此在8时15分左右放弃追击,委托航空部队及潜水部队歼灭英军,将三隈、最上、初雪、白雪各舰留在马来东方海面实施警戒,其余前往金兰湾接受补给。

（六）马来海战——Z舰队覆灭

除了小泽海军中将指挥的马来编队掩护马来登陆作战,还有近藤信竹麾下南方部队（战列舰2艘、巡洋舰2艘、驱逐舰10余艘）从台湾出发,提供远程支援。日军10余艘潜艇也部署在新加坡与哥打巴鲁之间进行警戒,准备拦截威胁登陆作战的英国远东舰队。日军还有300多架岸基飞机部署在法属印支南部西贡附近机场,编组为第1航空部队,接受小泽海军中将指挥,随时准备出动,协同舰队作战。

截至1941年12月6日,日军结束法属印支各基地的展开。第22航空战队的元山航空队及美幌航空队等32架陆攻飞机在8日出动,准备进攻新加坡。其中半数由于不良天气的影响中途撤回,美幌航空队的其他飞机对新加坡航空兵力军事设施进行了第一轮攻击后,便全体返回。

其他的日军战机以及陆侦飞机对宋卡泊地实施了空中警戒,并对新加坡实施了侦察。次日也就是9日晨,他们又冒着英方猛烈的地面炮火,对关丹机场发起了攻击,对新加坡、婆罗洲的要地以及英军战舰进行了敌情侦察。

9日15时,日军伊65号潜艇发现英军2艘战列舰向北航行。驻西贡的日军指挥部先指派附近海区的海空部队进行搜索,后又命令飞机起飞向南方搜索。到深夜有日机发现几道军舰航迹，立即召唤攻击，但飞近时才发现是小泽编队的军舰。担心会误击己方军舰，日机在天亮前停止搜索与攻击。10 日 2 时许，另一艘日潜艇发现 Z 舰队，近藤舰队高速追击，判断对方在 200 海里之外，没有追上的可能。日军指挥部决定水面舰队停止追击，交由岸基航空兵和部署在马来半岛东部海域的潜艇部队攻击。

接到发现英舰威尔士亲王号以及反击号的报告，日军指挥部军命令 10 日天亮时对其进行全力攻击，因此 10 日天未亮时，侦察队派出了中攻机（鱼雷机）10 架、陆攻机 2 架，雷击队派出了中攻机 51 架，轰炸队派出了中攻机 34 架，共计 97 架飞机从西贡以及土龙木基地起飞前往攻击。10 日 11 时 56 分，日军陆侦机首先发现一度跟丢的英军战舰正在关丹东方约 40 海里处，并有 3 艘驱逐舰伴随南下。从 12 时 14 分到 14 时 50 分，第 22 航空战队以及鹿屋航空队举全力对威尔士亲王号、反击号以及负责直接护卫的 3 艘驱逐舰进行了连续猛烈的鱼雷攻击，最终将英国威尔士亲王号、反击号 2 艘用来威慑日本的大型战舰以及 1 艘驱逐舰击沉，英军舰队司令菲利普斯中将和舰长利奇（John C. Leach）上校以下 800 余官兵阵亡。日军仅付出 3 架飞机被击落、空勤人员死亡 21 人的微小代价。

马来海战中，日军航空兵击沉英国战列舰，终结了大英帝国在远东的主要威慑力量。这是大炮巨舰时代终结的一个重要标志。日军不到 100 架飞机用 2 个小时就干净利落地消灭 2 艘大型军舰，充分证明了航空兵在海上作战中的优势。当时英日双方对集群飞机在与战列舰作战中占有巨大优势都认识不足。在此之前无论英国还是日本都没有重视印支南部日军航空兵力的作用。日本本来是以小泽的马来编队为主力对抗英国远东舰队的，只是实力对比悬殊才改派近藤舰队阻击英舰队，又因近藤舰队距离太远，才派航空部队应急。最终战果出乎双方意料。

四、日军第二次马来登陆作战

（一）作战兵力

日军马来部队企图在婆罗洲的米里（Miri）、诗里亚（Seria）、古晋（Kuching）登陆。除了担任陆军川口部队护卫的第 12 驱逐队（白云、东云、严云）、7 号反潜舰、第 1 扫海队（扫雷），其余都采取与先遣兵团第一次马来登陆时相同的部署展开作战。

本次作战计划，是由海军少将桥本率领的川内第 19 驱逐队（绫波、矶波、敷波、浦波）、第 20 驱逐队（夕雾、朝雾、天雾、香椎、占守）直接护卫第 25 军第 5 师团约 41 艘运输船，在宋卡附近根据情况护卫部分日军登陆哥打巴鲁。

航空部队被赋予了掩护婆罗洲攻略部队的任务，新设了婆罗洲基地部队，执行确保维护米里、古晋基地的任务。

马来第二次登陆部队部署见表 3-3 与书后附表。

表 3-3　第二次马来登陆部队兵力部署

部队	登陆地点		兵力
第 25 军第 5 师团运输船约 41 艘（包含佗美支队）	宋卡、北大年、哥打巴鲁方面	第一次登陆	长官：坦克第 6 联队长河村大佐师团主力车辆部队以重炮 1 中队、坦克 4 中队为基干
		第二次登陆	长官：野战重炮 3 联队 1 大队长第一次登陆后的剩余部队
第 25 军佗美支队	同上	第一次登陆	长官：池户中尉支队的马匹车辆

资料来源：「馬来攻略作戰/第四、馬来第二次上陸作戰」、JACAR（アジア歴史資料センター）Ref. C14061136500、昭和 16 年 12 月 昭和 17 年 3 月 馬来攻略作戰（防衛省防衛研究所）。

不过因为本次作战计划与英领婆罗洲作战同时实施，所以护卫兵力不足，日军计划花约 2 周的时间分两批完成运输。但乘着歼灭英国远东舰队主力的良机，在马来作战中的第 25 军实力迅速增强，计划变更为同时登陆。

（二）登陆成功

马来第二次登陆作战部队的大部分于 1941 年 12 月 11 日在金兰湾集结。日军计划商议结束，对最初的计划作出变更，命令鸟海号、最上号、三隈号以及初雪号、白雪号与第 1 护卫队一同，护卫第 5 师团第二次登陆兵团在宋卡、哥打巴鲁方面登陆。

12 日天未亮以及该日夜晚，陆军运输船共计 4 艘空船在金瓯角附近全部遭到英军潜艇的攻击，又或遭受损伤。由于发生了事故，南方部队主力特地派出第 4 驱逐队，加上第 1 护卫队，一起负责运输船队前路的反潜扫荡任务。

12 日傍晚，登陆部队中 2 艘低速运输船先行从金兰湾出发，前往宋卡，接着 13 日早晨，第 1 护卫队川内号以下 14 艘舰直接护卫第 25 军先遣兵团第二次登陆部队搭乘的 41 艘运输船，从金兰湾出击。过了正午，鸟海号、鬼怒号出击，与持续在马来东方海域实施警戒中的最上号、三隈号、初雪号、白雪号合流，负责船队的护卫工作。

13 日夜晚，北大年方面出现英军潜艇，日军运输船遭受一些损伤，因此在 14 日、15 日两天，日军动员第 9 根据地队、第 11 根据地队的兵力，命其进一步加强在头顿海金瓯角附近、宋卡、北大年、哥打巴鲁泊地的反潜警戒。

第 1 护卫队在 14 日也命令部分兵力先行出发，首先是在金瓯角附近，15 日又在泊地附近进行敌潜扫荡。

16 日上午，运输船队平安进入北大年、哥打巴鲁、宋卡泊地，开始登陆。本次航海中，除发现一艘对鸟海号进行接触的飞机以外，未遭到敌机的攻击。

自16日起至19日,登陆军登陆作业过程中,第1护卫队在各运输船队泊地外方实施了大规模的反潜扫荡。19日正午,川内号的水上侦察机在哥打巴鲁海发现英军潜航中的潜艇并对其进行轰炸。日军命令川内机停止轰炸,接着在该机的引导下,加上绫波号、夕雾号发起深水炸弹攻击,还有浦波号到次日早晨为止在现场附近进行压制,到了半夜,日军终于捕捉到浮出水面的荷兰Q20号潜艇并将其击沉。

登陆作业进行得十分顺利,因此19日以后,各护卫潜艇依次返航金兰湾,为第二期作战做准备。

五、日军第三次马来登陆作战(Q作战)

马来陆上作战进展得极其顺利。第25军主力在1941年12月20日抵达芙蓉(Seremban)。25日,日军司令部向太平(Taiping)扩张。

在北大年、塔佩方面登陆的安藤支队在22日向萨乌库(音译,哥打淡边[Kota Tampan]南方13千米处)扩张,登陆哥打巴鲁的佗美支队在19日完全占领瓜拉吉来(Kuala Kerai),其主力朝着关丹开始进击。第3飞行集团自19日起开始撤退至双溪大年(Sungai Patani)北机场,对怡保、吉隆坡方面的英军航空兵力进行持续攻击。

(一)关丹登陆作战(Q作战)计划

计划伴随着马来作战的进展,南方军派约2支大队的兵力搭乘2艘运输船,选择25日以后两三日间海上较为平稳且能见度差的日子登陆关丹,并突袭占领关丹机场,促进新加坡攻略战的展开。

根据陆海军双方研究得出的结果,日军对柔佛州—新加坡方面英军航空兵力较为强大的时期没有胜算,因此推算了海陆军飞机能够对上述英军航空兵力进行压制的时机,预定在 12 月末达成作战目的。

参加该作战的陆军以第 25 军第 18 师团两大队步兵为基干,海军则有海军少将桥本率领的第 1 护卫队川内号、夕雾号、天雾号、朝雾号、敷波号、一号扫海艇(扫雷艇)、四号扫海艇以及九号反潜舰对其进行护卫,此外陆海军航空部队也一同加入。

本次作战的要领是,25 日以后强化航空作战,至少在一段时间内将新加坡方面英军战机的行动封杀,乘机授命早已进入宋卡方面待命的攻略船队在第 1 护卫队的直接护卫下,在关丹正面登陆。

(二)佗美支队占领关丹

1941 年 12 月 24 日 17 时,第 1 护卫队从金兰湾出发,次日即 25 日 9 时 45 分抵达 Q 作战集合点头顿。与早已完成陆兵输送的运输船龙城号、浅香山号会合之后,当天 19 时护卫队又从头顿出发,27 日抵达宋卡,进入待命状态。

在此期间,第 1 护卫队天雾号以及敷波号受命将第 22 航空队的基地人员和物件运送至哥打巴鲁。天雾舰直接从西贡出发进行运输,敷波舰护卫一艘运输船从头顿出发,分别于 26 日早晨以及 27 日傍晚抵达。

至于南方军方面,佗美支队预计有可能在 12 月末成功占领关丹,另一方面关丹登陆作战时英军战机的反击相当激烈,但日军早有预期,最终关丹登陆作战中止,改为从陆上进行占领。对关丹占领部队的增援以及补给部队,从宋卡出发至哥打巴鲁登陆,从陆路进行扩张。对此海军方面也表示同意,于 28 日早晨发布命令中止 Q 作战。

在宋卡待命的 2 艘运输船,分别由朝雾号及天雾号负责护卫,分别于 28 日、29 日从宋卡出发,30 日抵达哥打巴鲁,平安完成搭乘部队的运输。第 1 护卫队依次返航金兰湾。从陆上进军的佗美支队于 31 日占领关丹。

六、日军第四次马来登陆作战

(一)英日对峙形势

迄今为止,日军陆上作战进展极其顺利。第 25 军方面,其主力 12 月 28 日渡过霹雳河,向南进发中。第 15 军方面,也在 12 月下旬占领维多利亚角(Victoria Point),向泰、缅国境方面扩张。

马来方面,日军第一次登陆作战时,英国远东舰队主力对其发起进攻,反而一败涂地。此后英军虽然发现了日军在新加坡的水上舰艇以及一部分在爪哇方面行动中的水上舰艇,但其作战行为相当消极,未表现出寻找日方输送舰队并发起攻击的积极意图。然而,吉隆坡、新加坡附近的英航空兵力仍在继续活动,英军潜艇在马公、海南岛东南海面以及法属印支、马来半岛沿岸附近出没,干扰日军的后方联络。

(二)日军作战兵力

本次作战是将第 25 军主力以及部分第 15 军运送至马来及泰国登陆。即运载第 25 军军直部队以及第 5 师团步兵 3 大队和其他人等的 43 艘运输船,以及运载第 15 军军直部队和第 33 师团一半的 13 艘运输船从马公出发,分别将登陆部队运送至宋卡以及西贡。

负责其护卫任务的是原海军少将率领的新编部队即第 2 护卫部队。

第 2 护卫部队参加过菲岛方面的登陆作战,在 12 月 22 日该作战成功后，便返回了马公。以第 5 水雷战队的名取号、第 5 驱逐队（朝风、春风、松风、旗风）及第 22 驱逐队（皋月、水无月、文月、长月）为基干，另有吹雪号、第 8 驱逐队（大汐、荒汐、朝汐、满汐）、第 19 驱逐队（绫波、矶波）、香椎号以及占守号，第 2 护卫队共计 18 艘舰船。其中，第 25 军主力搭乘的船只由第 22 驱逐队以及第 5 驱逐队护送，还有部分第 15 军搭乘的船只，则由香椎号、占守号、吹雪号及第 19 驱逐队等各舰进行直接护卫，其他则在第 5 水雷战队司令的直接率领下对全体作战提供支援。并且，担任马来部队主队的鸟海号、第 12 驱逐队（白云、严云）以及护卫队主力的第 7 战队（熊野、铃谷、三隈、最上）、第 11 驱逐队（初雪、白雪）和浦波号在法属印支南方负责支援全体作战。另外从南方部队派出摩耶号、响号、晓号在马公到海南岛附近，野分号、萩风号在海南岛到西贡海面范围内，协助第 2 护卫队的反潜扫荡。

（三）宋卡登陆作战

第 2 护卫队（含第 5 水雷战队、第 8 驱逐队、香椎号、占守号、绫波号、矶波号）以及 56 艘运输船于 12 月 28 日在马公集结完毕。

12 月 31 日，第 2 护卫队护卫运输船以及辰宫号从马公出击。第 15 军军直部队伞兵部队搭乘的南下中的明光号，于 1942 年 1 月 3 日 15 时 30 分在北纬 15 度 1 分、东经 112 度 48 分附近发生火灾并爆炸，最终于 18 时 43 分沉没。该舰运载的全体人员约 1 500 名被护卫舰艇救助，由香椎、占守、绫波、吹雪各舰收容，停止前往西贡，改为运送至曼谷。

1942 年 1 月 6 日，护卫队命令辰宫号前往西贡。与其分离后，第 25 军的 43 艘运输船在第 5 水雷战队的护卫下，于 8 日 21 时抵达宋卡。第 15 军的 12 艘运输船在香椎、占守、吹雪、矶波、绫波各舰的护卫下抵达曼谷。第 5 水雷战队因要准备二期作战,即刻从马来部队退出,撤回台湾方面,其他第 2 护卫队则依次撤回金兰湾。

本次运输作战期间,摩耶、响、晓、野分、萩风各舰依照计划协助了第 2 护卫队。另外,鸟海号及第 12 驱逐队于 1 月 5 日上午,熊野、铃谷、初雪、白雪各舰于当日下午从金兰湾出击,执行支援登陆作战以及间接护卫的任务,在协助运输船队抵达预定登陆地点之后,便依次撤回了金兰湾。

1942 年 1 月 10 日傍晚,陆军运输船秋田号在北纬 7 度 52 分、东经 102 度 53 分,遭到英军潜艇的鱼雷攻击而受损严重,由朝风、旗风、吹雪各舰救助了舰上的全体搭乘人员。

七、日军第五次马来登陆作战和阿南巴斯基地占领作战(S 作战)

(一)日攻英守态势

马来方面,日军的登陆作战迅速推进,第 25 军主力于 1 月 11 日抵达西岸吉隆坡一线,东岸支队越过关丹逼近兴楼(Endau)北方。新加坡方面的英军战力依然强劲,仍有数艘巡洋舰、驱逐舰停泊,航空兵力似乎得到增强,日军估算英军拥有约 150 架飞机。

日军航空兵力的部署是,以海军第 22 航空战队为基干,第 1 航空部队约 50 架陆攻机分配至西贡方面,约 40 架飞机以及约 20 架战斗机分配至哥打巴鲁方面,约 9 架陆攻机分配至双溪大年,陆军第 3 飞行集团约 80 架重型轰炸机、50 架战斗机分配至关丹、哥打巴鲁以及英领马来亚东北部方面,逐渐加强对新加坡攻击的态势。

一直以来,日军马来部队将金兰湾作为舰艇补给基地,将头顿、昆仑岛作为轻快部队的前进补给基地,但伴随着战线的延伸,日军迫切需要将轻快部队的补给基地向前推进至阿南巴斯方面。

于是南方军令其精锐部队在兴楼附近登陆,准备切断英军的退路,且缩短己方的补给路线。

（二）日军进攻作战配置

日军令第 18 师团主力迅速在兴楼附近登陆,推进新加坡攻略战。另外在阿南巴斯群岛设置轻快舰艇补给基地的同时,将水上飞机基地向前推进至此处,为作战的实施创造良好的条件,这正是本次作战的目的。

为此,日军计划由桥本少将率领的第 1 护卫队川内号以下、包括小型潜艇在内的 22 艘潜艇兵力,护卫第 18 师团主力以及陆军航空相关部队的 13 艘运输船至兴楼登陆。另一方面,由九根司令官、平冈海军少将率领的初鹰号以下、20 多艘船只构成的阿南巴斯基地部队兵力,对阿南巴斯进行占领,在此处设置补给基地。另外,由第 2 航空部队在该地设置水上飞机基地。

由于兴楼靠近英军的航空根据地,所以在实施兴楼登陆作战前,在航空歼灭战中歼灭新加坡方面航空兵力是至关重要的,因此第 1 航空部队展开了果敢的作战。而且本作战中,新加入马来部队的航母部队即第 3 航空部队龙骧号也参与出击。

马来部队主队（鸟海、白云、严云）以及护卫主力（第 7 战队［熊野、铃谷、三隈、最上］以及第 19 驱逐队［绫波、矶波、浦波］）在此期间负责这些作战的支援工作。

（三）日军横扫马来亚

第 1 护卫队于 1942 年 1 月 3 日从金兰湾出发,6 日抵达中国南部的虎门,护卫 S 作战（兴楼登陆作战）11 艘运输船队（第 18 师团主力搭乘）,8 日早晨从该地出发,10 日傍晚撤回金兰湾。

自 1 月 12 日起,按照计划,陆海军基地航空部队开始新加坡方面的对敌航空兵力歼灭战,但收效甚微。另一方面,陆军作战的进展超出预期,当前的英军完全丧失了斗志,因此日军认为为了新加坡攻略的成功,反而没有必要实施 S 作战。第 25 军呈报了作战中止的相关意见。新加坡方面的对敌航空兵力歼灭战未取得足够的成效,S 作战部队的出击也被推迟,考虑到南苏门答腊作战,陆军有必要将航空燃烧弹运送至兴楼方面登陆,且不允许有延迟的情况出现,因此 S 作战 15 日决定中止。

恰巧同日第 22 号侦察机对新加坡进行了拍摄侦察,结果在该军港内发现了一艘疑似声望号的战舰,于是马来部队司令于 1 月 16 日凌晨 1 时,对第 1 航空部队下达命令,举全力对英军舰队发起反复攻击,将其歼灭。另一方面,马来部队又向南方部队指挥官呈报,考虑到新加坡方面的敌情,以及即便恢复作战也早已失去战机的情况,认为中止 S 作战是最为妥当的。

同日 11 时 30 分,马来部队指挥官意图展开对敌战舰的引诱作战,向全军下达了以下电令:

(1) S 作战延期。

(2) 鸟海号、7S、3Sd、4Sf(缺第 2 联队,羽风号加入)、鬼怒号以及由良号于 16 日 13 时左右从金兰湾出击,17 日下午向法属印支南方海面扩张。计划将英军引诱至南中国海方面,加上航空部队的攻击,将其歼灭。

(3) 4Ss 潜艇在新加坡东方实施监视部署,5Ss 潜艇则部署于巽他群岛(Sunda Islands)海峡南方以及马六甲海峡北口附近。

(4) 第 2 航空部队(除鸟海飞机)负责侦查、接触英军舰艇等舰队的警戒工作。

(5) 其余部队待在目前位置,实施警戒。

晚于预定计划，同日下午 15 时整，马来部队依照第 3 水雷战队、鬼怒号、鸟海号、第 7 战队、由良号、第 4 航空战队的顺序从金兰湾出击，为了引诱新加坡的英国舰队，朝法属印支南方海面行进。

另一方面，由于日军近来在马来的登陆作战进展极其顺利，所以当 1 月 16 日接报称马来西岸部队已经抵达昔加末（Segamat）、巴株巴辖（Batu Pahat）北方，东岸部队抵达兴楼北侧之后，面对形势的如此变化，陆海军间商定变更计划，令第 18 师团的主力在宋卡登陆。但是南方军之后的作战指导方面，由于航空相关部队以及燃料炸弹等必须在 1 月 26 日前运送至兴楼以及丰盛港（Marsing），因此对这 2 艘运输船的护卫仍依照 S 作战实施。日军原计划为引诱英军舰队并将其歼灭，在法属印支南方海面行动中的马来部队舰艇并未能达成目的，于 19 日 15 时 47 分依次撤回金兰湾。

第 22 驱逐队（夕雾、朝雾、天雾）以及吹雪号护卫第 18 师团主力（11 艘运输船）于 1942 年 1 月 20 日 16 时从金兰湾出发，于 1 月 22 日 18 时抵达宋卡并实施登陆。接着 1 月 24 日 23 时，西号和堪培拉号组成的运输船队在第 20 驱逐队和吹雪号的护卫下由宋卡出击。此前在头顿集合并于 24 日傍晚又从该地出击的川内号于 25 日 15 时 30 分与运输队会合，并于 26 日 7 时 30 分进入兴楼停靠。负责兴楼泊地扫雷任务的扫雷部队于 23 日上午从昆仑岛出发，在第 11 驱逐队的支援下进军兴楼，1 月 26 日晨抵达兴楼海面后，便即刻开始扫雷工作。确认没有铺设机械水雷后，运输船立即进入泊地开始登陆。在日军登陆期间，从 9 时 20 分到 20 时 10 分，英军共数十架飞机前后分 4 批前来轰炸。日本陆军战机在空中进行直接护卫并反击，英军的大半飞机被击坠，日军舰艇没有遭受损伤，2 艘运输船仅出现了少数的损伤。

1942 年 1 月 27 日 4 时 30 分，英军 2 艘驱逐舰吸血鬼号以及萨内托号接近并侵入兴楼泊地警戒幕内的运输船,护卫舰艇发射了鱼雷但并未命中,日军值哨中的白雪号首先向其开炮,接着附近各舰都一齐开火,将英舰萨内托号击沉,并给吸血鬼号造成了严重的损伤。同日,数架英军战机来袭,但并未造成损伤,日军登陆进展顺利。28日运输船依次撤回宋卡,第1护卫队也依次撤回金兰湾。

护卫队主力(7S/10dg[缺敷波号])以及4Sf(缺二联队,敷波号加入)于1月23日14时从金兰湾出发,向法属印支南方海面扩张。兴楼作战以及助攻阿南巴斯的作战结束后,护卫队大部于30日撤回金兰湾。

阿南巴斯基地部队于1月13日在昆仑岛集合,准备集合完成后于当月24日凌晨3时依次从昆仑岛出击。1月25日早晨,龙骧号的4架舰攻机对阿南巴斯群岛中特兰巴(Terempa)的无线设施进行轰炸后,26日3时30分到8时期间,阿南巴斯基地部队进入特兰巴泊地,占领附近要地,并立即设置水上飞机基地。

八、日军攻克新加坡

(一)远东要塞新加坡

日军攻占南洋的战略目标是盛产石油、橡胶、锡矿等战略资源的荷属东印度群岛(涵盖今印度尼西亚除新几内亚岛之外的大部分领土),袭击珍珠港也只是实现此目标的配合行动。要夺取荷属东印度群岛,必先夺取英属马来半岛。马来半岛为太平洋和印度洋的分界线,被比作"远东直布罗陀"的新加坡更是扼守太平洋与印度洋之间的航运要道马六甲海峡,也是阻挡日军夺取荷属东印度石油等资源的天然屏障。日军对马来半岛的登陆作战兵分两路:一路是在太平洋战争爆发之前已经进占印支南部的近卫师团,从泰国南部沿海登陆,占领曼谷后,再沿马来半岛南下;另一路是山下奉文中将指挥的第 5 师团和第 18 师团,分批从马来半岛沿海登陆。为了支援登陆行动,日本海军令小泽治三郎海军中将指挥的南遣舰队马来编队负责掩护,下辖重巡洋舰 5 艘、轻巡洋舰 4 艘以及各种护卫舰船。

英国在新加坡经营多年,其樟宜(Changi)海军基地更是规模不凡。第二次世界大战爆发后,英国本土遭到德国直接攻击,已无余力顾及这块远东战略要地,在新加坡的防卫部署已降至最低程度。1941 年下半年,德军转向东线进攻苏联,英国本土所受的压力有所减少,同时日本施行南进战略攻占南洋群岛的意图日趋明显。英国首相丘吉尔决定派遣威尔士亲王号战列舰、反击号战列巡洋舰和 4 艘驱逐舰(快速号、吸血鬼号、特内多斯号、伊莱科特拉号)组成英国远东舰队(Z 舰队)奔赴远东。1941 年 12 月 4 日,Z 舰队达到新加坡。Z 舰队加上原部署在新加坡的万吨级肯特号巡洋舰、9 000 吨的伯明翰号巡洋舰和 2.2 万吨的鹰型航空母舰,构成了防守新加坡的海军全部主力。

这时驻守新加坡的陆军部队是由英国、澳大利亚、印度和马来军组成的联军,共约 8.8 万人,由英国珀西瓦尔(Arthur E. Percival)中将负责指挥。虽然岛上存有充足的粮食弹药,但多数军队刚从马来半岛败退下来,士气低落,战斗意志薄弱。空军拥有约 150 架老式飞机,如美国淘汰的 F2 水牛式战机。

新加坡与马来半岛被 1 000 米宽的柔佛海峡阻隔,当时海峡上筑有长堤相通,英军败退后炸毁长堤,使日军登陆追击部队受阻于海峡。为攻占新加坡,日军集结了包括 27 个步兵大队、14 个炮兵大队、3 个坦克联队在内的 5 万陆军;日航空部队有轰炸机 108 架、战机 40 架。

(二)新加坡孤城难守

Z 舰队到达新加坡的同一天即 1941 年 12 月 4 日,日本南下登陆舰队浩浩荡荡地从海南岛三亚启航,向马来半岛进发。12 月 6 日登陆舰队转向西北,佯装开往曼谷,声称要切断印度与中国之间的运输线。12 月 7 日上午,英军侦察机发现日军舰队,英军判断日军将先在泰国登陆。其实,这支登陆运输舰队于 7 日 12 时已突然转向,兵分数路,驶往哥打巴鲁(马来亚)、北大年(泰国)和宋卡(泰国)。

1941 年 12 月 8 日凌晨 1 时 45 分,日运输舰队搭载的南路 5 000 多名日军在 4 艘驱逐舰火力的掩护下在哥打巴鲁登陆。2 个小时之后,日军登陆部队击退了哥打巴鲁的英国守军,控制了第一个桥头堡。随后宋卡和北大年的日军登陆部队也成功地守住了各自的阵地,并且迅速抢占了附近的机场。8 日天明后,日军航空兵对马来半岛尚未被其地面部队占领的机场和新加坡航空基地进行多次空袭,英国的空军战机损失殆尽。

12 月 8 日下午,英东方舰队司令菲利普斯中将在缺乏空中掩护、敌情不明的情况下率领 Z 舰队冒险出航。12 月 10 日,Z 舰队在马来湾海面遭到日军第 22 航空队的 85 架飞机连续 2 个小时的空袭,威尔士亲王号和反击号被日军飞机击沉,英国远东海军的主力至此不复存在。

陆战方面,由山下奉文将军率领的登陆部队——第 5 师团、第 18 师团均为日本陆军精锐,其主力从宋卡、北大年等地登陆,而后向马来半岛西南穿插,沿西海岸向南推进;牵制分队从哥打巴鲁登陆,而后从马来半岛东海岸南下。两股日军在轻型坦克和空军的支援下隆隆南下,而且多数日军部队都备有自行车,方便在山间小路快速行进。12 月 11 日,由英军希思(Lewis Heath)将军指挥的英印第 11 师首先与日军交火,尽管印度军队在数量上有三比一的优势,但因部队训练较差,装备又处于劣势,军官与士兵的团结意识又几近于零,所以这样一支军队与日本陆军精锐对抗的结果是可想而知的。

日军西路部队于 12 月 19 日占领槟榔屿的英军空军基地,消除了英联邦军队从印度、缅甸方向对马来半岛守军进行空中支援的可能性。西路主力接着沿西海岸丛林道路急速南下,东路支援部队于 1942 年 1 月 6 日攻占关丹,然后向柔佛州前进。西路部队于 1 月 11 日攻进马来亚首府吉隆坡,然后继续前进。

日军势如破竹,使失败的阴影像瘟疫一样在英联军中蔓延,而且英联军的撤退很快就变成了逃跑,大量的坦克、大炮、汽车以及燃料、食品等英军物资落到日军手中,及时补充了日军物资。日本航空兵可以在被攻占的原英国机场装上英军的燃料后再往英军的阵地上投掷英国造的炸弹。日军士兵除了少数乘坐坦克和卡车,多数都是骑着自行车,追击溃退中的联军部队。

1942 年 1 月下旬,英军增援部队抵达新加坡,其中包括英军第 18 师和 50 架飓风战机。由于马来半岛大部分已经失守,第 18 师已来不及运往前线;而飓风战机由于训练和装备落后等问题,在与日军的零式战机的交锋中一败涂地。1 月 25 日,珀西瓦尔将军已下令向新加坡作最后的撤退。2 月 1 日,英军炸毁了连接新加坡与柔佛州的 1 000 余米长的海峡堤坝,新加坡变成了一座真正的孤岛。

新加坡要塞本来装备了大量火炮,具有强大的防御能力,但其防御方向原本是针对来自海上的日军进攻,岸炮只有极少数可以大角度旋转,因此对付来自后方的登陆攻击毫无用处。此时新加坡集结了英、澳、印联军约 8 万人,虽然粮食弹药较为充足,但士气普遍低落,还失去了制空权和制海权。

在休整一周以后,第 25 军司令官山下奉文便向部队下达了攻击新加坡的命令。1942 年 2 月 8 日晨,日军炮兵和航空兵对新加坡岛上的火炮阵地和机场等设施进行了猛烈轰炸。随后,近卫师团在新加坡东北角的开阔地带佯装登陆,牵制守卫东北部的英军主力第 18 师,使其不能向其他方向调动。2 月 8 日夜,日军主力第 5 师团和第 18 师团乘冲锋舟在长堤以西的沼泽地带登陆,守在这里的澳大利亚军疲惫不堪且毫无斗志,很快被消灭。

日军登陆后,立即着手建立并巩固登陆场,随后近卫师团也向西转移并在这里登陆。之后日军的 3 个精锐师团并肩向南推进。至 2 月 14 日,日军先后占领了提马高地、因保丁水库和加兰机场等要地,并对城区形成了三面合围之势,同时加紧空袭轰炸新加坡市区。

2 月 15 日,在日军登陆一周以后,珀西瓦尔向日军投降,新加坡这座号称"远东第一要塞"的战略要地落入日军之手。日军以少胜多,马来半岛作战消灭、俘虏英联军 5 万人,新加坡陷落,8 万英军投降。这是开战以来日军的最大胜利。在进攻和占领新加坡的过程中,日军对战俘和平民进行了大量屠杀。

在历经 9 周(包括马来亚战役 8 周)的抵抗后,珀西瓦尔将军最终将英国苦心经营多年的远东要塞交给了日本帝国,其中战略处于被动当然是主要原因,但防御战术的失误也是不可忽视的。

九、昭南水路及马六甲海峡启用作战

(一)马来亚大局已定

延续马来第五次登陆作战,第 38 师团以及马来部队实施南苏门答腊作战,邦加岛(Pulau Bangka)登陆作战于 2 月 15 日成功,另外巨港登陆作战也在 16 日取得成功,接下来第 38 师团将要攻打苏门答腊南部。

海军荷属东印度部队护卫第 16 军运输船,正处于爪哇攻略作战中。马来作战终极目标新加坡最终被成功攻占,英国远东司令

官于 2 月 25 日无条件投降。新加坡被更名为昭南市，日本占领军
对当地民众进行高压统治。

（二）日军作战计划以及实施

日军计划迅速启用新加坡主水路以及柔佛水路（包括军港以
及岌巴［Keppel］泊地），启用新加坡水路后，尽可能迅速地启用马
六甲水路，借此马来部队、陆海军运输船迅速向新加坡扩张，为接
下来的作战作准备。

昭南水路启用作战兵力部署见表 3-4。

表 3-4　昭南水路启用作战兵力部署

区分	主队	第 1 扫海队	第 2 扫海队	补给部队
指挥官	9Bg 指挥官	91Kg 司令	41wg 司令	44wg 司令
兵力	旗、初鹰、永兴丸、夕雾、11Chg(Ch8)	41 wg（第一京丸、第三京丸、丽水丸、高雄丸）、11Chg（Ch7）、音羽丸、留萌丸、监视舰（大洋丸、第二北洋丸、大华丸、第七丰丸）	44 wg（利丸、第二利丸、第六长运丸、第七长运丸）、第 11 驱潜队（驱潜九）、内火艇 2 艘、大马力艇 1 艘	91 Kg 野岛丸、广隆丸、木曾川丸
主要任务	支援扫海部队	一、启用新加坡主水路 二、岌巴港以及商港泊地的扫海工作 三、启用岌巴港至主水路间的水路	一、启用吉隆坡水路 二、军港泊地的扫海工作 三、启用商港至主水路间的水路	启用补给

注：(1)第 3 水雷战队司令官率领川内号、天雾号、朝雾号，依照特令支援石水路的启用。(2)鸟海号和水上侦察第 1 飞机队（包含邦加岛以及阿南巴斯所在的维护人员 9 名）从事昭南水路的启用工作。
资料来源：「馬來攻略作戰/第九昭南水路及『マラッカ』海峡啓開作戰」，JACAR（アジア歴史資料センター）Ref. C14061136900、昭和 16 年 12 月 昭和 17 年 3 月 馬來攻略作戰（防衛省防衛研究所）。

（三）马六甲海峡水路启用作战经过

依照特令,川内、天雾、朝雾各舰支援本次启用作战,此外鸟海号和水上侦察第1飞机队也参加了昭南水路启用攻略。作战经过如下:

扫雷部队主力(初鹰号、永兴号、夕雾号、第41扫雷队、第44扫雷队[野岛号等])于1942年2月20日晨在马普尔岛(Pulau Mapur)南方泊地集合完毕,21日上午10时开始在新加坡港东口的中水道展开扫雷作业,24日完成了新加坡方面的扫雷作业。

马来部队的主队(鸟海号、第3水雷战队、川内号、第11驱逐队、第12驱逐队、第19驱逐队[缺绫波号])于2月27日进军新加坡。运输船自3月2日起不断进出新加坡,为之后的马六甲海峡水路启用作战作准备。

马六甲海峡水路启用自2月26日傍晚开始,至3月1日完成。之后,扫雷部队在朱古拉河口泊地、马六甲泊地、巴株巴辖泊地实施扫雷,5日下午返回实里达(Seletar)。

太平洋战争初期的马来亚战役中,英军和英国指挥下的英联邦军队总数达14万人,却被不到7万日军迅速消灭,多数英联邦军投降被俘。虽然当时英军是在双线作战,但他们在武器、训练和战争经验上,并不能说都不如日军。双方战力出现如此之大的差距,到底是什么原因?

在马来亚战役中,英军其实只是在表面上占据军队数量上的优势。英联邦军队总数虽多,但分散部署,而且很多部队在开战后还没有抵达战区。无论从人员装备、战争准备和指挥人员配置的哪一方面来看,英军都没有做好在当地与日军一较高下的准备。英军的指挥官珀西瓦尔,也不是一个适合打现代战争的人,他没有足够的能力指挥和策划大规模现代战争。

马来亚半岛的地形比较崎岖,丛林密布,不适合大规模装甲部队作战。结果在马来亚战役中，装甲兵部队远远不如英军的日军，反而在坦克方面占据绝对优势。在北非经常和轴心国军队坦克大战的英国人，却在当地没有一辆装甲车辆。

空军也有类似问题。很多战前修建的机场，都是英国空军单方面选址建造的。陆军在自己的防御计划中，并没有好好考虑这些机场的存在。日军快速南下并占领机场后，夺取来不及撤走的大量物资，继续对下一个目标发起快速攻击。英国陆军的防御体系完全不适应这种脱节情况，非常被动。

马来亚和缅甸地区的英国空军在1941年年底到1942年年初，装备了一批美国水牛战斗机。进行性能评估后，他们认为这种飞机不实用，便丢给了东南亚本地军队。结果，马来亚当地的空军力量就依靠这种性能平庸的飞机分散部署在各个机场，最终在日本陆军的一系列空地协同打击下，迅速瓦解。

还有海军的问题。原本英国拼凑了一支看上去强大的Z舰队来协防新加坡，但胜利号航母却被留在英国本土以防御挪威的德国战列舰。结果就是缺乏空中掩护的Z舰队，最终被从印支南部西贡起飞的日本陆军轰炸机炸沉。

这一系列的战略部署与人为失误，最终导致了英联邦军队在马来半岛的迅速溃败。很多部队在开战时，还在北非待命。他们在抵达东南亚的战场后，没有经过必要的适应和训练，就一小股一小股地被投入战场。

马来本土士兵的战斗力差、战斗意志薄弱，英属印度军队则只适合一些防御性质的战斗。英军本土部队和调来的澳大利亚军队，被分散部署在马来半岛重要交通线的节点上。日军则利用空军和海上优势，占据了战场的主动权。经过专门训练的日军快速航母舰队，经常在英军不够严密的防线之间穿插，对英军造成了很大的恐吓效果。

多数情况下，英联邦军队建立的坚固阵地，日军是没法正面突破的。哪怕日军使用对手没有的坦克，也经不起当时世界上数一数二的炮兵轰击。但日军的快速突破和进军速度，都超过了形同乌合之众的英联邦军队的想象。日军经常在英军还没有完成整个防线的构筑时，就已经发起了攻击和包抄，甚至有恃无恐地从海上绕过英联邦军队防线。

最后，作为政治家的英国首相丘吉尔，实际上并不真正关心马来亚的安全，而只要求守住远东要塞新加坡。因此他一方面不准英军后撤，另一方面又不断从北非调派新的部队去增援。结果，这些部队反而加速了英军的补给困难，让英军的系统更加混乱。等到英国莫名其妙地发现大量溃败士兵逃到新加坡岛上，任何行动都为时已晚。

号称"日不落帝国"的大英帝国，自从其 Z 舰队被日军彻底摧毁之后，便完全丧失东南亚的制海权，因此面对日军的攻势，已经失去了抵抗的力量。马来半岛陷落后，通向荷属东印度的大门也就敞开了一半，另一半就是麦克阿瑟驻守的吕宋岛（菲律宾）。

十、日军攻克香港

香港和新加坡一样，是英国的远东经济枢纽和政治、军事前哨阵地，战略地位十分重要。对于中国来说，香港是中国大陆的门户。全面抗战爆发后，随着中国东南沿海陷落，香港是西迁到重庆的国民政府与英美等国保持联系的唯一门户，同时香港作为援华物资的中转基地和对外宣传谋略基地，更加处于不可或缺的地位。

太平洋战争爆发前，英国当局就判断香港的处境极其不利，比新加坡更加难以据守，但碍于帝国颜面，英国否决了撤军的提议。英国把欧洲防御放在主要地位，在远东以保住经济利益为优先，不愿意花费更多资金加强防卫。英国企图通过绥靖外交,牺牲中国利益满足日本某些要求,来换取虚幻的日本同情。

战前驻守香港的英国陆军大约有 4 个营,1941 年 10 月又增援了 2 个加拿大营,这些由英国、印度、加拿大军队组成的陆军部队大约有 1.2 万人,由英军少将莫尔特比(Christopher M. Maltby)统一指挥。[①] 驻港英国海军有 S 级驱逐舰 1 艘,鱼雷快艇 8 艘,浅水炮舰 4 艘和武装巡逻舰多艘,在香港沿岸的赤柱、白沙湾、大浪湾等地共设置了 29 门大炮,空军中队只有 3 架角羚式鱼雷轰炸机和 2 架海象式水上侦察机,战力极弱。

英军在香港岛和九龙半岛以及两地之间的港湾修筑了水陆结合的防御体系。香港要塞北边的陆地防线,由城门水库以南的东西走向的碉堡式阵地组成;港岛面对大海方向修筑了坚固炮台,配备各种口径的海岸炮,面对九龙一侧构筑了防御工事。九龙半岛的启德机场可供军用,物资储备比较充足,莫尔特比少将认为可以坚守半年以上。

日军觊觎香港为时已久,早就伺机攻占香港。1940 年 6 月,日军第 18 师团实施广九作战,在宝安南部登陆,攻占了与香港接壤的宝安县边境,完全封锁香港陆地交通。同时,日军开始为攻占香港进行情报调查。7 月,日军就已经把装备 240 毫米榴弹炮和 150 毫米加农炮的炮兵部队调集到香港附近,另外还有航空、海军部队配合。此时,日军已经掌握了驻港英军的详细资料,连炮台位置都了如指掌。

日军进攻香港的步兵为第 23 军的第 38 师团、第 51 师团第 66

---

① 其中英印部队 11 000 人(4 个营,包括皇家苏格兰步兵团第 2 营、米杜息士团第 1 营、第 7 拉吉普团第 5 营、第 14 旁遮普团第 2 营和炮兵、工兵部队),加拿大兵团作战员 1 973 人,加拿大兵团是大步兵营,多是缺乏严格训练的新兵,还有香港义勇军 1 300 余人,由临时招募的香港外籍人员组成。参见苏颖:《香港保卫战中的加拿大军队》,《军事历史研究》2007 年第 3 期,第 144 页。

联队和第 1 炮兵队,配合作战的有陆军航空兵第 1 飞行团、海军第 2 遣华舰队,总兵力大约 3 万人、50 余架飞机、13 艘舰艇、170 多门大炮。1941 年秋,这些部队已经部署到香港周边,完成了开战准备。日军大本营严令必须在马来半岛登陆作战打响后开战,不得提前。

1941 年 12 月 8 日凌晨,日军大本营向第 23 军司令官酒井隆中将下达开战命令,日军拉开进攻香港序幕。日军炮兵打击英军前线阵地,日军航空兵轰炸启德机场,消灭了英军航空兵力。日军地面部队未遇到激烈抵抗就突破了港深一线,向九龙半岛的英军阵地攻击,很快夺取主阵地,迫使守军向港岛撤退。仅仅 5 天时间,日军完全占领九龙半岛。

酒井隆认为英军固守港岛孤立据点,在战略上毫无意义,先后两次派人劝降,均遭到拒绝。从 12 月 14 日开始日军隔海炮击港岛阵地,做好渡海登陆准备。18 日 21 时,第 38 师团兵分三路登陆香港岛,守军据险抵抗,多次出现混战。后来日军在山里发现紧急供水水库,使得香港市区供水中断。此事是促使英军投降的一个重要因素。另外日军从英军身上搜到了防御部署图,很快摧毁了守军防御阵线。12 月 25 日 17 时 50 分守军挂出白旗。港督杨慕琦(Mark Aitchison Young)亲自到第 38 师团司令部,正式表示无条件投降,19 时整与第 23 军司令官酒井隆在九龙半岛酒店签署投降书。

香港陷落,使中国大陆丧失了海外援助的重要据点。香港之战共 18 天,日军战死 683 人,伤 1 314 人;英军阵亡 1 555 人,1 042 人失踪,10 818 人被俘。香港的陷落使香港暂时脱离了英国的殖民地统治,进入日据时期。随后日军在香港发行军票、实行配给制度,至 1945 年日本投降时,被强迫兑换的日本军票总值超过当时市值 57 亿港元。

香港沦陷时,周恩来指示八路军驻香港办事处主任廖承志,成功开展了香港大营救,文化界人士和民主人士及其家属共 800 余人成功脱险,另有国民党官员及其家眷和国际友人近 100 人也被抢救出来,安全回到大后方。

1941 年 12 月 9 日,即日军入侵香港的第二天,广东人民抗日游击队(东江纵队前身)就遵照党中央制定的方针,抽调党员骨干挺进香港,组建游击队,开展武装斗争。[①] 1942 年 2 月,为加强港九地区敌后游击战争,在港游击队统编为港九独立大队。港九独立大队以星火燎原之势在西贡[②]、沙头角、元朗、大屿山、上水等地建立了抗日游击根据地,部队人数增至约 800 人。至 1945 年 8 月日本战败时,中国共产党领导的港九大队已成为当时唯一控制香港的军事力量。

第三节　日军攻占菲律宾

菲律宾群岛是亚洲南部马来群岛的组成部分,由 7 100 多个岛屿组成,为菲律宾国土。这里雨水丰沛,花草、果木繁盛,出产的香蕉、凤梨、芒果享誉国际市场,因此被誉为"太平洋果盘""花园岛"。菲律宾位于西太平洋,北临中国台湾岛,南接荷属东印度(今印度尼西亚大部分),扼太平洋、中国南海和印度洋的交通要冲,战略地位十分重要。1998 年美西战争后,美国从西班牙手中夺取菲律宾为殖民地。

菲律宾群岛及其附近海域是日军征服东南亚的必经之地。菲律宾战役(1941 年 12 月 8 日—1942 年 5 月 7 日),是第二次世界大战的太平洋战争中,日军为粉碎美菲军队和美国亚洲舰队、攫取资

---

① 尚伟、周云:《中国共产党与香港抗战》,《光明日报》,2020 年 9 月 20 日,第 7 版。

② 今香港西贡区,并非前文所提西贡(胡志明市旧称)。

源丰富的美属殖民地、为以后进攻荷属东印度和澳大利亚扫清道路而实施的战略性战役。

一、日攻美守的态势

美国在菲律宾西部克拉克（Clark）和甲米地（Cavite）分别建有亚洲最大的空军基地和海军基地，它们构成了日军南进的重大障碍并威胁日本本土的安全。1941 年 7 月美国参联会判断对日战争不可避免，决定在菲律宾成立远东陆军司令部，由退役上将道格拉斯·麦克阿瑟（恢复现役，领中将衔）任司令，统辖驻菲律宾群岛的陆军和空军。美国在菲律宾驻扎陆军 1 个师又 2 个独立团，加上菲律宾本地 10 个师，美菲联军合计有 13 万人（其中 3 万美军），拥有 270 多架飞机（其中可作战 142 架）。驻菲律宾海军规模不大，后改称美国亚洲舰队[①]，军舰多老旧（服役 20 年以上），战斗力有限，主要负责协同远东陆军作战。麦克阿瑟在战前多次要求增派航空兵力，特别是要求部署 B-17 在内的 340 架新型轰炸机和 130 架新战机（P-40），他认为有空中堡垒之称的 B-17 轰炸机可以阻遏日军进攻菲律宾、马来亚和荷属东印度，必要时可以空袭日本本土。但直到战争爆发，仅有少数新战机到位（新轰炸机 35 架、新战斗机 107 架）。

1940 年后，日本南进政策抬头，主要目标就是攻占资源丰富的荷属东印度，菲律宾是必经之地。日军攻占菲律宾群岛，夺取美海空军事基地，控制日本本土与东南亚之间的海上交通线，可以为进攻荷属东印度创造条件。日军计划以驻台湾的航空部队实施航空火力突击，消灭美驻菲航空兵主力，夺取制空权；同时先遣部队在海军支援

---

① 托马斯·哈特上将任亚洲舰队司令，主要战舰包括巡洋舰 3 艘、驱逐舰 13 艘、潜艇 29 艘，总计 45 艘。

下在吕宋岛实施登陆并控制机场,航空兵适时前移,以保障陆军主力在林加延湾登陆并占领马尼拉;在南部占领菲律宾第二大岛棉兰老岛(Mindanao),随后南北对进,占领菲律宾全部岛屿。

1941年秋日军大本营确定作战计划,指定陆军第14军和第5飞行集团负责进攻菲律宾。参战兵力包括日军第14军(司令官本间雅晴中将,下辖第16、48师团和第65旅团)约5.7万人、以海军第3舰队为主编成的菲律宾联合编队(司令官高桥伊望中将,辖巡洋舰10艘、驱逐舰29艘、航空母舰1艘和水上飞机母舰3艘)、陆军航空兵第5飞行集团(司令官小畑英良中将,飞机200架)、海军基地航空兵第11航空队(司令官冢原二四三中将,飞机300架)以及约100艘运输船和辅助船只。

二、菲律宾群岛沦陷

日军司令官本间雅晴认为美军B-17重型轰炸机对日军最有威胁,决定在开战之初就组织日本航空兵消灭之,以便掩护日军登陆部队和夺取制空权。

驻菲美军飞机多数部署在吕宋岛,但只有马尼拉西北方的克拉克基地可以起降最新式的B-17重型轰炸机,此地部署了18架。另在棉兰老岛还有一个可供B-17起降的机场,部署了17架轰炸机。

1941年12月8日晨,日军攻击菲律宾所依据的主要航空基地高雄附近浓雾弥漫,阻碍了飞行部队的出发,因此未能按照预定计划实施黎明奇袭攻击。台南一带也大雾笼罩,海军飞机也无法按时出击。第5飞行集团43架轰炸机赶在浓雾弥漫前起飞南下菲律宾。是日午后,日军又派轰炸机108架及零式战机84架对克拉克、伊巴(Iba)两基地进行攻击。本次攻击因天气阻碍,缺乏时间上的奇袭要素,但依然在战略上做到了攻其不备,达到了很好的效果。

12月8日、9日,日军陆海两军的航空兵对美军克拉克机场和甲米地海军基地实施突然袭击,摧毁了美军的一半重型轰炸机和1/3以上的战机①,为登陆作战创造了条件。美国亚洲舰队的基本兵力因驻菲律宾南部基地得以幸免。同时,日军一部攻占吕宋岛以北的巴坦群岛(Batan Islands)。

(一)日军轻取马尼拉

日军夺取了制空权后,乘吕宋地区几乎没有美海军威胁之机,派先遣部队第48师团田中支队和菅野支队(共约4 000人)自12月10日起开始分别在吕宋岛北部的阿帕里(Aparri)和维甘(Vigan)登陆并占领机场。自11日起,第5飞行集团利用吕宋岛机场,掩护地面部队登陆和发展进攻。数日后,马尼拉方面的制空权也都掌握在了日军手中。

日军攻菲部队在优势航空兵力的掩护下,未有丝毫的迟滞,按照预定计划出击,截至1941年12月10日,已夺取了吕宋海峡沿岸的两个城市——阿帕里及维甘。12月12日,日军第16师团木村支队(约2 500人)在吕宋岛南部的黎牙实比(Legazpi)登陆,占领机场并进一步扩大战果。日军占领这些地点之后,立即修复了机场,派航空部队进驻,将制空权不断南扩。12月17日,美军将剩余的17架B-17轰炸机转场至澳大利亚。从此,日军完全掌握了菲律宾群岛的制海权和制空权。

在此形势下,日军之一部先于1941年12月20日夺取了菲律宾群岛南部要冲棉兰老岛,接着在25日攻占了霍洛岛,从而切断了对手美菲联军的退路。12月22日,日本陆军第48师主力自台湾出发,

---

① 共击毁103架飞机,包括全部18架B-17轰炸机、55架P-40战斗机。

在吕宋岛西岸林加延湾登陆；另一支主力部队第16师集结在奄美大岛，于12月24日在吕宋岛东南部的拉蒙湾登陆。至此，登陆日军形成南北夹击马尼拉、围歼美菲联军主力的有利态势。

麦克阿瑟将3万美军集中部署在马尼拉附近，而把近10万名菲律宾部队部署在沿海地区，致使登陆日军势如破竹、美菲联军节节败退。12月26日，吕宋岛上余下的美菲联军共近8万人奉命撤往巴丹半岛预设阵地和科雷希多岛，准备长期抵抗。

另一方面，自林加延湾及拉蒙湾两个方向进军的日军陆军部队，早在12月末就已经从南北两面进逼马尼拉，至1942年1月2日，日军占领马尼拉，并以一部兵力占领甲米地和八打雁（Batangas）。在攻占马尼拉以及以后的占领期间，日军在菲律宾也制造了对平民的屠杀。

至此，日军的主要战役目的已经达到。日军认为菲律宾作战大局已定，于是将参战海军的主力和陆军主力第48师调往荷属东印度，并将第5飞行集团主力调往缅甸，而仅以本间雅晴第14集团军的剩余兵力（第65旅团）去肃清吕宋岛残余的美菲联军。

夺取马尼拉后，日军企图乘美菲联军主力向巴丹撤退之机，迅速夺取巴丹半岛。1月10日，日军向巴丹半岛发起攻击。日军兵力锐减，加上地形不熟和疫病流行、减员严重，到1月28日被迫停止进攻，巴丹半岛战局陷入胶着。

（二）日军艰难攻克巴丹半岛

随着美菲联军在吕宋岛的败退，日军坦克和士兵潮水般登陆菲律宾海岸。登陆的日军几乎没有遭到有力抵抗。日军就像平时演习一样，非常轻松地向纵深地带快速推进。

美军的各种车辆从四面八方退往巴丹。从马尼拉出城的三条公路上挤满了推着大炮的牵引车、装载着枪炮的卡车以及小轿车、牛车等。

　　日军指挥官本间雅晴没有在此时出动他的航母编队,以乘乱打击这一股庞大的后撤队伍。显然,日军准备为控制这座城市进行一场决战,却没有料到麦克阿瑟会选择从马尼拉撤退,打乱了日军的作战计划。此时,面对美军的全面后撤,本间雅晴错误地认为,这是美军的全面溃败,便挥兵直逼马尼拉,忽视了运用空中优势摧毁马尼拉北面两处重要的桥梁。这两座桥坐落在涉隆比特河上,是通向巴丹的咽喉要道,只要日军在桥上扔两枚炸弹,就可将后撤部队的道路切断。就像欧洲战场上,站在敦刻尔克的德国人没有对正在候车的英法军队发起致命一击一样,日本人也没有利用空中优势来加强进攻,没有袭击在仅有的两座公路桥上拥挤的车辆和士兵,也没有摧毁桥梁。

　　在马尼拉陷落后一周时间里,麦克阿瑟从吕宋岛撤出 8 万美菲联军以及 2.6 万菲律宾难民,在横贯巴丹半岛沼泽地的阿布凯防线上,挖壕固守。在这里,麦克阿瑟拥有 1.5 万美军和约 6 万菲律宾部队,他计划在半年或更长的时间里,挡住日本人的进攻。美国人在菲律宾作战的大局中失败了,可是在这次巴丹阻击战役中,美国人是显然的赢家。日本不懂打击敌人的有生力量这一最基本也最重要的战场准则,只知占领那些看上去重要的城市和基地,而放走了大量的美军,为其日后的失败埋下伏笔。

　　日军开始进攻巴丹半岛,遭到顽强阻击。美菲联军与日军展开激烈的山地战、丛林战和阵地战。交战中,木村支队被围,前来救援的日军被歼一个营。月底,日军因伤亡严重丧失攻击力,被迫转入防御,战局一度陷入胶着状态。3 月中旬,麦克阿瑟转赴澳大利亚,留守的美菲联军由温莱特(Jonathan M. Wainwright)少将指挥。

　　开战以来日军在各地进展都极为顺利,唯独巴丹半岛久攻不下。为早日攻克巴丹半岛，日军大本营在 4 月初将第 4 师团、第 9 旅团（属第 5 师团）、第 35 旅团（属第 18 师团）、重炮和山炮联队各一个及两个轰炸机大队派到菲律宾增援。日军在巴丹半岛部署了约 3 万陆军，各型火炮 240 余门，飞机近 100 架。

日军得到第 4 师增援后实力增强，并以航空兵和炮兵轰击美菲联军阵地。4 月 3 日，日军以增援的第 4 师、第 65 旅为主力对巴丹半岛再次发起进攻，双方在丛林中展开殊死战斗。温莱特少将指挥的部队主要由民兵、正规骑兵和童子军混编而成，训练不良，装备更差，而且他们既无援兵又缺补给。因此，在日军猛烈攻击下，巴丹半岛守军 7.5 万人（其中美军占 9 300 人）于 4 月 9 日投降。10 日起，美菲联军战俘被押往邦板牙省的圣费尔南多（San Fernando，Pampanga），途中数千人死于饥饿、疾病或被杀害，史称"巴丹死亡行军"。同日，日军占领米沙鄢群岛（Visayas Islands）等战略要地。

攻占巴丹半岛后，日军对战略要地科雷希多岛发起猛攻。科雷希多岛位于巴丹半岛东南海面，位于马尼拉湾入口处，美军已经将其筑成战略要塞。在这个弹丸之地，美军配置了 1.5 万兵力，装备大小火炮 230 多门（包括 305 毫米火炮和 152 毫米加农炮各约 20 门），还构筑了牢固的地下工事，可以容纳 3 000 人，美军视其为"不沉的军舰"。

日军攻占巴丹半岛后，对科雷希多岛连续实施炮击和轰炸。1942 年 5 月 2 日，日军对该岛实施火力准备，5 日在炮火掩护下分左右两路登陆，对岛上要塞发起攻击。1.5 万名美菲联军依托坑道工事抗击，并组织敢死队对日军展开白刃战。6 日，日军后续部队投入战斗，温莱特中将（麦克阿瑟离开后接任晋升）率美菲联军的余部向日军投降。7 日，日军占领该岛。而后，驻棉兰老岛和北吕宋山区的美军于 10 日投降，驻班乃岛（Panay Island）的美军也于 18 日停止抵抗。

至此，日军得以控制菲律宾全境。

如上所述，日本的南方攻略一经发动，便以洪水决堤般的气势展开，在此期间其攻击表现几乎无懈可击。美菲联军方面虽说也有局部强力抵抗（比如巴丹半岛作战、科雷希多要塞作战），但日军方面显示出了压倒性的优势，海军航空兵力的优势尤为突出。

此战是日本陆海军在第二次世界大战中实施的攻占群岛大规模协同战役的第一个战例，它证明夺取制空权和制海权对于登陆作战的成功具有决定性意义。登陆兵先遣支队迅速夺取敌基地和机场以及日本航空兵转场至这些基地和机场，对保障主力顺利上陆和继续作战起了促进作用。作战中，日军死伤约 1.4 万人，损失飞机 80 余架、舰船 4 艘；击毁美菲联军飞机 250 余架、各型作战舰艇 8 艘、商船 26 艘（美军资料为驱逐舰 1 艘、潜艇 2 艘、其他舰船 2 艘）。美菲联军士兵死亡 2 500 人，负伤 5 000 人，11 万人被俘虏（其中包括美军中将温莱特）。

菲律宾的陷落使美军在太平洋的战略态势急剧恶化。在作战开始大约 3 周的时间内，日军不仅将美国在东亚的据点菲律宾收入囊中，而且能够以此为跳板向南方的荷属东印度群岛扩张。

第四节　日军攻占荷属东印度及邻近群岛

荷属东印度位于亚洲和澳大利亚、太平洋与印度洋之间，是由爪哇、苏门答腊、婆罗洲、西里伯斯（Celebes，苏拉威西旧称）、帝汶等 3 000 多个大小岛屿组成的世界上最大的群岛国家。荷属东印度的婆罗洲、爪哇岛和苏门答腊岛等地以盛产石油、橡胶、锡铁等战略物资著称。夺取荷属东印度的战略物资以维持其战争机器，是日本发动太平洋战争的主要目的。

爪哇岛是荷属东印度的政治、经济、文化中心,也是其总督府所在地。马来亚和菲律宾被日军攻占后,美、英、荷、澳的军队85％集中于此地。欲攻占荷属东印度全境,必先夺取爪哇岛。苏门答腊岛在地理位置上与新加坡相临近,战前英国方面特别重视其地位,英澳联军的若干名军官曾经登岛勘察,主要在宾坦岛(Pulau Bintan)、贝拉湾(Bella Bay)、丹戎巴来(Tanjung Balai)等地附近加强各种军事设施,并且还在工厂、油井等地安装了炸弹。

一、盟军组织联合防御

战争初期,同盟国在荷属东印度并没有一个统一的指挥机构和统一的军事部署。面对日军在东南亚猛虎下山般的攻势,罗斯福和丘吉尔才决定协调盟国在荷属东印度的军事行动,决定成立联合司令部(西南太平洋盟军司令部),共同抗击日军。1942年1月3日,英国陆军上将韦维尔(Archibald Percival Wavell)被任命为总司令。韦维尔飞到爪哇后,美英荷澳联合司令部总部在雅加达正式成立,由美国空军中将布雷特(George Brett)任副司令。

陆军兵力:在太平洋战争开始时,荷属东印度的陆军总兵力约为10万人,其中主力部署在爪哇,苏门答腊岛部署约10 000人的防守部队,除此之外在其他的地方,不过是在资源要塞部署了两个乃至一个大队的兵力。在爪哇方面盟军防备的重点是万隆、泗水(Surabaya)、巴达维亚,其周边构筑有防御阵地。

海军防备:荷兰海军秘密地与英国海军合作联系,负责海上巡逻。原驻菲律宾的美国亚洲舰队在美国空军被歼灭后就奉命后撤,日军登陆菲律宾后美国亚洲舰队司令部迁移至荷属东印度。1942年1月,美、英、荷、澳在爪哇成立四国联军司令部,美国亚洲舰队参加了荷属东印度的防御作战。

空军状况：荷属东印度自 1941 年 7 月以来从英美进口了约百架"柯蒂斯猎鹰"侦察机、"布萨尤斯特鲁"339C 型单人战斗机、"虎莫斯"教练机等，在组建新航空部队的同时，在各地增设机场。随着马来作战的开展，从马来方向有英国空军逃过来，再加上新近增援而来的美国空军力量，盟军的兵力大幅度增强。截至 1942 年 2 月初，苏门答腊方面约有 100 架战机，爪哇方面约有 300 架战机。在 2 月初，苏门答腊及爪哇的盟军机场中，苏门答腊岛的巨港是盟军的重要飞行基地，这里成为日军首先瞄准的攻击目标。

二、日军由婆罗洲包抄而来

日本攻占东南亚的任务分工是第 14 军（司令官本间雅晴）负责攻占菲律宾、第 25 军（司令官山下奉文）负责攻占马来半岛，第 16 军（司令官今村均）负责攻占有石油宝库之称的荷属东印度。日本攻占荷属东印度的目标是，以马来亚和菲律宾为基地，两翼包抄，首先夺取外围岛屿和油田，消灭盟军海空兵力，再集中兵力夺取政治经济文化中心爪哇岛。日军大本营认为，此次作战的关键是要在对方破坏石油设施之前将其完整占领，以便能夺取足够的石油资源并迅速恢复生产。因此，日军在作战方式上仍采取出其不意的奇袭作战，尽量提前开战时间。

第 16 军司令官今村均与第 14 军司令官本间雅晴在日本陆军士官学校和陆军大学都是同期毕业。本间雅晴攻占马尼拉后，第 48 师团转入第 16 军作战序列。今村均指挥的主力部队包括 3 个师团和 1 个旅团：第 2 师团（长官丸山政男中将）、第 38 师团（长官佐野忠义中将）、第 48 师团（长官土桥勇逸中将）、混成第 56 旅团（长官坂口静夫少将），援助陆军作战的还有海军第 3 舰队、第 11 航空队、陆军第 3 飞行集团，共约 10 万人，飞机 430 架。以南遣舰队

为主的日军马来海军部队也参加作战。第16军组成后,花10天时间制定了作战计划,大体如下:

(1)第56旅团组成的坂口支队为先遣部队,从菲律宾棉兰老岛出发占领加里曼丹,确保石油资源和空军基地;第38师团一部组成东方支队(东海林支队),占领安汶和古邦岛(Kupang),切断荷属东印度与澳大利亚之间的联系;第38师团主力,从苏门答腊南部登陆,控制巨港的石油资源、占领机场;第16军主力从金兰湾出发,第48师团从菲律宾的第14军调到第16军,两支部队在菲律宾南部的霍洛岛会师。完成上述任务后,第2师团、第48师团和东方支队3支力量同时从3个方向登陆爪哇岛。

(2)陆军方面:第16军主力(第2师团、军直部队主力及东海林支队)于2月初从高雄离港,在金兰湾集合。第48师团在攻下马尼拉后与奈良师团交接,在霍洛岛帕塔停泊地集合。坂口支队在战争开始之后,就立刻占领了达沃,1月11日占领打拉根,24日占领巴厘巴板,2月10日占领婆罗洲南端的马辰。川口支队(由第35旅团长川口清健少将指挥的第124联队袈裟陆战队、工兵队组成)负责攻打英属婆罗洲,在占领古晋后向南开进,1月29日占领坤甸(Pontianak),与负责攻打新加坡的第25军相配合,为第16军的进军开路。

(3)海军方面:海军在1月11日通过特别部队和降落伞部队占领西里伯斯岛北端的万鸦老(Manado)后,于24日攻占肯达里,31日攻占班达海(Laut Banda)的要塞安汶,2月12日占领西里伯斯岛最南端的要塞望加锡,确立起攻打爪哇的态势。海军航空部队不断协助坂口支队的安汶攻略部队的作战,在2月初开始对爪哇岛的空袭歼灭战,此外攻击近海的盟军舰艇,获得爪哇海的制海权和制空权。

(4) 第 3 飞行集团在凭借主力部队配合第 25 军马来作战的同时,在 2 月 11 日以后借助司侦队搜索苏门答腊、婆罗洲,在 1 月中旬后一部分攻击巨港、棉兰(Medan)、北干巴鲁(Pakanbaru)等地的机场。[①]

三、日军攻占石油城——巨港

(一) 巨港防御空虚

巨港市附近有很多湿地,道路之外的交通都很不方便。穆西河(Musi River)到巨港为止可以允许五六千吨的船舶航行。巨港到直落勿洞(Telukbetung)及巨港到卢布林高(Lubuklinggau)之间有铁路。此外,巨港附近是一片油田地带,占碑(Jambi)、实加由(Sekayu)、特巴塔(トバタ,音译)郡、拉哈特(Lahat)的石油资源通过管道输送到巨港。

巨港当地的守军有巨港及占碑管辖区司令部(司令官为上校衔)以及 1 个步兵大队(步兵 2—3 个中队),武器有机关枪、步兵炮若干,轻型战车 4—5 辆,野战高射炮若干,飞机若干。

巨港附近的主要防守设施有:巨港西北有兵营,在巨港以东 5 千米处有斯根巴特尼精炼油厂和乌由奇拉弗精炼油厂,巨港西北 10 千米处有巨港北机场,在北机场和巨港之间还有一座新机场。

守卫机场的盟军上校为荷兰人,所指挥的英国、荷兰、澳大利亚官兵约有 530 人,多数有货车、轻型装甲车,在机场周边设置了若干个碉堡,用 13 门高射炮和 5 门高射机关枪进行对空防备。

[①] 参见 JACAR(アジア歴史資料センター)Ref. C16120042200、爪哇. スマトラ方面航空作戦記録 昭 21.8 調整(防衛省防衛研究所)。

守卫精炼油厂的盟军是上尉指挥的约 550 人,设置了若干堡垒,通过 10 门高射炮、5 门高射机关枪进行对空防备。

为了攻打巨港机场和炼油厂,日军作了周密的安排,力图达到奇袭的目的。

(二)第一挺进团作战准备

首先在战斗序列确定为挺进团司令部、挺进第 2 联队、挺进飞行队。兵力和任务如下。

1. 挺进第 2 联队的兵力和任务计划包括:

(1)机场突袭队,包括联队本部、通信班、第甲中队(一小队及一部分缺失,缺少自动炮,速射炮随行)、工兵中队(一小队及一部分缺失),共计 260 人。任务是突袭占领机场,派出部分兵力来防守戒备,主力直接攻击巨港的敌军,确保占领巨港。

(2)炼油厂突袭队,包括负责人第乙中队队长、乙中队(缺少一小队及一部分人员)、特别教育者约 30 名、通信班一部(与主力联络所必需),总计 130 名。任务是在炼油厂附近空降,突袭占领炼油厂,并确保其实现。联队长一同指挥炼油厂突袭队。

(3)挺进预备队,包括负责人第丙中队队长、第丙中队、第甲中队的一小队及一部分人员、第乙中队的一小队及一部分人员、工兵中队的一小队及一部分人员,战场保留人员随着指挥人保留在金边。

2. 挺进飞行队兵力包括:

(1)机场突袭飞行队,负责人为挺进飞行队队长,飞机 27 架。

(2)炼油厂突袭飞行队,负责人为大尉军衔,飞机 13 架。

3. 合作重型轰炸机队(飞行第98战队)兵力包括:

(1) 机场突袭飞行队,飞机约19架。

(2) 炼油厂突袭飞行队,飞机约8架。

1942年2月10日,日军下达作战命令。

(三) 战斗详情

1. 空降成功

第一次挺进部队在1942年2月14日8时30分从居銮(Keluang)、加亨(Kahang)两机场出发。在巴哈哈特上空集合后,按第一、第二梯队的顺序,在战斗队的掩护下从3千米的高空上直接向穆西河前进。

挺进部队于11时20分左右到达穆西河河口上空,各梯队各自飞向降落地点,第一梯队进入机场附近,第二梯队进入精炼油厂,一起开始攻击惊慌失措的盟军的高射炮、高射机关枪。挺进部队冒着盟军的火力开始降落,机场突袭部队在11时26分、精炼油厂突袭部队在11时30分各自完成降落。

飞行第98战队不失时机地投下武器、弹药等物资,同时攻击盟军的对空兵器,此外飞行第90战队(轻型轰炸机战队)轰炸盟军所在的陆上部队,借此压制盟军,让降落部队取得兵器、弹药,使之后的攻击变得容易。在此期间飞行第98战队的一架飞机发动机被击中,最终惨烈爆炸。

飞行第64战队在飞机场上空约800米的高度正在掩护降落部队时,发现5架盟军战机要来攻击正在投放物料的重型轰炸机战队后,立刻反攻并击落其中一架飞机、击退其余飞机,然后在高度约2千米的空中进行掩护时,于12时5分发现从巨港方面向日军飞来的约10架战机,与之激战,击毁其中一架飞机,并击退了其他飞机。

飞行第 59 联队在精炼油厂上空掩护降落部队,不分辨英军战机,而对精炼油厂内英军防空火力进行打击,以此压制英军,让降落部队的行动变得容易。

飞行部队在确认降落部队的情况后,于 12 时 10 分左右逐渐离开战场返回到基地。

2. 空降突袭巨港机场

突袭部队按计划于 11 时 26 分派出主力在机场东南方向约 3 千米处降落,11 时 30 分又派出部分兵力在机场西南方向降落,在合作部队的掩护下开始行动,在不断努力控制部队的同时,向机场前进。

在机场东南方地区降落后,主力部队直接向机场东南角出发。12 点左右,一名队长指挥 10 名官兵前进到密林当中。13 点 30 分左右,在机场东南约 2 千米的洼地,主力部队再次命令 24 名将校级别以下的官兵前进侦察。了解到巨港机场方面的敌情,考虑到巨港市向机场方面的增援意外变得急迫,主力部队决定快速地进入占碑街道,阻断盟军对机场的增援,于是下令派出 30 名将校级别以下的军官进入巨港市的机场跑道,向机场办公室发起攻击。该部队派出 20 人作为先发部队,依靠装甲车向机场方面前进,在遭遇约 300 人的盟军后与其激战并击溃盟军,在 18 时 20 分占领机场办公室。

日军队长率领参战部队继续前进,在 14 时左右与约 100 人的盟军交战,之后在 18 时到达机场东侧,再次指挥将校级别以下的 25 人,21 时到达机场办公室,掌握已经在附近集结的部队以及依次赶来集合的官兵。

接着,在机场到巨港市道路沿线地区降落的一部(将校级别以下 5 人),在 12 时左右与配有 2 辆轻型装甲车的盟军交战,缴获盟军 1 辆轻型装甲车、3 辆货车,阻断了盟军向机场的增援。

另一方面,在机场西南侧地区降落的部队在不断控制兵力的同时继续前进,于 14 时左右到达机场西南侧兵营,发现约 350 人的盟军。日军队长鉴于自己控制的兵力很少(2 名),回避与之碰面。在 17 时,他与两名部下一起向兵营突击并占领兵营。

除了上述人员之外的空降部队在降落后同时集合了 16 人,兵器、弹药的缴获并不如意,且受到附近兵营周围的高射炮阵地的高射炮、高射炮机关枪的零距离攻击。为了压制这些攻势,空降部队拿着手榴弹、手枪前进,试图火烧军营,然而指挥官被意外出现的高射机关炮打中战死。18 时 20 分,空降部队向机场西北侧进军。

就这样,机场突袭部队占领机场,到半夜为止集结全部兵力进行森严警戒。

3. 空降突袭精炼油厂

突袭精炼油厂的日军部队按预定计划在 11 时 30 分派出主力(挺进第 2 联队第 1 中队主干、将校级别以下 60 人)在西精炼油厂西侧降落,派出部分兵力(将校级别以下 39 人)在东精炼油厂南侧降落,不断谋求在飞行部队的掩护下集结兵力,努力收缴兵器、弹药。

11 时 40 分开始,在西精炼油厂西侧降落的一小队向精炼油厂西南方向的碉堡发起猛烈冲锋,夺取了碉堡。此外另一小队沿着职工宿舍的道路一直北进,遭遇有 2 架轻型机关枪、1 架重型机关枪的约 60 人的盟军后,直接发起攻击并击退对方。日军部队命令两个小分队(手下各有 6 人)追上败敌,突进到精炼油厂内部,各自占领"拔顶装置"。两个小分队进入精炼油厂,占领了中央的"拔顶装置"。

盟军猛烈反攻,与日军展开近战,双方火力交织,甚至油罐、管道都喷出了石油,最后盟军被日军击退。接着盟军用迫击炮反攻,日军中队逃入附近一处防空洞,入夜之后遭到大约200名盟军的三面合围,战斗彻夜进行,盟军终被击退。

另一方面,在东精炼油厂南侧降落的第1中队的一小队在收集物料之后,于12时30分开始向精炼油厂出发。小队遭到猛烈反攻,在15时到达距离盟军约100米处时,日军小队长头部中弹死亡。因伤亡渐增,日军决定固守阵地,准备夜袭。23时,日军小分队开始对兵营东南侧的碉堡发起夜袭并成功夺取,之后继续攻击,在15日1时占领了全部油罐顶部。

4. 日军攻克巨港

(1)机场方面的战斗

1942年2月15日11时30分,挺进团团长到达机场之后负责全面指挥。13时第三梯队的第3中队(将校级别以下90人)全部安全在机场着陆,增强了日军战斗力。

15日10时30分侦察机队的一架侦察机着陆,还有地方发出尚未得到大部分投掷的兵器、弹药等联络消息,第3飞行集团团长命令将加亨机场大队的人员、兵器和弹药等用运输机紧急输送过去,同时派出战斗队的一部分兵力向巨港机场跃进,负责掩护突袭部队。

16时,挺进团团长命令第3中队的一个小队搜索巨港市。该小队在17时30分在盟军未抵抗的情况下进入该市的兵营,发现在穆西河向下游航行的盟军装甲艇,并向其发起射击,致使一艘装甲艇搁浅,装甲艇上的士兵滚落在河中。19时30分,挺进团团长获悉该小队的情况,不失时机地进驻到巨港市内,开始肃清市区。

这样一来,机场突袭部队在扫荡巨港市内的同时,突袭机场的部队21时左右陆续到达,与第38师团先遣部队合作以确保机场及巨港市。20日,突袭部队与该师团进行了警备的交接。

(2)精炼油厂方面的战斗

到2月15日拂晓,盟军的反攻逐渐放缓,因此西精炼油厂攻击部队到达降落地点收集完物资后,于8时30分分乘3辆货车到达公司办公室。

另一方面,在东精炼油厂,为了确保"拔顶装置",日军彻夜未眠,在15日拂晓扫荡附近地区。6时,伴随着一声巨大响动,NKPM公司爆炸,但是"拔顶装置""分馏装置"并无异常。就这样,精炼油厂突击部队在15日正午完成扫荡,于20日与第38师团的一部分进行警戒交接。

第3飞行集团挺进作战成功,第16军先遣部队完成登陆。16日,第3飞行集团战斗司令部推进到巨港。与此同时,17日第11飞行战队跃进到巨港机场,负责掩护穆西河的驻地并控制精炼油厂上空。18日,日军派出第3飞行集团的战斗队主力及轻型轰炸队、袭击队的各一架飞机跃进至同一地方,让其直接协助第38师团的作战。然而南苏门答腊已经看不到太多盟军,没有了攻击目标,因此以飞行集团为主的第38师团,负责指挥联络和侦察前进道路等。

战果方面,日军在精炼油厂方面确保了约25万吨的石油,机场攻击部队掳获了若干架英美飞机。战损方面,除了损失若干架飞机外,日军28人战死,其中包含3名跳伞时没有开伞的。

就这样,日军以少量的兵力长驱直入,偷袭南苏门答腊岛的要塞巨港,拥有了机场和石油,为之后的作战准备了条件。

虽然如此,盟军并没有放弃抵抗,之后连日派出少数飞机袭击巨港附近,其状况见表3-5。

表 3 - 5　盟军空袭巨港状况统计

日期	2月15日	2月16日	2月17日	2月19日	2月20日	2月21日	2月23日	2月24日	2月25日	总计
回数	3回	3回	1回	1回	1回	1回	1回	2回	1回	14回
飞机数量	4架	9架	17架	3架	1架	1架	1架	3架	1架	40架*
袭击目标	机场	同左	同左	油罐及机场	油罐	精炼油厂	机场	同左	精炼油厂	
日军给盟军造成的损失	击落2架	无	击落3架	击落2架	无	击落1架	无	击落2架	无	击落10架
日军的损失	无	无	无	烧着1架、中等损坏1架	无	分馏工厂被破坏	烧着2架、中等破坏3架	烧着1架	无	烧着4架、中等破坏4架

* 注：原档统计为35架，有误。

资料来源：「第2章 南部「スマトラ」航空作戦(2)」,JACAR（アジア歴史資料センター）Ref. C16120042400、爪哇、スマトラ方面航空作戦記録 昭21.8 調整（防衛省防衛研究所）。

20 日随着田中支队占领了丹戎加弄(Tanjong Karang),集团长命令快速修整该机场,在 24 日让第 12 飞行团的部分兵力跃进到该地,命其准备对第 16 军的爪哇作战进行协助。

四、爪哇航空战

(一)兵力部署

第 3 飞行集团的航空作战方针是:(1) 与海军合作,在 L 作战中继续快速击破西爪哇方面的敌军航空势力,与此同时密切协助第 16 军在西爪哇的作战;(2) 为了达成前项的目的,快速地将基地从南苏门答腊推进到西爪哇;(3)预计从本次作战后期开始,有可能变成持久战以确保占领地,或者将兵力转移到其他方面。

登陆作战的要领是以偷袭登陆为宗旨,根据状况强行登陆。

日方计划的航空参战兵力合计大约 552 架,主要兵力包括:(1) 第 11 航空舰队方面:一式陆上攻击机约 80 架,九六式陆上攻击机约 35 架,零式战机约 70 架,陆上侦察机约 5 架;(2) 第 3 舰队方面:水上侦察机约 50 架;(3) 第 3 飞行集团方面:司令部侦察机约 50 架,军侦机约 4 架,一式陆上攻击机约 40 架,九七式陆上攻击机约 50 架,偷袭机约 20 架,双座轻型飞机约 20 架,重型轰炸机约 30 架。航空作战的要领是快速消灭爪哇守军的航空势力。

(二)西爪哇空战

1942 年 2 月 14 日,日军突袭巨港成功。为了确保该机场,基于第 3 飞行集团事先规定的航空作战要领及海军协定,日军对 2 月 25 日的西部爪哇航空作战部署如下:

1. 随着巨港机场的修整,第 3 飞行集团团长在巨港逐渐推进所要的兵力,之后将兵力部署在现在位置的附近,执行以下命令:

（1）歼灭东经 108 度以西的西部爪哇的航空势力；

（2）派出所需的兵力直接支援在南苏门答腊的第 38 师团；

（3）用部分兵力在第 25 军的宾坦岛附近准备合作作战。

2. 第 7 飞行集团团长派出约一战队的重型轰炸机，准备增强 L 作战部队的攻击力，与此同时用主力部队定位科塔地区的机场群，准备第 25 军在北部苏门答腊之后的作战。

森巴旺（Sembawang）机场被修整后，与居銮共同作为机动机场使用。

3. 第 12 飞行集团团长逐渐将主力推进到巨港机场，在继续执行之前的任务的同时，派出一部分兵力准备对第 25 军在宾坦岛附近的作战进行协助。随着丹戎加弄机场的修整，推进一部分兵力。

4. 第 81 航空战队队长为了推进其部分兵力可以使用巨港机动机场。①

基于上面的部署，第 3 飞行集团在 17 日、18 日派出主力，跃进至巨港机场，从 19 日到 25 日连续攻击巴达维亚、卡利贾蒂（Kalijati）、万隆、茂物（Bogor）各地的机场，击落击毁盟军 210 架飞机。

1942 年 2 月 17 日，日军第 12 飞行集团派出第 11 飞行战队跃进至巨港，负责精炼油厂的防空及第 16 军停泊地的掩护等任务，与此同时派出先遣部队占领丹戎加弄，之后 22 日派出部分兵力跃进到机场，24 日派出主力大举进攻。

---

① 参见 JACAR（アジア歴史資料センター）Ref. C16120042200、爪哇．スマトラ方面航空作戦記録 昭 21.8 調整（防衛省防衛研究所）。

2月18日,日本海军航空部队攻击盟军泗水海军基地,击破盟军在该港口伏击的5艘驱逐舰,击毁美军13架飞机,于19日初次空袭澳大利亚的悉尼基地,击落、击毁26架飞机,击沉战列舰、巡洋舰等14艘。2月20日,日本海军空降部队及陆军部队占领帝汶岛的古邦,同一天水雷战队在巴厘岛以东的龙目海峡(Selat Lombok)攻击美国荷兰联合舰队(2艘巡洋舰、3艘驱逐舰),击沉2艘驱逐舰。

下面是日军为了确保制空权的战斗情况。

第3飞行集团团长决定第16军登陆爪哇的日期是2月28日,并命令第12飞行集团在前一日(2月27日)负责以后日军的船队航空掩护及停泊地防空。

第12飞行集团以丹戎加弄为基地,奉命实施了以下作战任务:

2月17日9时25分至16时30分之间,派出第1、11飞行战队的总计48架飞机掩护船队的航行,另派出第11飞行战队的部分兵力负责巨港附近的防空;

2月28日11时47分至20时之间共派出55架飞机掩护船队的航行,派出部分兵力负责巨港附近的防空;

3月1日8时15分至19时55分之间共派出90架飞机负责停泊地的防空;

3月2日8时10分至19时45分之间派出74架飞机,令其在负责停泊地防空的同时,为之后的改变前进方向作准备。此外,3日之后到7日之间,派主力担任默拉克(Merak)、万丹湾(Banten Bay)的停泊地防空任务,同时控制巨港精炼油厂的上空。

这样一来,第3飞行集团确保了制空权,确保了日军海上运输船队的安全。

接下来，日本航空兵的主要任务便是协助地面作战。2 月 28日，第 3 飞行集团团长为了直接协助第 16 军在西爪哇方面的登陆部队在登陆后的战斗，作出了专门的部署。

第 16 军在 3 月 1 日的凌晨从各自的方向同时开始登陆，并逐渐扩大战果。第 3 飞行集团团长在同日 12 时下达以下命令，同时派出部分兵力秘密向爪哇推进，以配合第 16 军。

1. 第 11 军在 H 地登陆成功后，在 10 时 30 分派出部分兵力向西冷（Serang）东方地区攻击前进。

2. 集团派出部分兵力推进在爪哇的作战，协助第 16 军的作战。

3. 随着西爪哇机场的占领和整修，第 3 飞行集团团长逐渐将兵力向该地区的机场群推进，继续执行现在的任务，但是第 64 航空战队、第 49 航空战队、第 94 机场大队、第 91 机场大队以及第 7 机场中队应继续以巨港为基地。此外，第 15 独立航空队（缺第 50 独立航空中队）、第 27 航空战队以及第 36、93机场大队的推进方式，应顾及到之后的前进方向的改变，其人员及器械都要控制在所需的最低限度。

4. 第 81 航空战队队长应派出第 1 中队滞留在马来，并做好将主力推进至西部爪哇的准备。

5. 第 12 飞行集团团长在接到其他命令之前，在现在的基地继续执行其任务。第 16 军各方面的状况如下所示：

（1）那须支队方面：3 月 1 日 3 时在默拉克附近成功登陆，继续占领西冷，然后通过西冷—茂物通道南下，在 2 日早上很早便开始攻击茂物西边的阵地，在 5 日占领该阵地；

（2）佐藤支队方面：3 月 1 日 3 时在爪哇岛西端万丹湾附近成功登陆，与那须支队配合占领西冷，3 日晚在齐萨达尼河

边推进,5 日夜晚占领雅加达;

(3) 东海林支队方面:3 月 1 日 4 时在帕特罗尔(パトロール,音译)附近登陆,不失时机地偷袭并占领卡利贾蒂机场,然后向加拉璜(Karawang)推进,切断万隆—雅加达之间的通道,4 日推进到普哇加达(Purwakarta),5 日推进到了万隆要塞的外围;

(4) 第 48 师团的主力方面:在泗水西面的克拉干(タラガン,音译)附近登陆,经由南望(Rembang)、炽布(Cepu)、图班(Tuban),于 5 日占领了宗班(Jombang),其敢死队在同一天占领日惹(Yogyakarta),7 日又占领敌军撤退的必经之路芝拉扎(Cilacap),师团主力在同一天占领了泗水。①

在接下来的一周内,即 3 月 1 日至 3 月 7 日期间,第 3 飞行集团进行了如下的作战。

3 月 1 日,第 3 飞行集团竭尽全力直接协助了第 2 师团及东海林支队的战斗。2 日随着东海林支队占领卡利贾蒂机场,第 3 飞行集团派出部分战斗队加上偷袭队的主力跃进至该机场,用 33 架战斗轰炸机(12 架战机、21 架双座轻型飞机)快速袭击了万隆的西机场。3 日,第 3 飞行集团推进至卡利贾蒂机场,上午派出第 64 战队及第 90 战队攻击了万隆机场,午后用双座轻型飞机攻击了盟军的机械化部队(日军侦察得知,当天早上有 20 余辆装甲车开进机场,卡利贾蒂以西大约 16 千米的道路上有一百数十辆装甲车,此外在梳邦[Subang]以南和西南大约 12 千米的地方有正在北上的盟军机械化部队),破坏了其大部。

---

① 参见 JACAR(アジア歴史資料センター)Ref. C16120042200、爪哇. スマトラ方面航空作戦記録 昭 21.8 調整(防衛省防衛研究所)。

在这之后,第 3 飞行集团将作战重点放在了直接协助东海林支队,指向正面,全力支持该支队的推进。4 日 9 时以后出动 6 次共 12 架飞机,协助东海林支队在普哇加达附近的战斗。5 日天亮时又派出第 59、73 航空战队攻击万隆机场,炸毁 13 架盟军飞机。同时第 3 飞行集团还协助了陆上作战:一是第 27 航空战队前后出动 7 次共 23 架飞机,作为主力支援了东海林支队的战斗,另外派出一部兵力协助了第 2 师团的战斗;二是第 75、90 航空战队前后出动 5 次共 40 架飞机,紧密协助东海林支队的战斗,给支队进路上的敌人造成了很大的损害,使支队突入万隆的战斗变得容易。

3 月 6 日从早到晚,第 3 飞行集团反复出动其主力(第 27、75、90 各航空战队)协助东海林部队攻入万隆,与此同时还出动 2 次攻击盟军的基地打横(Tasikmalaya)机场。7 日早上攻击打横机场时,日军战机用机枪扫射击伤了盟军的 12 架飞机,之后一直到天黑,一共出动 10 次共 20 架飞机,直接协助了东海林战队的战斗。

另一方面,从 2 月 28 日到 3 月 7 日,第 12 飞行集团派出其主力负责防卫默拉克和万丹湾的日军驻地上空,同时掩护日军船队。

由于岛外所有机场都已经被日军控制,爪哇岛三大要地首府雅加达、盟军司令部所在地万隆、海军基地泗水港都陷入日军的分割包围。就这样,在日军强大的航空攻击配合之下,登陆日军发起猛攻,3 月 5 日占领雅加达,7 日攻占万隆,8 日攻占泗水港,荷属东印度代理总督只身逃往澳大利亚,盟军防线瓦解。盟军 3 月 7 日要求停战,荷属东印度当局次日(8 日)向日军投降。在这次战役中,日军共俘获盟军 8 万余人,日军伤亡约 1.2 万人。

回顾日军对爪哇和苏门答腊两岛的攻略,可以看出其进军路线是先由北往南,即由菲律宾和婆罗洲往南,然后确立起了西进攻打爪哇和苏门答腊的态势。其次可以看出,欧美联军在兵力、武器、作战经验方面都与日军存在较大的差距，所以联军很快丧失制空权和制海权，节节败退，最后投降。再次可以看出，日军的战法有不少可圈可点之处，特别是陆海两军的配合比较到位，空降部队达到了奇袭的效果。在众多的战斗中，占据石油之城巨港是日军作战的主要目的，日军达成了这一目的。石油的成功获取，无疑为日本下一步扩大侵略提供了支撑。

五、东南太平洋的俾斯麦海战

日军顺利攻取东南亚各地的同时，还迅速采取行动，轻易攻克了中太平洋方向的威克岛、关岛和英属马绍尔群岛东南部的吉尔伯特群岛（Gilbert Islands），切断了美军从夏威夷到菲律宾、澳大利亚的海上航线。同盟国军队不得不进行战略转移，退往澳大利亚方向，力争在新几内亚岛（New Guinea）、俾斯麦群岛、所罗门群岛（Solomon Islands）一带组织防御。

（一）日军轻取关岛、威克岛

关岛位于中太平洋的马里亚纳群岛最南端，面积 500 多平方千米，东距美国本土 9 800 千米，西距中国 3 000 千米。原住民为查莫罗人。麦哲伦环球航行曾登陆关岛。1565 年，关岛被西班牙占据为殖民地，查莫罗人在几十年时间里从 10 万人锐减到 5 000人。1898 年美西战争，美国大败西班牙夺取关岛。关岛是夏威夷通向菲律宾的交通要道，距离日占塞班岛仅有 130 海里。关岛成为美国插入日本委任统治地（内南洋）的重要据点。太平洋战争爆发后，日军大本营决定迅速将其拔除。

驻关岛美军仅有 500 余人，包括海军陆战队 150 余人，未受过军事训练的文职人员 271 名，以及驻关岛的一艘扫雷舰上的 137 名海员。这个陆战队连装备的武器都只有少数勃朗宁自动步枪及

M1903 春田步枪,至于关岛民兵多半在庆典时出来操枪,基本没有受过正规军事训练。

日军派出堀井富太郎少将指挥步兵 144 联队、海军陆战队第 5 大队等 5 300 余人进攻关岛。负责护航和运送的海军舰船有 1 艘巡洋舰、4 艘驱逐舰、9 艘运输船;另有 4 艘巡洋舰(青叶、加古、衣笠、古鹰)担任海上支援任务。1941 年 12 月 2 日登陆部队在小笠原群岛完成集结,4 日经马里亚纳群岛东部海域开赴关岛。五藤海军少将率领支援舰队同时抵达关岛近海。

日军登陆部队分为 3 个支队分别在关岛西北、西南、东南 3 个方向登陆,没有遇到像样的抵抗,只在关岛首府阿加尼亚市(Agatna)中心的西班牙广场遭到抵抗。美国关岛总督麦克米林(George J. MacMillin)很快宣布投降。战斗结果为美国方面 13 人阵亡、13 人负伤,平民伤亡 20 余人,日本方面 1 死 6 伤。日军轻取关岛。

威克岛是由 3 个珊瑚岛组成的环礁,总面积大约 10 平方千米,1796 年英国船长威克路过这里为其命名。威克岛同样在 1898 年的美西战争中被美国夺取。威克岛位于关岛与夏威夷群岛之间,被美国视为旧金山—夏威夷—关岛—马尼拉航线的重要一环,是美国航空公司太平洋航线的重要中继站。1940 年,美国决定把该岛建设为海军基地,先后派遣 1 000 余工程人员修筑机场、航道、港口。至 1941 年,岛上建成 1 500 米长的飞机跑道。

为加强威克岛防御,美军从夏威夷派遣海军陆战队进驻,日军进攻前夕,岛上美军大约 520 人,其他人员 1 200 人,驻有 12 架野猫式战斗机。在火力方面,守岛海军陆战队拥有 3 个炮群,每群有 2 门口径 5 英寸①的大炮,另外还有 12 门口径 3 英寸的高射炮以及

———————

① 1 英寸合 2.54 厘米。

许多机关枪。战前,这小小的威克岛俨然是一艘永不沉没的航空母舰,成为太平洋上美军最可靠的坚固堡垒之一。

日本早已注意到威克岛的重要地位。威克岛距离日本控制的南鸟岛、夸贾林环礁(Kwajalein Atoll)大约500—600海里,日军补给船只经常从威克岛海域经过。日军第4舰队的第6驱逐舰队司令官梶冈定道少将负责指挥威克岛作战行动。梶冈少将的参战兵力包括由夕张号巡洋舰、6艘驱逐舰、3艘潜艇等组成的登陆运输队,由天龙号、龙田号巡洋舰组成的支援编队,由第24航空战队71架飞机组成的空中支援队。

12月8日起,日军多次派飞机轰炸威克岛机场、营房、阵地,为登陆作战扫除障碍。日本登陆编队10日夜间靠近威克岛,因为风大浪高被迫放弃夜间登陆计划,负责掩护的日军海上编队抵近炮击,被有意沉默的美军炮群击沉2艘驱逐舰,损失严重;11日夜间气象也不适宜登陆,司令官梶冈下令返航。日军第一次登陆作战失败。

日军重整阵容,抽调了参加关岛作战的4艘巡洋舰加强海上支援,从珍珠港返航的苍龙号、飞龙号2艘航母及2艘巡洋舰等也被编入第二次进攻序列以支援兵力。经过一周休整后,12月21日,日本登陆编队发起第二次登陆作战。

日军掩护部队采取了空袭威克岛、伴动牵制等措施,极大削弱了威克岛的防御力量。12月23日凌晨,日军护卫艇抢滩登陆成功,遭遇守军顽强抵抗。在日军的绝对优势下,为避免平民遭到屠杀,美军指挥官坎宁安(Winfield S. Cunningham)上校决定投降。威克岛上的1 500名美国军人和民工被俘,但他们英勇抵抗,打死了800多名日军,美军有122人死亡。

(二)日军攻占吉尔伯特群岛

吉尔伯特群岛1915年成为英国殖民地。它由16个珊瑚岛礁组成,纵跨赤道南北,陆地总面积约 430 平方千米。这些岛礁珊瑚砂质的地质,使得几乎每个岛屿都适宜建设机场。吉尔伯特群岛位于马绍尔群岛东南、所罗门群岛东北,正处在美国和澳大利亚的海上交通线中间。北端马金环礁(Makin Atoll)距离日占马绍尔群岛的米利岛(Mili Island)仅有 200 海里;南端的塔拉瓦环礁(Tarawa Atoll)是大环礁,内部礁湖可作良港。

日本方面认为,如果美军把航空基地设在吉尔伯特群岛,将极大威胁到马绍尔群岛的防御。由此日本准备在开战之初就夺取吉尔伯特群岛,把它变为日本太平洋防御圈的一环。如此不仅可以消除对日本内南洋统治的威胁,还可以加强日本对东南方向的警戒。

日军大本营命令海军第 19 战队完成攻占任务。战队司令官志摩清英少将组织了 2 支登陆部队分别登陆攻占马金环礁和塔拉瓦环礁。第 1 部队包括 1 艘驱逐舰、2 艘运输船和 178 名陆战队员;第 2 部队包括 2 艘驱逐舰和 71 名陆战队员,还征用了多艘货轮渔船运送工程人员。日军 12 月 4 日完成集结,8 日上午出发,9 日夜间抵达马金环礁、塔拉瓦环礁,顺利完成任务。

(三)俾斯麦群岛海战

俾斯麦群岛位于新几内亚岛东北方,包括新不列颠岛、新爱尔兰岛、新汉诺威岛、阿德默勒尔蒂群岛(Admiralty Islands)等约 200 多个大小岛屿,总面积约 5 万平方千米,1884 年成为德属新几内亚的一部分,一战后成为澳大利亚委任统治地。日军进攻俾斯麦群岛等地的主要目的是掩护其在太平洋的重要海空基地特鲁克岛,并为将来进攻新几内亚以至澳大利亚建立前进基地。

从日本立场看来,如果美军轰炸机进驻俾斯麦群岛首府拉包尔(Rabaul),日本在特鲁克岛的海空基地将受到极大威胁;如果盟军把潜艇部署在此,则日本在整个南太平洋的海上交通和海上活动都会受到严重威胁。因此,日军大本营很早就把攻占俾斯麦群岛纳入南方作战计划。待日军第一阶段攻略计划顺利进行,完成关岛、威克岛和吉尔伯特群岛作战任务的兵力可以转移使用,日军大本营才正式下达进攻拉包尔的作战命令。

1942年1月,日军大本营决定由第4舰队第19战队担任进攻拉包尔的任务。5日,第19战队司令官志摩少将和南海支队堀井少将合作进行战前准备工作,11日双方在关岛完成登陆编队。担任进攻的日军陆军约2 000人,在第6巡洋舰队和第6驱逐舰队、第24航空队配合下,几乎兵不血刃就攻入防守空虚的拉包尔(1月23日),随后抢占了萨拉马瓦(Salamaua)和莱城(Lae)及其附近的机场等要地。

布干维尔岛(Bougainville Island)位于拉包尔东南200海里,岛上有机场;布岛南边的肖特兰岛(Shortland Island)有海军良港。为巩固对拉包尔基地的占领,3月30日,日军陆续出动攻占了附近的布干维尔岛(设有机场、海港等军事设施)、肖特兰岛、布卡岛(Buka Island)。位于拉包尔西北的阿德默勒尔蒂群岛也是确保拉包尔安全的要地,几天之后被日军占领。

至此,日本在太平洋攻占的海洋领土空前广阔,几乎达到了日军作战能力的尽头。日军第一阶段作战任务全部完成。

第四章　太平洋战争的战略相持阶段

第一节　反法西斯战争各战场进入相持阶段

第二次世界大战是参战各国在政治、经济、军事发展程度极为不平衡的情况下展开的,既有美、英、德这样的传统强国,也有苏联、日本这样后来居上的新生强国,更有中国、印度这样已经走向衰落的东方国家。这种复杂性和特殊性,使得各战场的战略相持与转折阶段各有不同,各战场对整体战争进程的影响也各具特点。

第二次世界大战是由分布在三大洲四大洋各战场组成的,各个战场与整体战场紧密相关,主要战场则对大战整体产生决定性影响。1942年初,轴心国在各战场的攻势受到遏制,整个战争进入相持与转折阶段。

第二次世界大战各主要战场在相持阶段的主要形势分述如下。

一、中国战场

1938年10月,中国战场进入战略相持阶段后,日本对中国国民党当局采取政治诱降为主、军事打击为辅的两手策略。军事上，日本军队停止对正面战场的战略进攻，改为保守占领区为主的方针，逐渐将战略重心转移到共产党主导的敌后战场，以主要力量打击抗日根据地。共产党的敌后战场逐渐成为抗日战争的主要战场。1940年，八路军发动了有100多个团参加、历时5个多月的百团大战，给日伪军以沉重打击，打破了日军华北方面军的"囚笼政策"，打乱了日军南进的战略计划，进而减轻了国民党正面战场的压力，增强了中国军民战胜困难、抗战到底的决心和信心，对当时受到法西斯侵略的西欧国家也是一个鼓舞。

1941年到1942年，中国战场形势进入最艰难阶段。日本在德国、意大利两国法西斯军队横扫西欧北非、闪击苏联的重大胜利的刺激下，为实施南进战略、打破中国战场的僵持局面，迫不及待地发动了对英美的太平洋战争。为解除后顾之忧，日军对中国敌后战场实施残酷的"扫荡""蚕食""清乡"和"治安强化运动"①，实行"三光政策"和经济封锁，给敌后抗日根据地带来空前灾难。敌后抗日根据地军民在中国共产党的领导下，广泛开展各种形式的游击战（地雷战、地道战），充分发挥人民战争的威力，粉碎了日军的进攻。

从1943年起，敌后战场开始进入恢复和再发展阶段。1943年夏开始，由于共产党贯彻"敌进我进"的方针，把斗争焦点引入敌占区，所以主动进攻作战逐渐上升到重要地位。敌后战场从秋季开

---

① 治安强化运动，指在中国抗日战争期间，日军对华北、华中地区推行的巩固占领的政策。1941年1月，日军制定了《大东亚长期战争指导纲要》和《对华长期作战指导计划》，将华北划分为"治安区""准治安区"和"非治安区"。在治安区加强中国人组织力量，以中国人警察力量承担治安工作；对准治安区进行"蚕食"，制造无人区，使其逐步变成治安区；对非治安区，则以军事"扫荡"为主，实行"三光政策"及"囚笼政策"。

始出现明显转折,特别在华北战场,日军已经逐渐丧失战场主动权。八路军在华北发动了较大规模的卫南、林南战役,取得重大胜利,日军的秋季"扫荡"以失败告终。这些胜利,拉开了1944年各抗日根据地展开局部反攻的序幕。1943年10月,中国远征军在缅甸北部开始反攻。这些行动标志着中国战场也出现了新的转折。

据不完全统计,从1938年5月到1943年5月,敌后抗日根据地军民共进行游击战6.2万次,歼灭日伪军76.2万人。日军被迫停止了对正面战场的大规模进攻,但正面战场仍然进行了14次规模不一的战役,共歼灭日军38.6万人。

中国战场开战最早,进入战略相持阶段也最早,持续长达5年。在此期间,中国坚持抗战,牵制和消灭了大量日本陆军主力,不仅使日军无法执行陆军力主的北攻苏联的政策,也使其一再推迟海军南进攻打南洋英美殖民地的计划,有力支持了同盟国的"先欧后亚"战略。

二、北非、地中海战场

英军在北非战场经历了先败、后胜、再败、再胜的曲折。

1940年9月,意大利以优势兵力从利比亚向埃及英军发起进攻。英军不敌转移。经数月准备,英军从12月开始反击,将北非意大利军全部击溃。北非交战双方进入战略相持和转折阶段。

意军在北非的失败,迫使德国介入北非。1941年2月,隆美尔(Erwin Rommel)率领2个师的德军开赴北非,3月底在意军协同下发起对英军的进攻,把英军赶回埃及境内,利比亚重回德国、意大利之手。但德国当时正准备全力进攻苏联,无法在北非维持补充和增援力量,交战双方展开了长时间的拉锯战。

1942年8月底9月初,北非德军遭受战败,失去战略主动权。

10 月至 11 月,英军发起阿拉曼战役,沉重打击了北非的德意军,使北非、地中海战局发生了有利于盟军的根本转折。

三、苏德战场

1941 年底的莫斯科保卫战中,苏军转败为胜,使德军遭到开战以来第一次大失败,宣告了德军闪击战的破产。苏德战场也进入了战略相持与转折阶段。苏军乘胜于 1942 年初发动了冬季总攻,但因对德国主要打击方向判断失误,严重失利。苏德战场也陷入拉锯战,到 11 月中旬,苏军在斯大林格勒和高加索方向守住了战略要地,极大地消耗了德军。随后苏军发动了斯大林格勒反击战,德军战败,苏德战场发生了根本转折。

四、太平洋战场

1942 年 5 月初,作为实施切断美澳交通线作战的第一步,日本终于在太平洋战场与美国以航母编队的形式在珊瑚海进行了大规模交战。美军大胜,由此遏制了日本在西南太平洋的扩张势头,太平洋交战双方开始进入战略相持阶段。日本海军主力 6 月在中途岛海域同美国海军展开的海战,是太平洋战场形成战略相持后第二次具有深远意义的海战。中途岛海战的战败,使日军开始丧失在太平洋的海空控制权和战略主动权。

1942 年下半年,在日本南方军所负责的区域内,美军的反攻不断,日军的压力不断加大。具体来说,8 月 7 日美军的一支骨干部队袭击所罗门群岛、瓜达尔卡纳尔岛(Guadalcanal)和图拉吉岛(Tulagi),并全部得手。日本第 17 军企图夺回瓜达尔卡纳尔岛,从 8 月 20 日左右开始,以一木支队负责攻击该岛机场,但损失惨重,未能成功。9 月 12 日,日军续以川口支队再次攻打,同样受挫,其后准备集合陆海军的战力一举夺回该岛。10 月 24 日起，日军以第 2 师团为核心发起总攻，仍归于失败。11 月 14 日，为了准备攻打瓜达尔卡纳尔岛，搭载兵力和军需品的大约 10 艘日军运输船组成的大型船队，在海军护卫之下尝试强行运输。美日两军之间的海战异常激烈，舰队的掩护异常艰难，最后日军船队几乎全军覆没，夺岛目的未能达成，以小型舟艇进行的运输也基本不能成功。日军对瓜达尔卡纳尔岛的补给运输几近于绝望状态。

东部新几内亚方面，日军南海支队于 1942 年 7 月中旬在布纳（Buna）北面登陆后继续前进，并越过欧文斯坦利山脉（Oven Stanley Range）向莫尔兹比港（Port Moresby）进攻，9 月中旬到达该山脉顶部一线，在此为其后的作战作准备。由于丧失了制空权加之山地险峻，日军补给陷于困难，只好执行军方命令，向库姆西河（Kumusi River）右岸撤退。

1942 年 8 月至 1943 年 2 月，美日又进行了历时 6 个月之久的瓜达尔卡纳尔岛争夺战，结果日本又战败，美日间的攻守形势逆转，太平洋战场形势发生了有利于美国的根本转折。

第二节　太平洋战争相持阶段双方经济力量对比

一、美国战时经济

美国拥有世界上最强大的工农业产品生产能力和最先进的科技力量，1937 年美国工业生产总值占资本主义世界工业生产总值的 41%。美国人力资源也排名世界前列，1940 年美国人口 1.3195 亿人。1941 年美国主要工业品产量达到钢产量 7 510 万吨、煤产量 5.17 亿吨、石油 1.89 亿吨的水平，发电量也达到了

2 083亿度。强大的经济基础和科技力量、丰富的物资储备和人力资源、远离亚欧战场的优越地理位置,使美国成为战争潜力最强的国家。一旦美国的经济潜力转化为战争能力,会极大改变整个大战的力量对比。

1941 年 12 月珍珠港事件后,美国开始大规模经济动员,将国民经济全面转向战时轨道。国会授予总统广泛的权力以动员经济从事军工生产。

1946 年 1 月 16 日,总统罗斯福发布行政令,成立美国战时经济领导机构——战时生产局;10 月又成立了经济稳定局,授予其处理经济问题的最高权力。1943 年 5 月,罗斯福宣布成立战时动员局,对经济活动实行全面控制。自此,美国确立了战时经济的领导体制。1942 年初,国会通过了物价管制紧急法令,对商品价格进行管制以抑制通货膨胀。1943 年 2 月,罗斯福又发布命令,要求美国各军工厂每周开工不能少于 48 小时;4 月,他又下令冻结所有工资及物价。

1942 年 10 月 21 日,美国国会通过了有史以来税额最高、范围最广的税收法案,政府收入猛增,从 1941 年 75 亿美元增加到 1943 年 222 亿美元。除了增税,美国还大量发行公债。从 1941 年 5 月 1 日到 1946 年 1 月 3 日,美国政府通过发行公债募款 1 569 亿美元。美国政府手里掌握了大量资金,大量投入军工生产:一方面大量向私人工厂订购军需品,另一方面直接投资兴建、扩建、改建军工企业或与军工企业有关的基础工业。

经过全面经济动员,到 1942 年底,美国经济基本完成了向战时经济轨道的过渡,美国基础工业部门的产量有了不同程度的增长。美国的工业特别是重工业获得了巨大发展。1939 年至 1943 年美国轻工业方面仅增加 61%,而重工业产量增长了 2.3 倍。

在美国工业飞速发展的同时,农业也出现了战争景气。战争爆发以后,因扩充军队需要,农村数百万男劳动力被抽调,妇女老幼成为农业主要劳动力。但是,美国依靠科技进步和实行机械生产,农业获得了迅速发展。以1939年农业生产指数为100,那么1940年的指数为109.7,1941年为113.7,1942年为126.9,1943年为124.3。[①]

美国战时经济的迅速发展,不仅满足了美国自身的战争物资需求,而且让美国以租借的形式向反法西斯盟国大量输出各类战略物资。从1941年3月到1945年8月实施租借法期间,美国总共向盟国提供了价值约460亿美元的租借物资。其中向英国及其自治领提供了约313亿美元的物资(占租借物资总量68%),向苏联提供了98亿美元物资(21%),向自由法国和中国分别提供了14亿美元(3%)和8.4亿美元(1.8%)物资。此外,同盟国开展战时经济合作,美国通过"逆租借",亦从盟国获取了各种战略物资、原料和劳务支援,价值约73亿美元。

美国的战争经济政策推动了军工生产,在世界反法西斯战争中发挥了重大作用。就其国民经济的深度和广度而言,美国虽然不像其他几个主要交战国那样几乎达到极限,但在发展速度、规模以及数量和质量上都是无与伦比的,从而发挥了反法西斯国家"兵工厂"的作用。

二、中国战时经济

太平洋战争爆发后,中国抗战的总体形势也发生了有利变化。为把握时机、增强国家总体战争能力,动员全国的人力物力

[①] 中国科学院经济研究所世界经济研究室编:《主要资本主义国家经济统计集(1848～1960)》,北京:世界知识出版社1962年版,第22页。

成为当务之急。1941 年 12 月,蒋介石在国民党五届九中全会上提交了《加强国家总动员实施纲领案》,提出了充分发挥全国人民力量、保证粮秫弹药供应无缺、保障一切物力补充等战争动员目标。

国民政府先是确立了以军事为中心、实行计划经济的方针,但效果不显著。1941 年国民政府又确定实施"统制经济"政策,由国家政权依靠行政法律手段直接干预或管制生产、流通、分配等国民经济的各环节。1942 年国民政府公布施行《国家总动员法》,最终完成从"计划经济"到"统制经济"的转变。①

为了适应战争体制,国民政府对经济机构陆续调整,1941 年在行政院内设"战时经济会议"(1942 年改为"国家总动员会议"),下设粮食、物资、运输等 10 个组,主要任务是协调展示各项经济运行措施。该会议作为战时对经济的最高统制机构,由蒋介石任主席,进一步加强了对整体经济的统一领导。国民政府继 1938 年组织完成东南沿海及其他地区工矿企业内迁后,又进行了工矿企业向大西南的再度内迁。到 1940 年底,共完成内迁厂矿 448 家,技工 12 182 人。② 这些内迁厂矿大多数完成了建厂复工任务,复工厂数达 308 家,占内迁总数的近 70%。

国民经济完成转轨以后,国民政府加强了对经济的控制,采取了扶植、奖励发展工业的措施,坚持重工业为"立国之本",给予大

---

① 参见陈雷、戴建兵:《统制经济与抗日战争》,《抗日战争研究》2007 年第 2 期,第 180 页;郑会欣:《试析战时贸易统制实施的阶段及其特点》,《民国档案》2005 年第 3 期,第 111 页;军事科学院军事历史研究部:《第二次世界大战史》第 3 卷,北京:军事科学出版社 1998 年版,第 21 页。
② 中国抗日战争史学会、中国人民抗日战争纪念馆编:《抗战时期的经济》,北京:北京出版社 1995 年版,第 257 页。

量投资。1940 年至 1942 年,政府配给工业资金总额为 20 454 万元,其中配给重工业(不含酒精、化工)即达 17 073 万元,占比达83.5％。国民政府对民营企业也进行了扶植,各种放款总计达2 003万元。[①] 中国大后方的工业生产得到较快发展。以 1938 年工业生产指数为 100,则 1941 年为 191.7,1942 年达 213.5,达到战时最高水平。1942 年中国大后方主要工业品产量都比 1941 年有所增加,有的达到最高峰:发电量 19 628 万度,煤炭 631 万吨,汽油189.57 万加仑,生铁 7.55 万吨,钢 3 000 吨。[②]

国民政府也重视农业生产,不断增加投入,扩大耕地面积。1942 年稻谷、棉、麦的种植面积比 1941 年分别增加了 26％、49％、76％。1942 年估计稻麦年产量为 1 259 957 000 斤,消费量为1 213 578 000斤,每年尚可盈余 46 379 000 斤。[③] 农作物的产量得到回升,有的达到战时高峰。由于中国农民勤劳俭朴的品格,加上政府的努力,抗战期间,中国农业生产水平一直维持相对稳定,为抗战最后胜利提供了物质保障。

中国的敌后战场在相持阶段受到日军重点进攻,面临严重的军事压力和经济封锁。各种困难到 1941—1942 年间达到了顶峰。针对物资方面的极端匮乏,中国共产党强调生产自救,发展生产保障供给,各抗日根据地都推进大生产运动。农业方面,各根据地采取了鼓励垦荒、兴修水利、农业贷款、奖励移民、开展军屯等一系列措施,使各根据地的耕地面积不断扩大,粮食和棉花

① 郭红娟:《抗战时期资源委员会重工业建设的资金动员》,《中国经济史研究》2007 年第 4 期,第 31 页。
② 朱斯煌等:《民国经济史》,上海:银行学会 1948 年编印,第 257—258 页。
③ 中国第二历史档案馆编:《中华民国史档案资料汇编》第 5 辑第 2 编,“财政经济”(8),南京:江苏古籍出版社 1997 年版,第 297 页。

产量大幅度增加。至 1943—1944 年间,各根据地的粮食等农产品需求已经基本满足,许多地区自给有余。在大规模经济建设中,根据地建立了一系列的工厂,并组织群众开展手工生产,生活日用品已能全部或大部自给。根据地的军事工业基础相当薄弱,由以前的军械修理,发展到能够制造步兵轻武器及弹药的水平。

大生产运动取得的成果非常显著,从根本上改变了一度制约敌后抗战的严重困境,为敌后抗战的持久发展奠定了必要的物质基础。更难得的是,这些经济成就,是在孤悬敌后、完全没有外援的游击战争的环境中取得的。这是二战中绝无仅有的一个创举。

三、日本战时经济

日本是法西斯国家中最早挑起战争并将国民经济转入战争轨道的国家。1937 年日本发动全面侵华战争后,其经济迅速过渡到战时体制。日本相继颁布了《军需工业动员法》《临时资金调整法》和《输出入临时措施法》等三大经济统制法令,并对经济管理机构进行了重大改组,成立了经济动员的总参谋部——企划院,陆海军也向各经济管理机构派遣常驻代表。1938 年 3 月,日本颁布了《国家总动员法》,由此日本完全进入了战时经济体制。日本的经济急剧向战争倾斜,重化工业发展迅速,产值在 1938—1941 年间提高了 1.2 倍,重工业在整个工业中的比重达到 62.9%,日本的战争能力得到加强。

然而,日本的战时经济存在严重缺陷,表现在以下几个方面。

一是日本的经济基础薄弱,技术水平低下。日本虽是亚洲工业强国,但其近代化起步晚,经济实力远落后于欧美列强。1937

年,日本的工业产值占整个资本主义世界的 4.6％,排在美、英、德、法之后。日本工业的技术水平也较低,以金属加工和机械工业的人均拥有电机马力为例,日本在 1938 年为 1.87,而美国在 1937 年即高达 5.5,约为日本的 3 倍。[①]

由于技术水平低下,日本在技术含量较高的产品上不得不大量依赖进口。如日本所需机床 46％来自美国等先进国家,这些重要基础工业方面的差距绝非短期可以弥补。因此,尽管日本的军工生产发展速度很快,但产量很低。1940 年,日本军工产值只相当于德国的 1/6,苏联的 1/5,英国的 2/7。[②]

二是日本资源严重不足。日本本土资源贫乏,大量原材料均需依赖海外进口。除了煤炭、大米对外依赖维持较低水平(10％—15％),大豆、玉米、铁矿石对外依赖达 70％以上,磷矿、橡胶、棉花、羊毛甚至达到 100％。对经济和军事均有重大作用的石油,八成以上也需要进口。

三是劳动力短缺。由于日本开战后军队迅速膨胀,总兵力由 1937 年的 107 万余人激增至 1941 年的 240 万余人。此外,军事工业发展也占用了大量劳动力,而且技术水平较低,提高生产主要靠加大劳动力投入来实现。日本劳动力紧张的问题日渐突出。1941 年日本总人口(7 222 万)中 15 岁以上 4 755 万人,其中 3 742 万人被动员充当劳动力和军人,比重高达 78.7％。即便如此,日本劳动力仍然不足。

太平洋战争爆发后,日本战争经济的负担急剧加大。日本的

---

① 参见小山弘健『日本軍事工業の史的分析』,お茶の水書房、1972 年、249 頁。

② ［德］联邦德国经济研究所著,蒋洪举、卜大壮译:《1939—1945 年德国的战时工业》,北京:生活・读书・新知三联书店 1959 年版,第 30 页。

战线从中国扩展到东南亚和太平洋,日本兵力从 1941 年的 240 万余人膨胀到 1945 年 8 月的 690 万余人,军费开支激增。1941—1945 年日本共支出军费 1 358.37 亿日元;军费在政府预算中的比重也不断增加,1944 年达到 78.7%。[①] 为满足长期战争的需要,日本逐步强化了以军需生产为中心的全面经济统制:1942 年成立"大东亚省",统辖占领区的所有殖民机构,加强经济掠夺;1943 年 9月,又撤销商工省和企划院,代之以首相东条亲自主持的军需省,总揽整个战时经济体制。仅 1942 年一年里,日本就从"大东亚共荣圈"的范围内掠夺了总计达 1 940 多万吨的重要战略物资,包括铁矿、铅、锡及大豆、大米、谷物等。

同时,为了解决劳力、原料、设备不足的问题并集中使用人力物力,日本还在国内采取强制措施,关闭大批中小企业,将机器设备调给垄断企业使用;缩减民用工业、轻工业,以确保军工企业特别是重点军工企业的发展。到 1943 年 6 月,日本解散了民需产业以及其他工业中的中小工厂 128 191 家,占工厂总数(243 572)的52.6%。而船舶、航空等 5 个产业被定为超重点产业,投资不断增加。经过努力,日本基础工业的一些产品产量有一定增长(钢、煤、铝、铁矿石),保证了日本军需生产的发展。1941 年日本武器生产产值为 51 亿日元,1942 年增加到 67 亿日元,1943 年达到 108 亿日元,比 1941 年翻了一倍有余。[②]

然而,在日本军工生产片面发展的背后,是整个战争经济基础的动摇。日本经济建立在大量进口海外原料的基础上,但太平洋战争爆发后,来自英美等国的输入渠道断绝,日本从占领区掠夺的

---

① 参见楫西光速『日本資本主義の發展』Ⅱ、東京大学出版會、1953 年、309 頁。
② 参见歷史学研究会編『太平洋戰爭史』Ⅳ、東洋経済新報社、1954 年、78 頁。

资源也因海运能力下降而锐减。1942 年中途岛海战失败后,日本逐步丧失了太平洋的制空权和制海权,海上运输线开始受到盟国的破坏,海运量也随之下降。1941 年日本海运量为 4 700 万吨,1942 年降为 3 900 万吨,1943 年再降为 2 900 万吨。海运量大幅下降,严重影响了日本重要战略物资的进口。以煤、铁矿石、铝矾土、钢、铝、锡、橡胶、大米、食盐等 16 种重要物资进口为例,1941 年为 2 000 万吨,1942 年降到 1 940 万吨,1943 年降到 1 641 万吨。这无疑加剧了日本的经济危机。

日本不遗余力地保证军工生产,直接妨害了其他工业部门的均衡发展。军事工业越发达,它对有限的原料、劳力和设备的占有就越多,而其他部门的需求被大大压缩,甚至失去生存条件。在这种情况下,日本军工生产增长的同时,整个工农业生产特别是农业生产却呈逐年下降趋势。据统计,日本农业生产 1939 年达到了最高产量,以后因劳动力缺乏、机械化水平低、肥料和播种面积减少不断衰退。从 1941 年 4 月起,日本成年人每天只能领到 330 克粮食,而且大麦、甘薯和橡子面所占比重越来越大,成为主食。其次受害的是工业中的消费资料生产。日本现代工业是靠纺织业发展起来的,到 1936 年,日本纺织业还占到日本工业总产值的 30%、出口总值的 50% 以上。纺织业遭压缩后,一部分设备被当作废铁转为军用,一部分设备转为军工生产。纺织品生产指数以 1930—1939 年的年均产量为 100,1942 年只有 54,1943 年跌到 35。

此外,日本军工产业内部也存在争夺资源、劳力、设备的矛盾。美军在太平洋战场加强攻势后,日本痛感丧失制空权的严重后果,只能优先满足航空兵器的制造,从而削减了其他武器装备的生产。1941 年前,陆军武器装备的预算高于航空兵器;到 1942 年基本持平;从1943年起,日本优先保障航空装备的生产,不仅将大部分原料用于航空装备的生产,而且把一些坦克、火炮的生产设备也转用于飞机零部件的生产。这一措施导致1943年日本陆军的坦克和自行火炮的产量比上一年减少1/3。日本经济专家小山弘健曾指出,依靠牺牲其他产业部门来确保航空装备发展,这种情况表明日本的战争前景只能是穷途末路。

总之,到1943年,日本的战时经济一方面维持了战争的基本需要,另一方面危机四伏,资源压力日益严重。不仅各经济部门关系被打乱,军工产业内部同样混乱不堪。日本的战争经济正走向全面崩溃。

日本进行适应长期战争的经济动员后,军事工业有了较大发展。按照1945年价格计算,1941年日本武器生产总值为51亿日元,1942年为67亿日元,1943年达到108亿日元。由于资源有限,1943年初日本开始重点保障军舰、飞机制造业的发展。

对日本来说,运力即是国力,因此日本十分重视造船工业,造船数量连年增长。1941年造船44万吨,1942年66.1万吨,1943年达106.7万吨。但是造船增长弥补不了战争损失,这三年日本船舶实际吨位分别减少了0.7、43.4、99.8万吨。飞机是掌握制空权的最有力武器,航空工业因而也备受重视。1941年日本生产飞机5 090架,1942年产8 861架,1943年产16 693架。尽管如此,日本的飞机产量仍远远落后于美国。坦克、火炮等武器的生产则增幅不大。

综合起来,到1943年,同盟国在主要技术兵器生产方面已经超过轴心国。

第三节　太平洋战争相持阶段双方军事实力变化

一、美国的军力

美国在反法西斯盟国中参战最晚,但美国拥有庞大的人口和发达的工业,战争潜力最强。太平洋战争爆发后,美国庞大的战争机器开始高速运转。1942 年,美国总统罗斯福向国会提出扩军计划规定,陆军最终动员目标达到 1 000 万人,武器生产达到 6 万架飞机、4.5 万辆坦克、2 万门高射炮和 800 万吨舰船。为此,美国军费开支急剧增长,从 1941 年的 60.3 亿美元增加到 1942 年的239.3 亿美元,1943 年又上升到 631.5 亿美元,分别占到当年国家财政预算的 45.5％、70.3％和 79.5％。[①]

美国军事实力迅速加强。军队总人数由战前 207 万人,扩大到 1942 年 4 月的 351 万人,1943 年 4 月达到 854 万人。其中陆军人数由战前 137 万人增至 1942 年 266 万人、1943 年 651 万人,这三个时间点的海军人数(不含航空兵)分别为 43 万人、85 万人和203 万人。[②] 陆军师的数量从战前 36 个增加到 1942 年 42 个(31个步兵师、8 个装甲师、1 个空降师、2 个骑兵师)、1943 年 78 个(58个步兵师、15 个装甲师、3 个空降师、2 个骑兵师)。这些陆军师全部齐装满员:每个步兵师 1.55 万人,装甲师 1.46 万人,空降师8 500人。15 个装甲师共装备 6 500 辆坦克和自行火炮。

---

① 中国科学院经济研究所世界经济研究室编:《主要资本主义国家经济统计集(1848～
　　1960)》,第140 页。

② 军事科学院军事历史研究部:《第二次世界大战史》第 3 卷,第 21 页。

同时,美国海军力量也急剧增加,主要作战舰艇的数量从 345 艘增加到 464 艘。美国陆海军航空兵的作战飞机数量也由战前 6 948 架,增加到 1942 年底的 1.6 万余架,1943 年 4 月达到 2.5 万余架。

二、中国的军力

1941 年 12 月珍珠港事件引发太平洋战争爆发时,中国面对军事、经济实力远胜于自己的日本,已经孤军奋战 10 年(从 1931 年九一八事变起),使日军主力始终陷于中国大陆战场不能自拔。然而,中国毕竟是同盟国四强中最弱的一个。中国作为一个半殖民地半封建的农业国,近代工业极为落后,完全没有制造飞机、坦克、军舰和重型火炮的能力。因此,中国军队装备低劣,只能利用人力资源丰富的优势,通过增加军队数量(主要是陆军)来弥补自己的不足。这就决定了抗战期间中国军事力量的发展,主要表现为陆军规模的扩大。

1937 年 7 月到 1941 年 2 月,中国陆军从 191 个师 170 万余人扩大到 310 个师 509 万人。太平洋战争爆发后,日本海军及航空兵力南移,中国战场压力有所缓解,但日本陆军主力仍然留在中国战场,所以中国陆军规模继续扩大。到 1942 年 10 月,陆军师增加到 315 个;1943 年 4 月和 1944 年 4 月分别上升到 340 个和 343 个,军队兵力分别达到 530 余万人和 650 余万人。[1]

三、日本的军力

日本挑起太平洋战争后,出于与中、美、英、荷、澳等国同时作

---

[1] 参见何应钦:《何上将抗战期间军事报告》(上下册),第 2、504、555、597 页;中国抗日战争史学会、中国人民抗日战争纪念馆编:《中国抗战军事史》,北京:北京出版社 1995 年版,第 555 页。

战的需要，不遗余力地动员全部人力、物力和财力，以加强军事实力。1941 年，日本军费总额为 124.8 亿日元，1942 年达到 180 亿日元，1943 年升至 270 亿日元，比 1938 年多 5 倍，占政府开支的 66％。日本飞机产量从 1941 年的 5 100 架增加到 1942 年的 8 900 架，1943 年达到 1.67 万架。日本军队的数量也逐年增加，1941 年陆军 210 万人、海军 32 万人；1942 年增加到陆军 240 万人、海军 45 万人；1943 年陆海军分别达到 290 万、68.4 万人。

　　日本陆军作战部队的编成，由 1941 年 12 月的 51 个步兵师、23 个步兵旅、3 个骑兵旅，扩大到 1943 年底的 70 个步兵师、3 个坦克师、23 个步兵旅、1 个坦克旅和 2 个骑兵旅。陆军航空兵从 1941 年 12 月的 150 个中队增加到 1943 年 9 月的 183 个中队；同一时期，日本海军舰艇总数也有较大增长，但总吨位在下降，主要是主战舰艇不断减少。

　　据统计，1941 年 12 月，日本海军有 233 艘主战舰艇，包括战列舰 10 艘、航空母舰 9 艘、巡洋舰 38 艘、驱逐舰 112 艘和潜艇 64 艘。[1] 但在作战中舰艇损失量超过了补充量，致使日军主战舰艇逐年减少，1942 年底为 210 艘，1943 年 4 月为 209 艘（战列舰 10 艘、航空母舰 10 艘、巡洋舰 31 艘、驱逐舰 92 艘、潜艇 66 艘）。

　　此外，日本陆海军航空兵的飞机数量也有较大幅度的增长。1941、1942、1943 年各年年底的飞机总数分别为 4 772 架、6 461 架、9 172 架。

　　1942 年 8 月，日本保有总兵力 277 万人，其中海军 45 万人、航空兵 10 万人、船舶兵 4 万人。其余 218 万陆军的部署分别为：中国东北 70 万、中国关内 61 万、日本本土 53 万、东南亚和太平

---

① 参见富永謙吾『現代史資料（39）・太平洋戦争（5）』、みすず書房、1975 年、804 頁。

洋地区 34 万。[1]

尽管日本军事力量的总人数和装备总体水平都在增长，但由于战场过于广阔、作战对手众多，日本不得不将其军事力量分散部署，导致它在各个战场都无法占据优势。

四、太平洋战场美日兵力对比的变化

太平洋战争爆发后，日军在短短几个月时间内就控制了东南亚和整个西太平洋地区。当时，日军在陆海空三个方面均占有较大兵力优势。日本陆军投入 40 万人组成 10 个师的精锐力量，在人员数量和作战经验方面都远超过同盟国的地面部队。

日军第一线作战飞机达到 2 625 架，比同盟国在太平洋的第一线飞机(1 692 架)多出 933 架；海军作战舰艇 233 艘，超过盟国的 204 艘；航空母舰更是比盟军(3 艘)多 6 艘。

然而，随着战争进行，美国不断增强其太平洋军事力量，盟军和日本双方的力量对比不断发生变化。尽管美国一开始奉行的是"先欧后亚"的基本战略，但是同盟国在开辟欧洲第二战场的问题上迟迟未达成协议，再加上美国国内舆论要求严惩日本的压力、日本咄咄逼人的攻势直接威胁到美国等因素，促使美国在 1942—1943 年的用兵重点实际上放在太平洋战场。例如，1942 年底美国陆军准备用于对付日本的兵力达 46.4 万人，准备对付德意的兵力为 37.8 万人。[2] 美国海军为报一箭之仇，更是制定了优先保证太平洋作战需要的兵力部署计划，见表 4 - 1。

---

① 参见防衛庁防衛研修所戦史室『大本営陸軍部(4)』、朝雲新聞社、1972 年、567 頁。

② Maurice Matloff and M. Snell, *Strategic Planning for Coalition Warfare*, 1941—1942(Washington: War Department,1953), p. 360.

表 4-1　1942 年美国海军兵力部署计划表

海域＼舰艇	战列舰	航空母舰	巡洋舰	驱逐舰	潜艇	合计
太平洋	10	10	26	108	96	250
大西洋	2	8	17	106	28	161

资料来源：参见 Samuel Eliot Morison, *Coral Sea*, *Midway and Submarine Actions: May 1942—August 1942* (Boston: US Naval Institute Press, 1959), p. 248。

同时，美国在 1942 年上半年向太平洋战区派遣了大量陆军兵力。在 8 月以前离开美国本土的 8 个师中，有 5 个师被派往太平洋，加上夏威夷的 2 个师和新西兰的 1 个海军陆战师，美国在 1942 年 7 月共部署了 8 个师对付日本。航空兵驻海外的 2 200 架飞机中，大约 1 300 架驻在太平洋和远东。这样，太平洋战场的力量对比发生显著变化。据统计，1942 年底美国陆军用于太平洋的兵力为 46.4 万人。而 1943 年初，日本陆军部署在东南亚和太平洋的总兵力为 48 万人，到 1943 年底，美国在太平洋战场的陆军达 81.8 万人，占压倒性优势。

太平洋战场作战的一个重要特点是大规模海上岛屿争夺战，故而海空军力量起着关键性作用。经过 1942 年的作战，日本失去了海空优势。1943 年 1 月，太平洋战场的美国陆、海军航空兵第一线作战飞机达到 3 537 架，而日本为 3 200 架。到 1944 年 1 月，美国第一线飞机增加到 11 442 架，而日本仅有 4 050 架。双方的海军力量在 1942 年的激烈交锋中都遭到很大损失，同时双方也都补充了新的作战舰艇，但是美日两国的经济实力和造舰能力悬殊，因此美国海军实力增长大大超过日本。就舰艇生产和服役状况而言，1941 年到 1942 年，美国建造了 145 艘主战舰艇，日本仅造 40 艘。到 1942 年 12 月，美国又建造了 468 艘主战舰艇，日本仅造 54 艘。

美国海军担负着太平洋和大西洋两个方向的作战任务，而日本海军主力则可以全部用于太平洋战场。即便如此,从 1942 年下半年起,美国太平洋舰队的势力仍然赶上并超过了日本海军。到 1943 年 8 月,美日双方在太平洋作战的舰队编成,除巡洋舰美国略处下风之外(27∶34),其他主要战舰美国完全压倒了日本:航空母舰19∶10,战列舰 15∶9,驱逐舰 134∶87,潜艇 104∶69。[①]

如果说,1942 年下半年,美军兵力未占明显优势,不得不在瓜岛战役中与日军进行长期争夺战,那么,进入 1943 年后,美军已能凭借兵力兵器方面的绝对优势,在太平洋战场的各个方向展开强大攻势。

五、中国战场中日实力对比的变化

从 1942 年下半年开始,同盟国军队在苏德战场、北非地中海战场和太平洋战场相继转入反攻。相形之下中国战场的形势发展稍稍滞后,但是应该看到,整个世界反法西斯战争的形势好转,是与中国人民独自坚持抗击日本侵略长达 11 年密不可分的。在整个战争形势发生转折的大背景下,中国军民战胜了 1941 年、1942 年的严重困难,中国战场的形势在 1943 年逐步趋于好转。

中国战场形势好转的原因之一就是太平洋战争爆发后日本不得不把部分兵力分散于太平洋方面。原来日本只针对中国一个作战目标,在 1941 年对美英宣战后,日本陆军向东南亚和太平洋战场投入 10 个师、2 个旅约 39 万人,一年后增加到 15 个师、2 个旅约 48 万人,到 1943 年 12 月达到 23 个师、12 个旅。

太平洋战争爆发后,为组建更多的师团,日军大本营对陆军编制进行了大改编,改编后的各类师团在编制人数和装备水平上均

---

① 参见 S. Woodburn Kirby, *The War against Japan Volume Ⅲ: The Decisive Battles* (London: H. M. Stationery Office, 1961), p. 518。

有很大差异。其中甲种师团编制2.1万人,按"四四制"编成4个步兵团和炮兵、工兵、骑兵、辎重兵各1个团(每团4营);乙种师团编制1.8万人,按"三三制"编成3个步兵团和炮兵、工兵、骑兵、辎重兵各1个团(每团3营);丙种师团编制1.3万人,编成8个步兵营和相当于营级的炮兵队、工兵队、辎重兵队、通讯队等特种部队。由于丙种师团的火炮和车辆大大减少,缺乏大规模作战的火力和机动能力,所以只适合担负治安警备任务。

受改编影响最大的是侵华日军。1941年2月,侵华日军21个师团,有4个甲种师团、17个乙种师团。1942年12月,23个师团中甲种师团仅剩2个,乙种师团15个,其他6个都是新编的丙种师团。到1943年12月,侵华日军的24个师团,已没有甲种师团,乙种师团也减少到14个,剩下的10个师团都是丙种师团。

由于实力下降,侵华日军被迫放弃于1943年春向四川大举进攻的企图,而继续维持现状。中国利用这一时机,实施大规模整军。到1943年4月,中国正面战场军队有304个步兵师、36个骑兵师,合计约530万人。尽管其中绝大部分部队缺额减员,武器低劣,但从1942年夏开始,中国已经着手利用美援物资,训练和装备具有较强攻击能力的美械师。这批部队的编练在1943年基本完成,计有11个军、31个师,约41.26万人,每师编制从8 000人增加到1.03万人。这批部队标准装备为:每军一个105毫米榴弹炮营,每师一个75毫米山炮营,每团一个反坦克炮连,每营一个81毫米迫击炮排、一个火箭筒排和一个重机枪连,每连配备60毫米迫击炮6门、火焰喷射器1具、轻机枪9挺,以及汤姆森冲锋枪18支。[1]

① 参见全国政协文史资料研究委员会《远征印缅抗战》编审组编:《远征印缅抗战》,北京:中国文史出版社1990年版,第56、119—120页。

这样的武器装备不仅在国内罕见,就是与日军相应作战单位相比,也毫不逊色,尤其是炮兵火力更具有一定优势。虽然这批部队还不足以全面扭转中国战场的局面,但是中国将其集中使用在滇西、缅北方向,形成局部优势,并在 1943 年 10 月在缅北发起反攻。

中国敌后战场的形势也在好转。通过深入贯彻精兵简政、发展生产、减租减息等十大政策,敌后根据地在 1943 年进入了恢复和再发展的新阶段。根据地正规军人数重新增加到 47 万人,民兵武装则扩大到 100 多万人。虽然敌后武装的装备大大落后于日军,但他们拥有优越的战略战术、人员素质和作战士气,加上日军在敌后战场的部署过于分散,这些都为敌后战场的变化创造了条件。1943 年下半年,八路军在华北部分地区转入攻势作战,揭开了反攻的序幕。

第四节　太平洋战争中的美日战略

一、从阿卡迪亚会议到魁北克会议,确立"先欧后亚"战略

基于欧美之间紧密的历史人文、经济贸易联系,在二战欧洲战场开战之前,美国就制定了以欧洲为主要战略方向的战略计划。其中"彩虹 5 号"计划就设想美、英、法联合行动,共同打败德国,再集中力量击败日本。

1940 年 9 月,德国、意大利、日本三个法西斯国家在柏林缔结三国同盟条约,其后德国法西斯在欧洲攻城略地,短时间内占领绝大部分欧洲国家,只有孤悬欧洲大陆之外的英国和社会主义的苏联继续存在。感受到法西斯轴心国日益严重的军事威胁,1941 年 1 月至 3 月,美国和英国在华盛顿举行参谋长级会谈,确定了"先欧

后亚"的战略总方针。美英双方确认德国是轴心国的主要成员，因而大西洋和欧洲战区被认定为将起到决定性作用的战区。如果日本对美英开战，美英两国在远东的军事战略将采取防御态势，美国不会加强在远东的现有军事力量，但会以最适当的方式削弱日本的经济力量。这一共识初步确立了"先欧后亚"战略。

1941 年 12 月，日本袭击珍珠港，太平洋战争爆发，美国领导人仍坚持原定的战略方针。随后，从 1941 年 12 月到 1942 年 1 月，美英两国首脑罗斯福和丘吉尔在华盛顿举行会谈，协商新形势下两国的战略方针，此次会谈代号"阿卡迪亚"①。阿卡迪亚会议重申：尽管日本参加了战争，美英的观点依旧是，德国是轴心国的首要成员，大西洋和欧洲战场是具有决定性意义的战场，击败德国是获胜的关键；只要德国被打败，意大利和日本也将很快崩溃。

阿卡迪亚会议根据"先欧后亚"的方针制定了盟军联合作战计划，基本方针是围绕德国形成压制包围圈，此外还成立了美英联合作战指挥机构，定名为联合参谋长会议。阿卡迪亚会议是在太平洋战争爆发后召开的，在几个战场（亚洲、欧洲、北非、苏德、太平洋）并存的情况下，会议坚持完善了"先欧后亚"战略方针，为各国密切协作扭转反法西斯战争不利局面提供了重要保障。

阿卡迪亚会议后到 1943 年 8 月，盟国之间特别是美英之间继续举行了多次最高级别的会议、会谈，尽管对于诸多战场，各国领导人有不同的想法要求，立场存在分歧甚至冲突，但面对打败轴心国集团、取得反法西斯战争的最后胜利这一最大利益，各方尽力求同存异，为争取胜利而努力。

1943 年 7 月墨索里尼在意大利的统治垮台后，为协调盟国尽

---

① 阿卡迪亚是形容古希腊田园牧歌式的静谧，英美领导人希望能达到完全协调一致。

快打败德日两个法西斯国家以及战后世界安排问题,美英首脑
1943 年 8 月举行了魁北克会议。除罗斯福、丘吉尔及美英高级军
政官员外,中国代表宋子文也参加了会议。关于欧洲战略,会议主
要围绕开辟第二战场问题讨论,美英分歧颇大。最后讨论结果照
顾了英国方面的意见,一方面以美国主导实施横渡英吉利海峡作
战,另一方面由英国主导在南欧发动进攻,以吸引敌人兵力。

关于亚洲战略,会议集中讨论了收复缅甸的问题,美英双方也
存在严重分歧。中国方面希望开辟经过缅甸的陆路通道以获取更
多援助,提出了由中、美、英组成联军收复缅甸的计划。美国也希
望打通经缅甸到云南的陆上通道,扩大对华援助,加强中国抗战力
量,因而支持中国建议。英国担心由中美帮助收复英属殖民地必
将影响它在战后恢复殖民地统治,因而既反对中国提出的联合收
复缅甸的计划,又希望通过自己的力量收复缅甸。早先在三叉戟
会议①上,丘吉尔就提出避开缅甸,只对苏门答腊北部和马来半岛
中部发动进攻。这次丘吉尔老调重弹,力主对苏门答腊发动进攻。

由于美国坚决反对英国避开缅甸的立场,所以最终会议决定:
1943—1944 年在缅甸北部发动进攻,改善通往中国的空中航线并
建立一条陆上通道,以扩大对华军事援助。但英国在孟加拉湾发
动两栖作战配合缅北作战的问题留待以后研究。同时,双方还决
定成立东南亚盟军司令部,由英国海军上将蒙巴顿(Louis
Mountbatten)任司令,史迪威(Joseph Stilwell)为副司令,负责东
南亚战事。虽然英国进攻苏门答腊的计划被否决,但英国还是不

---

① 1943 年 5 月,美国总统罗斯福与英国首相丘吉尔加上美英联合参谋长委员会成员在
华盛顿召开了关于确定美英在欧洲作战的重点和方向、在亚太援华抗日的会议。英
国极力反对中国关于收复缅甸的计划,美国采取了折中态度。

愿配合中国收复缅甸的战役。

魁北克会议在协调盟国战略方针和作战计划方面具有重要作用，确定了盟国在两大战场完成军事行动的时间表。它明确了登陆作战在欧洲战场的优先权，表明同盟国准备实施大规模对德作战的决心。会议还同时确定了击败日本的最后期限，给予对日作战空前重视，表明同盟国开始从一个新的高度对待对日作战问题。

继魁北克会议后，同盟国在 1943 年下半年又举行了美、英、苏莫斯科外长会议，中、美、英开罗首脑会议及美、英、苏德黑兰首脑会议。这些会议进一步确定了在法国登陆的日期及各国的战略协同，决定在"先欧后亚"的原则下，明确对日作战问题，苏联承诺一俟击败德国，即参加对日作战。此外，这些会议还对法西斯国家的处理问题，中、美、英、苏战后继续合作问题，组建联合国问题等，达成了原则上的共识。通过这些会议，盟国间的合作得到加强，为最后战胜法西斯轴心国奠定了牢固的基础。

二、美日双方的战略意图

日本第一阶段连续重创美、英、澳联军，相继攻占菲律宾、马来亚、新加坡、缅甸和荷属南洋群岛等南方战略资源要地后，激发出了更大的战略野心。日军企图在第二阶段扩大攻势，完全消灭美国太平洋舰队，孤立澳大利亚，威逼夏威夷，确保日本在太平洋的战略优势。以美国为首的盟国军队在饱受打击后，逐步站稳脚跟，并利用日军战线太长、过于分散的特点，在接下来的珊瑚海、阿留申群岛—中途岛海战中连续挫败了日军的进攻步伐。珊瑚海大海战扭转了美日之间的太平洋战略局势，从日本略占优势转变为美日互有攻守；之后美军在瓜达尔卡纳尔岛争夺战中击败日军，日军被迫收缩防线，转为战略防守。太平洋战场迎来了战略转折。

（一）日本的战略企图

日本在珍珠港偷袭得手后，在东南亚、太平洋各个战场进展顺利，提前一半时间完成了战前拟定的太平洋战争第一阶段计划。美、英军队在作战中遭到严重削弱，相比之下，日本的损失轻微。截至 1942 年 5 月 1 日，日本仅损失 23 艘军舰，总吨位只有 26 441 吨，最大的一艘是驱逐舰；另损失 67 艘运输舰和商船，总吨位约 31 万余吨；损失飞机数百架，士兵数千人。① 上述损失大大低于日本预计的损失。日本一些战争计划者认为，日本完全有能力实行进一步扩张。日军大本营陆军部、海军部面对的首要任务，就是制定第二阶段的作战计划。

1. 日本陆、海军之间存在战略分歧

日本初期作战形成了有利态势，导致陆军和海军之间在整体战略指导和具体作战目标上都产生了分歧。在今后战争全局指导上的分歧主要表现在两个方面：是继续发展大规模战略进攻，还是按照原计划采取战略守势，以确立长期不败的战略态势？是以美国和太平洋方面的作战为主，还是以英国、中国及印度洋、亚洲大陆方面的作战为主？

日本陆军方面认为，第一阶段的巨大战果，使日本在今后两年内可以称霸西太平洋，太平洋正面战场的持久不败态势已经基本形成，而且日本也不具备直接攻击美国本土的能力和手段。因此，陆军主张，在占领南方资源和战略要地后，应利用美国海上力量一时难以恢复的有利时机，立足于战前确定的持久战方针，迅速转入对日本本土、"满洲"（中国东北）、中国以及南方占领区的战略调

---

① 参见 Samuel Eliot Morison，*Coral Sea*，*Midway and Submarine Actions*，p. 5。

整，培植国家战争力量，从根本上确立长期持久的战略态势。① 根据这一持久战方针，陆军设想下一阶段的军事战略应该是，对正东面太平洋方向的美国，采取旨在确保占领区域的抑制作战；同时将陆海军主力专用于正西面的印度洋和中缅印大陆地区，通过控制印度洋、击败中国以及与德意相呼应强行打通印度和西亚等行动，首先击败美国的盟友英国和中国，达成孤立美国的目的。而后，再转向正东面与美国进行海上决战。

日本海军则认为，战前确定的战略指导方针（即第一阶段攻占南方的资源与战略要点，第二阶段消灭来犯的美国海军主力），已经不适应战争形势顺利发展的需要。由于开战初期重创了美国海军，原定第二阶段歼灭美海军主力的任务已经完成了一半，所以第二阶段的作战任务应该是在美国的实力恢复之前，在太平洋与美国展开积极作战，尽可能缩短战争时间。

日本海军内部鼓吹这一观点的最大势力，是以山本五十六为首的联合舰队。早在战前山本就认定，与拥有雄厚战争潜力的美国进行持久战，对日本不利。应该采取连续不断的积极进攻，使美国在物质和精神两方面都难以恢复。初战的胜利，更加坚定了日本联合舰队以美国为直接打击对象、在太平洋方向实施连续主动进攻的决心。联合舰队坚信，"虽然应认识到长期战争的可能，但主动追求长期战争是愚蠢的……消灭了美、英海军，就可以随心所欲地干任何事情，这是结束战争的最佳捷径"②。

为了协调陆、海军在战略上的分歧，1942 年 3 月 4 日，日本陆、

① 参见防衛庁防衛研修所戦史室『大本営海軍部・聯合艦隊（2）』、朝雲新聞社、1975
年、301 頁。

② 防衛庁防衛研修所戦史室『ミッドウェー海戦』、朝雲新聞社、1971 年、27 頁。

海军召开双方作战部长会议。3 天后，又召开了日军大本营—政府
联席会议，在对陆、海军的意见进行折中的基础上，仓促制定了《今
后应采取的战争指导大纲》。其要点如下：

（1）为迫使英国屈服，使美国丧失战争意志，继续扩大既
得战果，不断整备长期不败的政治军事态势，并相机采取积极
对策。

（2）努力确保占领地区的主要交通线，促进重要国防资源
的开发利用，确立自给自足的体制，并增强国家的军事力量。

（3）更加积极的战争指导具体方案，在研讨国力、战况演
变、德苏战况、苏美关系、重庆的动向等各种形势之后再
确定。①

这个战争指导大纲是在陆、海军基本战略设想严重对立的情
况下形成的，内容抽象，措辞含糊，陆、海军双方都可以从中找到有
利于自己的解释和依据，因此起不到对今后战争进行统一指导的
作用。

日本陆、海军在主要战略方向、作战对象以及打持久战还是速
决战等重大问题上的分歧，导致他们在具体作战目标的选择上意
见不一。

海军部提出两个方案，一是西进，攻占锡兰和印度，以歼灭印
度洋的英国舰队，前提是需要德意军事行动的配合；二是南进，攻
占澳大利亚以及新喀里多尼亚（New Caledonia）、斐济（Fiji）、萨摩
亚（Samoa）等群岛，目的是摧毁同盟国的反攻基地，切断美澳间的
联系，同时诱出美国舰队将其消灭。海军中的强硬派联合舰队则

---

① ［日］服部卓四郎著，张玉祥等译：《大东亚战争全史》第 1 册，北京：商务印书馆 1984
年版，第 524—525 页。

提出更为激进的方案：东进，进攻中途岛，向夏威夷方向扩大战果，使美国丧失作战意志。

陆军基于在太平洋转入战略守势的观点，反对任何大规模进攻。因为这样一来，它就不得不将亚洲大陆急需的大量地面部队投入海上岛屿争夺战。据估计，进攻澳大利亚的兵力不能少于12个师团，运输船总吨位不能少于150万吨。① 陆军根本无法抽调这样多的人力和物力，除非它大幅度缩减对苏战备和中国战场的兵力，而这样会使整个战略态势陷于极大的不利。因此，陆军仅仅同意以海军力量为主，对上述目标实施有限的封锁战和压制战。

2. 日本第二阶段作战目标转向太平洋

1942年4月15日，日军大本营海军部制定了第二阶段的作战计划：

（1）印度洋方面，寻求迅速歼灭英国舰队，并与德、意在西亚的作战相呼应，相机占领锡兰。

（2）南太平洋方面，以澳大利亚为目标，加强旨在切断澳、美之间交通线的作战，消灭澳大利亚方面的敌舰队，促使澳大利亚屈服。为此，应摧毁澳大利亚东岸和北岸要地的敌兵力和军事设施，消灭敌舰队，破坏其海上交通线，并与陆军协同占领新喀里多尼亚、斐济及萨摩亚诸群岛，切断美、澳间的海上和空中联系，在解决中国事变和对苏关系缓和的情况下，相机攻占澳大利亚。

（3）在中北太平洋方面，攻占中途岛，以限制敌海军的机动奇袭；依靠突袭进攻，努力削弱和破坏夏威夷等地的敌兵力和作战基地；尽快破坏并攻占阿留申群岛的作战基地，挫败美

---

① 参见［日］服部卓四郎：《大东亚战争全史》第1册，第521页。

国在北太平洋方面的作战企图。

（4）印度洋方面和澳大利亚方面的作战告一段落后，全力指向正东面，强行与美国舰队主力决战并消灭之。为此，应攻占夏威夷的外围要地约翰斯顿岛（Johnston Island）和巴尔米拉环礁（Palmyra Atoll），相机对夏威夷实施大规模奇袭，消灭该地的敌航空兵力；同时捕捉敌海上兵力，极力迫使敌主力决战；如情况允许，与陆军协同攻占夏威夷。①

4月16日，日本陆军明确同意参加旨在封锁澳大利亚，攻占新喀里多尼亚、斐济、萨摩亚诸群岛的作战。至于对夏威夷、澳大利亚、印度等地的作战，陆军部表示视今后情况再定。简言之，除了针对澳大利亚的作战之外，陆军不同意海军拟定的其他作战目标。

促使陆军最终让步的一个重要因素，是美国海军在太平洋的机动作战。从2月1日开始，美国太平洋舰队出动航空母舰特遣舰队，在辽阔的太平洋海域实施打了就跑的袭击战，先后攻击了马绍尔群岛的夸贾林环礁和吉尔伯特群岛的马金环礁，进而袭击威克岛（2月24日）、南鸟岛（3月4日）、新几内亚东部的莱城和萨拉马瓦（3月10日）。对莱城和萨拉马瓦的袭击击沉日军运输船4艘，重伤9艘，击伤日军巡洋舰2艘、驱逐舰1艘，迫使日军暂停对莫尔兹比港的进攻。

促使陆军进一步同意海军观点的另一个重要因素，是日本本土首次遭到美机轰炸的杜立特空袭事件。1942年4月18日，美国航空母舰特遣舰队通过数道日军警戒线，进至距东京1 200千米的海域，舰载飞机于中午轰炸了东京、神户等地。由此，陆军不得不承认日军在太平洋的防御存在严重缺陷，美国海军依然具有很大

① 防衛庁防衛研修所戦史室『大本営海軍部・聯合艦隊（2）』、349—350頁。

的威胁力。为了加强太平洋防御、稳定局面、消除美国的威胁，4月20日，日本陆军部改变初衷，向海军提出愿意派部队参加阿留申群岛和中途岛作战。双方遂在第二阶段作战计划上达成一致：5月上旬实施对新几内亚南部莫尔兹比港的进攻战；6月上旬实施中途岛及阿留申群岛作战；7月中旬实施对新喀里多尼亚、斐济、萨摩亚诸群岛的作战。

上述三个方面的作战目的分别为：确保珊瑚海及其沿岸的制空权；诱出美航空母舰歼灭之，以防其空袭日本本土，并为攻占夏威夷作准备；切断美澳交通线。[①]

至此，尽管日军统帅部未能明确对澳大利亚本土、夏威夷等地的大规模作战，对印度洋方向锡兰的作战也仅局限在海军袭击的范围，但日本第二阶段的作战重点显然已转向太平洋战场，而且是实施一场进攻战，不过目标有限。

（二）美国确保太平洋战略防线的计划

1941年底到1942年初，在日本咄咄逼人的攻势下，英、美在太平洋战场受挫，战前及战争初期拟定要保卫的西太平洋广大地区相继沦陷，盟军失去了重要的战略阵地和据点，如香港、新加坡、英属马来亚、缅甸的一部分、菲律宾、荷属东印度、新不列颠岛、新爱尔兰岛、新几内亚的大部、所罗门群岛以及一系列其他太平洋岛屿。同时，澳大利亚、新西兰、夏威夷群岛、锡兰和印度受到威胁。美国在太平洋的战略前沿已经退缩到以夏威夷为中心，北至阿留申群岛，南至澳大利亚的弧线之上。倘若这条防线也被突破，美国本土西海岸将暴露在日军面前。

---

① 参见［日］桑田悦、前原透编著，军事科学院外国军事研究部译：《简明日本战史》，北京：军事科学出版社1989年版，第176页。

1. 美国修正"先欧后亚"战略

1942年3月9日,爪哇荷军主力解除武装的当天,美国总统罗斯福电告英国首相丘吉尔,太平洋的局势现在非常严重。根据罗斯福的提议,3月17日,英美两国首脑就战略区域划分达成一致,取消"ABDA"(英美荷澳)战区,由英国负责中东和印度洋区域(包括马来亚和苏门答腊),而美国负责太平洋区域(包括澳大利亚和新西兰)。印度和缅甸在英国负责的战略区域内,中国战区则归美国负责。同时,双方进一步确认了"先欧后亚"的基本战略,这意味着美国在太平洋要采取战略守势。

然而,急剧恶化的太平洋战场形势,导致美国国内掀起一股要求修正"先欧后亚"战略方针、重视太平洋战场的舆论浪潮。1942年3月9日至16日,美国召开参谋长联席会议。会上,美国海军力主将美国陆海军主力转向太平洋战场,发动联合攻势,把日军赶出拉包尔,解除对澳大利亚的威胁,甚至可以为此动用派往欧洲的增援部队。陆军航空兵的意见截然相反,要求全力以赴在欧洲打败德国,不主张向太平洋增派部队,并准备承受失去澳大利亚的后果。

最后,根据罗斯福在3月5日的白宫会议上宣布的坚守澳大利亚和新西兰、在太平洋发动进攻的方针,参谋长联席会议采纳了陆军部提出的妥协的战略方针,决定在坚持"先欧后亚"基本战略的前提下,以保证太平洋方面能承担"当前的任务"为限度,派遣有限兵力保卫夏威夷和澳大利亚的安全。正如海军上将欧内斯特·金所说,美国在太平洋的战略方针是"该守则守,能攻就攻"。这样,美国在为欧洲和非洲的大规模进攻而训练部队和积蓄物资的同时,也为太平洋战区提供大量舰船、飞机和部队,以便坚守那里的重要阵地和保卫交通线。

　　为贯彻上述战略计划,美国建立了太平洋战区新的指挥体制。根据罗斯福1942年3月30日批准的美国参谋长联席会议的决议,太平洋战场划分为两个主要战区:太平洋战区和西南太平洋战区。西南太平洋战区包括澳大利亚及其邻近海域、所罗门群岛西部、俾斯麦群岛、新几内亚岛、菲律宾和荷属东印度(苏门答腊除外)。美国陆军上将麦克阿瑟被任命为西南太平洋战区总司令,接受美军参谋长马歇尔(George Catlett Marshall)的领导,司令部先是设在澳大利亚墨尔本,后迁到布里斯班(Brisbane)。

　　除了西南区域,太平洋其他区域由太平洋战区管辖,但巴拿马运河附近地区和西经110度以东的南美洲沿海地区除外。由于太平洋战区范围过于辽阔,美军再将它划分成3个区域:北太平洋区域(北纬42度以北),中太平洋区域(北纬42度至赤道),南太平洋区域(赤道以南)。美国太平洋舰队司令尼米兹上将(Chester W. Nimitz)担任太平洋战区总司令(司令部设在珍珠港),接受美国海军总司令欧内斯特·金海军上将领导。

　　1942年3月31日,美国参谋长联席会议给麦克阿瑟和尼米兹下达命令,明确了两个战区的作战任务,规定西南太平洋战区的任务为:

　　(1)守住澳大利亚的关键性军事区域,将其作为阻止日军征服西南太平洋和今后对日反攻的基地。

　　(2)粉碎日军对澳大利亚及其主要交通线的进攻,摧毁新几内亚、俾斯麦群岛、所罗门群岛境内的日军部队、补给船、飞机和基地,阻止日军进攻。

　　(3)消灭从日军的新征服区域向日本运输原料的日本船舶,对日本实施经济封锁。

　　(4)保卫西南太平洋及其附近地区的陆地、海上和空中的补给线。

（5）在西南太平洋沿线岛屿驻军、建立基地，确保该区域航路安全。

（6）支援太平洋及印度洋的友军作战。

（7）进行反攻准备。

指令规定太平洋战区的任务是：

（1）确保美国与西南太平洋之间的交通补给线及作战上必需的岛屿。

（2）支援西南太平洋的友军。

（3）牵制太平洋的日军。

（4）支援北美大陆的防卫。

（5）保卫重要的海上及空中交通补给线。

（6）准备对日军基地实施大规模登陆战，初期攻势应从南太平洋和西南太平洋地区发起。①

从上述一系列战略决策及任务中可以看出，到1942年3月，美国已经放弃了菲律宾及西太平洋地区，退守中部太平洋和西南太平洋，在太平洋处于守势的基础上，力图保卫阿留申—夏威夷—澳大利亚一线至美国西海岸的广大区域。其中重点是守住夏威夷和澳大利亚两个战略要点，以及连接这两地的漫长的海上交通线，以此构筑稳固的对日战略防线。

2. 太平洋战场成为美日主战场

西南太平洋战区美国军队承担的任务主要是保卫澳大利亚。在如何完成保卫澳大利亚这一主要任务方面它面临两种选择：一

---

① Maurice Matloff and M. Snell, *Strategic Planning for Coalition Warfare*, 1941—1942, p172. 转引自军事科学院军事历史研究部：《第二次世界大战史》第3卷，第334页。

是澳大利亚方面设想的内陆防御计划,即在澳大利亚东南部建立从布里斯班直达南部海滨阿德莱德(Adelaide)的防线,借此保卫澳大利亚心脏地区;二是西南太平洋战区司令官麦克阿瑟主张的境外防御计划。他认为,内陆防御计划将牺牲占澳大利亚国土面积3/4以上的西部和北部地区,是太过消极的被动防御,即使守住了这条防线,结果也将使美军无限期地陷入一个被日军围困的岛国之中,从而失去反攻的一切希望。因此,麦克阿瑟认为澳大利亚保卫战应该放在境外进行,在英属新几内亚岛东部建立防线,利用新几内亚的莫尔兹比港作为主要基地。如果成功,不仅可以达到保卫澳大利亚的目的,而且有利于今后的反攻。麦克阿瑟的主张被采纳。

太平洋战区担负的主要任务是守住美国在太平洋的主要基地夏威夷,并加强夏威夷至澳大利亚的西南太平洋的海上交通线。此项任务早在太平洋战争爆发前的作战计划中就存在,不过由于美国在珍珠港事件中遭到重大损失,以及盟军不断从东南亚前沿退缩,该项任务已成为太平洋战区的首要任务。1941年12月30日,新任美国海军总司令欧内斯特·金海军上将,给太平洋舰队司令尼米兹下达第一个命令,明确规定了以下任务:

(1)除控制并固守夏威夷至中途岛一线外,还须保护上述地区与美国西海岸之间的海上交通线。

(2)除尽早控制并固守夏威夷至萨摩亚群岛和斐济群岛一线外,还须保护美国西海岸与澳大利亚之间的海上交通线。①

----

① [美]C. W. 尼米兹、E. B. 波特著,赵振愚等译校:《大海战——第二次世界大战海战史》,北京:海洋出版社1987年版,第255页。

1942年初,尤其是1月日军攻占新不列颠岛拉包尔,作为日军西南太平洋的主要前进基地,日本第8军司令部和海军舰队司令部都驻扎于此,从而使澳大利亚及其东面的海上通道受到严重威胁。为应对迫在眉睫的日军威胁,美国开始增强夏威夷、澳大利亚以及两地间一系列岛屿上的陆海军防卫力量。1942年1月至3月,美国陆军向海外派兵13.2万人,其中11万余人被派往夏威夷和澳大利亚。

1942年春,美国在确定了太平洋的战略方针为战略防御结合个别地区的局部进攻战役之后,加快了在太平洋战场集结力量的步伐。到1942年6月初,美国陆军近半数(50.5万人)驻守海外,其中约24.5万人负责保卫夏威夷—澳大利亚一线,占美军驻海外部队10个师中的7个,而西半球以外的航空兵几乎全部派往太平洋。

截至1942年12月初,美军在中太平洋地区共驻有14.5万人的陆军和航空部队(4个师和4个航空队),在南太平洋驻有9.1万人(3个师和4个航空队),在西南太平洋地区约有11万人(2个师和10个航空队)。美军用于对付日本的兵力,比用于对付德国的兵力多出约5万人。此外,美国海军主力也同样集中在太平洋。

尽管"先欧后亚"的战略方针早已确定,但鉴于太平洋战场日本海空军进犯的严重威胁,美国1942年春夏的战略计划不得不将太平洋作为主要战区。这一阶段,美国根据全球战略重点的需要,在太平洋采取的是防御战略,首先要确保战略前沿,在此基础上寻机在局部地区转入反击作战;在收复失地的同时,伺机大规模反攻。为此,美国在1942年把大量的陆、空军力量陆续投入这一战区,一方面阻止日军的进一步扩张,另一方面力图达成兵力优势,以实现对日本的大规模反攻。

第五节　珊瑚海海战：日军初次受挫

一、美日作战意图与兵力部署

依据美日双方的作战计划，1942 年春季位于西南太平洋、澳大利亚东北的世界面积最大的海——珊瑚海地区成为太平洋战场的主要作战区域。如果日本控制此地，便可以巩固海空军基地，继而威胁到盟军的主要反攻基地澳大利亚。

珊瑚海在澳大利亚的东北方向，是一个面积达 480 万平方千米的汪洋大海，在世界海洋中名列第一。在这一辽阔的海域里，珊瑚构造物非常发达，"珊瑚海"的名字就是由此而来。这一地区盟军最重要的海空基地就是位于新几内亚东端的莫尔兹比港，当时是澳大利亚在北部海域最重要的战略要地。如果日军占据莫尔兹比港，将把澳大利亚本土以及附近的新喀里多尼亚、斐济、萨摩亚等地都纳入打击范围。

1942 年初，日本联合舰队还沉浸在胜利中。第一阶段的任务已超额完成，但第二阶段的任务还没有最终确定。在日本看来，美国的经济潜力虽大，但转入战时轨道还需要一个过程，预计美国 1943 年夏季才可能组织反攻，而日本完全有时间进一步推进战线、扩大防御圈。攻占莫尔兹比港，进而控制澳大利亚及其东北方海面的一系列群岛就是这一战略的反映。日本陆、海军一致认为澳大利亚将是英美借以反攻的最大据点，但日本陆军主力深陷中国大陆战场，根本无力出兵登陆澳大利亚。2 月初，日军签发了攻占莫尔兹比港的作战命令。战役的目的就是攻占新几内亚岛和所罗门群岛等要地，切断澳大利亚与美军太平洋基地珍珠港等的联系。

但当时缺乏航母掩护,日军运输船队损失巨大,只好暂停进攻。等到4月份日海军航母从印度洋方向回到太平洋战场实施第二阶段的作战后,日军决定在5月再次实施对莫尔兹比港的进攻。

兵力部署方面,海军中将井上成美指挥的第4舰队是战役主力,司令部设在日军特鲁克基地。参战的陆军兵力是从南洋抽调的第55师团5 000人,由堀井富太郎少将指挥,配备有100台车辆和1 000匹马。海军参战兵力包括第5、6、18、19战队,第6水雷战队和海军陆战队一部、海军第5航空战队。舰队总计拥有航空母舰3艘(翔鹤、瑞鹤、祥凤)、巡洋舰11艘、驱逐舰15艘,其他辅助舰艇60余艘。此外日军还有拉包尔岸基飞机70余架和舰载机130余架参与空中掩护。日军把作战代号定为"MO",所有参战兵力统称为"MO"特混舰队。

日军把兵力分成两支舰队。第一支舰队作为直接掩护部队,由轻型航空母舰祥凤号,4艘重巡洋舰青叶号、加古号、衣笠号、古鹰号,及驱逐舰涟号组成,由海军少将后藤有公指挥。其主要任务是:于4月28日搭载着陆军南海支队从拉包尔出发,首先支援图拉吉登陆作战,而后转而西进,前去支援莫尔兹比的登陆作战。第二支舰队是航母舰队,由海军中将高木武雄指挥,由第5航空母舰战队的2艘大型航空母舰瑞鹤号、翔鹤号和第5战队的2艘重巡洋舰妙高号、羽黑号及6艘驱逐舰有明号、夕暮号、白露号、时雨号、曙号、潮号组成。航空母舰的航空兵作战由海军少将原忠一指挥。其作战任务是:分别于4月30日和5月1日从特鲁克岛出发,支援莫尔兹比港登陆作战。

1942年4月30日,第5航空战队、第5巡洋舰队和6艘驱逐舰作为航母舰队从特鲁克基地出发南下,部署在夏威夷和新几内亚群岛之间,伺机消灭盟军水面舰只。登陆掩护编队由祥凤号轻型航母、8 艘巡洋舰、6 艘驱逐舰组成。作为攻占莫尔兹比港的先头行动,4 月 28 日从拉包尔出发的先遣登陆部队由祥凤号舰载机掩护,于 5 月 3 日在未遇到抵抗的情况下占领了小岛图拉吉。5 月 4 日,登陆部队主力从拉包尔乘 14 艘运兵船,在 6 艘驱逐舰和 1 艘巡洋舰的掩护下浩浩荡荡驶向莫尔兹比港。完成图拉吉登陆掩护的祥凤号和掩护舰只向西航行准备与登陆部队会合,同时航母舰队第 5 航空战队进驻珊瑚海。

　　美军方面通过破译密码,掌握了日军作战意图的可靠情报,得知日军即将攻占莫尔兹比港,并派先遣队先占领图拉吉。此外,美军也基本掌握了日方投入的兵力。美军很重视日军进攻莫尔兹比港的意图,因为一旦莫尔兹比港失守,不仅对防守澳大利亚很不利,美军与西南太平洋的海上交通也将被切断。美军决心阻止日军登陆莫尔兹比港的行动,这并不是一个能够轻易作出的决定,因为对盟军来说,集结必要的兵力对付来犯日军并不容易。1942 年 4 月中旬,太平洋舰队司令尼米兹下令已经在西南太平洋巡弋的第 17 特混舰队(包括约克城号航母)准备开赴珊瑚海参战,停在珍珠港的第 11 特混舰队(包括列克星敦号航母)迅速与第 17 特混舰队会合。两支航母编队由海军少将弗莱彻(Frank Jack Fletcher)任总指挥。美军在当地拥有的总兵力包括 2 艘航母、7 艘重巡洋舰、1 艘轻巡洋舰、13 艘驱逐舰、其他辅助舰船 30 艘、舰载机 143 架。其兵力分为突击大队、支援大队和航母大队,另有补给群。具体部署如下:突击大队,由 5 艘巡洋舰(明尼阿波利斯号、新奥尔良号、阿斯托尼亚号、切斯特号、波特兰号)和 5 艘驱逐舰(费尔普斯号、杜威号、法拉格特号、艾尔文号、莫纳根号)组成,由海军少将金凯德(Thomas C. Kinkaid)指挥;支援大队,由 3 艘巡洋舰(澳大利亚号、芝加哥号、霍巴特号)和 2 艘驱逐舰(帕金斯号、沃尔克号)组成,由海军少将格雷斯(Leslie E. Gehres)指挥;航空母舰特混大队,由 2 艘航空母舰(列克星敦号,舰长为海军上校谢尔曼[Frederick C. Sherman];约克城号,舰长为海军上校巴克马斯特[Elliott Buckmaster])和 4 艘驱逐舰(莫里斯号、安德森号、哈曼号、拉塞尔号)编成,由海军少将菲奇(Aubrey W. Fitch)指挥。[①] 突击大队和支援大队的巡洋舰和驱逐舰为两艘航空母舰支撑起一道环形警戒圈。

二、珊瑚海大战:日军已成强弩之末

1942 年初,太平洋对于盟军是一片黯淡的景象,但还是发生了对战争进程有积极影响的重要事件。1942 年 1 月 20 日,日军伊124 号潜艇在达尔文港(Port Darwin)布雷时被击沉。美军从伊124 号上捞出了日本海军的密码本,从而破译了日军大量密电,掌握了日军的作战计划。之后的几个月中,随着情报的积累,尤其是日本在杜立特空袭后几乎把联合舰队都派了出去,珍珠港的情报处开始逐渐破译日本的电码,并用分散的情报逐渐绘制出联合舰队的进攻方向。这一天机是在太平洋战争初期美国海军能够与联合舰队周旋的最为重要的基础。

通过破译密码,美军已经掌握了日军的作战意图和投入的兵力规模。尽管如此,尼米兹决心阻止日军行动,并不是一个能够轻易作出的决定,因为对盟军来说,集结足够兵力抗衡日军并不容易。当时,美军航母战力处于青黄不接之际:萨拉托加号航母被日潜艇击伤,在美国西海岸修理;企业号和大黄蜂号 2 艘航母还在袭击东京的返航途中,可供使用的就是第 11 特混舰队列克星敦号和

---

① 参见赵振愚:《太平洋战争海战史:1941—1945》,第 190—191 页。

第 17 特混舰队约克城号 2 艘航母,另有 8 艘巡洋舰和 13 艘驱逐舰。两支舰队由弗莱彻统一指挥,5 月 1 日进驻珊瑚海。

（一）图拉吉岛遭遇战

由于图拉吉岛防守薄弱,驻岛澳军主动撤退,所以日军陆战队未遭抵抗,便轻易占领图拉吉岛。美军得知这一情况后,准备轰炸登陆日军。

第一场战斗在 5 月 3 日开始,当海军少将弗莱彻接到日军正在图拉吉登陆的消息时,他的约克城号仍然在巴特卡普角（Cape Bartkap)以西 100 多海里的海面上。他立即中断加油,命令舰队以每小时 26 海里的速度,向北驶往所罗门群岛中部。

5 月 4 日拂晓,约克城号航空母舰到达瓜达尔卡纳尔岛西南约 100 海里的海面,航空母舰上的鱼雷机和轰炸机飞向图拉吉岛,向图拉吉附近海面上的日军登陆舰队发动了一系列袭击,击沉、击伤日军舰多艘。美军飞行员发回了有多艘敌舰被击沉的略带夸大的报告,弗莱彻兴高采烈地向珍珠港报告了胜利喜讯,随后美舰队也向莫尔兹比港进发。尼米兹后来对所谓的图拉吉战斗重新作了评价:“从消耗的弹药和取得的战果对比来看,这场战斗肯定是令人失望的。”这一袭击的另一失误是暴露了美军的实力,珊瑚海战役前,美国占有情报先机,袭击图拉吉后,双方的情报就拉平了。

（二）击沉祥凤号航母

5 月 6 日,在密云的掩护下,弗莱彻同格雷斯的重型巡洋舰及列克星敦号会合,一同加了油。珍珠港的最新情报表明,由两艘航空母舰提供空中掩护的入侵莫尔兹比港的部队,将于第二天穿过路易西亚德群岛（Louisiade Archipelago)。弗莱彻于是向西直驶珊瑚海,但并不知道在那天下午已被一架到处搜索的日本水上飞机发现了。得知两艘美军航空母舰正前往截击入侵莫尔兹比港的日本船队的消息后，在拉包尔的井上海军中将的司令部几乎陷入恐慌。司令部紧急命令运输船停止前进。高木中将率领的以翔鹤号和瑞鹤号为主力的航母舰队收到警报时正在瓜达尔卡纳尔以南加油，等到他准备好将距离缩小到可以发动空袭的时候，舰队碰到了厚厚的云雾。于是，他决定继续加油，待黎明再去追逐。

5月7日4时许，由于已基本得知美舰队的方位，日机动编队派出12架舰载机分为6组，在180度至270度方位之间、250海里距离内搜索敌人。5时45分，向南搜索的日机报告发现敌航空母舰、巡洋舰各1艘。6时至6时15分，先后从瑞鹤号起飞零式战斗机9架、轰炸机17架、鱼雷机11架，从翔鹤号起飞零式战斗机9架、轰炸机19架、鱼雷机13架，共78架日机向所发现的目标飞去。

然而，日机到达目标上空才发现这并不是美军的航母编队，而是6日下午与弗莱彻主力分手的尼奥肖号油船和西姆斯号驱逐舰，两舰各放大一圈，看上去很像是一艘航母和巡洋舰。日突击机群飞临该队上空，发现不是航空母舰，遂于附近海面反复搜索两个小时，仍未找到其他目标。其中的鱼雷机未进行攻击，9时15分开始返航，而36架俯冲轰炸机则于9时26分至40分间才很不情愿地对最初发现的目标进行了攻击。西姆斯号被击中3颗250千克的炸弹，其中有2颗在舰舱爆炸，西姆斯号不到60秒钟就沉没了。尼奥肖号被击中7颗炸弹，载着大火在海上漂了几天后沉没。

这时弗莱彻的美航母主力与油船分手后正在向西行驶，以期拦截日军的登陆舰队，但美舰队犯了同样的错误：没有发现日军航母舰队。黎明之后两个小时，列克星敦号上的一架巡逻机报告发现了2艘航母和4艘重巡洋舰。弗莱彻以为这是日军的航母部队，决定以其全力实施攻击。除了留下47架飞机作预备队和担任警戒任务，先是列克星敦号派出俯冲轰炸机28架、鱼雷机12架、战斗机 10 架,后来约克城号派出俯冲轰炸机 25 架、鱼雷机 10 架、战斗机 8 架,共计 93 架舰载机先后飞向目标。

美军飞机飞近后,才发现这是两艘轻巡洋舰和两艘炮艇,是日军登陆的掩护部队,由于密码错误,被夸大成一支突击部队。但美军后来终于发现被夸大了的舰队中值得攻击的目标:祥凤号航母。7 日 11 时,经过 93 架美机半个小时的轮番进攻,祥凤号被 13 颗炸弹和 7 条鱼雷击中。日军决定弃舰。几分钟后,祥凤号沉没,损失舰载机 18 架;附近的一艘日军重巡洋舰也被击沉。海面漂浮的油污和四散的黑烟,标志着日本帝国海军在珊瑚海丧失了第一艘航母。

美军飞机炸沉祥凤号航母后全部安全返回,但美军航母的位置也暴露了。不过由于恶劣天气,日军侦察机一直没有发现美航母的确切位置,只是发现了其他舰船。日舰载机甚至从美航母编队附近飞过,也未能发现目标。而美军装备有雷达,日军飞机反遭拦截损失惨重。到了晚上,双方舰队没有再发动攻击,因为双方距离太近,担心会损失各自的重巡洋舰,航母决战就在第二天进行了。

(三)美日航母决战

5 月 8 日的航母决战是在美日海空实力势均力敌的情况下进行的。当时双方各有 2 艘航母,美军战机 121 架,日军战机 122 架。美军轰炸机有优势,日军在战斗机和鱼雷机方面占优。8 时许,双方的侦察机几乎同时发现对方。9 时后,在相距 170 多海里的时候,双方的舰载机(日军 69 架、美军 82 架)出发了。

正当美军轰炸机利用云层掩护等待鱼雷机到来,从而组织进攻的时候,日本翔鹤号航母趁机出动了更多的战斗机,瑞鹤号则躲进暴雨笼罩的海面,消失在美机面前。向着防卫严密的日军舰队的航空母舰发起首次进攻的美国飞行员,面对真正的强敌时还是乱了阵脚。鱼雷机和俯冲轰炸机被零式战斗机冲散,且缺乏配合,鱼雷射进海里,偏离目标很远,轰炸也是盲目的。只有两颗炸弹击中翔鹤号,翔鹤号的飞行甲板因燃油泄漏而起火。十多分钟以后,列克星敦号上的飞机赶来了,但难以发现厚厚云层下的敌舰,进攻进一步遭遇挫折。只有15架美军轰炸机好不容易发现了一个目标,但它们只有6架野猫式战斗机保护,很容易被零式战斗机冲散,鱼雷机进攻再次失败,轰炸机又只投中一枚炸弹。这一阶段日军翔鹤号航母的飞行甲板损坏,失去作战能力;美军损失了30架飞机。

美军余下的舰载机返航时,却发现日军能够发动更有效的进攻。由于装备了雷达,列克星敦号的战斗机指挥官在日机距离自己东北方70多海里时就能知道它们的到来,并起飞舰载机进行截击。但日军第5航空战队的69架舰载机在受拦截之前已经分成了3个攻击队。日鱼雷机队首先飞临美舰约克城号,对约克城号左舷投射8条鱼雷,均被该舰避开。随后轰炸机队开始对约克城号俯冲投弹。有一颗800磅的炸弹击中了该舰舰桥附近的飞行甲板,但约克城号仍能继续战斗。日鱼雷机队攻击列克星敦号时,成功地运用了夹击战术,从该舰舰首的两舷、15—70米高度、1 000—1 500米距离投射鱼雷。列克星敦号航母由于吨位大,所以回旋半径也大,转弯不灵活,日本战机发射的13条鱼雷中有2条击中该舰左舷,致使其锅炉舱进水。当列克星敦号正在拼命规避鱼雷时,日军轰炸机队又开始对其展开攻击,该舰被2颗炸弹命中。这场遭遇战只持续了13分钟,日本飞行员飞走的时候,兴高采烈地报告他们替前一天被击沉的祥凤号报了仇,毫不含糊地击沉了一艘"大型航母"和一艘"中型航母"。

实际上,列克星敦号尽管被鱼雷和炸弹击中,船体产生7度倾斜,但该舰调整燃油之后,恢复了平衡,可以继续接纳返航的飞机着舰,同时还能为战斗机加油。但后来由于燃油泄漏,列克星敦号舰内突然发生爆炸,并引起大火,火势迅速蔓延,以致无法控制。15时左右,舰长下令全体舰员离舰。17时许,弗莱彻将军下令由费尔普斯号驱逐舰对其发射5条鱼雷,列克星敦号于17时56分沉没,已经回收到该舰的36架飞机也一并沉入大海。虽然美第17特混舰队约克城号航母尚有轰炸机和鱼雷机27架、战斗机12架,但到了夜间,弗莱彻无意再战,遂率舰队撤离战场。

三、海战结果:日军战略受挫

珊瑚海海战结果为,美军损失一艘重型航空母舰列克星敦号、1艘驱逐舰、1艘油船、66架飞机,543人阵亡,约克城号航母受重创;日军轻型航空母舰祥凤号和1艘驱逐舰沉没、重型航空母舰翔鹤号受创,损失77架舰载机,1 074人阵亡。从数字上看,双方的损失相当,但日本的战略目标没有达到,这对日本是相当不利的结果。

这是一场历史上从未有过的海战,双方舰队都是在彼此视距之外进行交战的。从战术上看,珊瑚海海战可以说是日军战绩略胜一筹。虽然日军飞机损失和伤亡人数多于美国,但他们以损失1.2万吨祥凤号航母和在图拉吉岛外围被击沉几艘小舰的较小代价,换取了击沉尼奥肖号油船、西姆斯号驱逐舰和3.3万吨大型航空母舰列克星敦号的胜利。

从战略目标上看,则是美国赢得了胜利。开战以来,日军兵锋所指,战无不胜,但在珊瑚海,它的武力扩张第一次遭到遏制,进攻莫尔兹比港的作战计划只得向后推迟。更为重要的是,被击伤的翔鹤号航空母舰需要修理,舰载机和飞行员几乎损失殆尽的瑞鹤号航母亟需补充,这大大削弱了日方在即将到来的中途岛海战中的实力。

珊瑚海海战是太平洋战场上美日战局发生逆转、双方进入战略相持阶段的标志。尼米兹曾打算让弗莱彻舰队留在珊瑚海,因为哈尔西(William F. Halsey)将军正在迅速赶往珊瑚海,可以把约克城号及其辅助舰船并入第6特混舰队,以寻找新的战机。但是,尼米兹最终放弃了这一想法,他那富有战略素养的目光已经投向了即将展开的中太平洋遭遇战。于是,尼米兹命令约克城号必须尽快得到修缮,以便以较完整的阵容投入新的决战。同时,他命令潜艇部队对受伤返航的日航空母舰发动袭击,又向普吉特海湾(Puget Sound)海军船厂发报,敦促他们加速修复萨拉托加号,以备急需。

珊瑚海海战对美国、对太平洋战局、对世界海战史都有深刻的意义。作为大战前的序幕,尽管珊瑚海海战的参与作战军舰并不算多,交战的规模不是很大,其激烈程度也不算很高,但这是第一次航空母舰之间的决斗。众所周知,以往的近代海战,都是双方军舰接近到较短距离之内,而后用舰炮解决问题,珊瑚海海战则全然不同,双方的军舰没有开炮或者发射鱼雷,也没有进入对方的视线之内,而是从上百海里以外的远距离用所携带的舰载机来决胜。这样的交战在世界海战史上尚属首次,可这并不是偶然,而是航空技术与兵器发展的必然结果。这种海战为太平洋战争指出了方向。

既然如此,谁能更快、更深刻地认识到这一新的特点,并相应地改进自己的作战力,谁就有可能在交战中取得更多的主动权。从随后的发展看,显然日本联合舰队发现这一点时为时已晚了。

美国海军在珊瑚海海战中学到了几件重要的事：由列克星敦号的损失，美军学到应以更好的方式来保护航空用油，以及如何控管防卫舰载机；由对日军航舰的攻击，美军更习得俯冲轰炸机及鱼雷轰炸机如何协同作战以达到最佳的效果。

列克星敦号的损失对于美军在太平洋上的情势是一个警告，但在当时，美军可以最高优先级来更换船舰、战机及受过训练的人员。约克城号的损伤估计需要在港维修好几个月，但在美军争分夺秒的抢修之下发生了奇迹，它在进入珍珠港三天之后就算是大约恢复了战斗能力，而且在接下来的太平洋战争中最关键的一役——中途岛海战中扮演重要的角色。

长远来看，日军航母上受过高度训练的飞行员损失无法弥补。在珊瑚海海战及中途岛海战之前，日本海军的飞行员及战机在太平洋及印度洋所向披靡，长期的作战使日军培养出一群精英级的飞行员。日本可以生产许多的战机及少数替换的航母战舰，但是再也无法拥有全世界最佳技巧的海军飞行员，以此观点来看，日本海军飞行员的素质开始下降。

5月10日，日军采取了一次军事示威行动，意在挽回珊瑚海海战中丢失的面子。他们派一支部队占领了大洋岛（现称巴纳巴岛，Banaba）和瑙鲁（Nauru）这两个岛屿。尼米兹将计就计，电令哈尔西赶赴东所罗门群岛500海里内的海域，让大黄蜂号和企业号及第16特混舰队摆开阵势，意在迷惑对方，使日军相信太平洋舰队的所有航空母舰都已抵达南太平洋，从而牵制日军北上进攻的兵力。计策果然奏效，日进攻部队发现美航空母舰之后，慌忙撤出了所占岛屿，并在南太平洋海域排兵布阵。至此，有关珊瑚海海战的烟云完全消散，美日双方开始在表面的平静下酝酿新的攻势。

第六节　中途岛海战:太平洋战局大逆转

攻占中途岛和阿留申群岛,是日军第二阶段作战最重要的一次大规模作战,也是珍珠港美日开战后,双方海军主力在太平洋战场展开的一次具有决定性意义的作战。

太平洋深处的中途岛,面积只有 4.7 平方千米,其特殊的地理位置决定了它战略地位的重要性。该岛同美国旧金山和日本横滨均相距 2 800 海里,处于亚洲和北美洲之间太平洋航线的中途,故名中途岛。另外它距珍珠港 1 135 海里,是美国在中太平洋地区的重要军事基地和交通枢纽,也是美军在夏威夷的门户和前哨阵地。中途岛一旦失守,美太平洋舰队的大本营珍珠港也将唇亡齿寒。

中途岛海战从 1942 年 6 月 4 日开始,是一场扭转太平洋战场局势的重大战役。最终美军以仅损失一艘航母约克城号的代价击沉日本飞龙、苍龙、赤城、加贺 4 艘航空母舰,取得初步扭转太平洋战局的胜利。

一、美日双方的作战准备

(一)日军方面:寻求彻底控制太平洋

珍珠港事件后,罗斯福决定由尼米兹接替金梅尔出任美太平洋舰队的司令,他对尼米兹说:“到珍珠港去收拾败局,然后留在那里,直到战争胜利。”临危受命的尼米兹到任后,很快组织了只有 4 艘航空母舰及其护航舰的舰队。这支舰队袭击了在中太平洋岛屿上的日军,紧接着实施了一项令人震惊的作战计划——轰炸东京。

1942 年 4 月 18 日,从大黄蜂号航空母舰上起飞的 16 架 B-25 式轰炸机飞临东京上空,投下炸弹和燃烧弹后顺风直飞中国。这次空袭震动了日本朝野,也刺激了山本,使他更加坚定了要进攻中途岛的决心。4月28日,山本在其旗舰大和号巨型战列舰上召开海军高级将领会议,确定了进攻中途岛的具体作战计划:先派遣一支舰队进攻阿留申群岛,在该群岛的阿图岛、基斯卡岛登陆,以此为诱饵,将美军舰队的注意力引到北面去,然后派南云忠一指挥主力舰队趁机夺占中途岛。作战日期初步定在6月初。5月5日,日本海军军令部发布了《大本营海军部第18号命令》,正式批准中途岛作战计划,并将其命名为"米号作战"。

正当山本谋划此次行动时,1942年5月7日,珊瑚海海战爆发,这是人类历史上航空母舰的首次大规模交锋。日本舰队在实施其占领澳大利亚的第一个步骤——进攻莫尔兹比港口的途中,遭遇了弗莱彻少将率领的2艘美国航空母舰约克城号及列克星敦号,这2艘航母由7艘巡洋舰护卫。美军击沉了日军航空母舰祥凤号,重创翔鹤号,但失去了列克星敦号,并且约克城号也受到严重损伤。珊瑚海海战对于阻止日本入侵澳大利亚起到了决定性作用,但也增强了山本征服中途岛的决心,他欲在那里建立一个机场,用来打击所有来自美国基地的船只。山本从各个角度分析了他的战略战术,但美国设法截获了日本高级指挥官之间的通信信息,发现了山本的计划。因此,尼米兹决定对阿留申群岛不采取任何行动,而将3艘航空母舰及8艘巡洋舰派往中途岛。

(二)美军方面:欲图出其不意伏击日军

美国海军情报局"魔术"小组在与英国以及荷兰情报机构的紧密合作下,成功破解了日本海军主要通讯系统JN-25的部分密码。到了1942年5月上旬,盟军在破解JN-25上取得了重大突破,获得破译日本海军计划的能力。JN-25让盟军得悉"AF方位"将会是日本海军的下一个攻击目标,然而联军就偏偏破解不了

"AF 方位"的位置。由约瑟夫·罗彻福特（Joseph Rochefort）少校
领导的美军夏威夷情报站认为"AF 方位"是中途岛，但华盛顿海军
情报处坚持认为是阿留申群岛。

正当美军高层为此大伤脑筋之时，罗彻福特与他的情报小组
成员在翻查堆积如山的日军电文期间，记忆力超群的罗彻福特从
大量电文中找到 1942 年初的一份日军电报，电报是要求水上飞机
从马绍尔群岛起飞，飞往珍珠港，电文还提到要注意避开来自 AF
的空中侦察。从地图上分析，AF 只能是中途岛。而且夏威夷情报
站的分析员贾斯珀·霍姆斯（Jasper Holmes）想到了一个能够确认
"AF 方位"是不是中途岛的妙计。他要求中途岛海军基地的司令
官以无线电向珍珠港发报，说中途岛上的海水淡化设备出问题，导
致整个中途岛面临缺水的危机。结果罗彻福特和他的小组成员们
截获并破译了日本海军联合舰队司令山本从海上发往日军大本营
海军部的一份密电："据报'AF'缺乏淡水，攻击部队带足淡水。"这
样"AF 方位"便证实为中途岛，也就是日本海军的下一个攻击
目标。

由于要从日本海军通讯 JN‐25 得到情报非常费时，美国太平
洋舰队司令海军上将尼米兹到最后一刻才掌握了能够用来伏击日
本舰队的可靠情报。他立即召回西南太平洋的航空母舰企业号、
大黄蜂号以及因为参与珊瑚海海战而正在珍珠港进行重大维修的
约克城号，并任命雷蒙德·斯普鲁恩斯（Raymond A. Spruance）少
将代替患病的哈尔西中将指挥第 16 特混舰队。尼米兹准备以 3 艘
约克城级航空母舰为主力，再加上约 50 艘支持舰艇，埋伏在中途
岛东北方向，攻击前往中途岛的日本舰队。中途岛上则有海军陆
战队第 6 守备营约 2 100 多人，以及海军航空站里含飞行员与辅助
兵力在内的约 1 500 人。

在珊瑚海海战受重创的约克城号返回珍珠港时，看上去需要进行几个月的重大维修工程，但经过船厂工人72小时不眠不休的抢修，其飞行甲板已重新铺平，航母内部也装上新的钢条支撑架，舰载机组成新的舰载机队。尼米兹不惜一切地违反了许多海军条例，就为了达成让约克城号及时参战的目标。在约克城号入港的仅仅3天后，就奇迹般地随着美军舰队（第17特混舰队）奔向中途岛，展开最后一次作战任务。

与此同时，日本海军参加珊瑚海海战的瑞鹤号航空母舰在位于特鲁克基地等待接收一批新舰载机，受伤的翔鹤号则在基地进行维修。如果日本海军没有大意地认为美军只会派遣2艘航母企业号及大黄蜂号迎击日本苍龙号、飞龙号、赤城号以及加贺号4艘航母的话，那么中途岛海战，将可能会有迥然不同的结局。

二、美日双方的作战部署

早在1942年2月，日本海军即把攻占中途岛作为规划中的第二阶段作战的主要任务。本来日本海、陆军之间对此有很大分歧，但是美军空袭东京等事件暴露了日军的防卫弱点，促使日本海、陆军在第二阶段作战计划上迅速靠拢。日军大本营5月5日发布命令，即已决定了这个阶段的作战目标：攻占中途岛和阿留申群岛西部。

日本联合舰队司令部为中途岛作战拟定的计划异常宏大而详尽，但缺乏弹性，几乎是又一次"以国运相赌"的蛮干。很可惜，这次日本的运气不再。日本几乎把全部海军主力投入这次作战中，合计动用了200艘舰艇，其中包括8艘航空母舰、11艘战列舰、22艘巡洋舰、65艘驱逐舰和21艘潜艇。协助它们的还有600多架飞机。

　　对于主要的中途岛作战,日军一共使用了 5 支部队:

　　(1) 先遣潜艇部队,由第 6 舰队司令小松辉久中将指挥,共 15 艘潜艇,分成三线巡逻。任务是侦察中途岛美军情况,形成潜艇警戒线,阻击美国海军增援中途岛;

　　(2) 攻占中途岛的部队,由近藤信竹中将指挥,15 艘有护航的运输船运载陆军部队 5 800 人,4 艘重型巡洋舰担负直接支援,而一支较远距离的掩护部队则有 2 艘战列舰、1 艘轻型航空母舰和另外 4 艘重型巡洋舰、12 艘驱逐舰,以及各类舰载机 56 架。任务是输送并掩护登陆部队占领中途岛,同时准备截击来犯的美国舰队;

　　(3) 南云忠一中将的第 1 航空母舰部队组成第 1 航母舰队,包括 4 艘重型航母,搭载飞机 261 架,由 2 艘战列舰、2 艘重型巡洋舰和 12 艘驱逐舰担负护航任务。任务是空袭中途岛机场设施,消灭美军驻岛航空兵,支援登陆作战,寻机歼灭美军舰队等;

　　(4) 联合舰队司令山本大将所直接指挥的主力部队,包括 1 艘轻型航空母舰、7 艘战列舰、3 艘轻巡洋舰、21 艘驱逐舰、2 艘水上飞机母舰,以及 35 架各类舰载机。其中有一艘战列舰为最新建造完成的巨无霸大和号战列舰,排水量 7 万吨,装有 9 门 460 毫米三联装主炮,作为山本的旗舰。主力部队的任务是掌握战役全局,间接支援北风作战,重点支援中途岛作战,寻机攻击美军舰队;

　　(5) 岸基航空部队,由第 11 航空舰队司令冢原二四三中将指挥,下辖轻巡洋舰 1 艘、驱逐舰 3 艘、运输舰 19 艘、各种岸基飞机 214 架,包括 36 架零式战斗机。该航空部队的任务是侦察美军太平洋舰队珍珠港基地,在战役期间以各岛屿为基地,进行侦察与警戒。

　　此外还有辅助计划。北方阿留申群岛方向的作战,由第 5 舰队司令细萱戊子郎中将指挥,分为 5 个支队:北方部队主力、第 2 航母舰队、阿图岛攻占部队、基斯卡岛攻占部队以及潜艇部队。日本北方部队所分配的兵力有：

（1）一支侵入兵力，由3艘有掩护的运输船组成，搭载登陆部队2 400人，加上一个由3艘重型巡洋舰所组成的支援群和一支包括2艘轻型航空母舰的航舰部队；

（2）一支掩护部队，有4艘较旧的扫雷舰。

总计拥有航母2艘、重巡洋舰3艘、轻巡洋舰3艘、驱逐舰12艘、潜艇6艘、扫雷舰4艘，以及辅助舰船若干、舰载机82架。主要任务是空袭阿留申的主要海空基地荷兰港（Dutch Harb），攻占基斯卡岛和阿图岛，迎击美军舰队。

美国方面，美军根据破译的日军密电，掌握了日军具体的作战计划，包括战役企图、兵力编成、攻击方向和开战日期等，特别重要的是掌握了日军将在6月3日和4日分别进攻阿留申和中途岛这样的重大情报。

然而，美军可以迎战的兵力非常有限。列克星敦号航母已沉没于珊瑚海，萨拉托加号航母远在美国西海岸来不及参战，只有大黄蜂号和企业号2艘航母奉命抵达夏威夷。另外在珊瑚海海战中受伤的约克城号航母原定3个月修好，但是美国船厂创造了奇迹，3天就完成了抢修。

最终尼米兹一共勉强集中了76艘舰艇，而其中有1/3是属于北太平洋的兵力，根本就不曾参加作战。到6月初，美军太平洋舰队竭力组成了迎战兵力：

中途岛方向兵力包括3艘航母、7艘重巡洋舰、1艘轻巡洋舰、17艘驱逐舰和19艘潜艇，以及各种舰载机233架。在中途岛基地，美海空军拥有各类飞机115架，中小型舰船20多艘。陆军装备有轻型坦克、高炮，守军3 000多人。

阿留申方向兵力包括 2 艘重巡洋舰、3 艘轻巡洋舰、13 艘驱逐舰、6 艘潜艇,以及若干小型船艇,岸基飞机 177 架。

从以上作战部署来看,美军把作战重点放到了中途岛方向,只是以少部兵力在阿留申实施牵制作战。这正是因为美军掌握了日军的作战计划,要在中途岛给日海军主力以重大打击。

三、中途岛决战

(一)航母决战

中途岛的决定性战斗在 1942 年 6 月 4 日上午爆发。当时日军第 1 机动舰队抵达中途岛西北 240 海里处,山本主力舰队进抵中途岛西北 800 海里处。当时美国南下的航母舰队距离日本第 1 机动舰队 200 海里。到当天战斗暂停的 12 点,日军主力仍距离第 1 机动舰队 340 海里。日军舰队分布过于分散,无法有效配合。4 日的决战实际上是 3 艘美国航母舰载机加上岸基飞机与日军第 1 机动舰队 4 艘航母舰载机的决战。

6 月 4 日凌晨,日本第一波攻击机群,36 架九七式舰上攻击机、36 架九九式舰上轰炸机和 36 架零式战斗机开始从 4 艘航空母舰上同时起飞,108 架舰载机在海军大尉友永丈市的率领下出发攻击中途岛。南云中将命令侦察机搜索东、南方向海域,第二波攻击飞机提到飞行甲板上,准备迎击美国舰队。但是重巡洋舰利根号的 2 架侦察机因为弹射器故障,起飞时间推迟了半个小时,筑摩号的 1 架侦察机引擎又发生故障中途返航(这架飞机本应该正好搜索美国特混舰队上空),给日本舰队埋下祸根。

拂晓,中途岛派出的卡塔利娜式侦察机发回发现日军航空母舰的报告,斯普鲁恩斯少将立即作出反应,准备攻击日军航母(其实弗莱彻海军少将是这次行动的总指挥,但是斯普鲁恩斯首先发动空袭)。美国舰队因为已经破解了日本海军JN-25的通讯密码，所以对敌人的计划了如指掌。

清晨，日本舰载机向中途岛发动了猛烈的攻击。驻扎在中途岛的美军战斗机也全部升空，迎击来犯的日本战机。美军的轰炸机，包括B-17型轰炸机，也向日本舰队发动还击。

（二）日军的第二次攻击

6月4日7时整，友永丈市大尉率第一波攻击机群准备开始返航，并向南云中将发出了需要进行第二次攻击的电报。7时6分，由战斗机、鱼雷机、俯冲轰炸机所组成的117架战机，从斯普鲁恩斯少将所率领的第16特混舰队大黄蜂号及企业号升空，奔向200海里外的南云舰队。

7时10分，首批从中途岛起飞的10架美军鱼雷轰炸机出现在南云舰队的上空。美军飞机排成单行，扑向日航空母舰。在日军战斗机的截杀和日舰猛烈的炮火下，美军飞机很快就被击落了7架。友永的报告和美机的攻击，使南云中将相信中途岛的防御力量还很强，于是决定把原来准备用于对付美舰的飞机改为对中途岛进行第二次轰炸。此时，他仍然没有发现美军舰队。

7时15分，南云下令赤城号和加贺号将在甲板上已经装好鱼雷的飞机送下机库，卸下鱼雷并换装对地攻击的高爆炸弹。7时30分，南云接到利根号推迟半小时起飞的一架侦察机发来的电报，距中途岛约240海里的海面发现10艘美国军舰。南云命该侦察机继续查明敌方舰队是否拥有航空母舰，同时命令暂停对鱼雷机的换弹。就在南云等待侦察机的侦察结果时，空中再次响起了警报，40余架从中途岛起飞的美军B-17轰炸机和俯冲轰炸机扑向南云的舰队。由于美军的轰炸机没有战斗机护航，结果很快就被南云派出的零式战斗机击退。

8 时 15 分,南云终于接到了侦察机传来的报告:美军舰队里确实有航母存在。南云下令各舰停止装炸弹,飞机再次送回机库重新改装鱼雷,日本航空母舰的甲板上一片混乱,为了争取时间,卸下的炸弹都堆放在甲板上。8 时 30 分,空袭中途岛的首轮攻击机群返航,飞抵日本舰队的上空。另外,负责保护航空母舰的战斗机也需要降落加油。南云处于进退维谷的境地。第 2 航空母舰战队司令山口海军少将向南云建议立即命令攻击部队起飞,但第二批突击飞机换装鱼雷还没有完成,如果马上发动进攻,也没有战斗机护航。而且舰上的跑道被起飞的飞机占用,那么油箱空空的第一波攻击机群会掉进海里。南云决定把攻击时间推迟,首先收回空袭中途岛和拦截美军轰炸机的飞机,然后重新组织部队以进攻美军特混舰队。8 时 37 分,返航的飞机开始相继降落在 4 艘航空母舰飞行甲板上。8 时 40 分,15 海里以外的弗莱彻少将率领的第 17 特混舰队的约克城号航空母舰上起飞了 35 架战机。

9 时 18 分,日军全部战机做好攻击准备。南云命令舰队以 30 节的航速向东北航行,靠近美军特混舰队,为避开再来攻击的中途岛方面美机,准备全力进攻美军特混舰队。9 时 20 分,掩护日本舰队的战斗机开始起飞。

9 时 25 分,一支由大黄蜂号起飞的 15 架复仇者式鱼雷轰炸机组成的编队(编号 VT－8,指挥官约翰·沃尔德伦[John C. Waldron])发现了南云舰队。不幸的是,他们的燃油即将耗尽,而且没有战斗机护航(由于沟通不畅,原本应该投入支援的 VF－6 没有接到求援命令而是按照原要求等待麦克拉斯基[C. Wade McClusky]少校的编队)。在日军的自杀式攻击中,美机被零式战斗机和高射炮火全部击落,30 名飞行员除乔治·盖伊(George H. Gay)生还,其他全部遇难。

9时30分，从企业号、约克城号起飞的28架美军战机陆续紧跟而来（应该是VT－6编队，指挥官尤金·林赛[Eugene E. Lindsey]），向苍龙号和飞龙号展开攻击。然而美机在攻击南云舰队的时候遭到重创，损失了20架鱼雷轰炸机，所投鱼雷竟无一命中。指挥官林赛在这次战斗中阵亡。

9时37分，阿部少将接到利根4号机于30分发送的电报"燃料不足，日军要返航"，命令其留在原地时，它回复"日军办不到"，于是允许其返航。10时整，苍龙号的十三式侦察机按利根4号机报告的错误方位，没能找到美国航母。

10时10分，兰斯马塞（Lansmarce）少校的约克城第3俯冲轰炸机中队开始攻击飞龙号，掩护他的6架F4F战斗机的指挥官约翰·萨奇（John Thach）少校第一次以他的"萨奇剪"战术①面对15架零式战机，尽管战果可观（击落日军5架零式战机），但是12架TBD轰炸机中有10架被击落，剩下的最后也都在海上迫降了。射向飞龙号的5条鱼雷无一命中。

10时20分，由于美军的攻击，日军的飞机甲板开始执行给护航的零式战机加油加弹作业，无法准备反击波（最新历史资料纠正了所谓的命运5分钟②）。正当日军战斗机在低空忙着驱赶美军鱼雷机时，南云舰队的上空出现了33架由麦克拉斯基少校率领从企

---

① 以中途岛战役中的王牌飞行员萨奇命名。美军战机成双飞行，并且双方飞行员都要对对方的尾翼保持警戒。当发现日军零式战机在袭击两架战斗机之一时，另一架战机要转向，瞄准敌机，遭到攻击的一方也要同时转向。这样零式战机飞行员就会发现有两架战机同时瞄准自己，袭击由此夭折。

② 命运5分钟是指战后一些幸存的日军人员认为，再有5分钟他们就可以完成换装鱼雷，完成对美军航母的打击；正是这5分钟里，美国轰炸机炸沉了日军3艘航母，决定了中途岛战役的结局。实际上这是一种一厢情愿的说法。

业号起飞的无畏式俯冲轰炸机。他们在即将放弃搜索的时候发现了为防止美军鹦鹉螺号潜艇上浮而留在原地的岚号驱逐舰,并沿着航向找到了日军航母。此时,日军航母正在掉转到迎风方向,处于极易受攻击的境地,而且只停放着几架零式战斗机。

10时24分,第一架换班的防空日本战斗机飞离飞行甲板时,企业号的33架无畏式俯冲轰炸机,分成2个中队分别攻击赤城号航空母舰和加贺号航空母舰。按照俯冲轰炸的程序,先头编队应先攻击较远的赤城号而不是近处的加贺号,但率领VS-6中队的队长麦克拉斯基少校是战斗机飞行员出身,不熟悉这一程序,因此几乎全部轰炸机(30架)集中攻击加贺号。率领VB-6中队的贝斯特(Richard H. Best)上尉意识到还有一艘航母没有被攻击,他极力呼叫才召回两架飞机参与轰炸。他们完成了这场战役中最漂亮的轰炸:三枚1 000磅炸弹中,第一枚和第三枚近距离爆炸,而贝思特投下的第二枚炸弹砸穿了赤城号的飞行甲板并引爆了弹药,创造了一发炸弹击沉航母的战绩。随后赶来的17架从约克城号航空母舰上起飞的无畏式俯冲轰炸机(VB-3中队)则专门攻击苍龙号航空母舰。日军的3艘航空母舰刹那间变成了3团火球,堆放在甲板上的飞机以及燃料和弹药引起大爆炸,火光直冲云霄,短短5分钟,日本3艘航空母舰被彻底摧毁。

10时40分,接替指挥空中作战的日军第2航空战队司令官山口多闻少将发动反击,由18架九九式俯冲轰炸机和6架零式战斗机组成的攻击编队从飞龙号航空母舰起飞,飞行途中发现了一批正在返航的美军轰炸机,便悄悄地尾随。就因如此,日机成功定位约克城号,并立即发动攻击,3颗炸弹命中约克城号。约克城号虽然遭到破坏,但是在美军船员的极力抢修下,恢复了航行功能。11时30分,南云中将及其幕僚转移到了长良号巡洋舰,开始集合残余的舰队。

13 时 40 分,日军的 10 架九七式鱼雷攻击机和 6 架零式战斗机又从飞龙号飞来,对受伤的约克城号发起了第二次攻击(日方由友永指挥。由于约克城号已被修好,日机飞行员误把它当成同型号姊妹舰)。约克城号这次就没那么幸运,被两枚鱼雷击中舰体,左舷附近掀开两个大洞,并把舰舵轧住了。弗莱彻少将被迫转移到巡洋舰,将指挥权移交给斯普鲁恩斯少将。

14 时 45 分,美军侦察机发现日军飞龙号航空母舰,斯普鲁恩斯立即命令企业号、大黄蜂号航空母舰的 30 架无畏式俯冲轰炸机起飞,去攻击飞龙号。15 时整,美军约克城号的舰长巴克马斯特被迫下令弃舰。然而,它并没有沉没,于是美军又回到该舰上,试图用拖船将其拖向珍珠港。16 时 45 分,美军企业号航空母舰的俯冲轰炸机成功地攻击了日军剩下的飞龙号。飞龙号当即被命中 4 弹,船上一片火海。

19 时 13 分,苍龙号与加贺号先后沉没。

20 时 30 分,山本五十六命令伊 168 号潜艇于 23 时开始对中途岛的机场炮击,并通知说之后会有第 7 战队(栗田)加入炮击。22 时 50 分,南云报告:"敌人还有航母 4 艘,日军方面航母全灭。"

6 月 5 日,日本联合舰队司令山本五十六大将否决了其首席参谋黑岛大佐提出的集中全部舰只在白天轰炸并登陆中途岛的挽回败局方案,下令"取消中途岛的占领行动",并表示"所有责任由他个人来担当,回去向天皇陛下请罪"。他把自己关进会客室,连续三天拒绝见客。

6 月 5 日 3 时 50 分,南云收到山本"击沉赤城号"的命令。

5 时整,抢救失败的赤城号航空母舰被日军舞风号、萩风号、野分号和岚号驱逐舰发射的鱼雷击沉。

5时10分,无法挽救的飞龙号航空母舰被日军驱逐舰发射的鱼雷击沉。第2航空战队司令山口多闻和舰长加来止男选择与舰共沉,部分被大火困于船舱底部的船员从鱼雷击穿的洞口逃生获救。此日,美军派出多波战机追击日军军舰,但均未发现山本的主力舰队。

6月6日3时45分,日军2艘重巡洋舰最上号和三隈号在浓雾中转向时互撞,最上号遭重创,三隈号及另2艘驱逐舰留下护航。

8时5分,中途岛起飞的12架美军陆战队轰炸机追击三隈号及最上号。三隈号被击沉,而重伤的最上号则最后逃过美军轰炸,返回特鲁克岛基地。美军接着试图追击早在数小时前沉没的飞龙号,不过只找到了谷风号驱逐舰。双方并无任何战果。

6月7日13时,美军特混舰队撤离战场。日军伊168号潜艇发现了约克城号,随即发射4条鱼雷,2条命中约克城号,1条命中护航的哈曼号驱逐舰,哈曼号驱逐舰随即沉没,约克城号一直漂浮到第二天中午才沉入海底。遭到日军攻击之时,美军其他6艘驱逐舰曾试图反击伊168号,但伊168号最终安全撤离。

此次海战结果为,美国损失了1艘航空母舰(约克城号)、1艘驱逐舰(哈曼号)、147架飞机(多为被击落),307人阵亡。日本则损失了4艘航空母舰(赤城号、加贺号、苍龙号、飞龙号)、1艘重巡洋舰(三隈号)、322架飞机(包括备用机,被炸毁于航母甲板约280架,被击落仅42架),3 500人阵亡。

四、美日攻守逆转

与美军相比,日军在中途岛海战中损失惨重,日本海军从此走向衰败。为了掩饰自己的惨败,避免挫伤部队士气,1942年6月10

日，日本电台播放了响亮的海军曲，并宣称日本已"成为太平洋上的最强国"。当惨败的山本舰队疲惫不堪地回到驻地时，东京竟举行灯笼游行以庆祝胜利。美国海军首脑事后评价道："中途岛战斗是日本海军350年以来的第一次决定性的败仗。它结束了日本的长期攻势，恢复了太平洋海军力量的均势。"同时，此战还给日军高层造成了难以愈合的创伤，这一痛苦的回忆直到二战结束都一直挥之不去，使他们再也无法对战局作出清晰的判断。

美国著名海军历史学家塞缪尔·莫里森（Samuel E. Morison）把美国海军在中途岛海战中的胜利称为"情报的胜利"。美国海军提前发觉日本海军的计划，是日本海军失利最主要的原因。莫里森还认为，单是从中途岛海战日军高炮没有阻止一架轰炸机投弹，以及马里亚纳海战中高炮仅造成了数架美机的损失来看，不宜对战列舰编入航母编队在防空中发挥的作用过高期待，公平地说，美国的舰载高炮在换装威力巨大的博福斯40毫米高炮及配备近炸引信前也不尽如人意。而日本和美国战前都在进行战列舰建造竞赛。

日本海军计划最明显的失误是分散部署兵力，联合舰队各部队在相隔很远的距离上单独作战，而美国海军最大限度地集中部署兵力，因此日军联合舰队的优势被削弱了。日军计划另一个失误是，进攻中途岛本来是为诱使美军舰队决战，却给航空母舰套上支持占领中途岛的任务，并一厢情愿地认为在中途岛受到攻击以前，美军舰队不会离开其基地。日军侦察搜索计划同样不利，最后导致南云遇到进退维谷的窘境和来回换装鱼雷、炸弹的尴尬局面。

中途岛海战改变了太平洋地区美日航空母舰的实力对比。日军仅剩大型航空母舰2艘、轻型航空母舰4艘。从此，日本在太平洋战场开始丧失战略主动权，战局出现有利于盟军的转折。此次海战的特点是双方海上战斗编队在舰炮射程之外，以舰载航空兵实施突击。日军失败的原因是过高估计己方航空母舰的战斗力，同时在两个战役方向作战，兵力分散；情况判断错误，认为美国航空母舰来不及向战区集结；通信技术落后，缺乏周密的海上侦察，直至关键时刻也未查明美航空母舰的位置；战场指挥不当，决心多变。美军获胜的原因是掌握日军进攻企图，及时集结兵力待机；在鱼雷机大部损失的情况下，轰炸机连续俯冲轰炸，使日军鱼雷机连机带雷爆炸，航空母舰被彻底摧毁。

第七节　瓜达尔卡纳尔岛争夺战

　　如前所述，在美军的太平洋战略中，澳大利亚是美军必须死守的最后防卫线的西部起点。1942 年 5 月 22 日以后，盟军在澳大利亚西北基地的飞机开始对日军占领的安汶及古邦方面实施轰炸。日军第 23 航空战队在 6 月 14 日及 15 日，对达尔文港方面大举进行了昼间攻击，仅击落盟军飞机就达到 51 架（其中 14 架不确定），于是盟军加强了在达尔文港方面的航空力量，从 6 月下旬开始，不仅仅是对安汶和帝汶方面，对肯达里方面也展开了轰炸。日本西南方面舰队决定以 1942 年 7 月末为期攻克阿拉弗拉海（Arafura Sea）附近离岛。作为本次攻略战的一步，7 月 25 日开始大约一周的时间，日军下令实施对达尔文港方面的航空攻击。基于该命令，日军第 23 航空战队在 7 月 25 日、29 日实施了夜间攻击，30 日又以陆攻机 26 架、战机 26 架对该方面实施了昼间攻击。另一方面，7 月 30 日，第 2 南遣舰队麾下的兵力攻克了德波（Depok）、特阿尔（Terar）、兰贡（Langong）及萨姆拉季（Samraj）方面。

　　如上所述，美军加强了在澳大利亚的军事防御。同时，美国也开始在最外围防线的另一处即所罗门群岛加强了防卫。自南向北数起的话,澳大利亚无疑是美军最外围防线的第一个据点,而所罗门群岛的战略地位,就正好是该防线上的第二个据点。瓜达尔卡纳尔岛(简称瓜岛)是所罗门群岛最大的岛屿,日军与盟军在此进行了长达近半年的拉锯式争夺战,最终日军败退。

关于瓜岛的美日争夺战,欧美学者已有专著出版,内容非常详细,本书打算择其要点进行阐述,不尽之处还望谅解。

瓜达尔卡纳尔岛战役是以美军小型登陆战为开始,随后日军为夺回岛屿而逐次增兵,双方在海上、陆地、空中展开了空前的争夺,从而演化成了盟军与日本的决战。历时半年多的争夺中,双方均损耗了大量的战舰、飞机,而日本的人员伤亡也远超美军。最终,日本因无力进行消耗作战,选择撤军。美军最终完全占据瓜岛,而后夺取了所罗门群岛,最终夺取整个南太平洋地区的制海权,美军由此开始进行战略反攻。

瓜达尔卡纳尔岛战役是继中途岛海战之后日本的再次失败,也是日本从战略优势走向劣势的转折点。从世界范围来看,1942年底盟军在瓜岛作战的胜利,与同时期的苏德战场斯大林格勒会战、北非战场阿拉曼战役一起,成为同盟国进入战略反攻阶段的开始。盟军从此掌握了太平洋战场主动权,逐步展开对日反攻。

一、美日双方的作战准备

(一)日本主动出击

由于1942年6月在中途岛海战的惨败,日本联合舰队失去了主要航母兵力,也失去了战争初期夺取的太平洋上的制海权和制空权。日本在战略上也失去了主动权,被迫停止战略进攻,放弃或推迟了对南太平洋更远的斐济、萨摩亚和新喀里多尼亚等地的进攻。然而,日军并未意识到自己的实力已大为削弱,而美军的实力、士气都大大增加,仍决定继续实施对南太平洋诸岛的进攻。日本计划先在瓜岛修建航空基地,派驻航空兵力,以掩护对新几内亚岛的海空基地莫尔兹比港的进攻;在新几内亚岛站稳脚跟后,再向南方逐步推进,进逼同盟国在南太平洋上的重要基地——澳大利亚,以此重新夺回战略主动权。

为实现这个战略企图,日军大本营陆军部大力充实于 1942 年5 月为斐济、萨摩亚作战而组建的第 17 军,该军由天皇侍从武官长百武三郎海军大将之弟百武晴吉中将任军长,军部设在新不列颠岛首府拉包尔。至 8 月初,第 17 军已辖有南海支队、一木支队、青叶支队等部,总兵力约 13 个大队,集结于新几内亚东部和俾斯麦群岛,担负攻占莫尔兹比港的任务。日军大本营海军部则于 1942年 7 月成立第 8 舰队,任命三川军一中将为司令,下辖第 6、18 战队,第 29、30 驱逐舰大队以及第 7、13、21 潜艇战队,拥有包括重巡洋舰 4 艘、轻巡洋舰 3 艘在内的多艘军舰和潜艇,主力部署于拉包尔,以协同第 17 军作战。联合舰队还增派第 25 航空战队所辖的百余架岸基飞机进驻拉包尔,以提供空中掩护。

日军继 1942 年 1 月进占拉包尔,并将这个港口和附近的机场建设成南太平洋最重要的海空基地后,又于 1942 年 5 月占领了图拉吉岛。该岛位于所罗门群岛南部,正处在以拉包尔为基地的战斗机作战半径的边缘,南距所罗门群岛第二大岛瓜岛约 30 海里,北面紧挨着佛罗里达群岛(Florida Islands),是南太平洋海空交通的枢纽要地。瓜岛上原有澳大利亚军队驻守,后因战局恶化无力防御而主动撤离。日军占领该岛后就开始修建机场,并对附近岛屿进行勘察,发现瓜岛虽然多山多丛林,但北部伦加河(Lunga River)冲积平原地势平坦,比图拉吉岛更适合建机场,于是 6 月 16

日派门前鼎大佐率第 11 工兵队约 2 000 名工兵登上瓜岛,开始修筑机场;7 月 1 日又加派冈村德长少佐率第 13 工兵队约 700 名工兵上岛,加强施工力量,并限令于 8 月 5 日前完工。经过紧张的施工,至 8 月初,瓜岛机场已基本建成,辅助设施也大体完工。此时,瓜岛有日军工兵约 2 700 人,警备部队 240 人,共约 2 940 人;图拉吉岛有日军工兵约 140 人,航空部队 400 人,警备部队 200 人,共约 740 人。

（二）美国缺乏充足准备

美军虽然在中途岛海战中取得了胜利,稳定了中太平洋地区的局面,但美日之间总体海空力量对比没有发生根本性转变,美军在南太平洋仍比较被动。美军没有全面反击的实力,决定在日军威胁最大的西南太平洋实施反击。当日军于 1942 年 1 月占领拉包尔后,美国海军作战部部长欧内斯特·金上将就于 2 月提出要占领图拉吉岛,以阻止日军的推进,保护美国至澳大利亚之间的海上交通。罗斯福总统对此设想也表示支持。为抓紧时间进行准备,美国海军于 3 月派部队进驻新赫布里底群岛（New Hebrides,瓦努阿图群岛旧称）的埃法特岛（Efaté）,随即又向北占领了圣埃斯皮里图岛（Island Espíritu Santo）,并开始在这两个岛上修建机场,同时将美国的精锐部队——海军陆战队第 1 师从本土运往新西兰。

美军太平洋战区司令尼米兹和西南太平洋战区司令麦克阿瑟都认为拉包尔已是日军的核心基地,扭转战局的关键就是尽快夺取拉包尔,但是在具体战术上还存在分歧。麦克阿瑟主张集中最大兵力在俾斯麦群岛组织登陆作战,一举攻占拉包尔。尼米兹则认为日军在拉包尔已形成了坚固防御,部署有近 700 架岸基飞机,还随时能得到包括 4 艘航母在内的联合舰队的支援,而美军此时在太平洋上只有 3 艘航母,实力比日军弱,不能贸然行动。因此尼米兹主张先在所罗门群岛南部登陆,在新占岛屿上建立机场,然后在航空兵支援下逐步推进,步步为营,最终夺取拉包尔。而对这一战役的指挥官人选,美国陆海军也有争议,陆军参谋长马歇尔主张应由麦克阿瑟指挥,海军作战部部长金上将则认为此次战役是在多礁石的所罗门群岛海域作战,如果由不懂海军的人来指挥,就有可能使海军舰队在这样的危险海域陷入被动,所以应由尼米兹来指挥。双方互不相让,僵持不下。

罗斯福亲自出面协调,这才达成了双方都能接受的方案,参谋长联席会议据此于4月1日正式通过代号为"瞭望台"的作战,计划第一阶段由尼米兹指挥攻占圣克鲁斯群岛和图拉吉岛;第二阶段由麦克阿瑟指挥,攻占所罗门群岛其余岛屿,并肃清新几内亚岛东部莱城、萨拉莫阿地区的日军;第三阶段仍由麦克阿瑟指挥,攻占新不列颠岛和新爱尔兰岛,进而夺取日军重要基地拉包尔。

4月20日,南太平洋部队成立,由戈姆利(Robert Lee Ghormley)中将任司令,下辖第61、62特混舰队,拥有航母3艘、战列舰1艘、巡洋舰14艘、驱逐舰32艘。这支部队归尼米兹指挥。5月17日,戈姆利从华盛顿抵达司令部所在地新喀里多尼亚的努美阿(Noumea),随即将司令部前移至新西兰的奥克兰,积极组织战役准备。

7月2日,参谋长联席会议考虑到由于太平洋战区和西南太平洋战区的分界线是东经160度,这样,就会有一些太平洋战区的部队进入西南太平洋战区的区域,指挥上可能会有摩擦,于是发布命令将两个战区的分界线西移1度,改为东经159度。如此一来,瓜岛和图拉吉岛都划入太平洋战区,减少了作战指挥上不必要的麻烦。这一决定虽然解决了战区指挥权的问题,但没有明确海军特混舰队与海军陆战队之间的指挥关系,给以后的作战指挥埋下了隐患。同时,参谋长联席会议决定将于8月1日发起作战。

7月4日,美军侦察机发现日军已经在瓜岛上修建机场,如果瓜岛机场修成,日军从这一机场起飞的飞机能够到达圣埃斯皮里图岛—埃法特岛—新喀里多尼亚岛一线,将严重威胁美国至澳大利亚的海上交通线。参谋长联席会议立即将"瞭望台"作战的第一阶段作战目标改为瓜岛和图拉吉岛。

戈姆利中将见日军兵力强大,而自己兵力单薄,准备工作又未就绪,现在(1942年7月)还要将登陆地点前移,因此缺乏胜利的信心,要求推迟进攻,经尼米兹说服,这才同意于8月7日发起进攻。参战兵力分为三部分,一是特纳(Richmond K. Turne)少将指挥的登陆运输编队,编有23艘运输船和11艘驱逐舰,负责将海军陆战队第1师送上瓜岛和图拉吉岛;二是克拉奇利(Victor Crutchley)少将指挥的掩护编队,编有巡洋舰、驱逐舰各8艘,负责直接掩护登陆运输队;三是弗莱彻中将指挥的特混舰队,共有航母3艘、战列舰1艘、巡洋舰6艘、驱逐舰16艘、油船3艘,负责海空支援与掩护。还有西南太平洋战区的300架岸基飞机提供空中支援。上述部队7月26日在斐济群岛海域集结,7月28日至31日,海军陆战队第1师在斐济群岛的科劳岛进行了登陆演习,舰艇部队也进行了与登陆部队的合同演练。

美军的作战准备极不充分,由于瓜岛历来鲜为人知,美军除了曾在瓜岛的澳大利亚种植园主提供的零星情报外,就只有一张90年前的海图、几张传教士拍摄的旧照片和杰克·伦敦撰写的关于所罗门群岛的小说了。作为登陆主力的海军陆战队第1师是美国最早进行登陆战专项训练的精锐部队,但是该师大批优秀的训练有素的军官、军士被调去作为新组建的陆战第2、3师的骨干,现在(1942年6月)的部队成员大都是刚入伍的新兵,战斗力已不可与老1师同日而语。1942年6月底,陆战1师的3个团中,第5团刚到达新西兰;第7团几乎全由新兵组成,刚结束新兵基本训练,到达萨摩亚;第1团则还在开往南太平洋的途中。师长范德格里夫特(Alexander A. Vandegrift)少将得到保证,该师1942年底以前不会参战,至少还有半年的训练时间。但范德格里夫特6月26日刚到新西兰的奥克兰,就被告之将参加8月的瓜岛作战,他甚至以前根本不知道有瓜岛,看了作战计划将其戏称为"瘟疫行动"。

战役准备时间仅4个星期,准备工作极其紧张。奥克兰港口立即被大量作战物资所淹没,参加登陆作战的运输船的物资装载必须按照特殊的"战斗装载"标准,港口又小,又正逢新西兰多雨的冬季,连日大雨,码头上秩序非常混乱,加上码头工人正在进行罢工,陆战1师的官兵不得不进行卸货、装载的工作,他们分成三班,24小时连续不断工作,疲惫不堪,怨声载道。戈姆利的司令部也是一片混乱,他的司令部刚刚组建,参谋人员还很少,而作战准备时间又那么仓促,把他们搞得手忙脚乱。最大的问题是兵力不足,陆战1师只有两个团到达战区,另一个团还在萨摩亚,经戈姆利向范德格里夫特强烈要求,陆战第2师的第2团和其他部队3个营编入陆战1师的建制,才勉强凑成一个加强师,总兵力约1.8万人。

二、美日双方的拉锯战

(一)美军登陆作战

瓜岛是所罗门群岛最大的岛,地处赤道以南,是典型的热带气候,炎热潮湿,植物极其茂盛,疟疾横行。图拉吉岛没有像瓜岛那样茂密的热带丛林和沼泽,被英国殖民者认为是适合居住的岛屿,他们在岛上盖起房屋,建了一个小镇,甚至还有英国殖民者所特有的板球场。

二战中美国在太平洋反攻的第一次两栖作战目标就是这两个

岛屿。1942 年 7 月 31 日,美军舰队从斐济起航。8 月 6 日晚,美军登陆编队已到达距瓜岛约 60 海里的海域,借助恶劣天气的掩护,一直未被日军发现。在登陆编队航渡的同时,驻埃法特岛和圣埃斯皮里图岛的美军航空部队出动 B-17 轰炸机对所罗门群岛的日军进行了压制空袭,从新几内亚岛起飞的美军飞机则密切监视俾斯麦群岛和新几内亚岛东北部的日军。

8 月 7 日凌晨 1 时,美军陆战 1 师分乘 23 艘运输舰,在航母编队(3 艘航母、1 艘战列舰、14 艘巡洋舰、32 艘驱逐舰)的掩护下到达距瓜岛 10 海里的海域,一分为二。代号 X 射线的部队是由范德格里夫特指挥的第 1、5 陆战团,经萨沃岛(Savo Island)南水道进攻瓜岛,代号 Y 射线的部队是由副师长鲁珀特斯(William H. Rupertus)准将指挥的4 个营,取道萨沃岛北水道进攻图拉吉岛。另 2 个营作为预备队。

掩护编队的军舰开始炮击瓜岛日军阵地,随后从航母起飞的舰载机飞临瓜岛,进行猛烈的轰炸和扫射。在舰炮和航空火力支援下,第一波登陆部队于 9 时许开始登陆。日军的情报机关根本没能预见美军的登陆,因此岛上的日军毫无准备,而且岛上的日军虽说是工兵部队,其实是修建机场的朝鲜劳工,没带什么武器,少数警备部队看到美军大兵压境,不敢抵抗就逃入丛林,所以美军一枪未发就成功上岸,到日落时已有一万余人登上瓜岛。然而,没有准确的地图,美军上岸后就在丛林中摸索前进,直到第二天早晨才到达机场,日军慌忙扔下刚做好的早餐逃入丛林,美军轻而易举夺下机场。机场跑道已经有 80% 完工了,塔台、发电厂也都已建成,美军还缴获了大批粮食、建筑设备、建筑材料,还有几百箱日本啤酒和一个完好的冷冻加工厂。

尽管瓜岛登陆战非常成功,但这是在日军几乎没有防御的情况下实现的,如果日军稍有准备,美军必将遭受严重失利。登陆过程中暴露了不少问题,如海岸控制组人手太少,不得不动用战斗部队进行物资卸载;又如有的人在海滩上忙得喘不过气来,有的人却无事可做,在海滩上晒日光浴或到丛林中打鸟。虽然有这样那样的不足,但美军总算顺利登上瓜岛。

图拉吉岛却与瓜岛完全不同,登陆的美军经受了真正的战火考验。图拉吉岛是个天然的避风良港,岛的东侧有两个小岛:吉沃图岛(Gavutu Island)和塔纳姆博格岛(Tanambogho Island),像两个哨兵保卫着图拉吉岛。英国殖民者战前曾在这两个小岛建有简易水上飞机机场,日军占领这里后,对其加以扩建完善,计划建设成为可以监视整个所罗门群岛的水上飞机机场。美军高估了图拉吉岛日军的实力,集中炮火进行猛烈轰击,日军急忙躲进掩体,美军在炮火掩护下成功上岸,但向纵深推进不久就遇到了日军顽强抵抗。而在两个小岛上,美军却低估了日军。由于岛屿太小,所以日军在海滩前沿组织防御,加上美军的炮火装备没能摧毁日军修筑在坚固山崖上的工事,而登陆艇下水又太早,从一万多米外就开始冲击,使得日军有充足的时间进入前沿工事。当美军刚冲上岸立足未稳之际,日军就突然开火,美军指挥官重伤,士兵伤亡惨重,被密集的火力压在海滩上寸步难行,由于和日军距离太近,美军根本无法实施舰炮火力支援。直到几小时后,后续部队将81毫米迫击炮送上岸,并召唤飞机提供航空火力支援,美军这才逐步开始向纵深推进。但日军仍然凭借在山洞中的工事顽强抗击,美军只得组织爆破小组从日军火力死角冲上山顶,再居高临下将炸药和手雷扔进山洞,这才最终将其消灭。由于这三岛战斗非常激烈,为尽快解决战斗,范德格里夫特将预备队全部投入作战,黄昏时分日军残部退守山谷,当天夜里,美军接连组织4次攻击,将其大部歼灭。直到8日黄昏,美军才肃清残敌,占领这三岛。在两天的激战中,日军除了 23 人被俘外,其余全部战死,美军阵亡约 100 人。

(二)萨沃岛海战

萨沃岛海战是美日瓜岛战役的数十次海战中 6 次较大规模海战的第一次,也是美日双方对瓜岛争夺的第一次海战。

图拉吉岛日军在遭到美军攻击后向拉包尔发出告急电报,这才让日军知道美军的行动,百武认为这不会是美军的正式反攻,最多是侦察骚扰性质的袭击,不难将其击退。只是瓜岛的机场被美军利用的话,对南太平洋的形势极为不利,百武决定迅速组织力量夺回瓜岛。但他不愿动用进攻莫尔兹比港的部队,三川只好从驻拉包尔的海军陆战队中抽出 519 人分乘明洋号运输船和宗谷号供应舰,由 1 艘巡洋舰、1 艘扫雷舰、1 艘猎潜艇护航前往瓜岛。8 日三川根据侦察机的报告,知道美军在瓜岛海域兵力雄厚,便命令其返航。在返航途中,明洋号被美军 S-38 号潜艇击沉,船上所载 373 名海军陆战队队员随船葬身海底。

就在美军登陆的当天,三川派出驻拉包尔的日军第 25 航空队,出动了 51 架飞机空袭瓜岛,但遭到了美军 62 架舰载战斗机的有力拦截,被击落 19 架,未取得什么战果。

次日即 8 月 8 日,第 25 航空队又出动 41 架飞机奔袭瓜岛,以损失 16 架的代价好不容易突破了美机的拦截,炸沉埃里奥特号运输船,炸伤贾维斯号驱逐舰。可是,空袭中日机只顾攻击美军的舰船,而没有去攻击防御薄弱但又极其重要的海滩上堆积如山的物资,这是日军最大的失策。

日军第 8 舰队司令三川军一中将感到事态严重,立即决定发动反击,尽管此时他的军舰因执行各种任务而四处分散,但他迅速集中附近的军舰,共 5 艘重巡洋舰、2 艘轻巡洋舰、1 艘驱逐舰,于 8 月 7 日晚驶离拉包尔南下。

日军大本营军令部不同意第 8 舰队的出动决定，军令部的理由十分充足：首先第 8 舰队组建不到 3 星期，从来没有进行过配合训练，能不能进行战斗？再者第 8 舰队没有航母，事实已经证明拉包尔的陆基航空兵无法有效支援那么远的距离，遇上美国航母攻击的话第 8 舰队将非常危险。最后是美国人的作战意图还不明朗，到底是开始了进攻还是仅仅对日本的机场建设进行干扰，等弄清楚了美国的意图以后再想对策也为时不晚。

然而，山本五十六给了三川军一一个作战许可令，一切任凭三川军一自由定夺。

日军第 8 舰队的重巡洋舰均是 1925 年左右下水的老舰，轻巡洋舰更是第一次世界大战时期的舰船，在没有空中掩护的情况下向美国航空母舰编队挑战，可以想象的结果只有一种可能。

8 月 7 日 14 时左右，第 8 舰队在三川军一的带领下驶出了拉包尔基地，以"玉碎"的心态全速往瓜岛海域猛扑而去。

日军要想在光天化日下南下，是无法避开美军空中侦察的。当晚三川的舰队刚出动，美军的 S－28 号潜艇就发现并报告了上级，此时日军舰队距瓜岛还有 500 余海里，没能引起美军的注意。

8 月 8 日 8 时许，一架澳大利亚的侦察机第三次发现了三川舰队，但飞行员出于无线电沉默的考虑，没有及时报告。飞行员下午返回基地后又不以为意，用过点心后才向上级报告，足足耽误了 6 小时，使得美军来不及再派出飞机侦察核实。更要命的是他还把这支舰队的编成错报为 2 艘水上飞机母舰、3 艘巡洋舰、3 艘驱逐舰，使登陆编队司令特纳错误判断这样的舰队不可能是来实施海战的，很可能是去所罗门群岛某处港湾建立水上飞机基地来替代失去的图拉吉岛水上飞机基地。而美军最主要的情报来源——密码破译小组一方面由于日军刚开始使用新的密码，需要一段时间来破译，另一方面三川舰队在航行中采取了严格的无线电静默，所以美军无法得到准确情报。特纳深知他的登陆编队是日军的首要目标，而从拉包尔到瓜岛的必经之路是所罗门群岛两串岛链之间的狭窄水道，也就是人们通常所说的"槽海"，因此他于8月8日曾特别加派一架侦察机沿槽海侦察，但由于天气不好，这架飞机未能按命令飞完全程就返航了，而且飞行员也没报告这一情况。因此，特纳对即将到来的海战一无所知。

8月8日4时，三川就命令5艘重巡洋舰各弹射起飞一架舰载侦察机，对瓜岛进行全面侦察，了解了美军舰队的兵力组成和所在位置。当他知道美军在瓜岛海域有多艘航母，掌握着制空权，而且兵力占优势时，便决定以己之长攻彼之短，实施夜战。16时许，三川又派两架侦察机进行侦察，以进一步查明情况。三川一进入瓜岛和图拉吉岛之间的水域（后来美日双方有许多军舰在此战沉，此地因而被形象地称为"铁底湾"），便第三次派出两架侦察机核实美舰的夜间停泊位置，并在夜战时投掷照明弹。正是由于三川进行了反复的侦察，对美军的情况已经完全掌握，所以他决定从萨沃岛以南进入铁底湾，先消灭美军的巡洋舰，再消灭运输船，最后从萨沃岛以北撤出。随即三川通过旗舰鸟海号重巡洋舰的灯光信号将作战计划通知各舰。18时，日舰将甲板上的所有易燃物扔进海中，对弹药进行最后检查整备。22时30分，天色完全黑了，日军以鸟海号为首排成间距1 200米的单纵列，在桅杆上升起白色识别旗，加速到28节，杀气腾腾闯入瓜岛海域。

8月9日1时，日舰驶抵萨沃岛西北，日军瞭望兵夜战素质较高，先发现了两艘巡逻的美军驱逐舰，而装备新型雷达的美军驱逐舰却未能发现日舰。三川率舰队实施了巧妙的机动作战，从这两艘美舰之间进入铁底湾，美舰还毫无察觉。三川考虑到自己的编队长达8 000余米，作战海域狭窄，又是夜间，编队作战多有不便，于是下令各舰按照作战计划自行战斗。1 时 33 分，三川下达总攻击令。直到 10 分钟后，美军帕特森号驱逐舰刚发现日舰，日军的水上飞机就投下了照明弹，将南区的美舰照得清清楚楚，日军的炮弹和鱼雷接踵而来，澳大利亚海军堪培拉号巡洋舰右舷连中 2 条鱼雷，又先后被 24 发炮弹击中，不到 5 分钟就失去了战斗力，天亮后被美军自己击沉。芝加哥号巡洋舰接到报警，舰长下令发射照明弹，但几发照明弹都没点着火，就在这时舰长发现有数条鱼雷射来，立即转舵规避，但为时已晚，舰首被一条鱼雷击中，桅杆也被一发 203 毫米炮弹击中。芝加哥号连连开炮还击，但由于日舰速度很快，该舰只来得及向日军队列最后的夕风号驱逐舰发射了 25 发炮弹就失去了目标，于是向西退出战斗。最先发现日舰的帕特森号驱逐舰与日舰展开炮战，舰长下令发射鱼雷，鱼雷长未听到命令而未执行，该舰被日军击中一弹，两门舰炮被毁。巴格雷号驱逐舰占领了发射阵位，舰长下令发射鱼雷，但鱼雷射击诸元还没装定，美舰只得眼睁睁看着日舰离去，等到鱼雷发射，早已追不上远去的日舰了。

（三）泰纳鲁河口之战

日军大本营获悉美军在瓜岛登陆后，决定由陆军第 17 军抽出部分兵力（2 400 人），在海军协同下夺回瓜岛。

8 月 16 日，一木清直大佐率领先头部队约 1 000 人分乘 6 艘驱逐舰前往瓜岛。8 月 18 日夜，一木所部在亨德森机场①以东约 30 千米处顺利登上瓜岛。

8 月 20 日，瓜岛上的美军战斗机成功击退了零式战斗机的进

---

① 原为日军修建，美国海军陆战队登陆瓜岛后占领日军机场并完成后续工程。该机场的命名是为纪念在中途岛海战中牺牲的海军陆战队少校洛夫顿·亨德森（Lofton R. Henderson）。

攻。8月21日凌晨，轻敌的一木率领500名日军向泰纳鲁河（Tenaru River）河口的美军阵地发起了进攻。美军的火力非常猛烈，日军顿时尸横遍地，血流成河，冲锋立刻被打退。经过半夜的激战，美军派出一个营绕到日军背后，实施两面夹击，日军向海边溃退。由于滩头日军顽抗，美军不得已出动轻型坦克去彻底消灭日军残部。泰纳鲁战斗接近尾声时，美军医护人员曾试图救治日军伤员，日军却拉响手雷与美军同归于尽，为此美军下令对日军伤员不予救治，直接坦克碾过。5辆轻型坦克向日军盘踞的丛林冲去，坦克从日军死尸和伤兵身上碾过，履带上沾满血肉，活像绞肉机。

泰纳鲁河战斗以日军的彻底失败告终，美军阵亡35人，伤75人，日军在战场上留下的尸体就达800余具。此役美军终于打破了"零式无敌"的神话，并且首次获得了战场制空权。美军准备充分加之有空军配合，因此取得了胜利。

（四）埃德森岭之战

8月23日，川口的第35步兵旅团到达特鲁克，搭乘慢速运输舰前往瓜达尔卡纳尔岛。但田中的舰队在东所罗门海战中受创，因此日军重新思考是否利用慢速运输舰设法把更多的部队送到瓜达尔卡纳尔岛。最终，舰艇改将川口的士兵载到拉包尔。

8月29日至9月4日，日军数艘轻巡洋舰、驱逐舰和巡逻艇运送大约5 000名士兵至太午角（Taivu Point）登陆，其中包括大部分的第35步兵旅、大部分的青叶（第4）团，与一木支队的其他部分。川口将军在8月31日乘坐"东京特快"①于太午角登陆，以指挥在

---

① 在整个战事中，日本驱逐舰经常能够一夜之间直下新乔治亚海峡到瓜达尔卡纳尔岛并回航，尽量减少暴露于盟军空袭之下的风险。盟军称之为"东京特快"，日军部队称之为"鼠运输"。

瓜达尔卡纳尔岛的全部日军。趸船队运送由冈明之助上校指挥的川口步兵旅另外 1 000 名士兵,到伦加防御圈以西的卡米姆博湾(Kamimbo)登陆。

9 月 7 日,川口发布他的攻击计划:歼灭在瓜达尔卡纳尔岛机场附近的敌人。川口的攻击计划要求他的部队分成 3 组,迫近伦加周边内陆,最终实施一次夜间突袭。冈明之助的部队将从西面向防御圈进攻,而一木的第二梯队,现在改名为球磨营,将从东面攻击。日军攻击主力来自伦加防御圈以南丛林,为川口的"中央梯队",包括 3 个营共 3 000 人。到 9 月 7 日,大部分川口的部队已经离开太午角开始沿海岸线向伦加角前进。约 250 名日军被留下看守该旅在太午角的供应基地。

埃德森(Merritt Edson)的部队发现了川口的主要补给站,包括大批储存的粮食、弹药、医疗用品和一个强力的短波无线电机。在摧毁了可见到的一切后,除了拿走一些文件和设备外,美国海军陆战队返回伦加防御圈。堆积如山的补给品,加上得到的情报文件,海军陆战队由此知道至少有 3 000 名日军在岛上,显然计划进攻。

埃德森与范德格里夫特的执行军官杰拉德·托马斯(Gerald C. Thomas)上校均正确地认为,日军的进攻很可能来自一处狭窄草地附近900 多米长的珊瑚脊,与伦加河平行并位于亨德森机场南面。这条珊瑚脊被称为伦加山脊,提供了一条通往机场的天然道路,是周边地区的制高点,而且在当时几乎不设防。9 月 11 日,埃德森营的 840 人被部署到山脊周围地区。

9 月 12 日晚,川口的第 1 营攻击伦加河与山脊之间的突击队,在迫使一个海军陆战队连撤回到山脊后,日军才停止攻击。第二天晚上,川口旅团的 3 000 名士兵,配备各种各样的轻型火炮,对战埃德森的 830 名突击队员。日军在刚入夜后开始进攻,川口的第 1营攻击在山脊以西的埃德森的右翼。在突破美国海军陆战队的防线后,该营的进攻最终被守卫山脊北部的海军陆战队所阻止。

川口第 2 营的两个连负责在山脊南部边缘的进攻,把埃德森的部队击退至山脊中部的 123 号山岭。整个晚上,此阵地的美国海军陆战队在火炮的支援下击退了日军一波波的正面攻击,其中一些甚至展开了徒手肉搏战。日军一些已越过山脊到达机场边沿的部队被击退,在伦加防御圈其他位置攻击的球磨营和冈明之助的部队也被打败。9 月 14 日,川口率领其旅团的幸存者,在马坦尼考谷(Matanikau Valley)以西进行为期 5 天的行军后与冈明之助的部队会合。结果,川口的部队和美海军陆战队分别有 850 人和104 人阵亡。

9 月 15 日,百武在拉包尔得知川口战败的消息,并将其转发给在日本的大本营。在紧急会议上,日本陆军及海军指挥人员得出结论:瓜达尔卡纳尔之战可能发展成为战争的决定性战役。战斗的结果现在开始对日本在太平洋其他领域产生战略上的影响。百武认识到,为了运送足够的部队和物资,以击败在瓜达尔卡纳尔岛的盟军,他不能在同一时间支援在新几内亚科科达小径(Kokoda Track)的日军。百武在得到大本营的同意后,命令他在新几内亚的部队,包括已到达距其目标莫尔兹比港 30 英里①内的部队后撤,直至"瓜达尔卡纳尔岛问题"解决为止。百武准备派遣更多的部队到瓜达尔卡纳尔,再试图夺回亨德森机场。

(五)亨德森机场争夺战

10 月 1 日和 10 月 17 日,日军运送了 15 000 人的部队到瓜达

———————
① 1 英里约合 1.61 千米。

尔卡纳尔岛,百武总共有 20 000 人的部队参与他事先拟定的进攻。由于丧失了自己在马坦尼考河东侧的阵地,日军认为对美军沿海防御的攻击很难成功,所以百武决定,他的主要进攻计划将是从南面进攻亨德森机场。第 2 师团(得到第 38 师团部队增援)由丸山政男中将指挥,共 7 000 名士兵,其 3 个步兵团中的 3 个营奉命穿过丛林前进并攻击美军在南部靠近伦加河东岸的防线。这次进攻的日期定于 10 月 22 日,后改为 10 月 23 日。为了转移美军的视线以避免其得知日军从南面进攻的计划,百武的重炮兵加上 5 个营的步兵(约 2 900 人)根据住吉正少将的命令攻击美国沿西海岸走廊的防线。日本估计有 10 000 名美军在岛上,而事实上,大约有23 000 人。

10 月 12 日,一个连的日军工兵开始开辟一条道路。这条路被称为"丸山道路",从马坦尼考河至美军伦加防御圈南部。15 英里长的道路穿过瓜达尔卡纳尔岛上一些最难以行进的地形,包括众多的河流和小溪、深而泥泞的沟壑、陡峭的山脊和茂密的丛林。这极大地限制了进攻日军可携带的装备规模并消耗了他们的体力。10 月 16 日至 10 月 18 日,第 2 师团开始沿丸山道路进军。

到了 10 月 23 日,丸山的部队仍努力在丛林中挣扎以到达美军防线。当天晚上,当得知他的部队都还没有达到他们的攻击位置后,百武把进攻推迟至 10 月 24 日 19 时。美军仍然完全不知道丸山的部队正向该方向集结。

住吉从百武的参谋人员处获悉进攻延至 10 月 24 日,但未能通知他的部队进攻推迟。因此,在 10 月 23 日黄昏,第 4 步兵团的 2个营和第 1 独立坦克连的 9 辆坦克在马坦尼考河口发动对美军海岸防线的第一轮进攻。美军的海岸炮兵、大炮、轻型武器火力击退了进攻,摧毁了所有的坦克,打死了许多日本士兵,而美军只有轻微的伤亡。

最后,丸山的部队于10月24日晚到达美军伦加防御圈。之后连续两个晚上,丸山的部队对由刘易斯·普勒(Lewis B. Puller)中校指挥的第7陆战团第1营及罗伯特·霍尔(Robert Hall)指挥的第164步兵团第3营的阵地发起了多次不成功的正面进攻。美海军陆战队和陆军的步枪、机枪、迫击炮、火炮和37毫米反坦克炮的直接霰弹射击给日军"带来了可怕的大屠杀"。小股日军突破了美军的防线,但在后来数天被肃清。丸山的部队中超过1 500人在进攻中被打死,而美军约有60人阵亡。同时,从亨德森机场起飞的美军飞机迎击日军飞机和舰只,摧毁了14架日军飞机,并击沉1艘轻巡洋舰。

日军在10月26日对马坦尼考河附近的进一步攻击也被击退,损失惨重。因此,在10月26日早上8时,百武取消后续攻击并下令他的部队撤退。丸山幸存部队中大约有一半被命令撤退至上马坦尼考河谷,而由东海林俊成大佐指挥的第230步兵团则前往伦加防御圈以东的科利点(Koli Point)。第2师团的领头部队在11月4日到达马坦尼考河以西柯孔波那(Kokumbona)第17军的司令部范围。同一天,东海林的部队到达科利点,并建立营地。由于战斗造成的死亡和损伤,以及营养不良和热带疾病,第2师团无力作进一步的进攻行动,在战役余下时间只能在海岸作为防御部队。日军在战斗中总共损失2 200—3 000名士兵,而美军有大约80人死亡。

（六）日本决定撤退

虽然日军取得了塔萨法隆格(Tassafaronga)海战的胜利,但瓜岛上的日军由于补给匮乏,处境越来越困难。12月3日,第8舰队司令三川又派10艘驱逐舰装载1 500个铁桶,执行运输任务,这支驱逐舰编队在途中只遭到两次空袭,而且没有损失,于当天深夜将全部铁桶投放到塔萨法隆格附近海域,但瓜岛日军只得到310个,其余大多被美机在次日击沉。12月7日,日军再派出11艘驱逐舰进行铁桶运输,途中遭到美军飞机和鱼雷艇的阻击,未能到达瓜岛就被迫返航。12月11日,塔萨法隆格海战的胜利者田中再次率领10艘驱逐舰进行铁桶运输,投放了1 200个铁桶后,在返航途中遭到美军鱼雷艇的攻击,旗舰照月号被一条鱼雷击中,因弹药舱爆炸而沉没,田中负伤落水,和舰长等17名军官、139名水兵游上瓜岛。而瓜岛日军仅捞起220个铁桶。经过这些努力,日本海军感到对瓜岛陆军的支援已经是力不从心了,而陆军仍不愿正视现实,还想尽一切努力来挽回败局。今村决定在1943年1月将第6师团和第51师团投入瓜岛,2月中旬发起总攻,一举夺回瓜岛。

此时美军由于基本掌握了瓜岛的制海权和制空权,可以顺利地向瓜岛运送援军和物资。1942年12月初,美军海军陆战队第2师和陆军第25步兵师被运上瓜岛,接替了疲惫不堪的海军陆战队第1师。这支英勇顽强的部队,在4个月的激战中因伤病减员达7 800人。12月9日,帕奇(Alexander M. Patcli)少将从范德格里夫特手里接过了瓜岛地面部队的指挥权,陆战1师带着瓜岛的赫赫威名撤回澳大利亚休整。从此以后,陆战1师在其师徽上写下了"GUADALCANAL"(即瓜达尔卡纳尔),以纪念血战瓜岛的辉煌战绩,陆战1师也因瓜岛之战而名垂青史。至1943年1月,美军在瓜岛的地面部队已达5万人,补给充足,士气旺盛。

12月初,"仙人掌"航空队①得到5个陆战队航空兵中队、4个

---

① 美国空军驻守在瓜岛上的飞行部队的称号。因美国空军密语对话中将瓜岛称为"仙人掌",故这支飞行部队称"仙人掌"航空队。

海军航空兵中队和 1 个陆军航空兵中队的加强,飞机数量已达到
200 余架,不仅牢牢掌握着瓜岛地区的制空权,还在所罗门群岛其
他岛屿岸基航空兵和航母舰载机的支援下,不断空袭日军"东京特
快"的起点站——肖特兰岛,使得日军的舰船和物资损失越来越严
重。自从 12 月 11 日田中的驱逐舰编队遭到美军鱼雷艇攻击后,日
本海军有将近 3 周的时间没有组织水面舰艇向瓜岛运送补给,这
期间,瓜岛日军仅有潜艇运送的为数极少的粮食补给,根本不能满
足其需要,官兵多以野果、野菜和树皮充饥,痢疾、疟疾、疥癣等热
带疾病流行,连生存都成了问题,哪里还能奢谈下一步的总攻? 日
本陆军第 8 方面军和海军联合舰队多次讨论对策,始终没有找到
能解决向瓜岛运送部队和补给的办法。12 月 23 日,今村在此局面
下拒绝了百武发动最后决死进攻的请求,尽管百武再三要求能允
许他们体面地战死,而不是饿死在自己的掩体中。

　　12 月 12 日,日本海军提出放弃瓜达尔卡纳尔岛。大本营内一
些陆军参谋人员也认为进一步增兵夺回瓜达尔卡纳尔岛是不可能
的。由大本营首席执行官真田穰一郎大佐率领代表团,咨询今村
和他的参谋人员的意见。当代表团返回东京后,真田建议放弃瓜
达尔卡纳尔岛。大本营最高领导人于 12 月 26 日同意真田的建议,
并下令其参谋人员开始起草撤出瓜达尔卡纳尔岛的计划,在所罗
门群岛中部建立一条新防线,以及转移兵力优先支援在新几内亚
的军事行动。

　　(七)日军撤退:K 号作战

　　12 月 28 日,参谋总长杉山元大将及永野修身大将亲自向日本
天皇裕仁报告撤出瓜达尔卡纳尔岛的决定。12 月 31 日,天皇正式
批准该决定。日军开始秘密准备撤离,预计在 1943 年 1 月底实施。

　　根据御前会议的精神,大本营于 1943 年 1 月 4 日向联合舰队

司令山本和第8方面军司令今村下达撤离瓜岛的命令,撤退行动代号为"K号作战"。

鉴于瓜岛美军不断向日军发动进攻,如不增加新的生力军,岛上的部队是无力保持现有阵地的,因此日军从第38师团的第230联队中抽调了约700人,由矢野桂二中佐指挥,代号"矢野部队",于1月14日送上瓜岛。这支部队对外宣称是作为第四次总攻的先锋,其实是保障瓜岛部队撤离的殿后部队。

日军为保障瓜岛部队顺利撤出,分散美军的注意,于1943年1月15日组织了一次牵制行动,代号"东方牵制行动",参加兵力有利根号重巡洋舰、伊8号潜艇和第802航空队的部分飞机,由原忠一少将统一指挥。1月19日,原忠一率领利根号从特鲁克出发,22日到达马绍尔群岛的贾卢伊特环礁(Jaluit Atoll),原忠一与各参战部队指挥员研究行动计划并稍事休整,于23日从贾卢伊特环礁出发,前往坎顿环礁(Kanto Atoll)西北400海里水域活动,并进行无线电佯动。2月2日,其又前往马绍尔群岛以东海域活动,同样进行了无线电佯动,然后于2月7日返回特鲁克。伊8号潜艇则于1月23日和2月1日夜间两次对坎顿环礁进行了炮击。1月19日起,第802航空队从马金环礁出动水上飞机对豪兰岛(Howland Island)和贝克岛(Baker Island)进行侦察,并从1月21日起连续多日对这两个岛屿进行了空中监视。2月上旬,鉴于瓜岛撤退行动基本结束,"东方牵制行动"也告结束。

桥本少将率领20艘驱逐舰于2月1日9时30分从肖特兰岛出发,进行第一次撤退行动。2月2日凌晨,桥本编队接下5 414人开始返航,途中也曾遭到美机空袭,但无损失,中午安全回到肖特兰岛。

2月4日9时30分,由20艘驱逐舰组成的第二次撤退编队从肖特兰岛起航，18 艘驱逐舰到达瓜岛的埃斯佩兰斯角（Cape Esperance）海域，8 艘驱逐舰担任警戒，10 艘驱逐舰在离岸 500 米处接运人员撤退，共接下 5 004 人，于次日凌晨返航。在日军接运人员过程中，美军出动鱼雷艇前去攻击，但未发现日军编队，无功而返。

2 月 7 日，日军由小柳少将指挥 18 艘驱逐舰进行第三次撤退，由于大雨如注，美军只派出了 15 架轰炸机进行空袭，日军有一艘驱逐舰被击伤，在另一艘驱逐舰的护卫下返航，其余 16 艘驱逐舰驶抵瓜岛。这次撤退的人员中有百武晴吉和第 17 军军部人员，许多人极度虚弱，甚至连攀登绳梯上驱逐舰的力气都没有，只好由驱逐舰上的水兵连背带拽拉到舰上。海滩上还有数百名奄奄一息的重伤病员，无法接运上舰，只好给他们留下手榴弹，用以自尽。此次，日军又顺利接走 2 639 人。此次撤退中，日军为确保撤退的顺利实施，还组织过一次夜袭。

在 2 月 4 日晚上和 7 日，桥本信太郎和他的驱逐舰完成了从瓜达尔卡纳尔岛撤离其余大部分日军的任务。盟军仍然警惕日军的大型攻势，因此除了一些空袭外，并没有试图制止桥本的撤离行动。整体而言，日军成功地从瓜达尔卡纳尔岛撤出了 10 652 人。2 月 9 日，帕奇意识到，日军已经撤退，便宣布盟军占领瓜达尔卡纳尔岛，结束战役。

在整场瓜岛战役中，日军的伤亡损失远超过盟军。美军地面部队总参战兵力为 6 万人，其中阵亡约 7 000 人，伤 7 789 人，损失军舰 24 艘、运输船 3 艘、飞机共约 615 架，420 名飞行员死亡。日军投入瓜岛的地面部队总兵力约 3.6 万，陆军 31 400 人、海兵队 4 800 人。日本陆军在瓜岛陆战中实际只有约 8 500 人阵亡，而海军则有 3 543 人阵亡，另有许多人死于疟疾、腹泻、脚气病和饥饿，总死亡人数大约为 2.46 万人。另外日军损失军舰 24 艘、运输船 16 艘、飞机共约 932 架,1 200 名飞行员死亡(也有资料指出日军实际只损失 683 架飞机)。

三、日军彻底陷入战略危局

日军不仅海军、航空兵损失惨重,甚至开战以来从未失利的陆军最精锐的第 2 师团等部也蒙受了巨大损失,尤其大型军舰、飞机和技术熟练训练有素的飞行员的损失,更是日军所难以弥补的。战役结束时日军兵力上的优势已荡然无存,美日双方的战略态势也随之改变——中途岛海战日军的失败是二战中太平洋战场的转折,战局开始向着不利于日本而有利于美国的方向发展,日军逐步丧失战略主动权;而瓜岛战役中,日军不仅没有实现重新夺回战略主动权的作战企图,其军事实力反而进一步受到削弱,最终完全丧失了战略主动权,陷入了被动的局面。从此之后,日军不得不从战略进攻转为战略防御,处处设防,步步被动,直至战败。

瓜达尔卡纳尔岛战役是太平洋战争中一场长时间的战役,与之相关的所罗门群岛战役紧随其后同时发生。这两场战役考验了参战国家的后勤能力。对于美国来说,这一需求促使其第一次发展有效的战斗空中运输。而日本由于未能取得制空权,所以不得不依靠趸船、驱逐舰和潜艇增援,但结果参差不齐。早在战役中,美军就受到缺乏资源的阻碍,因为他们的巡洋舰和航空母舰遭受重大损失,但补充造船计划仍然需要几个月的时间才能发挥作用。

美国海军在战役期间遭受如此多的人员损失,以至于它拒绝公布总体伤亡数字多年。然而,随着战役的继续,美国公众越发意识到在瓜达尔卡纳尔的美军之困境与其英雄主义,更多的军队被派往该地区。这给日本带来了麻烦,因为它的军工业无法与美国工业和人力相匹敌。因此,当日本在战役中失去不可替代的部队时,美国正在迅速替换甚至增强其部队。

在瓜达尔卡纳尔岛战役中,日本在战略上付出了高昂的代价,遭受了巨大的物质损失和人力损失。大约 25 000 名经验丰富的地面部队人员在战役期间战死。如此庞大的资源损耗,直接导致日本未能实现其在新几内亚战役中的目标,同时日本也失去了所罗门群岛南部的控制权,未能有力阻止盟军到澳大利亚的航运。日本的主要基地拉包尔,进一步受到盟军空中部队的直接威胁。最重要的是,日本的地面部队稀缺,空、海军部队已永远消失在瓜达尔卡纳尔的丛林和周边海域。日本无法像盟军那样迅速地替换在战役中被摧毁和击沉的飞机和船只,以及他们训练有素而经验丰富的机组人员,尤其是海军机组人员。

战役后日军在太平洋显然处于守势。向瓜达尔卡纳尔岛不断增援的压力削弱了日军在其他战场的力量,促成了澳大利亚军和美军在新几内亚的反攻,最终导致 1943 年初盟军攻占在布纳-戈纳(Buna-Gona)的主要基地。盟军已经赢得了战略主动权,但他们并未松懈。当年 6 月,盟军发动"马车轮行动",其中一部分在 8 月作出修改,正式确立孤立拉包尔和切断海上交通线的战略。随后,盟军成功瓦解了拉包尔的日军势力,在这里的部队被分成由麦克阿瑟指挥的西南太平洋战区方向和由尼米兹指挥的中太平洋战区方向,这两个方向的部队成功地向日本推进。随着战争发展,日军在南太平洋地区其余的防线随后被摧毁或被盟军绕过。

虽然盟军在中太平洋的中途岛海战中取得了第一次决定性的胜利,亦削弱了日本的战略主动权和进攻能力,但这并没有改变战争的整体局势。中途岛海战后，日本仍然是一个海军强国，继续入侵南太平洋。但瓜达尔卡纳尔岛战役结束了日本的扩张企图，令同盟国获得明确的优势。因此，可以说这是盟军一连串胜利的第一步，最终促成了日本投降和盟军占领日本本土。

第五章　美军反攻日本本土的外围防线

盟军通过中途岛海战扭转战局，又通过瓜达尔卡纳尔岛海战彻底站稳了脚跟，可以说这两次大海战的结局，对日本人是很震撼的。对他们来说，战前预测的日本失败似乎已冒出苗头。

日本的外围防线包括北太平洋的阿留申群岛、中部太平洋、东南太平洋、南太平洋（澳大利亚以北地区）以及缅甸方面。本章主要讨论海上战争，对缅甸战场不作专门论述，重点讨论美军在北太平洋和南太平洋的反攻。

第一节　美军转入反攻的有利形势

1942年12月至1943年8月期间，经过美军的奋战，各方面的战局已经为美军的反攻准备了极为有利的条件。

首先是在日本群岛的东北方面，美军于1943年5月12日在阿图岛登陆，原驻阿图岛的日本陆海军部队经过拼死抵抗，于5月29日全军覆灭。基斯卡岛的日军部队于同年8月22日竭尽全力，最后顺利撤退至幌筵岛。

其次在中国的华南地区，因为预感到美国驻华空军的空袭会更加剧烈以及中国军队可能进入法属印度支那等,日本的对华派遣军于1943年2月中旬攻克雷州半岛的要地,进而进驻位于广州湾的法国租界。然而,这并不能对盟军的强硬攻势造成多大的影响。

再次,在日本群岛的西南方面及缅甸方面,首先自1943年1月中旬左右以来,阿恰布方面的美军便以一部积极展开攻击,但被日军阻止,而后日军发起攻势,美军的企图归于失败。在缅甸的中部、北部,除了美军趁着雨季天晴时在不断推进其总反攻的准备之外,战况并无大的变化。

最后,在东南太平洋方面(含所罗门群岛),到1942年末,在太平洋战争的主战场即东南太平洋所罗门群岛的瓜达尔卡纳尔岛方面,战况变得对日方不利。为了重整战势,日本决定从该岛撤退,并于1943年2月上旬完成了撤退。同年4月上旬,日本联合舰队司令官山本五十六决定让航母舰队的航空兵力挺进东南太平洋的所罗门群岛,并亲自成功指挥了挺进拉包尔的航空作战。但是此战之后,他的座机在该方面空域被美军飞机击落,其本人死亡,其职由古贺峰一大将接任。同年6月,美军进而在伦多瓦岛(Rendova Island)附近登陆,接着攻克日军的蒙达(Munda)航空基地,日军防守部队经过激战后撤至布干维尔岛。另外,由于没有确保莱城和萨拉莫阿附近要冲的胜算,日军于8月末由两地撤至马当(Madang)附近集结。与此同时,在澳大利亚以北的南太平洋地区(新几内亚方面),日军驻托罗基纳(Torokina)方面的部队也撤至萨拉莫阿附近,准备以拉包尔及新几内亚东北部要地作为根据地发起反击。尽管美军积极进攻的企图不明显,但美军的航空力量和潜艇一直在妨碍日军的战备;同时,日军对偏远岛屿方面的运输逐渐陷于困难。

总的来看，截至 1943 年 6 月，经过开战以来的屡次消耗，日本正在渐渐丧失海空战力，在整个太平洋战区，日本已经被迫逐渐转为确保要地的防卫态势。美军迅速抓住这一有利态势，开始从日本本土的外围防线展开反攻。

第二节　美军对北太平洋阿留申群岛的反攻

北太平洋的阿留申群岛位于日本群岛的东北方向，对于日本的本土防卫而言，是第一道外围防线，因此美军对它的反攻不仅仅是收复被日军暂时夺取的群岛，更是要威胁到日本的本土防卫。并且，按照当时美军轰炸机的航程来看，从这里出发可以威胁到日本的首都东京。因此美军反攻的第一步，就从这里开始。作为防守的一方，日本海军军令部将防守阿留申群岛的作战称为"ア号作战"。

最初日军对阿留申西部的作战方针是，按照既定计划，以确保西部为目的切实推进战备。之所以要确保阿留申群岛的西部岛屿，乃是因为群岛的西部与苏联领土靠近，这样做可以兼顾对苏防卫。阿图、基斯卡二岛就是阿留申群岛西部的主要岛屿。

美军的反攻，首先是依靠飞机和舰队对日军的战备保持有效的打击和阻止。日军驻岛部队的补给运输由于经常遭到打击而不尽如人意，被迫于 1943 年 3 月 27 日与美军进行了阿图岛海战。之后，美军对阿图岛发起攻击。在阿图岛的战况逐渐对日军不利的情况下，日军只好放弃确保阿留申群岛西部的原初计划，被迫于同年 5 月 21 日自阿留申群岛西部撤往北千岛，以图确立起稳固的战略防御态势。美军的反攻达到预期目标。具体的经过如下。

一、美军开始猛攻阿留申群岛

1942 年 6 月,日军攻占了阿留申群岛中的两个重要岛屿,即阿图岛和基斯卡岛。为了攻打群岛西部距离萨哈林岛(Ostrov Sakhalin,即库页岛,日称桦太岛)最近的阿图岛,美军于 1942 年 11 月 24 日登陆萨哈林岛,并设置了航空基地,然后从克拉克(Clark)及康斯坦丁(Constantine)两基地派兵猛攻基斯卡岛及阿图岛,并切断日军对该两岛的运输路线。

1942 年 12 月末,美军驻荷兰港的航空部队指挥官转移到克拉克港。1943 年 1 月 13 日,驻坎宁湾(Canyon Cove)的美军航空指挥官也转移到了荷兰港,同日起,美军开始播报阿姆奇特卡岛(Amchitka Island)的气象预报。1943 年 1 月 25 日,美军向阿姆奇特卡推进其基地,至 2 月上旬,驻阿留申群岛东部的美军陆上飞机开始逐渐向克拉克湾推进。

当时日军的防守军情况是:在基斯卡的守卫兵力加上陆海军合计 3 000 名,阿图岛为 2 800 名。为了阻止美军对阿留申群岛西部日军要塞发起的愈发猛烈的进攻,日本陆、海军达成一致意见,准备在阿图岛上建设陆上航空基地以确保运输。

二、美军成功阻断日军运输

日军大本营为专心于太平洋战争并处理好"中国事变",一直极力避免在北太平洋方面与苏联之间发生战争。现在看到美军在阿留申群岛方面的动向,日军决定在确保阿留申群岛西部的同时,弥补对苏战备中的对萨哈林岛方面的作战准备。

1943 年 2 月 5 日,日军大本营发布大海指第 199 号,就北太平洋方面作战及千岛防卫,向联合舰队司令官、第 5 舰队司令官以及大凑警备府司令官作出指示,要求确保阿留申群岛西部要塞并挫败美军作战计划,并将此次作战定名为"ア号作战"。同日,大本营解除联合司令官对北海守备队的作战指挥权,决定在陆军中新增北方军以加强日本群岛北方的作战。

为了守住北方防线,日军大本营原计划截至1942年12月上旬就结束军需品的运输,但是直到1943年2月也未完成。1943年2月中旬,美军北太平洋舰队派出的重型巡洋舰1艘、轻型巡洋舰1艘、驱逐舰6艘到达基斯卡岛和阿图岛的附近海面,2月19日即开始炮击阿图岛,击沉位于该岛西方海域的日军运输舰铜丸,迫使其余的日军运输船折返。

鉴于当时基斯卡岛的机场建设才完成四成,阿图岛的机场建设也才刚刚开始,日军决定再次依靠运输船强行运输。为了切断日军的补给,1943年3月左右,美军反复空袭了基斯卡岛,同时派出舰队对阿图岛周边海域进行火力侦察,此外还派出飞机和潜艇在海岸附近反复侦察。这样一来,日军原定在2月底完成对两岛防卫部署的计划就被严重迟滞了。

由于日军奇缺潜艇,所以为推进防卫部署进行的运输只能依靠运输船,而运输船在冒险的情况下就只能挑重点物资运输,于是日军一直都是向基斯卡岛守军运输高射炮弹,以及为阿图岛守军运输粮草。在这些运输过程中,日本陆海军共计损失运输船9艘、驱逐舰3艘、潜艇3艘。在美军的严密阻击下,基斯卡岛从1943年2月下旬以后、阿图岛从1943年3月中旬以后,各自都完全断绝了来自日军舰船的运输。

三、美日阿图岛洋面海战

1943年3月25日,日军大本营下达大海指第209号,规定了太平洋战争第三阶段的作战方针。该方针将本土北方作战与本土东方海防一并考虑,防止美军从本土北方和本土东方海面进攻日本本土。这一方针表明了日军大本营对北太平洋阿留申群岛方面防守的重视。

为了解决对基斯卡和阿图两岛的补给问题,稍前的 3 月 22 日、23 日,日军大本营海军军令部派出日军北方部队的主力、护卫舰队及 D 船队(运输船队)由幌筵岛出港,向两岛运输物资。当时日军舰队的兵力见表 5 - 1。

表 5 - 1　日军增援基斯卡、阿图两岛的运输舰队兵力(1943.3.22—3.23)

划分		指挥官	兵力	任务
主力		第 5 舰队司令官细萱戊子郎中将	21S(那智、摩耶、多摩) 21dg(若叶、初霜)	支援全体作战 歼灭美军北太平洋舰队
护卫部队		第 1 水雷战队司令官森友一少将	阿武隈、6dg(雷、电)	直接护卫 D 船队 间接护卫三与号 参加舰队战斗
	第 2 护卫部队	薄云号驱逐舰舰长	薄云	直接护卫三与号
D 船队(浅香山、崎户) 单独运输船三与号				

资料来源:JACAR(アジア歴史資料センター)Ref. C14121141700、北方々面の作戦(防衛省防衛研究所)。

美军舰队的任务就是要极力阻止日军对阿图、基斯卡两岛的补给。当时麦克莫里斯(Charles McMorris)率领的美军阻击舰队正好与日军运输舰队平行航行,只是美军舰队的规模要小一些,由 4 艘驱逐舰(科赫兰号、伯雷号、戴尔号、莫纳亨号)、重型巡洋舰 1

艘(盐湖城号)、轻型巡洋舰 1 艘(里士满号)组成。双方舰队在发现对方后便展开了海战。此战日方称"阿图岛洋面海战",美方称"科曼多尔群岛海战"。下面是海战的经过。

1943 年 3 月 26 日 11 时,日方舰队的主力开始与护卫部队会合,至 27 日凌晨 1 时只剩下驱逐舰薄云号、运输船三与号未能会合。因此当 2 时殿后的水雷舰电号报告"发现美军"时,日军指挥官细萱中将误以为是正在靠拢的薄云号和三与号。至 3 时 13 分至 26 分期间,日军主力舰队陆续发现美军的 5 艘舰艇,28 分开始向幌筵岛方向实施避退时,才看见薄云号。3 时 55 分,细萱中将下达海战命令。

发现美军后,日军指挥官细萱决定让本方的运输船避开,战舰绕开美军舰队先进至阿留申群岛一侧切断美军舰队的退路,己方则可以凭借美军东北部的上风(当时为东北风)实施有利的攻击,之后快速驶向西北一侧离开战场。双方开始机动并调整好队形后,在相距 4 000 米的距离上,于 5 时 42 分展开炮战。"由于是远距离作战,这场战斗成了重巡洋舰之间的决斗。"[1]

美军舰队只有 1 艘重型巡洋舰,而日军舰队却有 5 艘。战舰数量上处于下风的美军舰队在麦克莫里斯少将的指挥下英勇阻击日军舰队,激烈的战斗持续 4 小时,双方打得难解难分,最终美军的重巡舰盐湖城号在日军数艘重巡舰的围攻下失去了动力,但日军重巡舰初霜号在这种情况下发射的 5 枚鱼雷没有一枚命中,盐湖城号得以幸存(后来又恢复了动力)。另外一艘日军重巡舰若叶

---

[1] [美]保罗·达尔著,谢思远译:《日本帝国海军战史:1941—1945》,长春:吉林文史出版社 2019 年版,第 263 页。

号则向盐湖城号的护卫舰发射了 5 枚鱼雷,同样没有一枚命中。[①]
日军方面则是旗舰那智号承受了美军大部分火力,其余舰艇基本
无伤。在这种情况下,日军指挥官细萱考虑到有情报说美军 10 余
架轰炸机即将飞抵战场上空威胁己方,而舰队的燃料所剩不多,另
外日方"水雷战队的行动不踊跃"[②],战速太慢而没有赶上主力,这
种情况下继续作战难以获得战果,因此决定收拢部队护卫运输船
队折返幌筵。

　　这样,3 月 27 日 7 时 30 分,日军舰队中止追击,向幌筵方向回
航。28 日 8 时,日军主力抵达幌筵,18 时水雷战队及运输队也抵
达了幌筵。此次海战的结果为,美军方面有重型巡洋舰(本赛格拉
型)1 艘、轻型巡洋舰(奥马哈型)1 艘、驱逐舰 2 艘中弹,但无一沉
没;日军方面,重巡舰那智号中 5 枚炮弹,死 14 人,伤 27 人。

　　经此一战,美军舰队不但成功阻止了日军向阿图、基斯卡两岛
运输物资,而且还打击了日军后续运输作战的企图。

四、美军进攻阿图岛

　　阿图岛海战结束时日方在阿留申群岛的防守兵力为:(1)基斯
卡岛:海军约 2 500 人,陆军约 2 500 人。(2)阿图岛:陆军方面,步
兵约一个半大队,山炮一个中队,以此为基干的高射炮 1—2 门,共
约 2 500 人,另有工兵一小队;海军方面,基地部队 92 人,电波探信
仪设定班 37 人。据此可见基斯卡的防卫乃是重点。阿图岛海战
之后,鉴于运输的困难,日军大本营于 4 月 25 日决定将阿留申群岛

---

① 参见[美]保罗·达尔:《日本帝国海军战史:1941—1945》,第 265 页。
② JACAR(アジア歴史資料センター)Ref. C14121141700、北方々面の作戦(防衛省防
　衛研究所)。

西部的防卫要地由阿图、基斯卡两地改为阿图岛一地，企图利用大雾的掩护向岛上运送物资和武器，并决定在5月底之前在基斯卡、阿图两岛上建设飞机场。

为了攻打阿图岛，美军在阿留申东部集结了陆军3—4个师团，海军巡洋舰、驱逐舰共计10余艘，飞机约200—300架。

4月27日开始，美军舰队共9艘舰艇对阿图岛进行炮击。进入5月，美军侦察阿图岛的潜艇数量激增。日军守备队则一边加强警戒一边加快修建阿图岛机场。

5月12日凌晨2时起，美方军机冒着浓雾持续在阿图岛上空飞来飞去，在投弹轰炸的同时还撒下了劝降文。10时美方运输船队出现在阿图岛的霍尔兹湾口，在舰炮射击的掩护下，美军部队于上午10时30分至午后19时之间分别从玛卡萨茹湾、霍尔兹湾、萨拉那湾三处开始登陆。

得报的日军大本营向日军联合舰队司令官古贺大将下令，必须死守阿图岛并应派兵支援。同日，日军北方部队指挥官率旗舰摩耶号及白云号由幌筵港出击，于5月13日抵达距阿图岛西南部400海里处，准备与由横须贺出发正在航进中的那智号、初霜号会合后共同行动。期间联合舰队司令官古贺大将除了命令新编入北方部队的第24航空战队以幌筵为基地向阿图岛方面的美军舰队及其运输船队发起攻击之外，还下令潜水部队之一部向阿图岛运输物资，其余部队向美军舰船发起攻击。

5月13日、14日，美军水面舰艇和潜艇共计10余艘在阿图岛近海向岛上炮击，支援美军部队登陆前进。日军防守部队顽强抵抗。

5月16日，企图死守阿图岛的日军大本营作出决定：从基斯卡岛派出3艘潜艇用以运送紧急人员及物资（每艘运送50人外加军需品若干）；从日本本土派出潜艇运送军需品（预定于27日、28日

左右抵达);做好飞机空投物资的准备;在 20 日从日本本土派出 2
艘驱逐舰紧急强运。5 月 17 日,日军联合舰队司令官向联合舰队
的水上部队大部下达向东京湾集结的命令后,自己乘上武藏号,率
领第 3 战队(金刚号、榛名号)、第 2 航空战队(飞鹰号)、第 8 战队
(利根号、筑摩号)及 5 艘驱逐舰,于该日 12 时自特鲁克港出发,22
日抵达东京湾进入待机状态,在此为北方作战作准备。

　　5 月 15 日至 31 日,美军以深水炸弹击沉了日军总共 7 艘潜艇
中的 4 艘。5 月 23 日,美军舰队在阿图岛近海遭遇日军第 24 航空
战队的 19 架陆攻机(挂载鱼雷)攻击后,击落日军战机 1 架,己方 1
艘驱逐舰起火。次日,美军 10 架 P-38 型战机拦截自阿图岛飞返
幌筵岛途中的 17 架日军陆攻战机(挂载鱼雷),己方损失战机 1 架,
日军损失 4 架。

　　美军的进攻使得在阿图岛防守的日军毫无招架之力。5 月 29
日,美军完全占领阿图岛。

　　占领阿图岛之后,美军随即开始在岛上建设机场,使之可与夏
威夷基地配合使用,如此一来,美军能够从北方和东方分别威胁日
本本土。基于这一战略,从这时起美方的潜艇便已经开始在日本
最大的本州岛以东海面以及本土最北的千岛群岛出没了。

五、日军从基斯卡岛撤军

　　失去阿图岛之后,日军也放弃了在阿留申群岛其他岛屿的作
战。在此情况下,美日在阿留申群岛的航空及海上势力悬殊,即使
日军增兵也缺乏胜算,因此日军大本营早于 5 月 21 日即下达命令
(大海指第 246 号),决定采取退守战略,将驻守阿留申方面的日军
部队南撤至千岛群岛以南,并将此次撤退作战命名为"ケ号作战"。

　　日军撤退作战的具体内容包括:

（1）阿留申群岛西部现阶段主要以所在守备队确保其扼要之地为主要目的。因此，必须尽可能地派海军舰艇（主要为潜艇）及飞机运送军需品作为补给，以增强战斗力；

（2）海军需努力以 GF（联合舰队）捉拿、歼灭美军海上兵力。因此，根据情况可以船队等为诱饵欺骗美军，佯装日军企图夺回阿图岛；

（3）阿图岛守备部队应利用优良潜艇努力进行收容；

（4）基斯卡岛守备部队应主要依靠潜艇尽可能快速地努力逐次撤退。有时依据对海浪、美情等状况预测，可并用运输船、驱逐舰；

（5）本次撤退作战称为"ケ号作战"；

（6）对阿图岛方面，除进行适时的航空攻击外，应极力切断美军海上交通；

（7）强化千岛群岛、北海道及桦太（即萨哈林岛）等地的防御。

在美军占领阿图岛的同日（5 月 29 日），日本海军军令部进一步发布了如下命令：

（1）取消航母舰队向北太平洋方面出动的计划；

（2）北方部队及第二陆基航空部队继续进行现阶段作战；

（3）与陆军协同实施"ケ号作战"。

而后，将 6 支舰队派往内海西部进行待机训练。①

基于大本营的方针，1943 年 6 月初，日军秋山胜三少将指挥的基斯卡防守部队决定向北千岛方面撤退。为协助驻基斯卡的陆上

---

① JACAR（アジア歴史資料センター）Ref. C14121141700、北方々面の作戦（防衛省防衛研究所）。

部队完成撤离,日军第 5 舰队司令河濑四郎中将打算利用手头的 13 艘潜艇,将尽可能多的弹药和粮食送至该岛。自 5 月 27 日至 6 月 22 日为止的第一次撤退作战中,从基斯卡岛收容并运到北千岛的人员有军人 820 人(其中海军 299 人,陆军 55 人)、军属 466 人,此外还有基斯卡岛的作战物资(包括武器弹药 125 吨,粮食 106 吨)。当然美军也让日军付出了重大代价,那就是日军的 3 艘潜艇(伊 24、伊 9、伊 7)相继成了美军警戒舰的牺牲品,这迫使日军不得不暂时中止了撤退作战。

依靠潜艇从基斯卡岛撤军的作战行动被迫中止后,日军打算依靠巡洋舰及驱逐舰强行完成撤军。为此,河濑中将率领的北方部队的大部准备于 7 月 11 日杀入基斯卡岛,但因天气及其他因素阻碍,计划中止。

当时美军正在基斯卡岛快速建设水陆两用飞机场。7 月 19 日,美军首次空袭了基斯卡岛旁边的占守岛,还在基斯卡岛周边配备了哨戒艇,准备切断日军对基斯卡的补给,同时还从克拉克、阿姆奇特卡两基地派遣航空攻击部队及水上舰艇攻击岛上的日军。

日军决定实施基斯卡第二次撤退作战,计划用 15 艘军舰(旗舰 1 艘、收容队 7 艘、警戒队 5 艘、补给队 2 艘)在雾天前往基斯卡撤军。具体计划是在第 5 舰队司令河濑的率领下,利用气象条件极力避开自阿图岛、阿姆奇特卡岛起飞的美军攻击半径圈而展开行动,在距基斯卡岛西南约 500 海里附近一举杀入基斯卡,收容守备队员后,立即利用黑夜掩护急速往西南方避退,待到暂时逃出美军的航空威力圈后,再向西航行返回幌筵。

7 月 22 日 20 时 10 分,日军的上述部队由幌筵出击。7 月 26 日 17 时 44 分,因海上起了浓雾视线不良,国后号与阿武隈号发生碰撞,跟在后面的舰艇为躲避冲撞调整航速与航向,导致初霜号、若叶号、长波号相互碰撞,其中若叶号和初霜号因破损已无法战斗。7 月 27 日,若叶号因需要修理而向幌筵返航,初霜号则成为日本号的护卫舰。7 月 29 日 7 时,收容队与多摩号在距基斯卡岛南方 50 海里处分离,13 时 40 分收容队泊入基斯卡港。岛上的秋山少将指挥驻守兵力将建设中的基斯卡岛防备设施破坏殆尽,使其无法使用。14 时 35 分日军结束收容准备返航时,浓雾奇迹般地散去。日军舰队于 8 月 1 日顺利抵达幌筵。第二次撤退作战一共收容了 5 183 人。

随着后撤的日军部队重新在紧临日本北方大岛北海道的北千岛群岛驻防,日军在北太平洋方面进入防守态势。至此,美军得以完全收复北太平洋的阿留申群岛。

回顾具有决定性意义的 5 月中旬和下旬的美日交战,可以发现美军作战有以下几个特点:一是陆军兵力充足,准备了数个师团来对付日方守岛的 5 000 兵力;二是着眼于切断日军的补给线,并获得成功;三是美军战机的性能比日军优良,日军战机的损失较大。日军不光是空战不占优势,而且日机对美军舰艇的投弹命中率很低,几乎没给美军造成多大的伤害;四是相对于日军严重缺乏潜艇而言,美军潜艇充足,对日军形成了极大的威胁,美军的深水鱼雷炸弹直接毁灭日军仅有的 7 艘潜艇中的 4 艘,而日军的鱼雷由于攻击深度不够,对美军的潜艇没有任何的杀伤力。结果就是日军被迫从阿留申群岛撤军。

第三节　美军在东南太平洋及南太平洋的反攻

一、美日双方针锋相对的战略

日军方面早在阿留申群岛作战正式开始之前的 1943 年 3 月

25 日就决定了第三阶段的作战方针,并在当天以大海指第 209 号下达命令,其中关于东南亚及澳大利亚以北方面的方针如下:

　　(1) 海陆军紧密协作,严加防备南方占领地区,以阻止或击破美军的夺回行动及空袭行动;

　　(2) 对澳大利亚西北部适时实施空战,努力使美军的反攻企图胎死腹中;

　　(3) 确保孟加拉湾(Bay of Bengal)东部的制海权以及制空权,确保对缅补给运输线的安全,同时努力先发制人,击破美军的反击;

　　(4) 根据另处所定,见机攻下新几内亚南部的重要地区;

　　(5) 以潜艇及水上舰艇破坏印度沿岸及澳大利亚西岸的美海上运输线;

　　(6) 在适当的时机与陆军协作攻克科科斯岛(Cocos Island),另外对美方的舰队及要地实施奇袭和破坏。①

这一方针的宗旨,是要求日军守住在东南亚已经占领的陆地和岛屿。

　　而美军的战略也是针锋相对的。对于美军而言,继在北太平洋收复阿留申群岛之后,随着全球反法西斯战局的进展,反攻日本的防守外线——东南太平洋及南太平洋的岛屿,便是他们下一步的任务。如果这一作战计划顺利完成,则美军将从南北双向摧毁日军的外围防线,从而为反攻日军防守内线做好准备。因此,1943年 3 月 28 日的英美联合参谋长会议向美军太平洋舰队总司令尼米兹上将和西南太平洋战区司令哈尔西中将下令,命令他们夺取莱

---

① JACAR(アジア歴史資料センター)Ref. C14061104100、南西方面の作戦 西部ニューギニヤ方面及び濠北方面の作戦 対ソ海軍作戦(防衛省防衛研究所)。

城—萨拉莫阿—韦瓦克（Wewak）—马当一线，占领所罗门群岛的新乔治亚（New Georgia）、布干维尔南部和新不列颠西部，"防止日军夺回战争主动权，最终一举突破俾斯麦屏障"①。这一命令的核心是要扫清俾斯麦海周边的障碍，为向西攻打新几内亚岛作准备。据此，美军决定第二步反攻在 1943 年 7 月至 1944 年 6 月期间实施。

二、全球反法西斯战局对美军有利

将要反攻新几内亚西部的美军，此时有着极为有利的外部环境，也就是全球反法西斯同盟的战局现状，具体情形如下。

首先是欧洲战场方面。1943 年 9 月 8 日意大利投降，法西斯三轴心已经崩塌一角。为了应对越来越不利的局面，日本在 9 月新设了军需省，同时在 9 月至 10 月间，日缅领土条约签订、菲律宾群岛共和国发布独立宣言、日菲同盟条约签订、自由印度临时政府成立、日汪同盟条约缔结等政治策略都已完成。针对这一情况，11 月至 12 月，中苏美英先后举行开罗会议和德黑兰会议，共商打击世界法西斯。

其次是中国和缅甸战场方面。为了打通所谓的大陆交通线以实现同在缅日军的对接，1944 年 4 月中旬，日军开始实施"一号作战"，5 月 9 日完成第一阶段作战，并开启了第二阶段的湘桂作战。缅甸战场方面，美军首先在孟加拉湾的沿岸地区夺得战略优势，其次是缅北方面的中国新编第 1 军对驻扎福空河谷附近的日军师团形成压迫之势。同年 3 月上旬，随着美军空军部队进入缅北和日军"ウ号作战"遇挫，日军缅甸方面的作战也归于失败。

---

① 胡烨：《太平洋战争：蒙达之战》，北京：中国长安出版社 2019 年版，第 116 页。

由上可以看出,欧洲战场的形势对盟军是极为有利的。在缅甸战场上,日军为支持驻缅军队而进行的南北对进作战除了北面(大陆交通线作战)进展顺利之外,南面已经失利,因此日军的缅甸支持作战已经在整体上失利。

不仅是外围态势对美军极为有利,而且在太平洋战场上,美军的作战也极为顺利,下面具体论述。

三、美军在东南太平洋作战中取得胜利

所罗门群岛方面,蒙达附近的美军基地至 1943 年 9 月已经基本建成,10 月下旬美军成功反攻布干维尔岛旁的莫诺岛(Mono Island)并登陆。其次在新几内亚方面,9 月下旬美军又在丹皮尔海峡(Dampier Strait)西岸的芬什港(Finschhafen)附近登陆。至此,在日本群岛东南方向的南太平洋上,美日之间的海空决战态势达到最高潮。

1943 年 11 月 1 日,美军在布干维尔岛的托罗基纳附近登陆,与日本第 17 军激烈交战,布干维尔海战开始。11 月 5 日至 12 月 3 日,美日两军之间进行了多达 6 次的空战,继而美军在 11 月下旬攻打吉尔伯特群岛的马金和塔拉瓦,完全消灭了日本海军驻防该地的部队。12 月中旬,美军登陆新不列颠岛、马努斯岛(Manus),下旬又登陆茨尔布(ツルブ,音译)附近。

1944 年 2 月 1 日,美军向马绍尔群岛的科斯雷岛(Kosrae)和马里亚纳群岛的罗塔岛(Rota)发起反攻,6 日日本驻军又全部覆灭。2 月 17 日,美军航母舰队大举袭击特鲁克岛,以其舰载机攻击位于特鲁克泊地的舰船,日军损失惨重,同时美军海上部队的行动极为积极,直接对日军在中部太平洋的驻军形成了威胁。

日军的大溃败,迫使日本在当月更换了陆、海军大臣,分别由

东条大将和岛田大将接任。

1944年3月下旬，美军朝巴佛（Bau）袭来，在该地的日军舰船蒙受了巨大损失。随着美军突破丹皮尔海峡，新不列颠岛东端的拉包尔方面的日本第8方面军全部陷于孤立。

接下来，美军将越过新几内亚岛的东部地区，直接从海上前往攻击新几内亚岛的西部地区，以孤立该岛东部的全部日军。

四、日军调整南太平洋的防御方针和战备

1943年6月下旬，盟军以澳大利亚西北岸为基地，对新乔治亚方面及东部新几内亚方面的进攻骤然活跃起来，不但完全掌控了阿拉弗拉海离岛方面、帝汶方面的制空权，甚至还攻击了肯达里、望加锡、巴厘巴板。与此相反，日军的总体战力正在逐日下降，在澳大利亚西北岸的航空战力也在急速弱化。在1943年8月、9月及11月期间，日军还能在夜间出动陆攻战机攻击达尔文港的东南地区，但到年末之后，就连零星的夜间攻击也变得难以实施了。

基于战力的严重下降，1943年9月日军就对自己的整体作战指导进行了调整。当时日军大本营判断认为：（1）东南方面：美军首先企图攻克日本陆海空的作战基地拉包尔，为此将在所罗门群岛方面一扫瓜岛的日军兵力，然后沿着所罗门群岛北上东部新几内亚岛方面，在那里保住布纳，接着突破丹皮尔海峡，同所罗门群岛方面北上的美军相互策应，沿着新几内亚岛的北岸继续作战，最终北上进攻菲律宾群岛；（2）西南方面：对于澳北方面，美军会将之同东南方面的用兵联系起来考虑，企图在伺机攻取阿鲁（Aru）、塔宁巴尔群岛（Kepulauan Tanimbar）的同时逐步往新几内亚岛的西岸扩大战果，为此会首先攻克新几内亚或做到事实上的压制。另外在太平洋方面，美军会企图迅速夺回阿恰布并加强空战。盟军

大概会在雨季结束时以英印联军的主力攻击英帕尔(Imphāl)正面,以重庆军在夏恩(Shan)地区采取攻势,两路军队通过东西策应夺回缅甸。其间,美军会随时夺取安达曼群岛的要地,并努力确保对孟加拉湾及安达曼海的制海权。另一方面,美军会在整个南方海域加强潜艇作战,同时攻击日军的资源要地,尽力妨碍日本增强国力。

从全局观察,日军大本营认为东南方面(南太平洋)的问题是当前的中心问题,遗憾的是经过8月以后的历次战斗,日本海军特别是航空兵力及补充舰艇的损耗愈发严重,而美军的空海兵力却在增加。另一方面苏德战场迎来了第二个冬天,德军在斯大林格勒战役中最终失败,攻守逐步转换,日军大本营认为盟军方面的势力在东西两方面都会愈益增强。在此种情况下,日军大本营判断美军将把当前的重点放在攻克和确保东部新几内亚上面,不过唯愿这一天晚一点到来。

通过上述论证,日军大本营在1943年9月末就南太平洋方面的作战制定了新的作战方针。新方针的概要如下:(1)所罗门群岛方面,中止夺回瓜岛的作战,预定在1944年1月下旬至2月上旬期间撤军。其后确保新乔治亚岛、圣伊莎贝尔岛(Santa Isabel)以北的所罗门群岛;(2)新几内亚方面,迅速加强在莱城、萨拉莫阿、马当、韦瓦克等地的作战根据地,并且大致攻克并确保斯坦乐山(Mont Stanre)以北的新几内亚东北部的重要地区,以备后面的作战。布纳附近的日军根据情况撤至萨拉莫阿方面,确保必要的地点。[1]

---

[1] JACAR(アジア歴史資料センター)Ref. C13071252400、大本営陸軍統帥記録 第二巻(案) 昭和18年末~19年12月(防衛省防衛研究所)。

9月30日,日军大本营以大海指第280号下令日本陆海军在中南部太平洋方面协同作战,其作战方针要求"迅速在澳北方面至中部太平洋方面的重要地区完成反击作战的支撑,并且整顿起反击的战力,予来攻之敌以彻底的反击"①。其中,关于东南部太平洋方面的作战指导要领有如下内容:

（1）大致以1944年春天为目标,对于澳北方面重要地区以及加罗林直到马里亚纳各群岛方面的重要地区,应迅速加强反击态势,包括完善作战基地和防备加强,菲律宾方面完成作战根据地建设,完善陆海空的反击战力等。

（2）大致在1944年中期以后,只要情况允许,就要努力从澳北方面实施积极的作战。②

至此,通观以上1943年秋季日军的新判断及其新作战方针,就可以看出,日军大本营错误地认为美军会先攻击新几内亚的东部,然后沿着新几内亚岛的北岸由东向西逐步攻击前进,实际上这并不符合美军"蛙跳选点"的战法性格。

总之,随着日军全盘作战计划的调整,以前处于日军作战二线的西部新几内亚以及澳北地区,现在一跃而成为日军外围防守的一线地区了。问题是日本海军以前在该地区只驻扎了少数的警备兵力用于警备和调查,而新防卫计划的重点却是要在西部新几内亚即索龙（Sorong）、巴博（Babó）以及萨加（Saga）方面修建航空基

①「西部ニューギニヤ方面及び濠北方面の作戦」、JACAR（アジア歴史資料センター）Ref. C14061104500、南西方面の作戦 西部ニューギニヤ方面及び濠北方面の作戦 対ソ海軍作戦（防衛省防衛研究所）。

②「西部ニューギニヤ方面及び濠北方面の作戦」、JACAR（アジア歴史資料センター）Ref. C14061104500、南西方面の作戦 西部ニューギニヤ方面及び濠北方面の作戦 対ソ海軍作戦（防衛省防衛研究所）。

地以实施有力的航空反击,同时还要改造哈马黑拉湾(Halmahera Bay)以作为后方基地。

为了加强该地区的作战兵力,日军也相应调整了兵力的部署。1943 年 11 月 1 日,陆军在哈马黑拉新设了第 26 特别根据地队,同月又将第 2 方面军调到了澳北正面。同月 15 日,日军组建第 9 舰队担任东部新几内亚地区的作战,同月 30 日更是新设了第 4 南遣舰队(统辖第 24 根据地队以及第 25、26 特别根据地队),专门担任西部新几内亚及澳北一带的作战,海军中将山县正乡被任命为司令官。

1944 年初春以后,日本在中南部太平洋的战况一下子到了最坏的地步,于是在 3 月 1 日日军把东南方面舰队的第 9 舰队编入西南方面舰队,3 月 25 日又将第 2 特别根据地队、第 7 根据地队整编为第 27 特别根据地队并编入该舰队。至于指挥机关,第 9 舰队司令部在 4 月 10 日由韦瓦克撤退到荷兰迪亚(Hollandia),第 27 特别根据队的指挥部则设在瓦克德(Wakde)。

同时,日军还加强了作战设施的建设。当时既成的基地仅有瓦克德、纳比雷(Nabire)、巴博、索龙,外加科斯卡(Koska)的海军基地以及荷兰迪亚的陆军基地,但它们都不能说适合担当航空作战。基于 1943 年秋决定的澳北防备加强方针,荷兰迪亚、萨米(Sarmi)、比亚克(Biak)、农福尔(Numfor)、摩米(Momi)、马诺夸里(Manokwari)、索龙等各陆军基地以及萨加的海军基地基本上在 1943 年末开始了建设,但因工程量极大,到了 1944 年 4 月西部新几内亚方面的战局紧张之时,日本航空兵力能够得以展开的基地只有瓦克德、比亚克、巴博以及索龙,其他基地距离投入使用还很遥远。

西部新几内亚方面的航空作战主要由陆军担任,陆军将第 4

航空军司令部设在荷兰迪亚，飞行第 6 师团同样设在该方面，飞行第 7 师团则主要配备在塞兰（Seram）方面。另外还有海航的第 23 航空战队，其战力培养主要在苏拉威西进行。当时担任该方面航空作战的第 4 航空军麾下的陆航兵力已经弱化，美军来攻之际难以指望其担任主战兵力，所以被指望的，是当时在马里亚纳方面待机中的第 1 航空舰队麾下的海军主战航空兵力。虽然该部队并未接到即将向西部新几内亚方面展开的指示，但是当地海军方面预想到了，他们在同陆军紧密联系之后，开始努力集中修建预想基地，进行事先准备。

与此相反，日军在陆地上的防卫准备却是相当薄弱的。在荷兰迪亚方面的陆海军部队，只有森塔尼（Sentani）机场地区的第 6 师团约10 000人、第 18 军的兵站部队约 50 人，以及荷兰迪亚方面（第 9 师司令部及地勤人员以及第 90 警备队的主力）两处兵力合约 300 人而已。萨米附近有第 36 师团的主力，瓦克德有海军守备队约 150 人，马诺夸里有陆军第 2 军司令部直辖各部队及海军预备队共约 900 人。在认为最有可能被美军攻击的比亚克岛，日军也仅仅配备了第 36 师团的一个联队。此外，摩米、纳比雷、塞鲁伊（Serui）、巴博等地配备有准守备队兵力。

通观西部新几内亚的整体情况可知，陆海两军的航空部队几乎无甚可依，并且地防兵力特别是最有可能被攻击的比亚克岛的地防兵力显著不足，因此增强比亚克岛的地防兵力成为当务之急。

五、盟军攻克新几内亚岛的西部地区

（一）日军以竹部队增兵比亚克岛失败

鉴于以上形势，日军大本营方面在 1944 年 4 月初决定，从中国方面抽出陆军兵力紧急增援达沃以及西北新几内亚方面，并在 4

月 9 日以大海指第 363 号下令护卫这些船队。该运输船队被称为
"竹部队"。竹部队的主力是被注入新几内亚西北部方面的第 32、
35 师团。战局已经刻不容缓,能否把竹部队平安地运送到新几内
亚西北部方面,已经成为今后作战的关键。

　　第 32、35 师团的主力大约有 40 000 名官兵,分乘 10 艘运输
船,于 4 月 17 日从上海出港南下。途中直到靠泊马尼拉港都比较
平稳,仅有运输船第一吉田丸受到美军潜艇的水雷攻击而沉没。
竹部队在 4 月 29 日到达马尼拉,5 月 1 日从该地出发,继续一路南
下。根据当初的计划,竹部队本来应该直接奔赴新几内亚西北部
方面,但因为西北新几内亚方面的战况进展比日方预想的还要紧
急,4 月下旬美军就已经在荷兰迪亚登陆,日方预想比亚克岛方面
将可能会在 5 月上旬进入美军航空攻击圈之内,而竹部队的这些
大型船只将不可能杀入比亚克方面。于是,大本营经过各种讨论,
最后决定中止竹部队在 5 月初杀入比亚克方面的计划,改为将第
35 师团先转送索龙或马诺夸里,第 32 师团先转送哈马黑拉,而后
再用小船进行运输。然而竹部队 5 月 6 日航行在北纬 2 度 42 分、
东经 124 度 7 分附近时,遭到美军潜艇的鱼雷攻击,阿登丸、但马
丸、天津山丸这 3 艘运输船一起被击沉。被击沉的运输船上的人
员大半获救后,船队也各自如期进入了索龙以及哈马黑拉,但是作
为主力的步兵已经大部遇难,因此实际上的战斗力增援作用并不
大。这之后,以运送物资为主的第二批竹部队及其后的船队,都基
本上如期到达了哈马黑拉方面。

　　尽管有陆海军双方的努力,但是从哈马黑拉方面以及索龙方
面向前线进行的兵力运送,也因为战况急剧恶化而结果并不如意,
只有在索龙登陆的第 35 师团的司令官带着部下若干名到达了马
诺夸里。

另一方面，与此作战并行，日军也曾计划向纵跨新几内亚北部和帕劳群岛的圣安德烈群岛（Santa Androe Islands）派遣陆军援兵。帕劳方面的陆军部队一部在 4 月下旬通过海军舰艇展开到了前述诸岛上，并在 4 月 28 日完成展开。从事这一工作的海军舰艇中，夕张号遭遇美军潜艇的鱼雷攻击而沉没。

（二）盟军攻克荷兰迪亚

3 月 25 日后，突破新几内亚北方海面而后西进的美军航母舰队，在 3 月 30 日、4 月 1 日对帕劳方面发起了猛烈的航空攻击，使日军失去了大量的舰船及战机，特别是当时正在该方面展开中的日军第 1 航空舰队第 61 空战队失去了多达 100 多架的战机，大大削弱了日军在该方面的战力。

对于荷兰迪亚，美军之前几乎不曾空袭过。进入 4 月之后，美军对荷兰迪亚的空袭骤然活跃起来，仅 4 月 5 日一天的空袭战机即多达 140 架。不仅如此，在面朝阿拉弗拉海的日占地区，美军的攻击也变得频繁起来。鉴于迄今为止美军总是在压倒性的制空优势之下实施登陆作战，日军判断美军下一阶段的攻击区域是从其最前线的赛多尔（Saidor）基地到位于战斗机掩护圈内的韦瓦克及艾塔佩（Aitape）。这是日军的判断错误，因为当时美军 P - 38 战机的作战半径已经迅速扩大。

4 月 19 日，盟军以 2 艘航母为基干（原为英国萨默维尔[James Somerville]提督麾下的联合国海军部队）对苏门答腊岛北端的沙璜（Sabang）发起了牵制作战，同时一度退避于东南的美军航母舰队的主力也朝帕劳东南海面紧逼而来，另有近 30 艘的运输船分为两个梯队，在强有力的支援部队（航母 1 艘、巡洋舰 2 艘、驱逐舰约 10 艘）的掩护下沿着丹皮尔海峡北上。至此日军才明白盟军的企图不仅仅是机动空袭，更是攻击作战。同日，日军西南方面舰队司令官向太平洋方面特别是新几内亚北部以及苏门答腊北端、安达曼群岛、尼科巴群岛方面下令，警惕美军的登陆。4 月 20 日，日军第 23 航空战队司令部从达沃迁至索龙。

朝帕劳东南海面杀来的美军航母舰队，于 4 月 21 日对瓦克德、萨米、荷兰迪亚发起了猛烈的航空攻击。22 日，美军便开始在荷兰迪亚、洪堡湾（Telok Humboldt）以及艾塔佩登陆。

日本联合舰队司令官根据事前的计划，下令展开"2 一作战"行动。该作战的主干，是在美军对新几内亚发起攻击后，解除西南方面舰队司令官的现职，使其转任第 1 航空舰队司令官，以担任新几内亚方面的航空作战。随即，第 1 航空舰队司令官下令第 61 航空战队的 14 架陆攻机归入第 23 航空战队，而第 23 航空战队则转归自己指挥。尽管有这些增强措施，但是因为帕劳方面在美军航母舰队空袭后损失惨重，所以日军的这项作战行动已经变得十分困难。

4 月 22 日傍晚，日军潜艇侦察到马绍尔群岛的马朱罗（Majuro）泊地有大约 11 艘美军航母之后，才知道攻击荷兰迪亚的美军航母舰队战机只是美军全部兵力的一部而已。于是日军联合舰队司令部调整作战指导，让马里亚纳、加罗林方面的海军航空部队应对马朱罗的美军，让第 23 航空战队为基干的兵力及海军航空兵力应对新几内亚方面的美军。日军兵力本就不够，这样分兵之后，日军对荷兰迪亚的美军已经无力发起活跃的空战了。

日本海军第 23 航空战队的大部兵力于 4 月 20 日进至新几内亚的比亚克基地之后，便在 4 月 22 日遭到美军的空袭，于是在留下侦察兵力之后，余部全部暂时退避到了索龙、萨博的基地，其后便以索龙为基地实施作战了。待到"2 一作战"发动，该战队便计划与来自第 61 航空战队的援兵合力，从美军登陆的当夜即 4 月 22 日至 4 月 23 日、24 日，连续以 10 余架中程攻击机对已经来到荷兰迪亚的美军舰船实施夜间鱼雷攻击,但未成功。4月27日夜,该战队又以10架中程攻击机组成的夜间鱼雷攻击队在荷兰迪亚洋面攻击美军,击沉美军轻型巡洋舰1艘,1枚鱼雷命中美军大型舰艇,但日军自损4架战机。之后第23航空战队再无力量对荷兰迪亚方面的美军实施真正的攻击了。日本陆军方面,虽然第4航空军麾下的陆军航空部队在4月24日从索龙起飞对荷兰迪亚方面实施了夜间攻击,但也仅此而已,再无后话。

如上,日军兵力不够,对美空战没有胜算,因此接下来只能依靠荷兰迪亚陆上的日军去抵抗已经登陆的美军。如前所述,本来日军驻荷兰迪亚的陆上兵力有300多人,但是他们在交战之前就逃走了。设在荷兰迪亚的第9舰队司令部在4月22日14时15分发出"敌登陆军正在逼近我司令部"①的电报之后,下令往森塔尼湖方向撤离。日军第90后备队在23日傍晚也开始了向森塔尼方向的撤退,但各队之间最终失去联系,过半人数在撤往萨米方向的途中溺毙,只有极少数人员在7月下旬同萨米方面的友军会合了。

另一方面,攻克荷兰迪亚港之后的美军迅速向内陆渗透,不日即攻克位于森塔尼湖畔的日军机场,并于5月4日开始使用该机场。美军航母舰队则分别于4月30日及5月1日这两天对特鲁克发起攻击,5月2日对波纳佩(Ponape)发起攻击,加快了反攻的节奏。

(三)盟军攻克比亚克岛

1. 日军紧急组建第28根据地队

新几内亚西北部的美军战机紧逼而来后,驻扎该方面的日军

---

① 「西部ニューギニヤ方面及び濠北方面の作戦」、JACAR(アジア歴史資料センター)
　Ref. C14061104500、南西方面の作戦　西部ニューギニヤ方面及び濠北方面の作戦
　対ソ海軍作戦(防衛省防衛研究所)。

第 4 南遣舰队司令官在两周之间（4 月下旬到 5 月中旬）进至马诺夸里，加强了该方面的防备，并同第 2 军司令部联合作战。

虽然日军为了增强地面兵力，也曾策划过前述竹部队运输作战，但是由于日军在制空权上逐渐弱势，胜算自然很小，只好放弃。在海战力量方面，日军 5 月 1 日也计划从制度上加强。具体来说，是把 4 月 1 日由驻瓦克德岛部队改编而成的第 91 警备队、3 月 5 日由驻比亚克部队改编而成的第 19 警备队以及以前驻马诺夸里的第 18 警备队，整编成第 28 根据地队。最终只有第 91 警备队司令、第 19 警备队司令以及第 28 根据地队司令官分别在 4 月中旬、5 月 1 日、5 月中旬到比亚克岛就任。因此日军这一战斗序列上的变更较之逼迫而来的战机，可谓为时已晚。

2. 盟军攻克瓦克德岛

5 月 4 日起，美军开始使用荷兰迪亚机场，连日以 B - 24 轰炸机为主对比亚克岛实施攻击。日军第 23 航空战队在比亚克基地部署有大约 8 架零式战机，在同美军连日交手之后，至 5 月 8 日已无战机可用，日军比亚克基地上空的制空权为美军所掌握。之后，日军第 23 航空战队仅仅保有零式战机约 12 架、中程攻击战机约 6 架，只能在夜间对美军实施零星的轰炸，而美军则继续以三五十架的 B - 24 或者 10 至 15 架的 P - 38、P - 40 轰炸机对比亚克岛实施连日的集中轰炸。

5 月 17 日早上，美军舰队对瓦克德岛上的萨米基地实施集中炮击，接着美军的一部兵力开始登陆瓦克德岛并横渡对岸的托尔河。另一方面，当天早上开始，日军指挥机关已经同瓦克德岛上的日海军部队断绝了联系。美军登陆荷兰迪亚时，英军为主的盟军海军航母舰队发起了牵制作战。本次登陆瓦克德岛的作战中，盟军的航母舰队同样对泗水的海军工厂及市外的炼油设施实施了牵制性空袭。尽管盟军使用了 110 余架飞机轰炸瓦克德岛，但当时岛上的日本守军只有一个中队。美军于次日占领瓦克德岛。

3. 盟军登上比亚克岛

随着战斗结束，盟军迅速将瓦克德岛上的日军基地变成了自己的航空基地。瓦克德岛不过是个巴掌大的小岛而已，虽然岛上造不出大的基地来，但是作为攻打比亚克的掩护基地已经足够了。因此以新掌控的瓦克德岛为跳板，盟军的下一个攻击作战开始得很快。在攻陷瓦克德岛之后，盟军即继续以航空力量向比亚克压迫而去，5 月 27 日早上即以强有力的舰艇炮击比亚克岛的索利得（Sanadi）飞行基地，同时企图以精锐部队登陆南岸的波斯尼克（Bosnek）及该岛南端不远处的奥维岛（Pulau Owi）。

当时驻扎奥维岛的日军部队，有以第 28 根据地队司令官千田贞敏少将为首的海军部队大约 2 000 人，以及以葛目直幸陆军大佐为首的陆军部队大约 12 000 人。此前驻岛日军部队（陆海两军）一直在努力构筑防空壕，地面防卫设施还未来得及构筑，威力不错的火炮仍旧是最初运上岸时的模样，准备尚未完成。日军部队大部分部署在从波斯尼克绵延至索利得的险峻海边丘陵中，在武器不如美军的情况下，防守上确实是处于最佳地带。也正因如此，盟军决定避开这些丘陵，而选择首先从波斯尼克的狭窄海岸登陆。

5 月 20 日，日军发动比亚克防守作战。是日，日军的侦察机开始持续侦察马绍尔群岛、阿德默勒尔蒂群岛、瓜岛方面。日军的作战计划是，如果盟军攻打比亚克岛方面，则以当地的第 23 航空战队为主前去迎战，因此并没有计划舰队方面的决战。但是鉴于第 23 航空战队的兵力消耗太大，联合舰队司令部方面于 5 月 27 日决定，将部署在马里亚纳和加罗林方面的一部兵力以及原定配备在该方面、目前尚在日本本土的航空兵力增援给第 23 航空战队，包括零式战机计约 70 架(其中 50 架由日本本土转来)、陆侦机约 4 架、彗星式舰轰机约 16 架。

接下来,日方陆海两军航空部队的反击罕见地活跃起来。就在美军一部登陆比亚克岛的当天(5 月 28 日),位于索龙基地的日本海军倾其全部力量——零式战机 9 架以及陆军重型轰炸机 4 架强袭了比亚克岛,在付出了损失零式战机 5 架、陆军重轰全部 4 架的惨重代价之后,日军击落了美军战机 3 架,并让几艘美军小型舰艇起了火。5 月 29 日,第 23 航空战队再度发起攻击。当天黎明前,日军第 732、753 航空队的 16 架中攻战机攻击了比亚克岛方面的美军登陆部队,击沉了美军巡洋舰 1 艘、中型运输船 1 艘,但是日方的中攻战机也损失多达 8 架。当天白天,虽然日军第 153 航空队的 4 架零式战机对比亚克岛实施了机枪扫射,但 4 架战机都没能返回基地。尽管如此,该队在次日(5 月 30 日)又继续以零式战机的编队对莫克默(Mokmer)附近的美军舰艇实施了扫射并与 8 架美军战机交火,击落了美军 B-25 轰炸机 2 架。

5 月 30 日,已经登陆的美军一部开始以重炮轰击比亚克岛的南岸。处于防守地位的日军缺乏反击的手段,只能扼腕叹息。但是岛上陆战的结果尚难判断,当时日军认为总体态势似乎对日军更为有利。

(四)日军夺回比亚克岛失败

日军大本营决定向比亚克岛上增兵夺回该岛,具体方案是将位于菲律宾群岛达沃和三宝颜(Zamboanga)的海上机动第 2 旅团(陆兵约 2 500 名)以海军舰艇运送到比亚克去消灭岛上的美军,可能的话,最好发挥舰炮的威力,炮击岛上的美军阵地。这个计划被称为"浑作战"。5 月 31 日,联合舰队司令官下达了浑作战的命令,预定在 6 月 4 日杀入比亚克。最初的编制与任务见表 5-2。

表5-2　第一次浑作战部队编制与任务

部队	指挥官	编制	任务
运输队	第16战队司令官	第16战队（青叶、鬼怒、浦波、敷波）时雨	向比亚克运输陆军1 700名
第1警戒队	第5战队司令官	第5战队（妙高、羽黑）第27驱逐队（春雨、白鹭、五月雨）	支援运输队
第2警戒队	扶桑号舰长	扶桑第10驱逐队（朝云、风云）第36、37号驱逐舰	炮击陆上
别动队	严岛号舰长	严岛、津轻、第30号扫雷艇第127号运输舰	向比亚克运输陆军800名

资料来源：「西部ニューギニヤ方面及び濠北方面の作戦」、JACAR（アジア歴史資料センター）Ref. C14061104500、南西方面の作戦　西部ニューギニヤ方面及び濠北方面の作戦　対ソ海軍作戦（防衛省防衛研究所）。

1. 第一次浑作战因暴露行踪而中止

以上部队之中，扶桑号、第5战队以及第10、27驱逐队等各舰在5月30日从托利托利（Tolitoli）泊地出发，第16战队同日从打拉根出港，6月1日两路部队在达沃实现了集结。在达沃港完成搭载陆军等作战准备之后，增援部队于6月2日夜半同时拔锚起航，一路开往比亚克岛。但是第二天6月3日上午，增援部队在卡拉克隆岛（Karakelong）东方海面意外遭遇美军2架飞机，触接地点距离美军最前线的航空基地瓦克德岛大约700海里。由于日军已经暴露行踪，浑作战也就失去了奇袭的条件，又鉴于美军航母舰队战机极有可能出现在新几内亚岛西北海岸，于是同日夜20时许，日军联合舰队司令部下令暂停浑作战，将该部分陆军转运至索龙。这样,第 5 战队、扶桑舰及第 10 驱逐队为了回原部队归建而回航达沃,第 16 战队及第 27 驱逐队则开往索龙。第 16 战队及第 27 驱逐队于 6 月 4 日傍晚到达索龙,舰上的陆军立即登陆。担任从三宝颜向比亚克运送约 800 名陆军的别动队在中途收到登陆点已改为索龙的通知后,也完成了任务。

当时美军对日军的航空攻击主要集中在马诺夸里和巴博,美日双方在巴博的航空争夺战达到了最高潮。与联合舰队策划的浑作战行动相呼应,第 4 南遣舰队策划了以陆军增兵马诺夸里方面的计划。第 4 南遣舰队下令帆风号、雉号以及第 26 号反潜舰在 6 月 3 日夜运送陆军(兵力不详)至马诺夸里。帆风号及第 26 号反潜舰虽然在 3 日的白天同美军战机有交战,但还是成功杀入了马诺夸里。雉号则在当天晚上受到美军战机的攻击,但因为航弹只是在雉号舰体附近爆炸,雉号没有受到致命伤,所以最终也成功杀入了马诺夸里。

同时为了呼应浑作战,日本海军也实施了积极的作战。截至 6 月 1 日,日本海军在比亚克方面的航空兵力有零式战机 18 架、陆攻机 12 架,此外可能参战的附近兵力有零式战机 48 架、陆侦机 8 架以及舰载轰炸机 20 架。5 月 31 日夜间,日海军第 732、753 航空队的叶剑鱼雷攻击队 8 架战机攻击了比亚克南方的美军舰艇,据报称击沉了 2 艘美军运输船。6 月 2 日及 3 日的白天,索龙方面的日本陆海军航空部队企图攻击比亚克岛,但因为 6 月 2 日天气不好未能付诸实施,6 月 3 日日军零式战机 22 架、彗星舰轰机 9 架与陆军战机 10 架一道进攻了比亚克岛,遭到美军战机的反击。日军的战果仅仅是让 1 艘美军驱逐舰起火,击落美军战机 6 架(其中 3 架不确定),反之美军的战果辉煌,让日军损失了零式战机 5 架、舰轰机 3 架、陆军战机 3 架。当晚,日军继以陆攻机 6 架轰炸了奥维岛的美重炮阵地,次日 6 月 4 日在新几内亚北端托尔贝勒岬的东北偏北方向(35 度)55 海里附近发现美军的一支舰队后,又以零式战机 16 架、舰轰机 6 架、陆军战斗机 12 架攻击之,可惜仅仅命中了 1 艘火奴鲁鲁型美军舰艇。

2. 第二次浑作战因遭遇强大美军舰队而中止

如前所述,第一次浑作战因为比亚克东北方面遭遇了美军航母舰队战机而在 6 月 3 日被暂停,但是当日军大本营判明美军的舰队中并不包含航母后,又于 6 月 4 日下令联合舰队再兴作战。此次浑作战计划见表 5-3。

表 5-3　第二次浑作战部队编制与任务

部队	指挥官	编制	任务
运输队	第 16 战队司令官	第 19 驱逐队(敷波、浦波)	将 2 个大队的陆军运至比亚克
警戒队	第 27 驱逐队司令官	第 27 驱逐队(春雨、白鹭、五月雨)	警戒支援拖航 1 艘大马力艇
第 1 别动队	鬼怒号舰长	青叶、鬼怒	支援。情况允许的话向马诺夸里运输
第 2 别动队	严岛号舰长	严岛、津轻第 36 及 37 号反潜舰、第 30 号扫雷艇、第 127 号运输船	向索龙方面局部运输

资料来源:「西部ニューギニヤ方面及び濠北方面の作戦」、JACAR(アジア歴史資料センター)Ref. C14061104500、南西方面の作戦 西部ニューギニヤ方面及び濠北方面の作戦 対ソ海軍作戦(防衛省防衛研究所)。

作为第一次浑作战的主力,第 16 战队和第 27 驱逐队 6 月 4 日向索龙运送了第 2 海上机动旅团登陆后,逐个回航安汶补给燃料。运输队和担任警戒的各驱逐舰在 6 月 7 日傍晚入泊索龙港,运输队的各舰搭载陆军 200 名及军需品若干后,便在 6 月 8 日零时出港驶往比亚克岛。

　　6 月 8 日出港后,12 时 45 分在马诺夸里的西北偏北方向(320
度)80 海里附近,这支运输舰队被数十架 B-24 和 P-38 组成的美
军精锐航空部队发现并遭到攻击,运输舰队中的春雨号沉没,其他
各舰也各有若干损伤。运输舰队在救助起春雨号的乘员后继续前
进,当日 22 时 30 分到达比亚克北岸的预定登陆点科利姆湾时,突
然遭遇了美军的庞大舰队(航母 1 艘、巡洋舰 4 艘、驱逐舰 8 艘),不
得不放弃登陆而行退避。美军立即追赶上去,在 6 月 9 日的 0 时
40 分至 3 时 45 分之间,两军持续进行了零星的炮雷战和一退一追
的拉锯战。最后日方运输舰队成功脱离,于当日返抵索龙,陆军也
上了岸。

　　另一方面,日本陆海军的航空部队继续展开航空攻击以图夺
回比亚克岛。6 月 5 日夜间,日军的 4 架陆攻机用鱼雷攻击了比亚
克南岸的美军舰艇,另外 2 架陆攻机攻击了美军重要基地瓦克德
岛致其大火。据日军次日的侦察回报称,该岛停放的 100 余架美
军战机中,被烧毁或受重创的有 30 余架。6 月 6 日夜,日方又以
1 架陆攻机攻击了比亚克南岸,6 月 8 日夜又以 4 架陆攻机攻击
了美军的瓦克德岛基地。海军方面,6 月 8 日黎明,日海军以 6
架舰轰机攻击了比亚克岛附近的美军舰艇,但除了近舰爆炸外并
无效果。

　　另一方面,日军联合舰队没有停止对马绍尔群岛和阿德默勒
尔蒂群岛方面的侦察,但是侦察机在 6 月 9 日对马朱罗的侦察中确
认到原先在泊的美军航母舰队主力已经出港,同时比亚克岛上的
日军战况遭遇了严重危机,于是日军在 6 月 10 日下令准备实施あ
号作战的决战。

　　3. 第三次浑作战因为参战塞班岛战役而中止

　　第三次浑作战计划的梗概见表 5-4。

部队	指挥官	编制	任务
攻击部队	第 1 战队司令官	第 1 战队（大和、武藏） 第 5 战队（妙高、羽黑） 第 2 水雷战队（能代、岛风、冲波） 第 10 驱逐队（朝云）	攻击美军舰艇队，炮击陆上
运输队	第 16 战队司令官	第 16 战队（青叶、鬼怒、敷波） 第 4 驱逐队（山云、野分）	运输

资料来源：「西部ニューギニヤ方面及び濠北方面の作戦」、JACAR（アジア歴史資料センター）Ref. C14061104500，南西方面の作戦　西部ニューギニヤ方面及び濠北方面の作戦　対ソ海軍作戦（防衛省防衛研究所）。

以上部队于 6 月 11 日在哈马黑拉岛南部的泊地巴占（Bacan）集结并实施作战的各项准备，但因 6 月 13 日美军舰艇队攻打塞班方面的企图明了起来，日军大本营下令准备あ号作战的决战，于是浑作战暂时中止，原来的参战部队也就从原地直接向作战集合点开拔。6 月中旬，美军完全控制了比亚克岛。与此同时，美日主战场也由新几内亚北部转移到了马里亚纳群岛方面。

4. 其后比亚克的战斗

第三次浑作战中止后，比亚克岛上的美军将战线推进至索利得基地中的平坦区域，至此岛上的日军大势已去，被追逼到了索利得基地东北方的洞窟地带。剿灭日军的战斗在洞窟地带惨烈展开，6 月 18 日左右洞窟战结束后，残余的日军部队被逼进了基地北方的密林之中。6 月 27 日，日本第 2 方面军电告岛上的葛目支队，美军登陆比亚克岛已满一月，"鉴于敌军压倒性的海陆空三位一体的攻击，我军不得不逐渐后退，你部须见机脱离敌军休整，以游击战袭扰敌军,阻其变比亚克岛为大基地"①。日军有组织的抵抗大体结束。之后残存日军只是对美军展开零星的游击战,期间由第4南遣舰队及飞行第7师团尽力向他们空投救济用品。西南方面舰队司令部也曾计划救出密林中的日军残部,于是让第165号潜艇在8月上旬杀入科利姆湾,但因遭遇美军的阻止而没能达成目的。之后,该股日军在比亚克岛的前任指挥官千田少将的指挥下继续打游击战,但他本人在1944年12月25日遭到美军袭击而死,残余的日军也全灭。

（五）美军攻下新几内亚岛的西部

随着日军大本营下令准备あ号作战的决战,一直负责增援哈马黑拉方面的陆基航空部队第2及第3攻击集团受命撤至西加罗林方面,第23航空战队则依命令再度回到西南方面舰队。

1944年6月16日,关于今后的新几内亚西北部作战,日军大本营下令,现将以前预定增援比亚克的海上机动第2旅团转用于索龙,第23航空战队负责攻击比亚克方面之美军,并夜袭荷兰迪亚及瓦克德岛的美军基地。

几乎与此同时,美军对比亚克以西的索龙方面发起了航空歼灭战。此前该地一直不曾受到过美军的航空攻击,如今一遇攻击,日军便迅速失去制空权,原驻该地的第23航空战队司令部也在6月末后撤至安汶。至此,美军夺得了新几内亚全岛的制空权。

如前所述,从6月中旬开始比亚克岛就完全归于美军,盟军开始使用该地以及奥维航空基地。7月2日,大约2 000人的盟军精锐部队便开始攻击比亚克岛西方的农福尔岛,并立即开始了登陆。

---

① JACAR（アジア歴史資料センター）Ref. C19100026100、濠北作戦記録 昭21.3（防衛省防衛研究所）。

该岛上有两个机场,防守的日军地面部队几乎没做任何的抵抗就
向盟军投降了。大约5 000人的澳军前来镇守机场,并将日军残部
围困在岛上的密林里。这两个机场同比亚克岛和奥维岛的几个机
场一起,构成了盟军有力的航空基地群。

萨米方面,美军在7月6日再度登陆,日军第36师团不得不放
弃萨米。7月30日,美军在鸟头半岛(Peninsula Vogelkop)头部的
桑萨波尔(Sansapor),接着在米沃斯群岛(Mios Islands)先后开始
了登陆。日方在该地没有陆海军,美军兵不血刃地完成了登陆。
马诺夸里和索龙由此陷入孤立。日本南方军指示第2方面军,鉴
于美军增援能力强大,驻萨米的第36师团以及自荷兰迪亚撤下来
的兵力已难以继续执行任务,应脱离美军转为游击战。进入8月,
日本第2方面军同萨米、比亚克的第36师团之间的通信断绝。至
此,美军控制了整个新几内亚岛。

回顾起来,美军在东南太平洋和南太平洋同日本的争夺战无
疑都是激烈的,但美军以强大的军事实力取得了争夺战的最终胜
利。值得注意的是,正如比亚克岛争夺战中所表现出的那样,美军
是凭借着攻击一方的天然优势即主动性,通过同时在塞班岛开战,
彻底打乱了日军对比亚克岛的防守步骤,从而达到了夺取比亚克
岛的目的。声东击西,若即若离,这是一个漂亮的战术。

夺取西部新几内亚的战略意义十分重大。占领新几内亚的西
部之后,美军完全切断了新几内亚大岛东部日军同澳北地区之间、
同北方菲律宾和日本本土之间的所有联系,这在战略上也是很漂
亮的。这就使得当时日方在新几内亚全岛的20万以上的兵力(驻
新几内亚岛的日军第18军)陷入了孤立无援的境地,接下来他们
就只能在饥饿和疾病的夹击中自生自灭。同时,这也意味着日本
群岛东南面位于太平洋上的外围防线(东南太平洋到南太平洋的

防线)已经崩塌。不仅如此,到目前为止,日军在北太平洋和东南太平洋的占领地区已经完全被美军攻克,其在南太平洋的一部地区即澳大利亚以北的西部新几内亚也已经被攻克。也就是说,包含缅甸战场在内的话,由四个方面构成的日本整个外围防线已经全部被美军攻破。

　　接下来,美军必然进入第二轮的反攻,即攻打日本本土的第二道防线——内侧防线。

第六章　盟军反攻日本本土的内侧防线

美军即将反攻的第二道日本本土防线即本土内侧防线,由千岛群岛、马里亚纳群岛、帕劳群岛、哈马黑拉-莫罗泰(Morotai)、苏拉威西、婆罗洲组成。与反攻日本本土的外围防线时不一样,美军第二轮反攻避免了从北方开始,而是首先就近选择了中部太平洋方向,准备攻打马里亚纳群岛的塞班岛。

第一节　美军挥师向中部太平洋

一、战前的形势

到了1944年6月,世界反法西斯战争的远近形势都对美军十分有利。首先是6月上旬盟军开始了欧洲第二战场的登陆作战,同时美军也已经攻破了日本在南部太平洋的防卫外线(西部新几内亚战场),下一步,美军将战略性地攻打日本在中部太平洋的外围防线,逐步缩小对日本本土的包围圈。塞班岛就是这下一步中的一项重要作战。不管是欧洲战场还是太平洋战场,世界反法西斯战争在东西方都迎来了巨大的挑战。

塞班岛属于中部太平洋马里亚纳群岛中的一个岛，一些论著也称此战役为"马里亚纳战役"。由于此战役是围绕塞班岛发生的，所以本书仍称"塞班岛战役"。两种称呼只存在视角的不同，内容并没有什么不同。

二、日军的战前准备极不充分

美军在解决了新几内亚岛之后立刻挥师北上攻打马里亚纳群岛的塞班岛，因此对于日军来说，对手进攻速度太快，己方完全是在兵力、武器、作战资料、设施、训练等都没有充分准备的情况下，与对手进行了塞班岛决战。

1944年5月15日，日军航母舰队在塔威塔威（Tawitawi）会合，之后其大部一直在该地警戒待机。5月22日，日军航母舰队让第1补给部队进至达沃，5月24日又让第3补给部队的一部进至帕劳。至此，日军完成了战前的兵力展开。

三、塞班岛战役的经过

现在看来，作为攻击一方的美军显然在战术上更胜一筹，因为美军曾经三次在塞班岛战役的发起时机上牵制住了日军。

如上所述，日军航母舰队已于5月25日部署完毕，联合舰队遂于5月26日下令开始あ号作战（GF电令作第92号）。但是因为5月27日西部新几内亚方面日军企图夺回比亚克的战斗（浑作战）打响，第5舰队依令于5月29日派出扶桑号、第27航空战队、第10航空战队前往比亚克助战。5月30日，日军通过两次侦察，发现美军机动兵力的主力在马绍尔群岛的基地，只是时有动静而已，似乎并不会前来攻打塞班岛。美军下一步的主攻指向让已经布阵完毕的日军航母舰队难以捉摸。这是美军第一次牵制日军发起塞班岛战役。

6月5日，日军实施第二次侦察时，在马朱罗方面发现了预想中的美军航母舰队战机的过半兵力，且6月6日以后该方面美军的通信骤减，加上6月8日日军第三次侦察时发现美军航母舰队战机已经不在港内，于是日方推定美军航母舰队战机已于6日出击。6月8日当天，日军大本营下令中止浑作战，展开警戒，同时让第5舰队在达沃待机。6月6日到9日期间，日本的4艘驱逐舰受到了美军潜艇的攻击，驱逐舰的战力一下子下降到了对战所需的最低水平，于是日军决定舰队全体于13日退避到吉马拉斯港（Port of Guimaras）去。这是美军第二次迷惑日军，没让日军成功发动塞班岛决战，而且还消灭了日军的有生力量。

接下来，考虑到比亚克之战对日后己方作战的巨大影响，倘若增援比亚克，很可能将美军机动兵力诱至预期的决战海面来，日军舰队便于6月10日下令以第1战队司令官为指挥官再兴浑作战，于是塞班岛方面的日军航母舰队抽调了一部兵力参加了浑作战。

看到日军舰队力量再度减少，6月11日及12日，美军立即以舰队航母和巡改航母的全部机动兵力攻击马里亚纳群岛一线，12日的航母群势力很大，而且空袭的规模也大。即便至此，日军仍无法判明美军的攻击究竟是以攻略塞班岛为目的，还是要牵制西部新几内亚方面或菲律宾群岛北方的作战。13日，美军开始炮击塞班岛的海岸屏障及日军炮台，驱逐舰也开始扫雷。至此，日军才确认美军登陆塞班岛的意图明显，其航母舰队按原计划于13日9时从塔威塔威出发奔向吉马拉斯。6月13日，待布兵完毕，17时24分日本舰队司令下令准备あ号作战的决战。这是日方第三次下达塞班岛决战命令。随后日军下令暂停浑作战，并令支援浑作战的兵力全部归建。あ号作战决战的命令，即GF电令作第146号，主要内容如下：

（1）基于 GF 的あ号作战要领并 kdB（航母舰队）的あ号作战要领，期待与□□陆基航空部队及先遣部队等紧密协作，白天以空战击破美舰队航母群，接着全军逼近美军航母舰队战机并将其击破，预定 19 日开始白天的空战。只是如果八幡部队进军延迟的话，决战预定日也与之相应调整。

（2）另外，关于决战前的补给和进军时机，航母舰队的大部是否能够进泊吉马拉斯港，重视补给的易行和落实，尽管要忍受我方的全貌被侦知的不利（我们非常怀疑正停泊在塔威塔威的我方企图已经被地方察知），但是入泊吉马拉斯还是有利的。①

6 月 14 日 16 时 30 分，日军舰队抵达吉马拉斯港并开始补给。15 日早上，美军以 30 艘运输船的大规模船队驶到塞班岛的西方海面并开始登陆。7 时 15 分稍过，日方下令发动あ号作战的决战。日军舰队从吉马拉斯出发，其西南方面的警戒部队实施反潜警戒，航母舰队则实施飞行警戒。14 时，美军航母舰队战机的一部先是攻击硫黄岛，接着攻击父岛，而后继续攻击塞班岛方面。当天傍晚，日军对美军的军情作出了大致的判断（见下）。20 时 38 分，美军潜艇侦察到了日军航母舰队的动静。

1. 美方兵力：

（1）马里亚纳群岛一线方面，美军大致由 5 群构成，以正常航母 7 艘外加巡改航母 8 艘共 15 艘为基干，几乎倾巢而出，

---

① JACAR（アジア歴史資料センター）Ref. C08030711100、昭和 19 年 6 月 13 日～昭和 19 年 6 月 22 日 あ号作戦戦闘詳報（サイパン島西方海面に於ける戦闘）（防衛省防衛研究所）。

泅泅而来。现在尽管只确认到群岛一线东方 400 海里附近有补给部队,群岛一线附近有 LST(坦克登陆舰部队)的一部开始登陆,但是早晚难免有大规模的船队攻击而来。虽然只确认到巡改航母乃至护卫航母的一部出现在群岛东方,但是决战前后很可能会有相当多的航母来到群岛附近;

(2)阿德默勒蒂群岛方面。尽管我方战机的侦察不能充分相信,但是(应该)有 8 艘左右的航母,另有其他舰艇和运输船－一共很多艘正在待机。

2. 对美军战略企图的判断:美军的战略目的会是以下之一或同时达成其中二个以上。一是攻略马里亚纳群岛一线的重要基地;二是与前一作战相并行,加强西部新几内亚的进攻作战,或攻略西部加罗林群岛的要地;三是诱出我方机动兵力进行决战。①

如上所述,美军充分利用防守一方日军的急躁和多疑,通过扰乱日方的部署,始终牵着日军的鼻子走,趁此机会美军已经完成了各种准备。从战术上来说,日本已经处于被动了。

6 月 16 日,美军航母舰队只是跟昨日一样继续轰炸硫黄岛方面。6 月 17 日 7 时 30 分开始的一个小时内,日方侦察飞机先后发现美军潜艇出现在塞班岛附近,日军舰队于 8 时 45 分下令严密监视美军在硫黄岛的动静,打算在塞班岛与美军舰队决战。当日 14 时 10 分,美军战机飞抵塞班岛海域,日军下令准备作战,15 时 30 分完成作战补给。

———————————

① JACAR(アジア歴史資料センター)Ref. C08030711100、昭和 19 年 6 月 13 日～昭和 19 年 6 月 22 日 あ号作戦戦闘詳報(サイパン島西方海面に於ける戦闘)(防衛省防衛研究所)。

　　6月18日凌晨至14时,美军舰队先后抵达塞班岛附近海域。考虑到如果不把己方的攻击飞行队转移到陆上基地,就不可能对美军实施攻击,于是日军决定在19日与美军展开决战,首先歼灭在群岛西侧航行的美军舰队航母群,如果没有出现来攻的航母群,则在第二天夜间实施侦察并主动发起攻击。基于这一决定,日军舰队在当日(18日)20时即让前卫分离,准备空战。

　　6月19日凌晨,由于飞机数量不够,日军未能实施反潜警戒,只实施了空中警戒。凌晨3时后,日军航母舰队以纵深配备开始空战。6时30分,日军侦察机发现美军的71①航母群在西进,稍后又发现其后面还有4艘大型舰艇。7时30分,日军第1战队、第3战队的首轮攻击队各自以127架、47架战机升空扑向美军的71航母群。8时10分,日军航母大凤号被美军的一枚鱼雷击中。8时30分,日军第2战队的首轮攻击队升空扑向美军的71航母群,但在飞行途中的9时整获知既定目标附近有美军的3L(原档为"三リ")航母群,遂于9时30分变更既定目标扑向3L。9时45分,第3舰队的首轮攻击队指向71航母群。10时45分,中途已出现自损的第1战队开始了对71航母群的首轮攻击,其一部前去攻击3L航母群。

　　10时整,日军对15L航母群(原档为"一五リ")的触接机升空,并下令第1、2战队的第二轮攻击队指向15L。第2战队的首轮攻击队、第1战队的二轮攻击队和第2战队的二轮攻击队赶到地点后却未见美军,于是放弃。第2战队的首轮攻击队和第1战队的二轮攻击队归投航母,第2战队的二轮攻击队飞向关岛。

　　11时20分,日军翔鹤号航母受到美军潜艇的鱼雷攻击,被命

① 日本档案标注为"七イ",为了读者阅读方便,改为同音的"71"。

中 4 枚后起火,14 时 1 分沉没。14 时 32 分,大凤号航母也突然发生大爆炸,16 时 28 分沉没。

另一方面,美军飞机伏击了飞往关岛的日军战机。日军第 2 战队的攻击队(约 50 架)飞到关岛即将着陆时,于 15 时 11 分在关岛第一机场的上空与大群美军战机交战,受到重创之后,剩余的飞机才飞抵关岛第二机场,但这些飞机全都受了重伤,已经不能再使用。

此战中,日军损失 2 艘航母,航空兵力仅剩下 102 架。回顾起来,日军战败的原因有:

第一,在兵力不多的情况下,日军飞到中途分兵,没有集中力量攻击美军的某一艘航母,第 2 战队的首轮攻击队就犯了这一错误;

第二,日军的通讯也成了问题,比如关于上述关岛空战的惨败,日军航母舰队司令官过了很久才知道;

第三,海上天气恶劣,导致日军飞机自损严重。比如第 601 海军航空队在首轮攻击中,共派出舰轰机 57 架、114 人,由飞行大尉平原政雄率领,结果失踪 42 架,自爆 1 架,坠海 6 架(各种情况),因故障中途折返 4 架,情况不明 4 架(档案记录字迹不清),可以说是全军覆没。同时第 601 海军航空队的首轮攻击还派出了舰攻机 27 架、69 人,由少佐垂井明率领,结果出发后全体失踪。在第二轮攻击中,第 601 海军航空队由大尉铃木敏夫率领 10 机前往,结果除了 1 架返回、1 架不明(档案记录字迹不清)之外,其余 8 架全部失踪。[1]从这些记录来看,虽然大量飞机失踪的原因未有记录,但笔者

① JACAR(アジア歴史資料センター)Ref. C08051686400、昭和 19 年 6 月(あ号作戦)601 空 飛行機隊戦闘行動調書(防衛省防衛研究所)。

推测应该是海上天气恶劣所致。笔者也猜测有可能是遭遇了美军的电子干扰,但无法获得证明。

6月19日的战斗结束之后,日军认为需要陆基航空兵力火速回归以及整顿兵力,于是决意并下令暂且退避西方补给,再与陆基航空兵力呼应,以期3天后再行决战。23时57分,日军大本营海军司令部来电,大意谓中央的内部意见是初步整顿兵力之后,根据战况再实施追击战。①

6月20日午后,日军侦察机在距离己方补给点以东大约240海里处,相继发现不明飞机。15时后,日军截获美军情报,得知美军飞机已经发现了日方的舰队。日军航母舰队司令部决定急速退避。15时20分,日军让第1、2补给部队迅速向西退避。10分钟后,日军航母舰队及补给部队遭到美军战机空袭,丧失了一大半的舰载机。16时10分之后,日军舰队先后发现大约20架的美军机群和4艘美军军舰,于17时20分派出10架飞机升空寻战。10分钟后美军飞机来袭,日军舰队的大部队立即起飞战机迎战。空战持续了大约半小时,日军参战的24架战机损失了14架,美军参战的30架战机损失了8架。战后根据大本营暂缓追击的命令,日军舰队开往中城湾。

6月21日上午10时30分,美军放弃对日舰的一路穷追,日军舰队立即下令主力的各部队于明早入泊中城湾,游击部队则回到菲律宾群岛的中南部待机。6月22日13时、15时,日军游击部队和大部队先后到达中城湾。23时后,日军司令部下令航母舰队(缺

① 具体意见为:(1)6月21日实施补给及兵力整顿,损伤的舰艇一部回到国内,航母回航至训练地林加(Lingga);(2)22日根据形势,攻击美军航母舰队战机之后,航空部队回到陆上基地,在第5陆基航空部队指挥官的指挥下继续作战。航母回到训练基地;(3)22日以后根据战况,以水上舰艇的大部炮击塞班岛。

扶桑号、名取号)回航内海西部,23 日凌晨下令各补给部队也回航到内海西部。6 月 24 日 18 时,日军航母舰队到达内海西部。塞班岛战役至此结束。

关于美军在塞班岛海战中取得胜利的原因,笔者认为有以下几点:

一是在战术上胜出。如果将前一章的比亚克争夺战考虑进来,就会发现日军司令部由于手下兵力不足以及对美军攻击目标的不确定,不得不在防守比亚克和防守塞班岛二者之间举棋不定、抽调兵力,最后比亚克和塞班岛这两个重要的据点都被美军攻克。美军正是采用这种迷魂阵让日军中了圈套,日军被美军牵着鼻子走,导致日军赶到现场经常扑空。

二是美军的兵力,不论是航母还是飞机,数量都远远多于日军。这基本上可以说是美军取得这场战役胜利的根本保障。

三是美军战机在作战效能上远远优于日军。根据笔者整理的塞班岛空战记录(见表 6-1)可知,6 月 17 日至 20 日这 4 天之间,日军舰队共派出飞机 36 批,交战 13 次,飞机出动频繁,交战频繁。其中较大规模的交战有 3 次(如表中●所示),每次的飞机损失率都在五成以上,最多的有近八成。这种态势下,日军势必无法组织大规模的攻击和防守,只有彻底躲避和被动还手的份了。

表 6-1　日军あ号作战战机损失表(1944.6.17—6.20)

派出架数	是否交战	损失架数					
		中弹大破	紧急着陆(水面)	坠海沉没	自爆	击落	失踪未归
50	否						
5	否		1				

续表

派出架数	是否交战	损失架数					
		中弹大破	紧急着陆（水面）	坠海沉没	自爆	击落	失踪未归
2	否						
≥3（原稿不清）	否			1			2
15	否					1	2
2	否						
67	否			1			
16	否						
14	否		1＋				7?
13							3
2							
1	交战						
?	交战	原稿不清					
2	交战	原稿不清					
67●（75?）	交战						(10＋32)? (10＋52)?
128●	交战	1			?		96
2	否						
47	交战（一部）				1		6
2	否						2
1	否						
18	交战						9
62●	交战（一部）	3	3	3	26		
2	否						

续表

派出架数	是否交战	损失架数					
		中弹大破	紧急着陆（水面）	坠海沉没	自爆	击落	失踪未归
2	否						
18	否			1			
7	不明						
6	被追击						2
3	否						1
18	交战	3			1		7
3	否		1				2
7	交战		4				3
24	交战	3			2		9
7	交战			5			1
4	否						
3	否						1
7	否						

关于日方飞机损失惨重的原因，一方面是美军战机的性能更好，另一方面是日军飞行员训练不足。日军在战后反省认为：日军航母舰队从集结到离开泊地出击的大约一个月期间，因为泊地附近没有航空基地，所以舰载部队不能进行飞行训练，泊地周围美军潜艇麇集，也导致水上部队不能出动训练。"因为训练不足，特别是飞行训练不足，给空战带来了不小的影响。"[1]

四是美军的情报搜集能力极强。从上面可以看到，美军飞机

---

[1] JACAR（アジア歴史資料センター）Ref. C08030711100、昭和 19 年 6 月 13 日〜昭和 19 年 6 月 22 日　あ号作戦戦闘詳報（サイパン島西方海面に於ける戦闘）（防衛省防衛研究所）。表 6-1 资料来源也为此档案。

随时准确掌握日军飞机的动向,动辄只需 10 分钟就赶到现场对日机展开大规模的歼灭战。能做到这一点,不仅与美军飞机性能优秀有关,更应该与美军的情报破译能力极高有关。

总之,日军兵败塞班岛,标志着日本本土内侧防线的东南角被砸开,使得菲律宾和整个日本群岛都暴露在了美军面前,日本在战略态势上再添了浓厚的一笔败色。

第二节　美军击垮日本东北方的列岛防线

千岛群岛虽然属于日本本土,但美军将其视作日本四大岛的外围防御列岛。几乎是在攻打塞班岛的同时,美军又在北太平洋对日本东北方向的千岛群岛实施了轰炸,摧毁了其舰队作战能力和防御设施。

一、战前的形势

在 1943 年夏至 1944 年夏的一年期间,苏日关系、缅甸战场以及中国大陆方面,均并未发生显著的变化。尽管缅甸在 1943 年 8 月 1 日宣布独立并加入了德意日轴心国,但是轴心国在欧洲的态势已经开始不利了。

在太平洋战场上,首先是中部太平洋方面,美军开始登陆科隆邦阿拉岛(Kolombangara)和韦拉拉韦拉岛(Vella Lavella Island)方面,与日军持续展开激烈交战,其中一部与英澳联军协同,在南太平洋新几内亚的布纳登陆,对萨拉莫阿的日军发起猛攻。北太平洋方面即阿留申群岛方面,1943 年 8 月 1 日,日军基斯卡撤退部队达成其目的并返回幌筵岛。美军并未察觉日军已自基斯卡完全撤退,继续对该岛进行攻击。至中旬,美军才发现日军唱了一出空城计,遂于 16 日登岛,登岛后全力进行基地建设。

二、日军的作战指导

自基斯卡撤军之后,日本海军于 1943 年 8 月 5 日编成东北方面舰队,任命海军中将户塚道太郎为司令官,统率第 5 舰队、第 12 航空舰队及大湊警备府,负责日本东北方向千岛群岛的防守。8 月 15 日以后,东北方面舰队司令官开始在千岁航空基地指导作战。接着,为了调整与陆军间的协同作战,同年 9 月 10 日,大海指第 279 号发布《东北方面作战陆海军中央协定》,对其后作战方针的变化及每次变化时间作出指示。协定指出,东北方面作战的首要目的是"歼灭来攻美军,防卫千岛群岛、北海道等日本本土","同时尽可能多地削减阿留申方面的美军兵力"。随着战局的发展,日军越来越无招架之力了,到 1944 年 7 月 11 日的大海指第 431 号中,关于东北作战的方针就只能要求"大致以当地兵力歼灭来攻之敌并确保要塞"了。美军的下一步就是要彻底摧毁日本在其东北方的太平洋岛屿上的战力。

三、美军彻底摧毁千岛群岛的日军防御战力

从阿留申群岛撤退之后,日军也曾对阿留申方面进行过数次飞行侦察,在阿图岛方面也以陆上攻击机实施过攻击,但并未收获很大成果。在此期间,美军的战机及潜艇则频繁攻击日军驻守的北千岛群岛方面。面对美军的频繁进攻,日军主要以海陆航空部队及反潜部队抵抗美军攻击,可惜收效甚微。

根据日军的记录(见表 6-2),美军对千岛群岛的攻击始于 1943 年 8 月,到了 1944 年夏季攻打塞班岛时,又在 5 月至 8 月期间对千岛群岛实施了集中的空中攻击,而这两波攻击都把日军舰

队作为主要的轰炸对象。之后美军有一段时间的暂停,到了1945年又开始了第三轮攻击,攻击对象则是剩下的军用设施和建筑。通观而言,在美军进行的20次空袭中,日军的船舶和飞机遭受了毁灭性损失,却又没有还手之力,战果为零。

表6-2 美军的攻击与日军的损失

日期	时间	地点	美军攻击机种及数量	日方损失
1943.8.3	9:15	幌筵岛	18架B-25	海军正岛丸（2 742吨）外1艘（4 000吨）小破
1943.8.12	早晨	同上	2架B-24	飞机场宿舍3栋倒塌,战死33名
1944.1.21	2:40	占守岛幌筵岛	数架大型战斗机	轻度损失
1944.5.30	9:35	千岛东方海面	格鲁曼野猫战斗机	新洋丸(哨戒舰)沉没
1944.5.30	午后	同上	格鲁曼野猫战斗机	第三昭和丸(哨戒舰)沉没
1944.5.31		同上	格鲁曼野猫战斗机	哨戒舰3艘沉没、3艘大破
1944.5.14	21:25	占守岛幌筵岛	10架双发战斗机	投弹、去迎击的零式战机1架未归
1944.6.24	22:15 22:27	北千岛	不明	陆攻机2架着火、1架中破,燃料若干失火
1944.8.19	11:20	占守岛	2架B-24	第4监视舰队被炸
1944.8.20	11:30	北千岛	数架大型战斗机	零式战机2架迎战未归
1944.8.27	9:54	占守岛	不明	渔船1艘沉没
1944.9.3	6:00	同上	2架B-24	地上建筑遭受若干损失

续表

日期	时间	地点	美军攻击机种及数量	日方损失
1945.1.11	10:31	幌筵岛	3 架 B－24	飞行物被击中
1945.1.12	9:45 10:05	同上	5 架 B－25 4 架 B－24	地上建筑物 4 栋被破坏
1945.1.23	9:20	同上	4架大型战斗机 4 架 B－25	13 毫米机炮台破损
1945.6.3	15:00	占守岛	2 架 B－24	弹药库、地上建筑物 1 栋被破坏
1945.6.8	12:00	同上	3 架 B－24	单独航船 1 艘沉没,2 艘小破,战死 12 名
1945.6.18	12:50	北千岛	2—3 架 B－24	机帆船遭枪击,1 艘着火,1 艘无法航行
1945.6.24	14:25	松轮岛	2 架 B－24	陆攻机 1 架小破,陆军战机 2 架大破、4 架中破、3 架小破
1945.7.11	5:00	幌筵岛	6 架 B－24	建筑物 2 栋被破坏

资料来源:JACAR(アジア歴史資料センター)Ref. C14121141700、北方々面の作戦(防衛省防衛研究所)。

　　在此期间,美军的另一个作战重点是极力破坏日军的海上运输线,该作战取得了成功。日军战后总结认为,最为困难且遭受最大损失的正是运输护卫作战。如表 6-3 所示,美军利用水上舰艇、潜艇及飞机攻击日本海军运输船,被美军轰炸沉没的日军舰船数量庞大;而随着 1944 年 12 月初日军东北方面舰队被解散南调,北千岛群岛的日军被炸船只数量也就跟着减少了。换言之,此时日本东北方千岛群岛的防守已经被美军击垮。

表 6 - 3　美军对千岛日军运输舰只的攻击

日期	时间	地点	美军的攻击及 日方的损失
1943.9.3	9:15	幌筵岛	美 12 架 B - 25 攻击日海军运输船,正岛丸(2 742 吨)外 1 艘(4 000 吨)小破
1944.2.28	15:40	同上	美 12 架 B - 25 攻击日海军运输船,会幸丸(5 342 吨)沉没
1944.5.3	23:15	得抚岛西方	美 12 架 B - 25 攻击日海军运输船,名石山丸(4 541 吨)沉没
1944.5.5	不明	同上	美 12 架 B - 25 攻击日海军运输船,伏见丸(4 935 吨)沉没
1944.5.21	11:50	松轮岛西90°	石迁沉没
1944.5.21	12:05	松轮岛西	美 12 架 B - 25 攻击日海军运输船,马德拉斯丸沉没
1944.6.1	7:46	松轮岛	美 12 架 B - 25 攻击日海军运输船,岩本丸(5 124 吨)沉没、日振丸(4 566 吨)沉没
1944.6.13	21:55	幌筵岛西150°	美 12 架 B - 25 攻击日海军运输船,高岛丸(3 653 吨)受到重创
1944.6.14		松轮岛	受到美舰艇约一小时的攻击,日大迁巡洋舰 2—4 艘、驱逐舰 8 艘遭受炮击,损伤轻微
1944.7.9	10:00	占守岛北方	受到美潜艇的攻击,日太平丸(6 284 吨)沉没
1944.11.22	17:42 17:54		受到美轻型舰艇 6 艘的炮击,日损伤不详,但轻微
1945.6.12	18:15 19:45	北千岛	美 18:15 对日松轮岛炮击,19:45 对日幌筵岛炮击,19:17 幌筵岛小艇 1 艘着火沉没,详情不明

日期	时间	地点	美军的攻击及日方的损失
1945	不明	温祢古丹岛海边	美水上舰艇 3 艘及潜艇(浮上)1 艘对日千岛防卫队所辖舰艇进行约一个半小时的攻击,桔丸、第 73 号及第 206 号驱逐舰沉没
1945.7.22	19:45 20:05	幌筵岛	受到美水上舰艇 7 艘攻击,日损失轻微

资料来源:JACAR(アジア歴史資料センター)Ref. C14121147500、北方方面の作戦(防衛省防衛研究所)。

通观美军对日军千岛守军的攻击,就会发现美军没有采取地面进攻,而是通过空中作战削弱日本守军的作战能力,并取得了成功。在这成功的背后,美军有一个战术,那就是通过在南太平洋加大攻击力度,从而迫使日本解散了防守千岛群岛的北方舰队。

第三节　盟军攻克菲律宾南部屏障——莫罗泰岛

美军既已摧毁日本本土内侧防线的东北面(千岛群岛)及东南面,接下来就要着手摧毁其南面的防御基地菲律宾群岛了。但是,要攻打菲律宾是很不容易的,因为在菲律宾群岛的南面,自西向东依次横亘着苏门答腊岛、加里曼丹岛、苏拉威西岛、哈马黑拉岛、新几内亚岛,它们是菲律宾群岛南面的天然屏障。到目前为止,这些岛屿中除了最东端的新几内亚岛已经被美军先期拿下,其余几个大岛都尚未解决。如何解决其余几岛,是摆在美军面前的一个大课题。不过眼下的形势对盟军极为有利。

一、战前的形势

到了 1944 年的下半年，各方面的战局都变得对盟军更为有利。

首先是在中国战场，尽管日军顺利推进湘桂作战，8 月 8 日攻克衡阳，11 月 10 日攻克桂林和柳州，并将中国军队压迫向贵州独山镇附近，但是日军面临着两方面的不利。第一个方面是直接支持在华作战的日军在缅"ウ号作战"归于失败；第二个方面是日本本土遭受美军轰炸的压力已经越来越大。随着美军从 8 月开始对九州、冲绳等地进行轰炸，日军于 9 月上旬占领温州、10 月上旬占领福州，都是为了防御美军对日本本土的轰炸。

其次是在太平洋战场上，剑锋直指日本本土的美军已经形成破竹之势，而日军已经呈现出兵败如山倒的局面。北太平洋方面，美军实施震慑性轰炸。继消灭千岛群岛的日军防御力量之后，美军开始对千岛群岛周边的日本传统控制地区实施轰炸，以对日本进行震慑。1944 年 7 月 29 日，美军轰炸了大连、鞍山、奉天（沈阳），进入 8 月，美军又轰炸了"满洲"、朝鲜，日本损失非常惨重。当然这种打击仅仅是一个开始而已。中部太平洋方面，美军扫荡残余，并通过轰炸威胁日本本土。具体来说，以塞班岛为基地，美军开始南北双向出击：一是往南扫清马里亚纳群岛上日军的残余。随着在塞班岛的日军第 43 师团于 1944 年 7 月 5 日覆灭，美军接着在同月 21 日向该岛近旁的关岛实施了反攻，23 日又向提尼安岛（Tinian Island）发起反攻，两岛的日军守卫部队在 9 月下旬全部覆灭。中部太平洋的战斗至此结束。在此期间，日本的船舶损失陡增，包括航母舰载机在内的日本战机的损失也大幅增加。二是往塞班岛以北，美军航母舰队的一部在 8 月上旬和下旬，两次轰炸了小笠原群岛方面,直接威胁日本本土。

也就是说,为打开进军菲律宾的通路,美军挥师南下攻打上述各岛的条件已经非常成熟。

二、美日双方的对战准备

(一)美军为苏拉威西海域作战所作准备

美日双方即将展开战斗的这一区域涉及数个海域,自西而东有印度洋、安达曼海、南中国海(中国南海)、苏拉威西海、南太平洋。为了尽快打垮日军南方舰队,盟军方面实行了进攻海域的分工。在印度洋方面,英国舰队为主的航母舰队早在1944年6月、7月、8月的月末,一直不间断地袭击安达曼群岛以及苏门答腊岛。在中国南海方面,美军潜艇的活跃对日本的海上交通构成了经常性的重大威胁。如此一来,苏门答腊岛、加里曼丹岛、苏拉威西岛、哈马黑拉岛、新几内亚岛这五大岛中,英军协助牵制了西面的苏门答腊和加里曼丹二岛,美军又因已经掌握新几内亚岛而拥有了进攻基地,因此美军将进攻的对象锁定在苏拉威西海域,以达到在孤立婆罗洲的同时加快进军菲律宾的目的。

苏拉威西海域除了苏拉威西岛和哈马黑拉岛之外,后者北面不远处还有一个小岛叫作莫罗泰岛,日军在这里也部署了重兵。

(二)日军在苏拉威西海的兵力配备

鉴于新几内亚岛西面和北面战况的巨变,日军被迫改变在苏拉威西海的兵力部署。为了加强在苏拉威西海域的防备,日军做了如下的兵力部署。

1. 海军兵力部署

1944年5月20日,担当澳大利亚以北方面海军作战的第4南遣舰队的管辖范围,除了帝汶岛和小巽他群岛(Lesser Sunda Islands)之外,都被划入了第2南遣舰队的管辖范围之内。第4南遣舰队由此便可以专心对付由新几内亚方面西进的美军的攻势。7月10日,位于韦瓦克方面的第27特别根据地队便转由西南方面舰队司令官直接指挥。同时在7月12日,西南方面舰队司令部和陆军的南方军总司令部都后撤到了菲律宾的首都马尼拉。

6月末至8月末,第23特别根据地队的司令官来到万鸦老;9月上旬之前,日军将巴博、科卡斯(Kokas)、萨加、凯马纳(Kaimana)以及卡伊群岛(Kepulauan Kei)方面的海军兵力撤退到了安汶方面,还将第19警备队等后续部队以及萨加方面撤退而来的一部分兵力部署在哈马黑拉。9月10日,日军将万鸦老方面的作战改归第4南遣舰队负责,当时美军在万鸦老的攻势已经开始,而第4南遣舰队只能派遣麾下的一部去往万鸦老。另一方面,苏拉威西海域的日军海航部队主要是第23航空战队,但是在9月初其兵力不过是陆地攻击机20余架而已。

2. 陆军兵力部署

1944年5月末,由于美军登陆比亚克,万鸦老方面的日军第2军司令部、第35师团司令部及其下辖部队陷于孤立。同年7月,第35师团司令部迁至索龙,第2军司令部迁至贝劳地峡西岸的伊德勒(Idore),10月又移动到南苏拉威西的平朗(Pinrang)。1944年7月末美军在登陆桑萨波尔前后,就开始朝哈马黑拉发起进攻。经过美军的航空歼灭战,日军陆军第7飞行师团的大部兵力已被歼灭,只好将其余部撤退至苏拉威西方面,其司令部也后退到了望加锡方面。

至1944年9月,苏拉威西海域的日陆海军的兵力配备大致如表6-4(航空部队除外)。

表 6-4　澳大利亚以北地区日军兵力配备推定(航空除外)(1944.9)

方面	地区	兵力配备概要	备注
新几内亚	马诺夸里地区	陆军部队约 10 000 第 18 警备队约 900	
	索龙地区	第 35 师团,第 2 海上机动旅团约 14 500 第 18 警备队索龙派遣队(后改编为第 27 警备队)约 1 100	
	巴博地区 科卡斯地区	陆军部队不详 第 21 警备队派遣队约 300	
哈马黑拉	哈马黑拉地区	第 32 师团不详 第 26 特别根据地队 7212—7821[*]	
塞兰	安汶地区	第 19 军直辖部队 第 25 特别根据地队 第 20、7、21 警备队 约 12 000	陆军部队主要位于塞兰岛
离岛	卡伊地区	第 5 师团约 7 000 第 7 警备队派遣队约 800	
特尔纳特 (Ternate)	万鸦老地区	独立混成第 57 旅团约 8 000 万鸦老海军部队(后改编为第 8 警备队)约 1 000	

　　[*]注:原档记录为"约——"。据笔者调查,第 26 特别根据地队的人数为 518—571 人(调查口径不同),又这一时期以其(被称为"本队")为核心组建的第 6 警备部队总人数为 7212—7821 人,这支警备部队的指挥官由第 26 特别根据地队的队长兼任。
　　资料来源:「西部ニューギニヤ方面及び濠北方面の作戦」,JACAR(アジア歴史資料センター)Ref. C14061104500,南西方面の作戦 西部ニューギニヤ方面及び濠北方面の作戦 対ソ海軍作戦(防衛省防衛研究所)。原注云:"本兵力基于大概的推定,可能并不精确。"

　　由上可知,日军在苏拉威西海域各岛的陆军兵力其实不算少,但是美军在攻打这些岛屿时,首先采用的是非陆上作战,从而避开了日军的陆战锋芒。

三、美军持续空袭哈马黑拉岛

西部新几内亚的战役开始后,日军在哈马黑拉岛驻军的主要任务,一是进攻新几内亚方面,二是负责向该方面的日军提供补给。如前所述,哈马黑拉岛的日方主要守备兵力是第 32 师团及第 26 特别根据地队。日军最初原定让竹部队运送第 32 师团沿新几内亚西北部方面一线展开,因为战况突变,他们被转运到了哈马黑拉岛。作为新几内亚岛作战的后方基地,哈马黑拉岛的重要地位显而易见,因此必须重兵把守。开始时,该师团决定将主要防守点设在卡乌湾(Kau Serani)的瓦西勒(Wasile)地带、莫罗泰岛以及哈马黑拉岛东岸的布利湾(Buli Serani),后来认为盟军是想一口吃掉日军的主力,而日军只能专守防卫,于是驻守当地的陆军经与海军协商,决定调整部署,将陆军的防守兵力集中到卡乌湾头的要害处,海军兵力的第 26 特别根据地队主要担当卡乌地区的防御。

因为哈马黑拉岛是驻新几内亚岛日军的后方补给基地,现在又是盟军进军菲律宾群岛的最后障碍,所以美军一直对其实施频繁的空袭。进入 7 月之后,美军的空袭日益激烈。当时大约有 22 万立方米的日方军需品堆积在瓦西勒海岸,它们在 7 月中旬被美军炸毁颇多。7 月 27 日,美军的战轰混编大队空袭哈马黑拉岛,打掉了当地日军的约 100 架飞机,日军航空战力的大部已损。不仅如此,本次轰炸还直接迫使日军中止了哈马黑拉岛与新几内亚岛之间的运输。

进入 8 月,美军的轰炸更为猛烈,尤以 8 月 11 日的轰炸战果最为突出,这些战果包括:(1) 主要军需品中,航空燃料 4 000 桶,各种步枪计 450 支,轻机枪 12 挺,机关枪 113 挺,步枪子弹 337 000发,机关枪子弹 91 250 发,精米 10 250 袋,干面包 2 200 捆,干菜

23 000捆,维生素 B 200 捆,步行袜 50 捆,马尼拉麻 300 捆,药品 900 捆;(2) 机帆船 2 艘、海军渔船 3 艘和大型舟艇 1 艘沉没,大型舟艇 4 艘、水上飞机 7 架起火。[①]

为此,处于防御第一线的哈马黑拉地区从 8 月中旬开始进行决战准备。在方面军的指导下,日军第 32 师团的主力配置在瓦西勒湾沿岸,另外 3 个精锐大队配置在加莱拉(Galela)附近,大约一个中队的第 2 游击队配置在北侧邻岛——莫罗泰岛。

8 月 21 日,美军的大空袭炸死了日军第 32 师团的参谋长及另外一名参谋,至 31 日一共对哈马黑拉岛实施了 298 架次的轰炸。美军的大力度空袭使得日本第 2 方面军司令部相信,美军接下来的进攻极有可能首先指向哈马黑拉地区的要地。为此,日本第 2 方面军一面在 8 月 27 日临时追加了 4 架侦察机,一面于 8 月 30 日制定了"千破邪会战指导方策"。该方策明确,千破邪会战以哈马黑拉地区为重点,期望能够通过本次会战扭转战局,至少也要迟滞盟军进攻菲律宾群岛的时间。

四、美军攻克莫罗泰岛

1944 年 9 月初,日军大本营统帅部方面判断,美方的下一步进攻会在 9 月上旬从哈马黑拉及加罗林西部开始。这一判断是正确的。到了 9 月 6 日,精锐的美军航母舰队便出现在帕劳近海,展开了猛烈的航空攻击,并对贝里琉岛(Beliliou)开始了舰炮射击。这股有力的美军航母舰队在 9 月 7 日继续对帕劳加以攻击,9 月 9

[①]「第2章 昭和19年末に到る間第2方面軍に対する米軍の本格的反攻開始/第4節 8月に於ける状況」、JACAR(アジア歴史資料センター)Ref. C19100027700、濠北作戦記録 昭 21.3(防衛省防衛研究所)。

日、10 日两天对达沃方面进行攻击，9 月 12 日至 14 日三天攻击中部菲律宾群岛。当时在以宿务(Cebu)为中心的中部菲律宾方面，日军部署有第 1 航空舰队的主力，但受到美军的奇袭时，这些飞机还没起飞就被消灭在了地上，日军大约损失零式战机 70 架。

9 月 15 日，盟军终于在贝里琉岛、莫罗泰岛开始了登陆作战。贝里琉方面，防守的日军虽然奋战了，但得不到任何增援或支援，到月末时只得把该地的飞机场让给美军。莫罗泰岛方面，由于日军防守的兵力不足一个中队，所以几乎没能做出任何的反击。美军立即着手在该地建设机场，9 月 30 日便从该地起飞 B - 24，对 600 海里外的巴厘巴板实施了大轰炸。

莫罗泰岛的战事并未就此结束。美军占领莫罗泰岛之后，日本第 2 方面军判断美军似乎不想攻占哈马黑拉岛，遂于 10 月 8 日下令给第 32 师团，命其务必抽调尽量多的兵力歼灭莫罗泰岛上的美军，至少也要尽力阻碍美军设立和使用航空基地(后来又补充说至少要拖住美军一个月的时间)。为此，方面军还令山口参谋专门负责指导第 32 师团的部队逆袭莫罗泰。第 32 师团立即将大内部队、石井部队划归莫罗泰岛上的日军游击队指挥。11 月下旬，步兵第 211 联队队长守田大佐率领约一个步兵大队杀入莫罗泰岛。此战中守田战死。受此刺激，美军自 11 月 29 日开始对哈马黑拉岛实施连日轰炸，规模达到每天 60 架左右，12 月 22 日的轰炸更是达到 367 架次。[1] 1945 年 1 月，步兵第 210 联队大内大佐又率领 3 支敢死队共约 650 人杀入该岛。大内大佐战死之后，第 32 师团仍多次乘隙投入兵力破坏莫罗泰机场，这些敢死队的不断破坏袭击取得

---

[1] JACAR(アジア歴史資料センター)Ref. C12122369200、第 2 軍 第 32 師団 発電綴 昭和 19 年 1 月～19 年 12 月(防衛省防衛研究所)。

了一些战果,受到了日本天皇的嘉奖。从 1945 年 3 月开始,日军敢死队的海上运输变得困难,之后岛上的日军渐渐与后方失去了联系。

　　回顾美军在苏拉威西海域的作战,可以总结出以下几点有价值的观察。首先是美、英两军在作战分工上配合得很好。其次,美军沿袭了在新几内亚岛的打法,只攻击并登陆了莫罗泰岛,对哈马黑拉岛则仅仅采取了轰炸断援的战术。这一招效果显著。档案显示,由丁美军对口方运输补给船的轰炸,哈马黑拉岛的军需补给早在 7 月份就只运抵了应补总量的 1/9;而现有军需品又在历次轰炸中损失惨重,因此哈马黑拉岛和莫罗泰岛的军需补给已经不能维持长久作战。美军之所以选择在持续轰炸两个月之后的 9 月 15 日才登陆莫罗泰岛,也是基于同样的考虑。失去莫罗泰岛之后,已经失去补给的哈马黑拉岛上的日军,只能自生自灭了。第三,在苏拉威西海域作战中,兵力上远逊于美军的日军航空部队几乎未及发挥作用就被美军消灭了,体现了美军极高的攻击效率。

　　莫罗泰岛的攻克对于盟军而言意义重大。自此以后,不仅日本本土的日军同该方面之间的海上交通被阻断,而且环苏拉威西地区、棉兰老岛以及中部菲律宾群岛地区也都同时进入了美军军机的航程范围之内。莫罗泰岛被攻克之后不久,已经陷于孤立的帕劳群岛也被美军攻克了。从战略上看,美军攻下莫罗泰岛,就等于清除了日本本土内线防御基地菲律宾的南部屏障,使得整个菲律宾群岛完全暴露在了美军的眼前。

　　接下来,美军将下一步的反攻目标锁定在了菲律宾——这是美军反攻的一个新阶段。

第七章　美军反攻日本本土防卫的基地——菲律宾:以莱特湾战役为中心

　　菲律宾作为日本本土防卫的基地,是美军进攻日本本土绕不过的存在。攻下莫罗泰岛和帕劳群岛之后,自西南向东北,以哈马黑拉岛—帕劳群岛—关岛—塞班岛组成的巨大弧形岛链,完美地把菲律宾群岛包围了起来,盟军已经具备了反攻菲律宾群岛的良好条件。现在唯一不足的是,菲律宾群岛还有来自菲北即台湾—冲绳一线的日军的支援。

第一节　美军反攻菲律宾群岛的谋略

　　按照美军以往的战法,在打下莫罗泰之后美军会不会越过菲律宾而直接攻打台湾岛呢?据英国学者披露,关于下一步是先打台湾还是先打菲律宾,美军内部是有争论的,最后是攻打台湾付出的代价将会比攻打菲律宾更大这一主张占了上风,特别是"第38特遣舰队于(1944年)9月12日在菲律宾的成功袭击迫使人们放弃了台湾方案。因为菲律宾缺少抵抗"①。于是美军决定按部就

---

① [英]H.P.威尔莫特著,马哈拉什维利、何国治译:《莱特湾海战:史上最大规模海战,最后的巨舰对决》,北京:民主与建设出版社2020年版,第21页。

班，先打菲律宾，再逐步往北推进直至日本本土。

美军选择在莱特湾（Leyte Gulf）登陆有两个原因：一是莱特岛以东有关岛和塞班岛，往东南有帕劳群岛，往南则有哈马黑拉岛和莫罗泰岛，它们都已被美军收入囊中，成为补给基地；二是夺取中菲的莱特、宿务两岛之后，就可以切断北菲和南菲之间的海上补给线，从而孤立北菲和南菲，对于下一阶段的全菲作战十分有利。这一战法同美军在西部新几内亚岛实施的战法同理，与其说是战术性的打法，毋宁说是具有很大的战略意义。

为了攻打菲律宾，美军做了充分的准备，在攻打的日期和节奏上都极尽谋略。美军先是在对哈马黑拉岛、帕劳群岛发起空袭的同时也对菲律宾群岛进行轰炸，以此迷惑日军，让日军以为美军暂时不会重点进攻菲律宾。当然这一计谋获得了成功，如后所述，日军的确在菲律宾战备方面迟滞了。美军先是对台湾海域和冲绳发起空中打击，接着又在轰炸菲律宾的节奏上做足了文章。美军对菲律宾群岛的轰炸有两个特点，一是持续时间长，足足持续了两个月，让日军以为轰炸还会继续，这时美军却突然转入登陆（莱特岛登陆）；二是美军对菲轰炸的节奏（顺序）是南菲、中菲、北菲、中菲，结束轰炸是在中菲，接下来的登陆地也是在中菲（莱特湾），不过等日军明白过来为时已晚。自从转入防御态势之后，日军处处陷入被动，却无可奈何。

对菲反攻的中心确定在莱特湾之后，美军即将开始对日军战力展开大绞杀。

第二节　日军"绝对防卫线"的防卫方针与计划（捷号作战）

日本海军的兵力在1942年5月以后就不断被美军削弱，也一直几乎没有更新海上力量,其兵力仅够维持海上治安及海上运输。但是当所罗门群岛战役朝着对日不利的方向发展时,菲律宾群岛的防御地位便凸显了出来。

随着塞班岛战役的开始,日军前线高级指挥机关早早地就移驻马尼拉。作为日本在南洋地区的最高陆军司令部,南方军总司令部于1944年5月即从新加坡移驻马尼拉。稍后的7月12日,新上任的日军西南方面舰队司令官三川军一中将也将舰队司令部移至马尼拉,开始直接加强菲律宾群岛方面的战备部署。

塞班岛战役刚刚开始的1944年6月,日军大本营判断认为:(1)美军将在大致拿下塞班岛之后继续攻克提尼安岛、关岛、帕劳以及哈马黑拉岛,并以之为基地开始进攻菲律宾群岛。这一判断与后来美军的进攻路线基本吻合;(2)关于进攻时机,美军会在同年7月中旬发动对提尼安岛及关岛的登陆作战,接着会在9月中旬对帕劳及哈马黑拉岛实施登陆作战,11月中旬以后实施菲律宾群岛攻略作战。这一判断与后来美军的攻打时间存在一个月的出入;(3)美军能够使用的兵力有舰队航母12艘、轻型航母6艘、特型航母60艘、战列舰22艘、巡洋舰35艘、驱逐舰280艘、陆航飞机5 000架、陆军(含海军陆战队)15个师团。

基于以上判断,日军大本营于1944年7月21日制定了以下作战方针:

1. 关于防卫线:以菲律宾群岛—台湾—西南群岛—日本本土(自北而南,北海道、本州、四国、九州)一线为绝对防卫线,对它们优先加强防御,竭力确保在此线同美军展开决战。为加强防御,决定在1944年10月中基本完成对菲律宾群岛的战备部署,对帕劳、哈马黑拉岛等要地应该重新增兵,虽然不再确保两地,但驻军应该长期死守,以迟滞美军在两地修建陆上基地。

遗憾的是，变化总比计划快，美军很快就攻克了帕劳和哈马黑拉岛
等要地，日军长期死守的企图破灭。

　　2. 兵力配备方面：（1）陆基航空部队以主力配备在该防
　　卫线上，部分配备在千岛群岛、东南亚要地、中部太平洋方面；
　　（2）航母舰队及其他海上部队以大部兵力配备在西南方面。
　　主要应配备在菲律宾群岛方面，根据美军的进攻进度，一段时
　　期应该主要配备在西南群岛，本土始终只配备一部分。

从纸面上来看，日军这一部署的指导思想无疑是务实且有灵活性
的，但问题是当消耗战打起来之后，日本可供维持这种部署的舰队
及飞机在数量上严重不足。

　　3. 关于作战要领：（1）对于绝对防卫线，为了确保要地，
　　日军应集中全部的空中兵力，将美军飞机消灭在基地飞机的
　　作战半径之内；（2）对于其他作战区域，日军应纵深部署，坚韧
　　作战，同时实施突击作战，封杀和拖延美军对基地的使用，并
　　谋划逐渐歼灭美军兵力；（3）突击作战应利用潜艇、飞机、特种
　　突击武器等进行，尤其应把握良机将美军舰队逐步消灭在其
　　前进根据地。[①]

日军的这个作战要领，固然谋求战术（伏击），但更有对突击作战的期
待。不过，利用潜艇、飞机和特种突击武器进攻美军，依托的是军事
技术，而这正好是日军的短板，因此这一期待仅仅是垂死挣扎罢了。

　　日军大本营将在上述作战方针下制定的作战计划命名为"捷
　　号作战"，又细分为以下区域作战（见表7-1）。从表中可以看出，

———————————

① JACAR（アジア歴史資料センター）Ref. C14061137000、昭和 17 年 6 月 1 日 昭和 20
　年 8 月 15 日　比島作戦（防衛省防衛研究所）。

菲律宾防御作战被称作"捷一号作战"。

表7-1　捷号作战战区划分

作战划分	捷一号作战	捷二号作战	捷三号作战	捷四号作战
主作战地区	菲律宾群岛方面	台湾及西南群岛	日本本土方面	北海道及千岛群岛

资料来源:JACAR(アジア歴史資料センター)Ref. C14061137000、昭和17年6月1日昭和20年8月15日比島作戦(防衛省防衛研究所)。

　　为了实施捷号作战,日本陆海两军在7月24日订立了协定,其中关于菲律宾群岛防御作战是这样决定的:(1)航空决战的指导方针是,为了准备航空决战,当美方来进攻时,应将海陆两军的空战力量全部集结至决战要地并加以整合;(2)航空决战的指导要领是,在决战以前应纵深部署兵力,尽量灵活作战,尤其应该实施伏击,以保存空战实力为宗旨。决战开始时,陆海两军的航空部队应大致根据表7-2的机种分工实施应对。

表7-2　捷号作战陆海军航空部队部署

使用划分	侦察	针对航母及运输船		航母攻击	运输船攻击
		对空炮火压制	轰炸掩护		
海军	陆侦		战斗机	战斗机、陆攻机、陆轰机、银河轰炸机、天山舰攻机、彗星轰炸机	九六陆攻机、九七舰攻机、九九舰轰机、水上飞机、月光夜间战斗机
陆军	100式司侦	一式战斗机、重型轰炸机	二式战斗机、四式战斗机	新重型轰炸机(奇六七)	九九舰轰机、九九双发轻型轰炸机、一式战斗机、二式复座战斗机、三式战斗机、重型轰炸机(夜间)

资料来源:JACAR(アジア歴史資料センター)Ref. C14061137000、昭和17年6月1日昭和20年8月15日比島作戦(防衛省防衛研究所)。

第三节　日军增强菲律宾防御战备

为了应对可能到来的菲律宾中部战事,日本海军还是有所准备的。比如为准备机动舰队作战所必需的大型舰队泊地,日本海军完善了塔威塔威泊地(苏禄群岛[Sulu Archipelago])以及吉马拉斯海峡(内格罗斯岛[Negros])泊地,并从 1944 年初开始分别配备防守部队,同时建设水中防守设施和防空设施。不过日本海军在菲防御的真正加强,还是在上述大本营防御方针出台之后才开始的,但已为时太晚。这些措施包括以下几个方面。

一、加强水上特攻基地的建设

1944 年 8 月以后,除了在多处敷设鱼雷外,日军还计划建造适合海军陆战用的阵地,但由于材料以及建设队运输迟滞的问题,建设进程缓慢,等到 10 月美方在莱特登陆时,塔克洛班(Tacloban)附近的水上特攻基地尚在建设中,实际完工的只有宿务的甲标基地和科雷希多岛的震洋基地。①

二、增设陆上航空基地

日军航空部队在菲律宾已经有 3 个固定的基地,分别在马尼拉、萨兰加尼(Sarangani)、甲米地。因为预想到菲律宾防御作战迟早要来,所以早在 1943 年年末时,日军便又在奥尔莫克(Ormoc)、

---

① 科雷希多岛虽然在 1944 年末最终建成了应急性的基地并配备了大约 350 艘(7 队)的震洋队船只,可惜这些震洋艇在 1944 年 12 月下旬由于操作失误发生自爆,减少到了大约 200 艘。

宿务等六地新设了飞行基地。这样,日军在菲航空基地增加到了9处。随着1944年3月部分航空基地被改为一线作战基地,日军开始踏勘和建设新的飞行基地,陆军在达沃和马尼拉推进基地的建设,海军也开始急速推进大航空基地群的建设。"美军的潜艇战给这个增强计划造成了最大的阻碍。"①由于美军潜艇的阻击,1944年7月之前奉命前往菲律宾的日军船队中,能安全抵达的已经下降到了不足五成,于是日军在7月以后增加了海上护卫飞机队(955航空队)。

1944年8月以后,日军为了加快基地建设,将新增的9支工程队分配至全菲各地。同时,短时间内各种战备的迅速加强,也让局面出现了混乱。由于部队改编后的混乱、基地使用方针的变更、陆海军协调不畅以及运输的不尽如人意,日军新基地的建设严重迟滞。

美军的轰炸,不但迟滞了日军新基地的建设进度,而且让日本航空部队的训练和转场一下子就陷入了极其狼狈的境地。尽管日本海军到1944年8月末已经在达沃、宿务地区拥有了较为完备的基地,但达沃基地自9月1日起便遭到美军猛烈而持久的轰炸,因此日军的飞机已无法在此常驻。每次作战时日军基地都遭到美军飞机袭击,最终使得日军飞行基地的修建更加混乱,日军战机也一直处于部分作战、部分转场的窘境。

从1944年9月中旬开始,捷号作战的准备即以菲律宾群岛为重点展开,而重中之重便是加强航空基地的建设及增加兵力。为了加强指导,除了驻守菲律宾群岛的一线日军在大力加强干部的

① JACAR(アジア歴史資料センター)Ref. C14061137000、昭和17年6月1日 昭和20年8月15日 比島作戦(防衛省防衛研究所)。

配备，日军大本营也是下了决心，不断从大本营抽调干部前往菲律宾群岛进行指导。第2航空舰队的基地扩张工程也于9月中旬正式开始，不过因为时间太过紧迫，以至于第2航空舰队是在基地尚未完善的情况下就于10月下旬匆匆入驻，从而导致了日本航空部队在莱特湾海战中进退笨拙的局面。第1航空舰队方面，截至10月中旬，能够作为常训基地使用的机场有6处，分别是达沃第一、达沃第二、宿务、麦克坦（Mactan）、尼科尔斯机场（Nichols Field）、三宝颜等基地，其他只能作为少数飞机临时避退或前进的基地来使用。

三、安装雷达以加强预警

自8月起，当时在航空作战中备受期待的雷达岗哨得以迅速加强，截至10月，日军在恩加尼奥（Engaño）、恩坎托（Encanto）、霍洛岛、帕拉卡莱（Paracale）、巴塔克（Batac）、苏卢安岛（Suluan Island）、圣阿古斯丁（San Agustin）、三宝颜、塔威塔威各地配备了雷达岗哨。此后，各航空基地也纷纷设置了防守用的雷达，不过直到11月左右，这批雷达才大致达到作战所需的水平，彼时美军早已登陆莱特岛。

四、研发反登陆作战用舰艇

在太平洋战争的最初阶段，日军的登陆作战模式是，在友军的空中火力压制下将运输船开到美军面前，准备好登陆用的船只，然后靠此登陆。这种形式虽说没有什么新意，但是在偷袭美军和空中火力猛烈压制的双重配合下往往能取得很好的效果。但是1944年8月盟军在瓜岛准备登陆时，日军尝试了依靠驱逐舰、运输船或大机动艇进行运输的所有手段，无奈美军掌握了制空权，最终日军往岛上增兵的企图几乎都失败了。当时最被期待的是将登陆人员的物资直接运输到登陆地点的作战方式,而这必须依靠高速的运输,于是日本陆海军开始研究如何完善舰艇。

有了新设计的登陆舰以及丁字驱逐舰之后,1944 年 9 月 25 日,日军便以大约 10 艘运输舰成立了第 1 运输船队,后来这支运输队在"多号作战"过程中发挥了主要作用。

尽管日军在不断加强菲律宾防御战的战备,但其准备至少存在着以下的不足:

其一,东京方面关于重点加强菲律宾防御的决心下得太晚,导致日军的备战很多是在美军飞机的轰炸之下进行的。这导致了未战先损的结果。

其二,飞行员和地勤人员的数量不足。8 月,比起机械材料的保有数量,搭乘人员基本足够,然而伤者人数渐增后,出现了稍许的人手不足,但没有给任务带来阻碍。随着基地的增加,基地员开始人手不足,且来自日本本土方面的人员输送不尽如人意,因此基地未能发挥所有的功能。

其三,飞行员的战前训练不足。大本营内部就战机部队的战斗方针存在争议,迟迟拿不出一个定案来,导致一线部队没有训练方针。直到 8 月下旬开始,日本海军才确立起战机部队的战法并开始训练。然而未过多久,就在日本海军航空部队的基础训练行将结束之际,宿务基地突然遭遇美军的轰炸,训练也就不得不中止,之后海军部队几乎不再有过有组织的训练。陆攻队方面自 7 月 10 日起在不大会遭遇美方攻击的澳大利亚以北的基地开始训练,8 月末对美军实施了夜间鱼雷攻击。但是侦察机队和舰轰队由于机械材料的短缺而几乎没有训练的机会,而专门负责战斗的舰载机攻击部队则根本就没有进行过任何的夜间训练。所有这些不利的局面,对于同年 6 月才刚刚组建的第 2 航空舰队来说,只会意味着让飞行员升空就真的是送他们"升天"。

日本海军航空部队原本就处于不利局面，在各种准备都欠缺的情况下迎战美军，加上在下述的兵力对比中又占劣势，所以打败仗是必然的。

第四节　美日争夺莱特岛的兵力

一、日方的兵力

（一）海军兵力

首先是海军舰艇数量方面。在塞班岛战役中败北的日本舰队主力在 1944 年 6 月 25 日回到基地后，对队伍进行了整编，并按照捷号作战的部署展开训练。航空兵主力第 1 航空舰队在塞班岛战役中失去了包含司令部在内的大部分兵力，遂于 8 月 10 日被编入西南方面舰队。受创较轻的第 2 航空舰队（5 艘战列舰、10 艘大型巡洋舰为主力）的编制没有发生变动，并于 7 月 9 号到达新加坡南面的林加港泊地，开始按照自己在战时的第 1 游击支队的身份，展开严格的训练。① 第 3 航空舰队（航母为主力）因为遭到重创而不得不整编。第 5 舰队（那智号重型巡洋舰，足柄号重型巡洋舰，木曾号轻巡洋舰、多摩号轻巡洋舰以及第 1 水雷战队）从东北南返后，被编入了第 3 航空舰队。这样，到 8 月 15 日，第 3 舰队便拥有了 10 艘航母（其中新造 2 艘，另有战列舰改装的 1 艘、水上飞机航空母舰 2 艘），并开始了

---

① 训练中值得重视的事项之一，是训练项目里终于出现了被日本海军投入实战使用的电测射击训练；事项之二，是基于塞班岛战役战败的教训，以及为了强化防空，舰队给战列舰装上了 120 架九六式 25 毫米高射机关炮，给巡洋舰装上了 80 架，给驱逐舰装上了 40 架。

舰载机的作战训练,其中第5舰队按照自己在捷号作战计划中的第2
游击支队的身份,为直接支援航母战斗群而展开训练。

另外,1944年7月以后,日本海上兵力增加了400余艘(包括
反潜舰17艘、巡逻艇1艘、扫海艇3艘、鱼雷舰队3队、震洋艇约
400艘)。9月中旬,确定以菲律宾群岛的战备为绝对优先后,日军
大本营也下定决心,将当时全部的海军兵力投入菲律宾群岛,原本
计划分配至南方各岛、西南各岛的防御兵力以及防空武器,也几乎
全部运抵菲律宾群岛。

其次是航空兵力方面。截至1944年9月15日,日本航空舰队
在菲的实际作战兵力约为501架飞机,具体构成为:(1)第1航空
舰队拥有甲战130(保有210)架、丙战15(保有22)架、舰轰25(保
有43)架、舰攻15(保有28)架、陆轰20(保有38)架、陆攻40(保有
61)架、陆侦4(保有6)架等各型实战飞机,总保有408架,实战飞机
总计249架。这之后,日军开始极力加快机械材料的配备,截至
1944年9月8日,第1航空舰队的实战飞机增至280架。但9月9
日以及10日美军航母舰队战机空袭达沃,日军损失约10架;自9
月12日起的3日间,由于宿务、黎牙实比、塔克洛班方面也遭受空
袭,地面上遭受严重损伤和烧毁的飞机又有大约40架,伏击巡逻
等战斗中再损失约40架。因此截至9月15日,第1航空舰队仅剩
下飞机188架;(2)第2航空舰队方面,截至9月15日,拥有大约
600架飞机,实际战斗兵力约为313架。这样,截至9月15日,第
1、2航空舰队的总实战兵力约为501架。

另外,陆航飞机方面,"至10月末抵菲的飞机总数约为
300架"①。

---

① 赵振愚:《太平洋战争海战史:1941—1945》,第571页。

（二）陆防兵力

日军在莱特岛的陆防兵力由两部分组成。一部分陆防兵力是海军陆战部队。至 1944 年 3 月,第 3 南遣舰队(司令官为海军中将冈新)的陆上兵力总计 2 520 人,其中达沃和马尼拉配备最多,各约 1 000 人,其余各地大多为 150 人,有两处仅仅 60 人。7 月以后,根据捷号作战的精神,为了加强菲律宾群岛的防御兵力,日本海军又在马尼拉新设第 31 特别根据地队,在宿务新设第 33 特别根据地队,令其分别担任北菲及中菲的作战。

另一部分是陆军部队,包括驻守莱特岛的陆军第 16 师团、11月 1 日登陆莱特岛的陆军第 1 师团、11 月 9 日登陆莱特岛的独立步兵第 13 联队(隶属陆军第 26 师团)之第 3 大队、12 月 11 日登陆莱特岛的步兵第 5 联队(隶属陆军第 8 师团),实际参战人员总共大约 4 万人左右。[1] 有学者认为另外还有 102 师团和堀支队被日军大本营调往莱特岛参加决战。[2]

根据赵振愚的论述,"至 11 月中旬,日军在莱特岛上已集结地面部队约 7 万人,还在继续增援"[3]。

二、美方的兵力

美军夺取莱特岛的核心兵力为第 38 特遣舰队,它的阵容异常庞大:第 1 支队包含 2 艘舰队航母、2 艘轻型航母、3 艘重型巡洋舰、1 艘轻型巡洋舰和 15 艘驱逐舰;第 2 支队包含 3 艘舰队航母、2 艘轻型航母、2 艘战列舰、4 艘轻巡舰和 18 艘驱逐舰;第 3 支队包含 2

---

[1] 参见唐茜、丛丕编著:《太平洋战争中的日本陆军联队全史》,北京:台海出版社 2016年版,第 153—167 页。

[2] 参见赵振愚:《太平洋战争海战史:1941—1945》,第 613 页。

[3] 赵振愚:《太平洋战争海战史:1941—1945》,第 613 页。

艘舰队航母、2 艘轻型航母、4 艘战列舰、4 艘轻巡舰和 14 艘驱逐舰;第 4 支队包含 2 艘舰队航母、2 艘轻型航母、1 艘重巡舰、1 艘轻巡舰和 11 艘驱逐舰。仅仅它们的舰载机数量即多达 1 077 架,还不包括护航的 17 艘航母的舰载机。①

另一方面,登陆莱特岛的美军部队是第 6 集团军,下辖第 1 机械化师和 4 个步兵师,共约 1.74 万人。至 10 月 20 日黄昏,"盟军已把 6 万名登陆兵和 10 余万吨武器装备和各种补给品送上岸滩"②。而彼时驻守莱特岛上的日军第 16 师团只有大约 2 万人,后续的增兵尚未到来。后来随着日军往岛上增兵,美军也继续增兵,至 12 月初,美军登陆部队更是多达 18.3 万人,仍然保持了对日军 3:1 的人数优势。

在人数的对比上,美军 3 倍于日军,另外美军多出一个机械化步兵师,可以说在武器上占优势。另外,美军的飞机数量至少是日军的 2 倍,战舰的数量就更不可同日而语。这样的对垒,战斗结果不言自明。

第五节　美军前期的"去势"作战

相对于台湾岛而言,菲律宾群岛疆域广阔,有利于日军部署重兵。而且,菲律宾是日本本土防守的最大基地,因此菲律宾在日本本土防御这一层面上战略意义重大。美军攻打菲律宾,首先就要重点去除日军在菲军事装备和军事设施,为此美军在全菲境内针对重点地区进行了长达两个月的连续轰炸;其次还要尽量去除来

---

① 参见[英]H. P. 威尔莫特:《莱特湾海战》,第 25—26 页。
② 赵振愚:《太平洋战争海战史:1941—1945》,第 613 页。

自菲岛以北的威胁,于是对菲岛以北的台湾和冲绳发动了打击。这两步棋,都是为了给美军攻打菲律宾群岛创造尽量好的前提条件。

一、美军对北菲、中菲、南菲的重点轰炸

(一)空袭南菲棉兰老岛的达沃港

自 1944 年 8 月 6 日起,美军航空基地的部队就连续对日军的达沃基地发起夜袭,但是一直到 8 月末,达沃基地的日军都为了保存兵力而不积极应战。然而,9 月 1 日晚的彻夜轰炸,让日军达沃基地的地面飞机损失了 34 架(起火),人员死伤多达约 100 名,美军飞机仅仅自损 2 架。次日美军夜袭又炸毁了日军地面飞机 4 架,炸伤飞机 21 架,美军飞机自损仅仅 1 架。见此重大损失,日军只好下令大部分航空兵力后撤至中菲方面。

9 月 9 日,美军航母舰队的战机突袭达沃基地群。直到 7 时 5 分美军舰载机的大编队出现在达沃上空时,日方才发现美军飞机。当时达沃方面的日军对美警戒手段,仅仅是依靠雷达岗哨和巡逻机的日间巡逻。巡逻机每日派出 1 至 2 架进行巡逻,但由于飞机数量有限,每日只能巡逻 1 次,而且巡逻的范围也仅限基地附近 300 海里以内,所以日军发现美方的可能性较小。雷达岗哨则只在圣阿古斯丁角发挥了作用。当天,圣阿古斯丁角的岗哨发现了美军舰载机并进行了报告,但电报没能及时传达。当天 7 时 5 分至 17 时 25 分之间,美军以总约 400 架的舰载机攻击了达沃、迪戈斯(Digos)、萨兰加尼以及圣阿古斯丁角等日方海军部队的驻扎地。当天日军击落了美方飞机 19 架,日军自己则有 5 架陆上飞机遭到严重破坏,2 栋机库完全被破坏。

另外,9 日 8 时 10 分,从三宝颜起飞的日军侦察机报告称发现

3 支美军舰队,其中一支兵力为航母 1 艘、战舰 2 艘、巡洋舰以及驱逐舰 9 艘,另两支兵力不详。但哨所错误地报告说美军舰队是来登陆的,于是当地司令部也未经核实,便电告了全体海军,以至于联合舰队司令官甚至下达了"捷一号作战警戒"的命令。9 日晚,白天已经遭受重创的达沃根据地部队下令"严加警戒,以防明日美军登陆"。当时达沃基地的兵力仅有陆军约一个大队,海军约 1 500 人,因此这一命令让整个达沃基地人心惶惶。

9 月 10 日上午,共计约 60 架的美军舰载机在数十架大型飞机的协助下攻击了达沃基地所在的地区,日军的陆地设施受到重创,陆上通信因轰炸而中断。此时,距离基地很远的一处岗哨将达沃港湾口阳光折射下的波浪误看作美军的船只,并报告说发现其中有登陆艇。由于通信中断,该报告越传越离谱,且被添枝加叶地描述成"无数迷彩色的水陆两用坦克正在前往达沃第二机场",并由防空洞中的司令部和通信处发电报转达至全军。

三天内两次出现军情误报,无疑表明日军的战场心理在大面上已经出现了恐惧和动摇。

(二) 空袭中菲的宿务岛

1944 年 9 月 12 日,美军航母舰队战机对宿务岛发起空袭,当时重建中的第 1 航空舰队的主力聚集于该地,因此该舰队遭到了致命性的打击。当日 9 时许,苏卢安岛的日军哨所发现大编队的美军舰载机正在向西飞行,便立即向宿务方面报告,然而电报尚未到达宿务,美军的战机就已经飞抵宿务上空了。从 9 时 20 分至 17 时 30 分,大约 200 架次的美军舰载机轮番扫射了第 1 航空舰队主力的百余架战机。其间日军数十架战斗机升空迎战,也击落了美军战机 15 架以上,但日军自身损失更为惨重,有 25 架舰轰机严重损毁并起火,另有大约 30 架飞机遭到中低程度的破坏。

13 日 7 时 30 分至 16 时之间，美军再次出动共计 300 架轰炸机袭击了宿务和麦克坦，两地的舟艇和建筑物遭到一定程度的损伤，美军则自损 3 架。另外 7 时 30 分，美军以 150 架战机攻击了黎牙实比方面，日军升空的 4 架零式战机成功伏击了其中的 3 架，但日军自身则损失了 5 架战机。此外，日军位于苏里高（Surigao）、塔克洛班两处的基地也遭到了美军若干舰载机的攻击，停泊在宿务港的日军军舰因美军的轰炸遭受重创，被击沉舰艇 13 艘、船舶 11 艘，被重度损毁的鱼雷艇有 3 艘，遭受轻微损伤的鱼雷艇有 6 艘。

自从宿务岛遭到空袭之后，日军就连续出现了战机自爆未归的情况，尤其是战斗机队的骨干飞行员损失严重，对日军接下来的战斗力带来了极大的影响。

（三）空袭北菲的吕宋岛

受到 1944 年 9 月 12 日宿务空袭的影响，日军在中菲和南菲地区的战备部署严重受阻。

同月 21 日，美军首次空袭了吕宋岛的马尼拉，这次也是突袭。当日 9 时 30 分，美军航母群的第一批舰载机抵达尼科尔斯基地机场上空开始轰炸。此时日军 9 时 5 分发出的预警电报还没有送达。之后从 9 时 30 分到 18 时，美军 400 多架次的舰载机分 4 批轰炸了马尼拉港及其周边机场，同时还轰炸了克拉克基地的航空基地群。另外，美军航母还出动了 150 架舰载机轰炸了正在接近吕宋岛西岸的日军船队。17 时 10 分，日军发现包含 3 艘航母在内的美军航母舰队，立即出动战机迎击，却在美军骤雨般的攻击下没有获得攻击的机会。是日，马尼拉方面的日军出动了 42 架零式战机进行伏击，击落美军战机 8 架以上，日方自损 23 架。此外，美军轰炸马尼拉港的战果有：击沉日军船舶 6 艘、驱逐舰 1 艘，烧毁日军浮船坞 1 座，中等毁伤日军船只 4 艘。另外，美军还全灭了一支日军运输船队,包括 6 艘运输船和 5 艘护卫舰。这是日方的统计记录。美军关于本日的战果记录为:美军舰载机击沉了日军 3 艘战舰(合计 2 465吨)、2 艘支援舰(合计 20 094 吨)、8 艘陆军运输舰(合计 37 144吨)、8 艘商船(合计 43 788 吨),只有两三艘舰船在马尼拉湾被美军俘获。① 可见两种记录中损害船只的数量是大致相同的。

　　9 月 22 日,美军 4 支航母舰队继续在吕宋岛发动空袭。当天从 7 时 40 分到 9 时 50 分间,美军共计 210 架飞机攻击了马尼拉港的栈桥,引发大火,另有 1 艘在泊船只中弹起火。日军对美军的航母舰队发起了两次航空攻击。第一次日军出动 27 架战机发起进攻,击落 2 架美军舰载机,也命中了美军大中型航母和巡洋舰,但未致命。第二次日军出动了 19 架战机,却未能发现美军舰队踪影,还自损了 5 架战机(含 4 架零式战机)。美军当日空袭的战果为:击沉日方的 2 艘驱逐舰与 1 艘小型炮艇(三者合计 749 吨)、3艘陆军运输舰(合计 13 710 吨)和 5 艘商船(合计 6 028 吨),其中大部分在吕宋岛西北海域沉没。②

　　经过 21 日、22 日这两天美军航母舰队的连续空袭,日军已经损失了总计约 40 架的飞机。作为菲律宾群岛作战的唯一策源地,马尼拉暂时丧失了它的功能。

　　(四)空袭中菲地区

　　1944 年 9 月 24 日,美军航母舰队战机出现在萨马岛(SamarIsland)东方海面以及圣贝纳迪诺海峡(San Bernardino Strait)东口,开始攻击菲律宾群岛的中部地区。7 时 20 分左右,美军舰载机对宿务、塔克洛班、黎牙实比、布兰(Bran)等各地机场发起攻击。9

---

① 参见[英]H. P. 威尔莫特:《莱特湾海战》,第 28 页。

② 参见[英]H. P. 威尔莫特:《莱特湾海战》,第 28 页。

时左右,日军之前从马尼拉撤至科伦湾(Coron Bay)停泊的许多舰船,遭到了美军70架舰载机的攻击,除工作舰秋津洲号外,日军3艘运输船沉没,2艘发生严重火灾,湾内一片混乱。此次攻击显然在日方的意料之外,当时日方认为此地处于美方舰载机的攻击圈外。实际上美军战机的作战半径从1944年春季以后就一步一步地不断扩大了。当时,在民都洛岛南端附近航行中的布雷舰八重山号以及第32号反潜舰遭到约30架舰载机的攻击并沉没;在黎牙实比方面执行行动的第127号运输舰则遭到18架格鲁曼战斗机的攻击而沉没。本日的美方战果为:击沉日方的4艘战舰(合计3 055吨)、3艘支援舰(合计18 536吨)、5艘陆军运输舰(合计23 621吨)和1艘商船(4 658吨)。①

美军航母舰队在以上9月份的4次作战中,消灭了日军驻菲律宾群岛海航部队主力第1航空舰队的飞机167架,造成日军飞行员死亡92名,地面人员死亡约100名。至9月25日,日本海军第1航空舰队的实战兵力减至110架,与8月12日的兵力相比,已经减少了2/3。10月1日,该舰队又将战机补充增加到了168架。

在对菲律宾的前期轰炸中,可以看到美军由于自身武器弹药充足,所以开始出现盲炸和乱炸的情况。美军的非接触式作战方式对日军起到了震慑的效果,上述史实中,日军前哨已经出现畏敌心理,导致误报军情的事件迭出,加上通信、雷达的技术缺陷以及基地的不完备等因素,给日军带来了重大损失。而且此时美军飞机的作战半径已经扩大,只是日军还不知晓。

相比较而言,日军上级要求力争保存兵力以备决战,有了这一

---

① 参见[英]H. P. 威尔莫特:《莱特湾海战》,第28页。

道束缚,日军不得不实施消极避战。可惜日军的消极避战仅仅在美军空袭达沃时大致达到了目的,而在宿务岛的日军就没有那么幸运了,日军保存实力的企图全部化为了泡影。

二、对台湾—冲绳一线两地发起攻击

美军在逐渐恢复了塞班岛基地的功能之后,1944 年 10 月 10 日便出动航母舰队大举指向冲绳,接着在 13 日、14 日向台湾发起袭击,直接引发了美日两军在台湾海域的一场大空战。

受到来自美军的反攻之后,基于歼灭美军航母舰队的方针,日军联合舰队于 10 日 9 时 30 分向基地的航空部队下令"实施捷二号作战警戒",12 时向被派往东北方向的第 51 航空战队和第 3 航空舰队下达"捷一号及捷二号作战警戒"的命令,命其分别前往关东区域和九州南部进行作战。

10 月 9 日从鹿屋起飞的一架巡逻机于 8 时 45 分在都井岬东南(140 度)450 海里处失去联络。因为这一事态,本应分别处于警戒中的佐镇部队和第 2 航空部队在 10 日的 6 时 40 分至 16 时的这一时间段内,前后出动了 4 批次共约 400 架的舰载机空袭了冲绳、大岛、冲永良部、南大东、久米以及宫古等岛屿。这一天的空袭中,日军击落了 12 架美军战机,但日军在冲绳有 30 架飞机着火,各地另有舰艇 21 艘、船舶 4 艘以及多艘机帆船沉没,可谓损失惨重。

10 日夜、11 日的清晨、11 日的 14 时后及 19 时后,日军共 6 次发现美军航母舰队。据此日军综合判断,在同一方位有 4 支左右的美军航母舰队。

12 日 3 时 40 分,台湾全岛响起空袭警报。6 时 48 分以后,美方分数次出动了总计大约 600 架的飞机,除一部攻击台湾北部之外,其余的主力部队攻击了台湾南部,击沉了高雄港内的若干商船,重创了马公工作部。

也就在 12 日,日军联合舰队司令大致掌握了美方航母舰队的位置之后,认为歼灭美方航母舰队的时机已经到来,日军联合舰队于 10 时 30 分发布"陆基航空部队捷一号捷二号作战发动"的命令,同时第 3、4 航空战队的战机队(母舰机)被编入第 2 航空舰队,舰队在九州岛南部慢慢展开,完成了向台湾方面进攻的准备。之后直到 15 日的 4 天中,日军集结了由第 1、2 航空舰队的全队兵力以及第 3、4 航空战队的全部舰载机,再加上若干本土防卫机队组成的兵力,与美方展开了大规模的空战。

9 月 12 日,截至傍晚,从鹿屋出发的侦察机在鹅銮鼻的东北、正东和东南方向各发现了一支美军的航母舰队。日军攻击部队共计 56 架飞机从鹿屋起飞,19 时至 20 时 20 分对美军的航母舰队发起攻击,然后飞回了在台湾的基地。此次出击据报一共击沉了 4 艘美军舰艇(其中航母占大头)。此外还有从冲绳来的 23 架舰载机和 22 架九七式重轰机也在 12 日半夜对美军舰艇实施了夜间攻击,但战果不明。

9 月 13 日,美军出动 5 至 8 艘航母前往台东东面约 80 海里处,并出动总计约 600 架的飞机轰炸台湾各地,但战果甚微。日军第 1 航空舰队的 T 攻击部队在当日傍晚出动了 30 多架飞机,对在石垣岛西南(223 度)138 海里附近出入于暴风中的一支美军舰队(其中 4 艘为航母)发动了有效攻击,击沉了 2 艘舰艇(其中一艘为驱逐舰),18 时 34 分又向另一支包括 2 艘航母的美军舰队发动进攻,一艘航母着火,另一艘航母中弹,船体均发生大幅倾斜。

9 月 14 日 7 时至 9 时,美军出动总计约 250 架飞机轰炸了台湾的基隆、新竹、台南、高雄方面,9 时半开始撤向东南方向。已经在九州岛南部完成战争准备的日军 450 架战机分白昼、傍晚、夜间三次对美方发起了进攻,白天的进攻(155 架)轰炸让美方一艘航母发生爆炸并倾斜,傍晚的第二轮攻击队(225 架)未能发现美方,夜间的第三轮攻击(70 架)击沉了美方一艘疑似航母的战舰和一艘战列舰。另外,当日美军还从中国基地起飞了 100 架 B - 29 超级堡垒轰炸机,在 12 时 30 分至 14 时 30 分这一时间段内空袭了台南和高雄方面,重创了备战中的第 2 航空基地和飞机工厂。

9 月 15 日 10 时后,马尼拉东北方海面的 4 艘美军军舰出动共约 80 架战斗机和轰炸机,袭击了马尼拉。日本方面出动了 50 架战斗机迎击美军,击落 27 架、击伤 5 架美机。这次美军袭击前,日军起飞的第一轮攻击队(26 架)在 10 时 45 分偷袭美方母舰群,命中了一艘战列舰(另说是巡洋舰)和一艘大型航母。第二轮攻击队(约 90 架)在 15 时 30 分至 16 时攻击美军,击沉了美军一艘航母和巡洋舰,此外还让两艘航母甲板起火,击落了 20 架以上的 F6F 型战斗机。在这次战斗中,第 26 航空战队的司令官兼克拉克基地指挥官海军少将有马正文用自己乘坐的飞机撞向美军航母阵亡。他的死亡成为日后日军实施“神风特攻”的典范。

9 月 12 日至 15 日的综合战果如表 7 - 3 所示。但是由于日军在次日(16 日)侦察时又发现了美军还存在 13 艘航母,所以表 7 - 3 所述的日军战果是值得怀疑的。

如果从 7 - 3 看单日作战,可以看出日军在 12 日出动战机 101 架,完全损失达 54 架;13 日出动 32 架,完全损失达 20 架;14 日出动 388 架,损失未记载;15 日出动 127 架,完全损失 20 架。因此基本上可以说,日军战机的作战损失率较高。日方档案记录也明确记载,继 9 月中下旬的菲律宾大轰炸、10 月中旬的台湾海域空战之后,日军的陆基航空部队已经丧失了大部分兵力(另请参考本章第八节之“一”)。

表7-3 1944年9月日军在台湾海域空战的损失与战果

日期	12日		13日	14日			15日	
	19:00—20:20	第二次	18:30—19:10	第一次	第二次	第三次	第一次	第二次
攻击兵力	T部队56架	第二次45架	T部队32架	124架	225架	T部队39架	战斗机27架	攻击机20架 战斗机80架
所报告的战果	击沉美军舰艇4艘(航母占大头)致舰种不详10艘起火	致舰种不详2艘起火	击沉航母2艘、舰种不详2艘 致母舰1艘起火	致航母1艘、巡洋舰3艘起火	未发现美军	击沉航母2艘(其中1艘为小型)、战舰1艘、大型巡洋舰1艘	击沉航母1艘 致航母2艘起火 击破巡洋舰2艘	
日军损失	54架飞机没有返航		20架飞机没有返航	不明			20架飞机没有返航	

资料来源:JACAR(アジア歴史資料センター)Ref. C14061134100,昭和19年10月 昭和19年12月 レイテ作戦(防衛省防衛研究所)。

第六节　日军误判美军战术

如前所述，1944 年 8 月初至 9 月末，美军对菲律宾的"去势"轰炸已经持续了整整两个月。接下来还要持续多久，日军并不知道。美军方面则决定结束这一阶段，进入下一阶段的登陆作战。因此可以说，长达两个月的对菲大轰炸在一定程度上迷惑了日军，让其难以把握美军反攻的进度和节奏。

而日军陆基航空部队的大部分兵力在台湾海域的大空战中被美军消灭，日军仍然没有作出正确判断，直到后来发现大规模的美军舰队在朝菲律宾群岛航行，才幡然醒悟，不过为时已晚。

美军的对菲大轰炸持续了整整两个月，让日军大本营错误地认为，美军的菲律宾登陆作战要到 11 月中旬以后才会开始，所以整个 10 月中，日军大本营一直在加快推进各方面的准备，以期大致完成菲律宾的战备目标。同样，航空部队也是以 10 月末为限，紧锣密鼓地进行着飞机的准备与调动，着手完成飞行员的训练任务，以尽快完成战备。

然而，作为在菲航空舰队的主力，第 1、2 航空舰队都是新编部队，都存在着部队整体训练程度较低的问题，这一点在第 1 航空舰队表现得更为明显。为了补足这一缺陷，航空部队专门从对飞机较为熟悉的部分飞行员中选拔人员，编成了一支名为"T 攻击部队"的特别航空部队，专门接受恶劣天气下的夜间攻击训练（T 攻击部队的"T"正是取自"typhoon"这一英文单词）。当时第 1 航空舰队驻在菲律宾群岛，实际可调动飞机大约有 200 架。第 2 航空舰队（包含 T 攻击部队）驻扎在台湾岛以及九州岛西南部区域，截至 10 月 12 日可调动飞机约为 290 架。这样，1944 年 10 月初日本海军可出动的战机总数为 490 架左右。

因此,即便到了 1944 年 10 月 9 日,日军侦察兵在瓦克德岛和荷兰迪亚方向侦察,发现当地停泊着美军的 6 艘航母、10 艘巡洋舰、20 多艘驱逐舰以及 200 艘以上的大小运输船和大量小艇时,日军大本营仍然吃不准该部美军是否将进攻菲律宾方面。待到次日(10 日)美军航母舰队袭击了西南群岛,12 日又进攻了台湾岛,日军大本营出于谨慎考虑,才下令让日军陆基航空部队发动"捷一号、二号作战",进行两面防备。素来喜欢寻机与美军展开决战的日军大本营下令在 12 日至 14 日三天连续对美军发起航空决战。日军在其战报中声称自己在本次决战中取得了台湾海域空战的胜利。

美军的谋略,正是要将菲北台湾—冲绳一线二地的日军战力吸引南下,在莱特湾聚而歼之。日军被暂时的胜利冲昏了头脑,决定追击美军残兵,结果陷入了美军的圈套。具体情况如下。

10 月 14 日,日军联合舰队司令对第 2 游击支队的第 21 战队(那智号、足柄号重型巡洋舰)的第 1 水雷战队下达出击命令,令其乘胜追击美军的残存舰艇。15 日 7 时,第 2 游击支队从丰后水道出发,朝着台湾岛以东海域一路南下。16 日,日军侦察兵传回报告,称美军航母舰队受创的情况远比预想的要严重,于是日军联合舰队参谋长对第 2 游击支队下命令说,也可在西南群岛的北部航行,途中可以歼灭美军残部,扩大战果。在此命令怂恿下,第 2 游击队于 16 日傍晚调转船头一路向西北航行。

然而就在台湾海域的战斗快要结束的时候,日军设在苏卢安岛(莱特湾出口处)的哨所在 10 月 17 日 7 时发出如下速报:美军有 2 艘战列舰、2 艘特型航母和 6 艘驱逐舰正在接近,预计美军将于 8 时开始登陆作战。收到速报的日方联合舰队司令古贺大将立即在

8时9分向全军下达"捷一号作战计划警戒"的命令,同时命令第1游击支队迅速前往文莱湾(加里曼丹岛北部)。9时46分,联合舰队司令官在分析战局之后发出了如下电报:"此次美军的苏卢安岛登陆作战是菲律宾群岛中南部登陆作战的一个组成部分。尽管美军在帕劳攻略战没有取得进展,而且航母舰队的损害也相当严重,但他们也应该仍会按原定计划发动菲律宾攻略作战。"① 18日早上,第2游击支队从奄美大岛出发,20日8时抵达马公岛并待机。

至此,日军联合舰队才明白美军司令部的真正意图:醉翁之意在乎莱特湾。果然,美军按照既定的计划和节奏,迅速于台湾海域空战结束之后第三天即1944年10月18日,开始了莱特湾登陆作战。

美军登陆莱特岛的次日即10月19日,在美军以大约200架飞机前后4批轰炸了马尼拉之后,日军在侦察时发现菲东海面有美军的10余艘航母和大约100艘的运兵船,另在洪堡湾发现了共约80艘的运输船以及大约70艘的登陆船,并且还在香港金钟发现了以6艘航母为主、共约70艘军舰的一支大舰队以及30多艘运兵船。至此,日军才进一步确定美军在菲作战的战略意图②,是要从莱特湾打开缺口,然后横切菲律宾国土的腰部,将菲律宾的南北两部隔断。

美军的谋略无疑是高明的。从此,日军开始了艰难的反登陆作战。

---

① JACAR(アジア歴史資料センター)Ref. C14061134100、昭和19年10月 昭和19年12月 レイテ作戦(防衛省防衛研究所)。

② 19日13时30分,日军从克拉克基地起飞的1架舰轰机和4架战轰机攻入莱特湾,对港湾内的美军舰船进行了轰炸,命中2艘战列舰。20日,日军从尼科尔斯机场起飞的2架舰载机突入莱特湾内击沉了美军运输船1艘,从宿务岛起飞的3架战斗轰炸机也击中了巡改航母2艘。

第七节　美军登陆莱特岛与日军的初期防御

　　日军大本营本来预估美军会在特鲁克登陆，并不曾预想到美军会攻打塔克洛班。日本海军的第 36 警卫队一直负责吉马拉斯海峡的防御，1944 年 10 月上旬才奉命开赴塔克洛班港，虽然其先遣部队抵达了该港，但在主力准备前往对岸的宿务岛时，美军已经开始登陆该港了。可以说，日军守备部队完全被打了个措手不及。

　　1944 年 10 月 16 日，美军舰载机群开始轰炸莱特湾的塔克洛班港，17 日，美军的前锋部队开始在莱特湾湾口的苏卢安岛登陆。为了掩护登陆部队从塔克洛班港登岛，当晚美军以舰炮彻夜轰击了日军在莱特岛的陆上设施及人员。18 日中午，美军步兵开始登陆塔克洛班。为此，美军向莱特湾内出动了 30 艘舰艇以及 10 艘运输船和登陆船只。不仅如此，为了成功登陆，美军的舰载机对塔克洛班岛的日军持续轰炸了一整天。当天傍晚，日本海军军令部总长对联合舰队司令下令实施捷号作战计划。17 时 32 分，日军联合舰队司令下令发动捷一号作战。

　　当时岛上的日军第 16 师团主力位于杜拉格（Dulag）方面，而日军第 36 警备队①的主力也尚未抵达海岸地带，并且塔克洛班港的日军海防工事也尚未完成。美军的两栖作战坦克压制了海岸上零星的日军炮兵阵地，登陆美军官兵所持的武器除了步枪，不少是冲锋枪、机枪，甚至还有火焰喷射器，因此塔克洛班港的日军防守部队只能是象征性地抵抗一下而已。迅速扫荡完日军阵地后，美军便立即向腹地挺进。

---

① 1944 年 10 月中旬，莱特岛上的大约 1 354 名海军陆战兵力被编入第 36 警备队。按照作战计划，在美军登陆时，他们将接受陆军第 16 师团团长的指挥。

第 36 警备队在出击的途中,收到了美方已在莱特岛旁边的宿务岛登陆的战报。为了守住莱特岛,第 36 警备队司令立即下令在当地发动船只向莱特湾输送兵力。兵力输送虽然大体成功了,但警备司令在船中遭到美军轰炸,当场身亡。警备司令的死亡导致莱特岛上的海军兵力失去统一指挥,海军的残兵逐渐退往山中并进入陆军的防守阵地内,加入到第 16 师团麾下。

18 日起,抵达莱特岛附近洋面的美军舰队也开始炮轰塔克洛班,到 19 日美军的炮轰就更猛烈了。19 日午后,日军第 16 师团司令部撤至塔克洛班西南的圣菲(Santa Fe),同时下令护卫师团左翼的第 33 联队确保海岸区域。

第 33 联队为了确保塔克洛班以南的 552 高地拼死抵抗,但因美军以坦克为先导推进,在美军精准的直瞄射击之下,日军构筑的一个个据点迅速被拔除。21 日,日军第 16 师团司令部进一步南撤至达加米(Dagami),麾下各部也随之向该地靠拢。

美军登陆数天后,岛上的日军内部在联络上出现了一片混乱。在美军登陆塔克洛班前后,日方陆海军与塔克洛班、马尼拉、宿务岛之间的无线联络因为信号非常差而变得非常不方便,这给特别需要及时了解美方动向的海上航空作战造成了非常大的阻碍。日军第 16 师团直到一周后的 10 月 26 日,才得到了一支无线通讯小分队的助力。这种通讯上的不畅通贯穿莱特湾作战始终,间接将日军引向了不利的局面。

23 日夜,在美军强大的火力攻击下,日军第 16 师团第 33 联队的 3 个中队覆灭。27 日的第 16 师团战报写道:"各队损耗率为:第 33 联队 85%,第 20 联队 40%,第 9 联队 10%,剩余野炮 4 门。"①

---

① 唐茜、丛丕编著:《太平洋战争中的日本陆军联队全史》,第 154 页。

第八节　日军的反登陆作战行动失败

就在美军登陆莱特岛塔克洛班港的当天即 1944 年 10 月 18 日，日本联合舰队司令官同日将第 2 游击支队（第 21 战队、第 1 水雷战队）和第 16 战队编入西南方面舰队，让其担任海上机动反击作战的主力。当日 17 时 32 分，日本联合舰队发布"发动捷一号作战"的命令，决定让海军的第 1 游击支队、第 2 游击支队以及第 16 战队于 10 月 25 日黎明分别从两个方面同时攻入莱特湾，消灭美军海面部队以及登陆部队，实施反登陆作战。其中第 1 游击支队为一路，第 2 游击支队和第 16 战队为另一路。另外，陆基航空部队也参加作战，接受海军统一指挥。日军发动捷一号作战的战略企图，是将美军消灭在其刚刚登陆的海滨地带。当然，日本的陆海兵力当时并不强大，因此日军大本营的企图是通过奇袭来达到作战目标。

一、日军陆基航空部队的掩护作战失败

这次作战中，陆基航空部队能够提供怎样的火力掩护，无疑会直接决定海上作战的成败。

第 1 航空舰队方面，企图迅速充实和重建航空兵力的日军将大部分小型机集中到马尼拉地区，却在 9 月 21 日和 22 日遭到美军航母舰队战机的空袭，损失了总计约 40 架的飞机。至 9 月 25 日，第 1 航空舰队实际可运转兵力减至 110 架，与 8 月 12 日的兵力相比，已经减少了三分之二。之后，依靠补充机的空运，10 月 1 日其兵力增至 168 架。新组建的第 2 航空舰队方面，原有战机约 313 架，日本海军 9 月生产 895 架战机后，又补充给了第 2 航空舰队约

200 架,加起来就是 513 架左右。这应该是 10 月初该舰队保有的战斗兵力。

　　但是,经过美军前期的"去势"作战(参见本章第五节)之后,截至美军登陆莱特湾的 1944 年 10 月 18 日,日本陆海军战机的可用进攻兵力仅剩下:菲律宾方面的海军约有 35 架,陆军约有 70 架,另外台湾及九州方面的海军约有 230 架飞机。这些飞机的总和(约 335 架)显示了日军空战力量的单薄,而对手的空中力量却是异常强大,一旦美军适时反击,结果可想而知。

　　由于空中力量薄弱,为了策应 1944 年 10 月 25 日的莱特湾突击作战,日军安排了一次运输,企图往莱特岛上增加部分兵力以协助联合舰队。此即日军第一次多号作战。该行动以第 16 战队(司令官左近允中将,包括青叶号、鬼怒号、浦波号)为主力,于 1944 年 10 月 21 日 18 时奉命驶离文莱湾,驶向马尼拉。加上此前出发的 4 艘运输舰,日军一共有 8 艘运输船向莱特岛运兵。第一次多号作战实现了预定目标,向莱特岛上输送了第 30 师团下属大约 2 000 人,但是日军也在美军的阻击中损失了鬼怒号、浦波号、第 102 号运输舰及以及不知火号等多艘舰艇。

　　依据捷一号作战的计划,10 月 24 日是日军陆基航空部队发动总攻之日,此次总攻的成败与否,直接关系到日军水上部队能否顺利杀入莱特湾。依此计划,日军第 2 航空部队的全部兵力(196 架)于 22 日分别从九州岛和台湾岛起飞进入吕宋岛的克拉克基地待命。24 日 0 时 20 分,日军指挥部下令航空部队开始总攻。

　　接令后的日军陆基航空部队立即派出侦察机实施战前紧急侦察,并且先后实施了两次侦察,但是两次都只发现了美军的 1 支航母舰队,却没能发现附近海域的另外 2 支美军航母舰队。等到日军攻击队飞到中途,才发现海面上居然有 3 支美军航母舰队,总共至少有 11 艘航母。日军攻击队虽然击伤了美方大型航母 1 艘，使得战列舰 1 艘、巡洋舰 1 艘起火，并对战列舰造成了中等程度的损伤，此外还击落了超过 32 架的美军战机，但是日军自己损失了多达 67 架的战机，付出了两倍于美军战损的代价。另一方面，日军陆基航空部队的战前侦察不够充分，令日军的水面舰艇部队遭遇了突然面对 3 支美军航母部队的危险局面，结果杀入莱特湾的日军水上部队被美军舰载机狂轰滥炸，阵型被打乱之后，脱队的日方超大型战列舰武藏号也被美军击沉。当天日军的陆基航空部队和水上部队都遭遇了巨大的损失。

10 月 25 日是既定的日军水上部队突击莱特湾的决战之日。是日为了挽回前日的大败，日军联合舰队将驻扎在菲律宾的第 1、2 航空舰队整编为第 1 联合陆基航空部队，并在作战中首次加入了"神风特攻队"①的攻击战术。当日 9 时整，日军航空部队的 46 架飞机前往萨马岛东南海域攻击 3 支美军航母部队，没有发现对方踪影，但遭遇了美军战机，经过短暂的交火，日方在损失 17 架飞机后返航。

当天，日军克拉克陆基航空部队配合海上部队，同时在萨马岛海域和恩加尼奥岛海域与美方展开了海战。萨马岛海域之战中，日军舰艇因为没有舰载机而不得不撤退，得以保存了

---

① 神风特攻队是大西中将在就任第 1 航空舰队司令的同时下令成立的编队，旨在通过自杀式的飞机冲撞美方航空母舰的行为来削弱美方舰艇的性能，并企图以此战法来扭转对日本不利的战局。2—3 架配备有 250 千瓦炸弹的战斗机就可组成一个小队的特攻队。同时给特攻队配上与战斗机数量大致相同的护航战斗机，如此一来护航战斗机便可以在特攻队执行任务时加以掩护并确认特攻队所获得的战果。本来神风特攻队计划最初只允许海军第 1 航空舰队的战斗机参与，但随着战争局势的变化，特攻队渐渐演变成海军各队各机种都可以参与，甚至最后陆军也配备有特攻队。

有生力量。但在恩加尼奥海战中，由于日方 4 艘航母的舰载机都已经飞走（飞往菲律宾群岛的陆上基地），结果 4 艘航母全部被击沉。

特攻作战方面，6 时 30 分从达沃基地起飞的特攻队一队，在苏里高海峡东 40 海里处击沉美方航母 1 艘。10 时 45 分从克拉克出发的 4 架日军战机，在苏卢安岛的东北方向 30 海里附近侦测到 4 艘美方中型航母后，特攻队的 2 架战机撞沉了其中 1 艘航母，另有 1 艘航母被 1 架特攻战机撞击后冒出大火，1 艘轻型巡洋舰被 1 架特攻飞机撞沉。

回顾 24 日和 25 日的战斗可知，日军陆基航空部队击沉美航母 1 艘，撞沉航母、巡洋舰各 1 艘，击伤大型航母、战列舰各 1 艘（后者起火），撞伤航母 1 艘，致巡洋舰 1 艘起火，击落大约 32 架战机；损失航母 4 艘、舰艇多艘、飞机 84 架。作为捷号作战实施依托的日军陆基航空部队已经失去舰队和航空兵力的全部主力，掩护任务宣告失败。

至于日军在莱特湾大空战中失败的首要原因，笔者认为仍在于日军航空兵力的不足。航空作战中，在发现手段、装弹量、瞄准性能等各项指标不变的情况下，兵力不足会导致三方面的常见现象，一是日军战机只能选择非协作性战斗，即单兵作战，以期实现较高的战斗效率；二是这样一来，对手就会利用飞机数量多的优势，对日机进行围殴战术，日机必然损失率陡增；三是在战况明显不利于己方的时候，日军战机甚至会采用自杀式攻击。第二个原因是日军飞行员的训练时间不够，这一实情不但会大大提升空中格斗的日方死亡率，而且还会导致飞行员持续处于紧张和急躁的状态。飞行员则出于求胜心切，有时会误导自己的视觉，夸大战斗成果并上报，尤其是对于以命相搏的特攻队队员的战斗效果，伴飞的战斗效果观察机因为更多了一层同情心而主观上有夸大判断的倾向，结果导致假的"捷报"频传。实际上自台湾海域空战开始之后，对于训练不够加上对战场情景不熟悉的日军新飞行员而言，在夜间攻击中本就不容易发现目标和确认战斗效果，作战飞机和效果观察机都是如此。这种谎报战功的后果，不用说会对之后的敌情判断带去误导。基于夜战的特点，误报问题也并非不存在于美军一方，只不过美军因为自身不缺乏武器和兵力，所以误报或者谎报并不会对战斗结果产生太大的影响。

真正的残酷事实是，日军的以上问题已经不可能存在弥补性的解决机会，因为战事在不断压迫而来。而既然这些问题无法解决，那么在接下来的消耗战中，日本航空部队的彻底毁灭仅仅是早晚的问题而已。

二、日本海军第 1 游击支队突击莱特湾失败

下面来看这次反登陆作战的主力部队之一第 1 游击支队突击莱特湾的作战情况。

（一）部队依令出发

按照捷一号作战计划的规定，日本海军应该在 1944 年 10 月 25 日总攻莱特湾。

1944 年 10 月 20 日 12 时，作为这次行动的主力部队，第 1 游击支队泊入文莱湾待命。21 日傍晚，第 1 游击支队指挥官栗田健男中将下达作战命令，作战计划大致是：（1）作战任务是陆基航空部队应与航母舰队主力互相协作，在 10 月 25 日黎明时分对塔克洛班港发动突击，首先歼灭当地的美军海上兵力，其次歼灭美军的登陆部队；（2）由 3 支夜战队加上 2 支补给队实施任务。作战任务区分见表 7 - 4。

表 7‑4　日军第 1 水上游击支队总攻莱特湾的作战区分

区分	指挥官	兵力	主要任务
第 1 分队 （第 1 夜战队）	2F 长官	4S、1S、5S（缺最上）、2Sd（缺时雨、清霜）	1. 歼灭美军水上部队 2. 歼灭美方船队及登陆军
第 2 分队 （第 2 夜战队）	3S 司令官	3S、7S、10S（缺 61dg、41dg、4dg［缺野分］）、清霜	
第 3 分队 （第 3 夜战队）	2S 司令官	2S、最上、4dg（缺野分）、时雨	1. 歼灭美方船队及登陆军 2. 牵制攻击美方水上部队
第 1 补给部队	第 11 运航指挥官	6 艘油槽船、5 艘护卫舰	补给（现泊地新加坡→文莱）
第 2 补给部队	前任指挥官	2 艘油槽船、2 艘护卫舰	补给（1 艘现泊三亚→乌尔干；1 艘现泊新加坡→马公岛）

资料来源：JACAR（アジア歴史資料センター）Ref. C14061134100、昭和 19 年 10 月昭和 19 年 12 月レイテ作戦（防衛省防衛研究所）。

在接受任务之后，第 1 游击支队分成了两路出发，一路由第 1 分队和第 2 分队组成，第 3 分队为另外一路部队，它们从各自的泊地出发向莱特湾驶去。

（二）第 1、2 分队遭遇美军潜艇攻击（南海海战）

10 月 22 日 8 时，日军舰队第 1 分队和第 2 分队依次由文莱湾出发。出于各种原因，两支部队选择了从巴拉望岛（Palawan Island）西侧的中国南海航行，这条航线其实很不利于规避美军的潜艇攻击。23 日 2 时 50 分，日军舰队中的重型巡洋舰爱宕号向大部队呼救，称海里很可能有美军的潜艇。6 时 34 分，爱宕号被美方 4 枚鱼雷击中，接着重型巡洋舰高雄号也被 2 枚鱼雷击中。当时正在爱宕号上的第 2 舰队司令官看到爱宕号已经无力回天，立即转移到了岸波号驱逐舰上。爱宕号于 6 时 53 分沉没，高雄号也已无法航行。6 时 56 分，日军重型巡洋舰摩耶号遭到美军潜艇的 4 枚鱼雷攻击，数分钟后沉没。16 时 20 分，日军舰队司令换乘大和号战列舰，以大和号作为旗舰继续指挥舰队作战。

至此，日军出师不利。在美军潜艇的攻击下，日军舰队已经损失了 3 艘大型军舰，而美军舰艇损失为零。美军主要依靠潜艇作战取胜，而日军舰队束手无策。日军不但没有潜艇和预警雷达，舰载机在数量上远逊于美军，在攻击效果上也远逊于美军，相反，美军航母战斗群却能够轻松指挥舰载机以蜂群战术围攻轰炸日军舰队。因此，接下来在驶向莱特湾的途中，日军舰队与多支美军舰队之间发生遭遇战，这也就变成了日军舰队不断丧失战舰的一次自杀之旅。

（三）第 1、2 分队遭遇美军战机围攻（萨马海海战）

10 月 24 日 6 时，日军舰队向锡布延（Sibuyan）海域航行，10 时 40 分开始受到大约 250 架美军舰载机的攻击。很快，日军第 5 舰队的旗舰重型巡洋舰妙高号被美军 1 枚鱼雷击中，航速锐减为 15 节，开始脱离舰队，旗舰由妙高号变为羽黑号。武藏号也被美军的 1 发鱼雷击中，主炮的方位盘无法转动。12 时 7 分，美军 24 架舰载机对日舰发起第二轮攻击，武藏号被击中鱼雷 3 枚，速度锐减至 22 节。13 时 30 分，美军 29 架舰载机对日舰发起第三轮攻击，武藏号中鱼雷 1 枚，舰艏高翘，最终掉队。大和号被 1 枚鱼雷击中而搁浅。14 时 26 分，美军 50 架舰载机发起第四轮攻击，15 时 20 分的第五轮攻击更是达到 80—100 架。脱队的武藏号此时成为美军飞机的活靶子，遭到集中轰炸，舰体全身大幅倾斜并冒黑烟，最终搁浅。护卫武藏号的清霜号战列舰也受伤，最大航速降至 20 节。长门号战列舰被 2 枚鱼雷击中，最大航速降至 21 节。矢矧号轻巡舰因与美军舰艇近身碰撞,最大航速降至 22 节。

不仅如此,美军的攻击频率在变得越来越高,攻击的战机也越来越多。同时,日军对拉蒙湾和黎牙实比的美军航母舰队的空袭则毫无效果,对美方航母舰队采取的牵制攻击也没有效果。

日军各方面的部队缺乏相互配合,导致第 1 游击支队孤军奋战。第 1 游击支队的指挥官认为,如果继续像现在这样向东航行,只会不断遇袭,增加日方损失,遂于 24 日 15 时 30 分下令舰队全体调转航向。16 时,指挥作战中的第 1 游击支队队长向联合舰队司令发报:"……航空侦察从作战开始至今仍没有什么收获,只不过变成在不断地增加日方的所遭受的损失,如果一味强行突破,最后不过变成美军口中的一顿美餐而已,预想的战略目标必然难以实现。因此我部决定暂时退出美方空袭的火力范围,前往策应我军其他部队的进攻。"18 时 15 分,联合舰队司令回复:"相信上天保佑,全军即日突击。"①第 1 游击支队指挥官奉命立刻下令舰队掉头,继续按原定计划作战。

当天陆基航空部队也好,舰队自身的水上侦察队也好,都没有能够向舰队指挥官提供美军的情况。水上侦察队本来是在战前就实施侦察的,但是和舰队之间通信不畅(原因在于旗舰反复变更、美军的妨碍、基地通讯设施落后等),最终导致舰队指挥官无法判断美军的全貌。当日日军舰队最终得到的情报是,马尼拉东方有美军航母舰队,莱特湾内泊有美军 4 艘战列舰、2 艘巡洋舰、2 艘驱逐舰和 80 艘运输船。结合战况和情报,舰队推测莱特湾内的美方舰队大部分都已出动作战。

---

① JACAR(アジア歴史資料センター)Ref. C14061134100、昭和 19 年 10 月 昭和 19 年 12 月 レイテ作戦(防衛省防衛研究所)。

25 日 1 时,日军舰队通过圣贝纳迪诺海峡,之后从萨马岛东面海域南下,舰队司令部决心在同日 11 时杀入莱特湾与美方交战。

至此,日军舰队在萨马海海战中有 2 艘航母搁浅,丧失了战斗力,余舰受伤普遍,而美军舰艇的损失为零。美军的战术仍然是空中打击,即轰炸与机载鱼雷相结合的打法。相对而言,日军舰队既没有有力的舰载机部队,也没有陆航战机来助阵,连策应部队的对美攻击都毫无效果,从而导致日军舰队孤军作战,这也是其失利的原因之一。另外值得注意的是,本次萨马海海战暴露出日军舰队的通信和指挥系统存在很大的问题,致使日军舰队在瞬息万变的战场上无法及时应对和作战。

(四)第 1、2 分队被包围,放弃突击莱特湾(萨马岛海战)

10 月 25 日 0 时 35 分,第 1 游击支队强行突破圣贝纳迪诺海峡。部队一边警戒,一边向与第 3 舰队的会合地点(苏卢安岛灯塔以东 10 海里处)航行。此时拥有战列舰的各战队编制见表 7-5。

表 7-5 日本第 1 水上游击支队编制

战队名	战舰名(驱逐队名)
1S	大和(旗舰)、长门
3S	金刚、榛名(旗舰)
5S	羽黑、鸟海(旗舰)
7S	熊野(旗舰)、铃谷、筑摩、利根
2Sd	3ldg(岸波、冲波) 2dg(早霜、秋霜) 能代(旗舰)　32dg(滨波、藤波) 鸟风
10S	野风(4dg) 矢矧(旗舰)　17dg(浦风、矶风、雪风)

资料来源:JACAR(アジア歴史資料センター)Ref. C14061134100、昭和 19 年 10 月昭和 19 年 12 月レイテ作戦(防衛省防衛研究所)。

　　至 6 时，日军第 1 游击支队的舰队已经到了苏卢安岛灯塔正北向（358 度）80 海里附近，天已亮，但天气很恶劣（乌云加狂风暴雨），视野极差。6 时 44 分，日军舰队意外遭遇一支由 2 艘航母加 4 艘驱逐舰组成的美军舰队，双方相距 37 千米。为防止美军驶往有利的上风向，日军舰队立刻调整方向迅速接近美军舰队，于 6 时 58 分对美军发起攻击。7 时后，日军指挥官下令靠近美方航母猛轰，并令水雷部队跟进。美军舰队开始释放烟幕，接着钻入狂风暴雨中，日军失去目标。此时美方的舰载机、巡洋舰和驱逐舰同时对日军发动鱼雷攻击。

　　7 时 27 分，第 7 战队的旗舰熊野号被一枚鱼雷击中后，旗舰换为铃谷号，但铃谷号本身带伤，给之后的指挥带来了很大的不便。

　　战斗开始一小时后，日本舰队击沉美军航母和巡洋舰各 1 艘，但同时日军的大和号被美军的舰炮命中 2 发，旋即又被 6 枚美军鱼雷包围而无法作战。8 时 26 分，日军第 3 战队在 2 千米的近距离内击沉美军大型航母 1 艘。8 时 45 分，第 7 战队第 2 小队的筑摩号在被美军击中后爆炸搁浅，余下利根号孤军奋战。8 时 50 分，第 5 战队的鸟海号中弹落伍并失去联系（大致同时第 2 水雷战队的藤波号也失联）。羽黑号和利根号一直战斗到弹尽。9 时后，第 10 战队击沉美方航母 1 艘，大破美方航母 1 艘，击沉驱逐舰 3 艘。9 时 2 分，金刚号也击沉了美军驱逐舰 1 艘。10 时 14 分，美军 24 架舰载机集中攻击铃谷号，致其爆炸沉没。

　　8 时 22 分开始，榛名号发现了另外一个美军航母战斗群，8 时 50 分大和号也发现了它。鉴于双方的战斗状况不清楚，而美方战斗机轰炸频繁，日本巡洋舰损伤巨大，再加上若要实现杀入莱特湾作战的作战目标，则必须要考虑预留燃料，于是游击部队指挥官于 9 时 11 分下令各部依次集合，10 时 30 分大致集合完毕。

11 时 20 分日本舰队开始向莱特湾航进。11 时 48 分，日本舰队察知附近有 3 个美军航母战斗群。见此，第 1 游击支队指挥官分析认为：此前的遭遇战费时甚多，已经错过预定的突击时间；部队有落伍舰艇尚未赶来，不能完全做到协同作战；即便午后突击莱特湾，美方的舰艇也很可能不在湾内；如果突击莱特湾，必遭到来自海面的美军战机集中攻击，战况会愈加不利。基于此，第 1 游击支队指挥官栗田中将于 12 时 30 分决定放弃原定突击莱特湾的作战计划，断然北上。

19 时 25 分，游击部队指挥官收到联合舰队司令官于 16 时 47 分发来的命令："第一，第 1 游击支队应于今夜把握战机对美作战，剩下的部队则应支援策应第 1 游击支队；第二，若今夜没有夜战的可能，则航母舰队大部队和第 1 游击支队都应遵循指挥官的指示向补给地前进。"①但是考虑到敌情和燃料储量，第 1 游击支队放弃了夜战的念头，于 21 时 30 分通过圣贝纳迪诺海峡，然后向西航行。

已经普遍受伤的日本舰队在接下来的 10 月 26 日凌晨时分经过塔布拉斯岛（Tablas）北部，从该岛西方南下，8 时 34 分遭到大约 30 多架美军舰载机的空袭，能代号被鱼雷命中不能续行，舰艇突然下沉的大和号被 2 枚炸弹命中，长门号也被 4 发炮弹击中。10 时 40 分，美军约 30 架轰炸机（B - 24）发起第三轮攻击，大和号、榛名号身中多发炮弹，能代号受到 60 架美军舰载机的围攻而沉没（该舰前后受到共计 170 架美军战机的攻击）。在那之后美军的空袭便暂时中止。14 时后，日本舰队进入预定的科伦岛实施补给，傍晚时分通过巴拉望岛北方航路继续向北航行。熊野号落单后独自航

---

① JACAR（アジア歴史資料センター）Ref. C14061134100、昭和 19 年 10 月 昭和 19 年 12 月 レイテ作戦（防衛省防衛研究所）。

向马尼拉,途中于 25 日在圣贝纳迪诺海峡东入口处遭到美军大约 30 架战机的围攻,在日方战机的火力掩护下脱险,但 26 日又在民都洛岛西岸遭到美军攻击而无法航行,最后在足柄号的援助下才得以驶入科伦岛。28 日 21 时 30 分,日本舰队到达文莱湾。

回顾萨马岛海战,日军舰队除了最初阶段击沉了 2 艘美军舰艇(含航母 1 艘)之外,接下来一直处于下风,最终日军舰队付出了沉没(或搁浅)2 艘、丧失战能 3 艘、失联 1 艘军舰的巨大代价。等到 10 月 28 日到达文莱湾的日军舰队,兵力只剩下战列舰 4 艘、大型巡洋舰 1 艘、轻型巡洋舰 1 艘、驱逐舰 9 艘。在这场战斗中,日本舰队除失去了 10 艘大型军舰(包括武藏、爱宕、摩耶、鸟海、铃谷、筑摩、能代这 7 艘航母和另外 3 艘驱逐舰)之外,还有 4 艘巡洋舰也遭到重创。而一路上遭遇的美军总共只损失了 2 艘大型军舰。

(五)第 3 分队损失殆尽(苏里高海峡作战)

1. 莱特湾突击部队配组上的错误

根据 1944 年 10 月 18 日日军联合舰队司令官的电报,第 1 游击支队的指挥官向属下第 3 分队下令,其在本次突击莱特湾作战中的任务是自文莱湾出击以策应主力部队,具体来说,是于 10 月 25 日黎明由苏里高海峡向莱特湾的塔克洛班港突进,沿途歼灭美军船队和登陆士兵。

10 月 21 日,日军联合舰队的命令发生变更,第 2 游击支队被划归第 1 游击支队麾下,任务是在苏里高海峡的南岸对莱特湾发动突击作战。这样,由苏里高海峡发起突击的部队,就变成了第 1 游击支队的第 3 分队和第 2 游击支队这两支部队。

然而,以上两支部队之间以前不曾有过任何从属关系,因此在向莱特湾突击时就出现了严重的配合问题。具体来说,在第 3 分队发起突击之后,第 2 游击支队指挥官故意让自己的部队延迟了两三个小时才发起突击。

2. 第 3 分队的战斗

第 3 分队存在军舰老化的问题。分队里的山城号和扶桑号因为是老军舰,所以速度很慢,它们于 1944 年 9 月 10 日被编成第 2 战队加入第 3 分队作战。

1944 年 10 月 22 日 15 时,第 3 分队从文莱泊地出发。他们一边防空、反潜一边前进,23 日 12 时穿过巴拉巴克海峡(Strait Balabac),沿着巴拉望岛东岸向东北行进,接着航向保和海(Bohol Sea)海域,24 日在苏禄海东航行,8 时在卡加延岛(Cagayam)的西南约 250 海里处遭遇美军 20 多架格鲁曼战机的攻击,扶桑号的后甲板飞机弹射处附近发生火灾,之后再无空袭。

24 日晚 9 时许,第 3 分队的主力持续遭遇美军鱼雷艇。不仅天气恶化,日军主力对莱特湾的美军情况也一无所知,为了在凌晨 4 时赶至特鲁克海域,第 3 分队只能一味朝前冲。至 25 日凌晨,美军的鱼雷攻击更加猛烈和执着,还开始了炮击,山云号中弹沉没。约 10 分钟后,满潮号和朝云号同时被鱼雷击中,满潮号沉没,朝云号勉强南撤成功。之后日军主力舰艇按照时雨、山城、扶桑、最上的顺序排成纵列航行北上。凌晨 2 时后和 3 时整,日军主力与美军舰艇短暂交火,并无大的伤亡,之后在苏里高海峡北出口两侧遭遇鱼雷攻击,山城号被 1 枚鱼雷击中,但还能继续作战。3 时 30 分至 4 时,山城、扶桑、最上三舰遭到美军第 7 舰队快艇的集中轰炸,继又遭到美军舰炮射击,山城号和扶桑号先后沉没。最上号逃跑途中遇袭受伤,追上朝云号之后一同被美军猛烈射击,朝云号也中弹起火,并最终被放弃。4 时 30 分,最上号与第 2 游击支队那智号的舰首相撞,致后者舰首大损。在掩护下脱离战场的最上号,最终在南下途中于 9 时再中一弹,之后被己方以鱼雷击沉。时雨号于 10

月 27 日抵达文莱湾。

这样一来,第 3 分队的 8 艘战舰之中,2 艘战列舰、1 艘大型巡洋舰以及时雨号之外的其他 3 艘驱逐舰,都统统葬身在了苏里高海峡和保和海,分队只剩下了 2 艘。而日军舰队给美军造成的伤害可以忽略不计。

三、日本海军第 2 游击支队突击莱特湾失败

根据 10 月 18 日联合舰队的电令,第 2 游击支队划归日军西南方面舰队管辖,由海军中将志摩清英指挥,兵力由第 5 舰队外加其他 10 艘舰艇组成,初步任务是和第 16 战队一起作为海上机动反击作战的主力,进行反美军登陆的作战。但其实此前该支队主要是与航空部队进行协同训练,至于海上反击作战之类的训练从未涉及过。

10 月 21 日午后,联合舰队司令下令:"西南方面舰队司令应派遣第 2 游击支队从苏里高海峡南部向莱特湾发动突击作战,同时派第 1 游击支队进行协同和策应。"然而,对于第 2 支队参加本次行动一事,第 1 游击支队并不知晓。如上所述,第 1 游击支队从联合舰队那里接到的命令是第 2 游击支队归第 1 游击支队指挥,而第 2 游击支队从联合舰队那里接到的命令则完全相反,第 2 游击支队成了主力,第 1 游击支队成了配合部队。应该说,问题出在了联合舰队那里,其意图大概是要同时最大化地调动两支部队的作战积极性,却犯下了指挥混乱的大忌,导致两支部队之间互不知情,各自孤立作战而不能协同。

10 月 22 日上午,第 2 游击支队便从马公岛出发开始航向东沙岛,并由东沙岛南下。23 日傍晚,支队抵达科伦湾南方的科伦岛。24 日凌晨 2 时,支队以大型巡洋舰 2 艘、轻型巡洋舰 1 艘、驱逐舰 4

艘的兵力从科伦泊地出发，经由班乃岛西方海域向苏里高海峡前进。24日22时左右，支队在往保和海东进时遭遇了持续数个小时的恶劣天气。

25日3时许，第2游击支队进入苏里高海峡。刚进入海峡，队里的阿武隈号就被美军的1枚鱼雷击中，航速骤降至9节。第2游击支队就把阿武隈号留在了原地，并改由驱逐舰担任前卫继续前进，之后一路顺利北上。快到4时30分时，第2游击支队发现了美方舰队，马上向美军舰艇发起炮击。进攻中，那智号突然与南撤中的最上号相撞，航速降至18节。4时40分，那智、足柄两舰调转方向，另外因美军的烟幕而完全看不见美军的前卫驱逐舰，也被迫于4时50分调转方向开始南下。

25日天亮后，支队前往保和海避难。在这里，他们遇到了前线撤退下来的阿武隈号。7时30分许，他们遭到10多架美方战机攻击，9时许美方战机增至30多架。在第二次空袭中，最上号被1枚炸弹命中，但没有人员伤亡。支队指挥官下令受伤的最上号和阿武隈号分别前往曙号和潮号的身边避难，自己则率领剩下的队伍前往科伦湾，在保和海的西部遇到了正在执行莱特湾突击作战任务的鬼怒号轻巡洋舰和运输舰。13时，霞号因要调查受伤舰艇的详情离去，剩下的舰艇（那智、足柄、不知火）则继续向西航行，于10月26日午后抵达了科伦岛。

最上号后来因舰体自燃，由担任护卫的曙号击沉。霞号、曙号、潮号、阿武隈号会合之后，阿武隈号便在潮号的护卫之下向塔比坦（Tabitan，卡加延的西部约60海里）回航，在那里由潮号负责修理，霞号和曙号则航向科伦。但阿武隈号在彻底修理之后的次日即26日早上，便遭到1架美军大型飞机的攻击，同日11时又遭到美军大约30架轰炸机的空袭，于12时沉没。舰上的日军军官逃到了潮号上,但是潮号也于10月27日晨在科伦湾沉没。

整个作战行动中,第2游击支队因为是紧接着第3分队突击进入苏里高海峡,所以并没有遇上美军的精锐舰队并与之交战,仅仅损失了阿武隈号,可以说幸运的。尽管如此,第2游击支队并没有完成突击莱特湾的作战任务。

四、日军航母舰队的策应作战(恩加尼奥海角作战)

1944年10月10日美方航母舰队袭击冲绳之后,根据捷一号作战计划的指令,日军航母舰队的水上兵力当策应第1游击支队的突击作战,并南下对美发动突击作战。10月12日,日军航母舰队的配置见表7-6。

表7-6　日军水上航母舰队的配置(1944.10.12)

航母	战斗机	战斗轰炸机	轰炸机	攻击机	总计
瑞鹤	24	16	8	12	60
瑞凤	8	4	0	4	16
千岁	8	4	0	4	16
千代田	8	4	0	4	16
总计	48	28	8	24	108

资料来源:JACAR(アジア歴史資料センター)Ref. C14061134100、昭和19年10月 昭和19年12月 レイテ作戦(防衛省防衛研究所)。

1944年10月17日,联合舰队司令官下令航母舰队主力应于19日以全力(108架舰载机)出击,并在21日傍晚到达吕宋海峡的东方,从北方牵制美军,以策应第1游击支队的突击。10月18日,联合舰队正式下达捷一号作战的命令。根据计划,航母舰队主力将在12月20日傍晚从丰后水道出击南下,10月22日在继续南下的过程中,不时地使用电波照射美军,以期可以引起美军的注意。

美方航母舰队从台湾岛方面南下之后,10 月 18 日在北菲方面、21 日在中菲方面都实施了航空攻击,之后却没有对菲律宾群岛发动空袭,而日方陆基航空部队在 10 月 22 日及 23 日夜里已经大致捕捉到了美军航母舰队的所在方位。

小泽中将率领航母舰队主力出击,于 10 月 24 日晨到达马尼拉东北约 400 海里处,占据了美方航母舰队的北方。当时日军航母舰队的主力如下:

指挥官　第 1 机动舰队司令兼第 3 舰队司令小泽治三郎中将

第 3 空战队:瑞鹤、千岁、千代田、瑞凤

第 4 空战队:日向、伊势

第 31 战队:五十铃

第 41 驱逐队:霜月

第 43 驱逐队:槙、桑、杉、桐

第 61 驱逐队:秋月、初月、若月、大淀、多摩

10 月 24 日 11 时后,日军发现美军的 13 艘舰艇驶近。12 时日军出动攻击队,包括 30 艘战列舰、19 架战斗轰炸机、2 架舰载轰炸机以及 5 架舰载攻击机。小泽中将手下的瑞凤号、千岁号、千代田攻击队(攻击队含 18 架舰载战斗机、8 架战斗轰炸机、4 架舰载轰炸机)到达指定目标附近时,与美方的大约 20 架格鲁曼战斗机发生交火,却没能发现美军舰队的所在位置。之后该队开始向菲律宾驶去,到达了克拉克基地。

同日 13 时 50 分,瑞鹤攻击队(6 架舰载战斗机、11 架战斗轰炸机、1 架舰载攻击机)也在上述地点附近发现了美方 2 艘舰队航母、2 艘巡改航母和其他数支部队,当即对美发动偷袭进攻,但仅仅让

美方 1 艘舰队航母冒黑烟,1 艘巡改航母被白烟包围,没有取得击沉的战果。之后,小泽部队便在攻击点附近游弋,企图继续牵制美军的火力,可惜并无美军前来接触。于是小泽部队主力指挥官决定在当天夜里出动前卫(日向、伊势、初月、若月、秋月、霜月)对美方航母舰队发起夜袭,未果。

25 日 6 时许,日方侦察机发现了美军的一支大舰队。小泽部队推测,8 时后美方一定会前来攻击。6 时 10 分,小泽下令 5 架战斗轰炸机、3 架舰载攻击机、1 架舰载轰炸机(这些是除了当时残存的舰载战斗机以外全部可以使用的飞机)升空飞向菲律宾群岛方向,以引诱美军前来,同时下令己方所有的战机(13 架)做好迎战准备。

同日 8 时 20 分许,美军航母部队的舰载机果然飞来,开始密集而猛烈地轰炸小泽部队。日方的战机只有为数不多的几架实施了第一轮迎战,到 9 时 30 分左右,日军幸存的战机也已经全部坠海,之后就连护航的战机也全军覆没了,千岁号和秋月号也被击沉。连一架战机都没有的日军航母战斗群在美军战机的机翼下俨然已经成为一堆醒目的废铁。美军的第二轮空袭于 10 时左右开始,千代田号遭受重创后开始漂流。美军的第三轮袭击于 13 时开始,日军旗舰瑞鹤号遭受致命一击后沉没。日方舰队在受到美军空袭之后很快便阵形大乱。航母以外的各舰忙于救助损伤舰的船员,又要回避相互碰撞,一时手忙脚乱,导致不少舰艇脱离队伍。15 时许,美军空袭告一段落,此时日军的兵力仅存 5 艘舰艇(大淀、日向、伊势及 2 艘驱逐舰)。小泽中将仍继续率领部队诱导美军。黄昏中,美军又发起了第四轮、第五轮、第六轮的空袭。日军的瑞凤号、多摩号、初月号也都被击沉。20 时许,初月号来报,美方 1 艘航母、2 艘战舰以及其他数艘舰艇正在追击日军。小泽部队决意用夜战全歼美军追击部队，便于 21 时 35 分调转航向南下，但航行了 2 小时却没见到美方的踪影，于是在 23 时 45 分决定放弃，然后调转航向一路北上。

如上，在捷一号作战中，小泽部队损失了 13 艘舰艇（瑞鹤、千岁、千代田、瑞凤、多摩、初月以及 4 艘秋月级驱逐舰、1 艘轻巡洋舰、2 艘驱逐舰）。27 号正午小泽部队到达奄美大岛时，剩余兵力为 10 艘（伊势、日向、大淀、五十铃、槇、桑、杉、桐、霜月、若月）。

本次海战中，小泽部队在 25 日即已极大地吸引了美军的航母舰队，可以说达成了战略目标。为了协助友军实施莱特湾反登陆作战，日军航母部队在飞机很快全灭之后，由于没有舰载机与对手缠斗，只能抱着自杀的心态等待美军飞机来轰炸。

至此，日军原计划的航空总决战和海军总决战都已失败，可以说捷一号作战已宣告失败。战事由此立即转入下一阶段，即两军在莱特岛上的争夺，陆战的较量开始了。两个总决战结束之后的次日即 1944 年 10 月 26 日，日军转入阻拒美军增援莱特湾的作战。

五、日军阻拒美军增援莱特岛的作战失败

如上所述，1944 年 10 月 26 日开始，日军对莱特湾的作战自然转入下一阶段，即阻止美军往莱特岛上增兵。

在 10 月 26 日开始的阻截美军增援莱特岛的战斗中，日军在整个菲律宾能够出动的陆航兵力也就 100 架左右的战机而已，因此神风特攻队这一自杀式进攻方法已经成为日军指挥者手里唯一可以实现对美舰一击必中的手段。

26 日 0 时后，在侦察机的引导下，日军特攻队在苏里高海峡东部发现了美军航母舰队，便向美军舰队俯冲而去，其中 2 架特攻战斗机一起撞中了 1 艘航母，另外 1 架特攻战斗机撞中了另外 1 艘航

母。午后到晚上，除了特攻队，日方舰队前后分 3 次派出了全部 49
架战机进攻塔克洛班港，对湾内的美军舰艇以及陆上机场实施了
轮番轰炸。一天作战下来，美军虽然蒙受了一定的损失，但日军也
没有拿得出手的战果，主要是因为航空兵力过少。

　　为了提高战斗效果，日军决定白天对美舰的进攻全部交由特
攻队执行（对机场和泊船全部以鱼雷进行攻击），夜袭舰队全部使
用鱼雷。

　　10 月 27 日，以特攻队为主力的日军部队对菲律宾东面的美方
航母舰队和莱特湾内的美军舰船发动了积极的进攻，但收效甚微。
同日美军对日方发起的空袭也相对闲散。28 日，日军陆基航空部
队的主力开始集中火力猛攻塔克洛班，并出动了大约 40 架左右的
九七式重轰机对美占机场进行猛烈轰炸，但战果不明。29 日晨开
始，美军位于马尼拉东部的航母舰队共 155 架舰载机，前后 3 次轮
番轰炸了日军克拉克基地和马尼拉市。作为迎战，日军出动 142
架战机击落美方战机 30 架，出动 4 个特攻小队（共 14 架）攻击美军
航母舰队，但是战果不明。30 日，日方出动 6 架神风特攻队战斗机
进攻苏卢安岛东部的美军航母战斗群，击伤其中 4 艘航母。至 10
月 31 日，日军驻菲海航兵力共 273 架战斗机，其中可以实际出动的
只有 149 架。当日黎明，日本海军航空部队对美占塔克洛班和莫
罗泰的机场发动猛攻，莫罗泰的美军遭受重创。

　　至此，日军在实战飞机所剩无几的情况下，只能以"特攻"这一
自杀性方式对美军强大的战斗设备实施攻击，但是如上所述，攻击
的效果并不显著。

　　以上是日军比较集中的阻止作战，从结果看，日军依靠"特攻"
方式阻止美军增援莱特岛的企图无疑是失败的。实际上后期直到
美军占领莱特岛为止，日军阻止美军增援莱特岛的战斗一直在持

续，不过最终结果仍是失败的。

第九节 日军增援莱特岛的行动失败

可以说，阻止对手增兵和增加己方兵力不过是一个问题的两个侧面而已。在阻止美军增兵莱特岛的同时，日军也在往莱特岛上增兵。鉴于美军在塔克洛班方面立足未稳，莱特岛上仍驻有日军一个师团的兵力以及少数的海军陆战部队，因此日军大本营认为，只要及时向莱特岛上输送援军，那么依靠陆地作战将莱特岛上的美军赶到海里也是有可能的。显然向莱特岛增援陆军兵力才是燃眉之急，出于这一认识，日军大本营决定增兵莱特岛。

作为增兵的一个契机，日军大本营决定借 10 月 25 日海军部队在莱特湾突击作战之机，将驻扎在棉兰老岛的豹部队（第 30 师团）的一部分兵力用海军舰艇输入莱特岛，紧接着又从吕宋方面派出玉兵团（第 1 师团）、泉兵团（第 26 师团）等增援莱特岛。奥尔莫克港被确定为增援部队和增援物资的主要登陆点。这次运输作战的代号为"多号作战"。

于是从 10 月末开始，日军便积极地从菲律宾群岛各地向莱特岛输送援军，同时所剩不多的日军战机被赋予了护航的任务，这也是自此以后日军航空部队的重点作战任务（关于日军航空部队的护卫作战，详见本章第十节）。当然，美军毫无悬念地从空中和海上对其实施了阻击。

第一次多号作战已如前述（详见本章第八节之"一"），因此下面仅阐述第二次多号作战至第九次多号作战（多号作战一共 9 次）的概况。

一、第二次多号作战

第二次多号作战,是将玉兵团(第 1 师团)的主力约 11 000 名以及泉兵团(第 26 师团)的一部分,用 4 艘运输船和 3 艘海军运输舰从马尼拉向奥尔莫克输送的计划。因此,运输船队和运输舰是分开行动的。

第 6、9、10 号运输舰负责运输玉兵团的一部分,大约有 1 000名战斗员。他们于 10 月 31 日 7 时从马尼拉港出发,中途遇到了美军袭击,但没有人员伤亡。11 月 1 日 15 时成功到达奥尔莫克港。3 艘运输舰最后完好无损回到了马尼拉。

10 月 31 日 9 时,载有玉兵团主力约 10 000 名官兵的 4 艘运输船(香椎、金华、高津、能登)在 3 艘护卫舰和 6 艘警戒舰的陪伴下,从马尼拉出港南下。航行途中的第一天,船队没有被美军发现。第二天即 11 月 1 日,船队遇上了美军的飞机,但护航的日军 8 架特攻队战机和 90 架其余机种的战斗机对莱特湾发动了航空总攻击,共击沉美方巡洋舰 4 艘、驱逐舰 2 艘、运兵船 1 艘,此外还击破了数艘美军战列舰。日舰损失 1 艘。日方运输船顺利地于 18 时 30 分到达目的地奥尔莫克港。

美军的攻击始自第三天即 11 月 2 日的早上。在日方战机的保护下,奥尔莫克港内的日方运输船在上午还无恙。午后在美军 24架 B - 24 轰炸机和 10 余架 P - 38 战机的袭击下,能登号沉没。19时,运输船卸完战斗员之后出港。船队在 11 月 3 日平安撤退,11月 4 日返回马尼拉。可以说日军第二次多号作战的增兵运输作战非常成功。

莱特岛上,日军每天都面临着严峻的形势。更为糟糕的是,第一次多号作战前通过机动艇送到莱特岛的一部分兵力和第二次多号作战运去的第 1 师团的兵力，这两股部队从莱特岛北部向东进发途中，在卡里加拉（Carigara）附近与前来攻岛的美军发生遭遇战，美军又有从岛上机场起飞的飞机助战，攻势猛烈，岛上日军始终打不开局面。

眼看莱特湾的陆战形势对日方越来越不利，日军在 8 日、9 日从马尼拉派出了第三次和第四次陆军增援部队。

二、第三次多号作战

和上一次运输作战一样，日军的第三次运输也是把船只运输的东西和运输舰运输的东西分开的。这次多号作战出动了 3 艘运输舰，仍是第二次运输的老班底，由第 6、9、10 号运输舰组成。三舰搭载了第 1 师团余下的大约 1 000 人，于 11 月 8 日从马尼拉出发，一路顺利，第二天将官兵送到了奥尔莫克港。之后三舰顺利返回马尼拉港。

另一路的运输船队则由香椎号、金华号、高津号组成，配有 4 艘护卫舰和 6 艘警戒舰，主要负责运送泉兵团约 10 000 人的主力以及其他物资。船队于 11 月 8 日 10 时 30 分从马尼拉出港。当天一路很顺利，次日 9 日快要到达奥尔莫克港时，突遭美军 5 架 B-25 轰炸机和 20 架 P-38 战斗机的超低空轰炸，高津号被击中，但并无大碍。18 时 30 分运输船队入港，却发现岸边没有大机动艇了，人员下舰非常困难，于是调动海防舰来接人上岸。入夜，美军 10 艘鱼雷艇入港攻击，日军警戒舰接战。10 日早晨卸货后，日军运输船队于 10 时 30 分出港返航，11 时 30 分快要接近卡莫特斯群岛（Camotes Islands）北端时，遭遇美军 70 多架战机的攻击，损失了运兵船 2 艘和海防舰 1 艘，余部救助遇难者之后继续前行。除了长波号、朝霜号、若月号离队加入途中遇到的第三次送输部队之外，其余船只都在 11 月 11 日返抵马尼拉港。

三、第四次多号作战

虽然前几次较为顺利，但是日军运输队的好景不长，因为从 11 月 3 日开始，美军远程大炮开始对日方唯一的登陆点奥尔莫克港进行轰击，另外还有足量的飞机前来轰炸，所以接下来日军的增援之路注定不会是顺利的。

第四次多号作战主要运输的是泉兵团的物资，人员仅有大约 2 000 名，一道搭乘 5 艘运输船。船队在多达 31 艘舰艇的护卫下，于 11 月 9 日从马尼拉港出发。当日军船队于 11 月 11 日到达目的地奥尔莫克港时，300 架美军战机集中空袭了它们，日军的 4 艘运输船全部着火沉没，7 艘护卫舰中的 5 艘被击沉，运输船上的人员除小部分泅渡到了港岸外，其余的人员以及泉兵团的装备和军需品悉数沉没。

四、第五次多号作战

第五次多号作战由第 6 型运输舰和第 101 型运输艇分别进行，两组舰艇白天停泊在马斯巴特岛（Masbate）或是马林杜克岛（Marinduque）。由第 111、141、160 号运输舰以及第 46 号反潜舰（护卫舰）组成的第一组运输船队，于 11 月 23 日从马尼拉出港，第二天前往马斯巴特岛避难。船队在避难时遭到美军攻击，3 艘运输舰全部着火，第 46 号反潜艇向马尼拉驶去，后遭袭沉没。

另一组运输船队由第 6、9、10 号运输舰和反潜艇组成，于 11 月 24 日从马尼拉出港，25 日在马林杜克岛避难。但是船队在避难时也遭到了美军的空袭，第 6 号和第 10 号运输舰葬身海底。竹部队和第 9 号运输舰遂放弃增援莱特岛，返回了马尼拉。

五、第六次多号作战

　　第六次多号作战由运输舰神悦号和神洋号强行执行。这次增援主要是运输物资，反潜舰第53、54、105号担任护卫。11月27日，它们从马尼拉出港并进入奥尔莫克港。当晚美军的鱼雷袭击了在泊中的日军船队，日军反潜舰第53号和第105号沉没。次日一早，美军飞机再度袭来，船队中的神洋号起火并搁浅。见此情景，神悦号和反潜舰第54号立即返航，逃跑途中再遭美军空袭，两船皆葬身海底。

　　至此，除了前三次运输，日军第四次、第五次、第六次运输作战几乎都是全灭。因此，日军大本营从11月下旬起，才着手准备"和号作战"计划。该计划就是日本陆军打算于12月上旬往莱特岛上的布拉文（Burauen）方面投下空降部队，同时由陆军在同一地区的地面进行接应，试图以此夺回丢掉的据点。详见后述，此略。

六、第七次多号作战

　　第七次多号作战出动了陆军舰艇6艘和海军运输舰3艘，在11月30日至12月2日之间分3次进行了强行运输。作为策应，宿务岛方面的日军水上轰炸机及夜战部队在11月30日至12月1日的一天两夜内，一直紧守卡里加拉湾，以解除来自美军鱼雷部队的威胁。

　　执行突击运输的第一梯队由陆军舰艇3艘以及第20号反潜舰组成，于11月30日在莱特湾的奥尔莫克港附近发动登陆突击。3艘陆军舰艇中的1艘触礁，第20号反潜舰负伤后回到马尼拉。突击运输第二梯队由3艘陆军登陆艇组成，预定于12月1日在奥尔莫克港发动突击，但美军的飞机将其悉数歼灭在了途中。突击运输第三梯队由第 9、140、159 号运输舰组成,桑号和竹号负责护卫。12 月 2 日它们冲进了奥尔莫克港,但在卸货过程中与美方水上部队(3—4 艘驱逐舰以及数艘鱼雷艇)发生交战,桑号沉没,竹号受伤后回到马尼拉。

七、第八次多号作战

第八次多号作战打算将第 68 混成旅团的主力约 4 000 名官兵送到莱特岛上。因为该部队为精锐部队,所以被日本陆军寄予厚望。陆军部队安排了 4 艘运输舰来运送他们,还配备了梅号、桃号、杉号、反潜舰第 18 和第 38 号以及运输舰第 11 号共 6 艘舰艇加以护卫。12 月 6 日,这支由 10 艘舰艇组成的运输船队驶出马尼拉港,前往奥尔莫克。后来船队遭遇美军,4 艘运输舰及第 11 号运输舰均遭重创,梅号、桃号、杉号受伤后返回马尼拉港。虽然第 68 混成旅上岸了,但他们的登陆地点属于美军的控制区,因此该部队在遇袭的情况下又缺乏装备,结果 4 000 人没参加战斗就全军溃败了。

八、第九次多号作战

第九次多号作战由运输舰 2 艘和运输船 3 艘执行,它们将运输陆军第 8 师团步兵第 5 联队(大约 3 000 人),计划在被寄予厚望的海军特种陆战队的率领下,由第 30 驱逐队(夕月、卯月、桐,外加 2 艘反潜舰)担任护卫前往莱特湾。

12 月 9 日,这支日军运输船队从马尼拉出发,11 日在抵达莱特岛北端之际遭到美军空袭,3 艘运输船中的 1 艘沉没,另外 1 艘着火后搁浅在帕隆蓬(Palompon),卯月号和反潜舰前往救助,但半夜遭到美军的鱼雷攻击,卯月号被击中沉没。2 艘运输舰在夕月号和桐号的护卫下继续南下进入奥尔莫克。早在 4 天前已经登陆奥尔莫克港的美军以巡洋舰攻击了刚刚抵达的日军船队,夕月号沉没,第 159 号运输舰重伤,剩下的桐号以及第 140 号运输舰在受伤后逃回了马尼拉。

这之后,看到在莱特岛上的日军战斗力明显式微,前景黯淡无疑,日军决定停止增援。因此在舰艇执行的莱特湾增援运输作战中,第九次是最后一次①。

回顾来看,在全部 9 次运输作战当中,只有前 3 次运输是成功的,第四次、第五次、第六次全灭,第七次几近全灭,第八次半残(10 艘损失了一半,外加 4 000 军人溃败),第九次半残,因此日军为了增援莱特岛而实施的运输作战,其代价可谓是异常惨重。虽然如此,日军仍坚持了 9 次之多,说明日军企图守住莱特岛的决心极大。

通过 9 次多号作战,日军向奥尔莫克方面一共运输了战斗人员共计 25 000 名,物件 10 000 立方米以上。这些人员与物资上的增援,对莱特岛上的日军作战也的确起到了一定的帮助作用,但最终无法挽回岛上日军失败的大势。

第十节　美日莱特湾大空战

如前所述,日军航空部队将莱特岛增援运输作战中的掩护任务定位为自己的重点任务。当然,美军也竭力阻止日军往莱特岛上实施增援。因此,在双方都在往莱特岛上实施增援的阶段,尽量牵制、迟滞和消灭日军的增援就成了美军的阻击方针。

---

① 以机动船为主体的运输作战在 12 月下旬保和海方面还发动过,第 30 师团的一部兵力经由宿务岛在帕隆蓬登陆的那次运输作战是最后一次。

　　这样,除了针对驶向莱特湾的日方舰艇之外,美军还必须阻止日军现存航空兵力对增援运输的支持。鉴于此,运输与反运输的斗争,就不仅仅体现在莱特湾的上空或是日军运输船队航线的上空,还体现在莱特岛周边岛屿、海域甚至更为广阔的地区的上空,毕竟这些地区都有可能会派出飞机支持日军的增援运输。至于具体交战地区的选择,主动权自然掌握在美军航空部队手里,日本的航空战机虽然也很主动且勇猛,但毕竟战机的数量非常有限,因此在总体上仍处于被动交战的地位。由此,美军牵制作战的总目的仍然是指向夺取莱特岛。相应地,日军航空部队的主动出击与被动迎战,也仍然是围绕增援莱特岛这一中心任务而展开。这就是下述美日大空战的背景。

一、日军空战巨损后的增兵

　　11月初,为了扫除周边对莱特岛的陆上支援,美军连续数日从莫罗泰基地起飞陆上攻击机,轰炸达沃港和宿务岛以及巴科洛德(Bacolod)。

　　日军方面为了减少美军飞机对己方运输的威胁而展开了积极的作战,但是遭到了美军的猛烈反击。11月2日至4日的夜间,日军飞机偷袭了莱特岛上的美占塔克洛班机场,美军则出动约50架B-24轰炸机轰炸了宿务岛。不仅如此,次日美军更是出动多达670架左右的舰载机,分数批轰炸了日方马尼拉、黎牙实比和克拉克基地。在克拉克,日军出动大约82架战机迎战,击落美军40架战机,但是美军除了击落日军32架战机之外,还轰炸了地面的日军飞机,致其中33架起火。在马尼拉湾,美军以猛烈轰炸击沉了日军第5舰队的旗舰那智号,并使驱逐舰曙号失去航行能力。不过日军从另一处基地马巴拉卡特(Mabalacat)起飞了舰载轰炸机和特攻机各5架,在马尼拉东北200海里处攻击了美军航母舰队,美军航母 2 艘受损。美军的报复性轰炸在次日实施。6 日 7 时 45 分至 15 时,美军航母舰队出动大约 500 架舰载机空袭了吕宋岛各区域,其中大约 190 架美军飞机空袭了马尼拉,日方舰艇在此次轰炸中受损不大;大约 220 架美军飞机空袭了克拉克基地,日方派出的 25 架拦截战机被击落 3 架,另有地面飞机 26 架被炸起火。

如上所述,从日军 10 月下旬航空总决战失败,到 11 月上旬围绕莱特湾发生的空战中,美军对菲律宾群岛的其他日军支撑点实施了轰炸,而且多数时候其攻击兵力规模庞大,导致迎战的日本海军航空部队兵力消耗和损失巨大,11 月初海军航空部队的实际可支配兵力甚至一度直降到了 30 架。到了 11 月上旬,在莱特方面已几乎看不到日军的飞机了。

在这种情况下,日军大本营认为应该增强菲律宾区域的航空兵力,于是在 11 月 8 日至 30 日之间,从日本本土分 3 批向菲律宾战场支援了共计 824 架飞机。

二、日军被迫换防并实施全面"特攻"

进入 11 月中旬,13 日、14 日连续两天,攻打奥尔莫克港之后的 3 支美军航母编队(主力为 7 艘航母)分别从菲律宾群岛东方海域和吕宋岛南方海域对吕宋岛的日军发起了夹击。

13 日,美军大约 350 架战机分 6 批反复空袭了马尼拉,日军只能以地上火力迎战①,击落了美军 40 架以上的飞机。但在美军的轰炸下,港内的日军舰艇 6 艘被击沉,2 艘搁浅,4 艘运兵船被炸

---

① 日本档案另一处记载:日方为迎击美军航母舰队,派出了特攻队战机 8 架和 T 部队战机 38 架,但最终战果不明。此外日军还出动了 9 架 T 部队战斗机去执行对莱特湾区域美军运输船的夜袭任务,同样战果不明。

毁,另外驱逐舰、特务舰各 1 艘受了轻伤。至此日军残存在该地的主要舰艇有一大半被消灭了,而且残留在该地的日本商船也全部受损。为了保存舰船,日军决定让残存的主要舰艇暂往新加坡避难。当日深夜,霜号、初霜号、朝霜号、潮号以及竹部队一起从马尼拉港出发,南下新加坡而去。同日,美军还以大约 120 架战机分 5 批空袭了克拉克,以 8 架战机空袭了黎牙实比。

14 日,美军继续对吕宋岛发起攻击。在马尼拉方面,当日 7 时 50 分至 15 时许,美军共计 270 架战机前后分 7 批空袭了马尼拉,给港内日军的船泊、基础设施以及甲米地情报部造成巨大损失,情报部船台也受损报废,2 艘运兵船遭到中度损坏。日方击落了 29 架美军战机。克拉克方面,从 7 时 45 分至 16 时,美军一共出动大约 90 架战机,分 4 轮空袭了日军的克拉克基地,但战果不显。

同日在海面上,当日 11 时 30 分至 14 时期间,美军出动约 70 架战机在新加坡和马尼拉之间的区域轰炸了日军船队,日方油船 2 艘沉没,护卫的反潜艇 1 艘中弹搁浅。作为迎战,日军在黄昏时分从台湾出动 17 架 T 部队战机迎战,但战果不显。

相对于美军的巨大战果而言,当日黎明时分日方出动 5 架水上轰炸机对莱特湾中美舰的袭击不值一提,这次日军飞机的炸弹仅仅命中了美方 1 艘大型运兵船而已。

回顾 11 月上半月,相比日军派出的数量上少得可怜的飞机而言,美军依然是以大规模的机群袭击日军的港口和基地,虽然日军击落了其中一部分的战机,但这对美军后续战斗力来说并未造成多大的影响。相反,美军通过对菲律宾群岛实施的多点轰炸,使日军丧失了大量的舰船和战机,进一步削弱了日军在莱特岛争夺战中的支撑力。特别值得注意的是,不管是 T 部队还是特攻队,在这段时间内都没有表现出日军高层寄予厚望的突出的战斗力。

为了挽回颓败的局面,日本第1联合陆基航空部队(第1、2航空舰队)紧急向大本营建议,希望允许麾下各个机种的攻击全部换成"特攻"。大本营同意了该建议,首先下令日本本土的见习航空队教官立刻编成航空队,又将担任本土航空作战的第3航空舰队的大部兵力增援给第1、2航空舰队。11月15日,在莱特湾一线作战中兵力消耗较大的飞行队受命返回日本本土接受整编。同日,T攻击部队则把兵力悉数调进了菲律宾群岛,以接替返回本土的飞行队。

日军航空部队之所以全面换防并改为全面"特攻",并不仅仅是因为一线作战部队过于疲劳,还因为莱特岛上的日军战况已经越来越糟糕了。截至11月17日,日本海军驻塔克洛班的部队已经撤退到奥尔莫克港,仅剩下260名战斗员了。

在日军航空部队换防和莱特岛上的日军大败退的当口,美军展开了积极的进攻。日军照例只能派出少量的飞机进行周旋。

16日11时,美军出动39架B-24轰炸机和15架P-38战斗机,向停泊在文莱湾的日军舰队发起猛攻,在近距离击中了日方的羽黑号(重型巡洋舰)、大淀号(轻型巡洋舰)和雪风号(驱逐舰),美军自损战机1架。

当日午后,美方的一支运输船队冲进了莱特湾。日方在16日出动6架T部队攻击机和2架水上轰炸机,17日又出动12架特攻战机、4架T部队攻击机和水上轰炸机队对美军船队作战,但两日战果不明。

在18日的黎明、黄昏以及19日的黎明这三个时间,日军共出动29架战机对美方的塔克洛班机场、停泊在莱特湾内的舰艇以及莫罗泰机场发动了进攻,击沉美军运输船3艘,击伤4艘。

19 日,美军航母舰队袭击了吕宋岛全岛,其中 110 架飞机攻击马尼拉,160 架飞机袭击克拉克机场,100 架飞机袭击吕宋岛中部的西海面,约 70 架飞机袭击阿帕里和拉瓦格(Laoag)地区,36 架飞机袭击八打雁地区。作为迎战,日军从克拉克基地出动了特攻队 3 个小队(一共 14 架左右),从台南方面出动了 17 架 T 部队攻击机前往,战报称击沉美军巡洋舰 2 艘。在圣费尔南多水面,美军 2 艘舰艇攻击了返航中的日军重型巡洋舰熊野号,并致其搁浅。

从上述日军换防后数日的战况来看,虽然美日双方各有战果,甚至美军在 19 日出动了多达 476 架飞机却无甚战果,但是这并不妨碍美军的后续战力。相反,战机数量有限而且难以为继的日军,正在日复一日地被战争消耗着自己的战机。这场根本不是一个重量级的较量中,最后的胜利属于美军已成定局。

因此进入 11 月下旬,看到日军已经无法组织起大规模的空战和海战,美军航母舰队的活动开始减少。这个时候的莱特湾内,形势对美军来说可谓是一片大好:美军的运兵船陆续入泊莱特湾,湾内时常可以看到美军的航母、战列舰以及其他舰艇,已经建好的美军桥头堡也得到了进一步的加固。

在美军强大的工业体系面前,日军只能尽其所能,进行象征性的抵抗而已。11 月 20 日,日军潜艇部队对停泊在乌利西环礁(Ulithi Atoll)的美军舰队实行了“回天”(人体鱼雷)奇袭,同时还从达沃起飞了 4 架银河式轰炸机作为特攻战机对其发起攻击,但是中途遇到了一支由 4 艘航母、6 艘巡改航母、30 艘运输船及多艘其他舰船组成的美军部队,于是转而对其发起进攻,投下的 1 枚 800 千克的炸弹命中了美军 1 艘舰队航母。

三、日本空军第二次总攻莱特湾失败

看到美军的航母舰队活动减少，日军航空部队掩护实施的莱特湾增援运输作战也就趁机达到了最高潮。为了继续增兵莱特湾，日军决定实施第五次和第六次运输作战。于是日军高层制定了一个陆海军协同作战的计划，此即第二次航空总攻莱特湾的计划。

该计划预定从 24 日开始进入全面作战阶段，计划的核心内容如下：

> 攻击莱特岛机场：22 日—27 日，每天由陆海军协同作战；
> 攻击水面停留舰艇：23 日—27 日，每天由海军执行作战；
> 肃清船队的护航鱼雷艇及护航战机：26 日—27 日，由海军负责。①

按照作战计划，22 日、23 日，日方分别出动了 10 架、14 架飞机向莱特湾方面的美军运输船发起进攻，战报显示两日一共击沉了美军运输船 2 艘。

24 日是总攻演习日。当天，日方首先出动 51 架战机前往莱特湾上空，与美军前来拦截的 40 架战机交火后，日军不仅完全没有达到压制莱特湾机场的战略效果，反而失去了 15 架战机。当晚日军出动 13 架战机偷袭莱特岛上的美方机场，战果不明；还出动海军飞机 22 架和陆军飞机 3 架前往莱特湾轰炸美军舰艇，仅仅击沉了美军运输船 1 艘。

25 日是预定的总攻日。按照计划，若美军方面未出现精锐舰

---

① JACAR（アジア歴史資料センター）Ref. C14061134100、昭和 19 年 10 月 昭和 19 年 12 月 レイテ作戦（防衛省防衛研究所）。

队,日军将只使用特攻队之外的兵力攻击美方舰艇。不过当天正好有一支包含潜艇在内的美军航母舰队正从吕宋岛方向朝日军袭来,因此日军决定延期发动总攻。美军的这一支航母舰队规模庞大,共有大约 270 架战机,分别在马尼拉、克拉克基地、八打雁、圣克鲁斯(Santa Cruz)、圣费尔南多以及阿帕里等地猛烈轰炸了日军。在阿帕里,日军第五次运输船队第三梯队的 3 艘船遇袭并损失了 2 艘,不得不中止增援莱特湾的行动;台湾方面增援马尼拉日军的一支船队(1 艘护卫舰和 3 艘运输舰)也遇袭全部沉没;另外曾在圣克鲁斯洋面搁浅的熊野号重型巡洋舰,再度受到美军炮火的攻击而最终沉没。日军当时出动了 22 架特攻战机外加 27 架护航战机共 49 架全力应战,击沉了美方大型航母 1 艘、中型航母 1 艘和巡洋舰 1 艘,另外特攻战机中的 1 架撞沉了美军航母 1 艘,3 架特攻战机在塔克洛班洋面击沉了美军运输船 2 艘。取得这些战果的代价是,日军损失了一半兵力,包括 11 架特攻战机和 16 架护航战机。①

　　26 日暂时撤退后,美军又在当天派了 1 艘运兵船突入莱特湾。日军前方侦察系统将这 1 艘运输船误报为 10 艘运输船,收到报告后的日军指挥官终于决定在 27 日发动对美总攻击。27 日这一天,一直在达沃和宿务岛待命的日军攻击队,恰恰因为没有及时收到电报而没有参战。结果当天参加对美总攻击的日方战机,只有特攻战机 9 架和其他战机 26 架。不但如此,参战的日军战机队还因为天气恶劣以及在塔克洛班上空受到了美军战机的火力妨碍,结果找不到攻击目标而不得不提前撤退。如此一来,日本上下都倍

———————————

① 同一份日军记录里又说,当日第 1 联合陆基航空部队实际出动 97 架次,手上保有 183 架战机。

加关注的这次总攻击以失败而告终。

日军对莱特湾的第二次总攻之所以失败,起因是侦察员误报了数字,暴露出日军前线军心浮躁。而从计划实施环节来看,参战部队没有及时收到电报(日军在前述的海战中已经屡次遭遇此类情况),说明通信系统这一老问题仍然没有解决。

四、美军情报工作的精彩助力

至 12 月 1 日,日军保有 202 架飞机,实际可调动 124 架;机组飞行员共保有 353 组,实际可调动 241 组。这些数字在美军方面的巨大数字面前肯定是相形见绌的,但这并不妨碍日军偶尔也可以取得较好的战果。

(一)日军战机轰炸美军鱼雷艇部队

在前述的美日大海战中,美军鱼雷表现精彩,而日军鱼雷的表现则明显乏善可陈(详见本章第八节)。事实上,自从 1944 年 11 月下旬日军第六次运输作战之后,卡莫特斯海和卡里加拉湾一带的美军就愈发积极地开始以鱼雷进攻日军,成功地阻碍了日军出入奥尔莫克湾。因此从 11 月下旬对美军发动航空总攻击之际开始,日军驻甲米地基地的水上轰炸机队和宿务岛的夜战队就一直在暗中狙击美军的鱼雷艇部队,并且取得了较好的战果。

11 月 29 日晨日军接到报告,称美军的 40 艘鱼雷艇正从苏里高航路开始北上。美军的这一行动正好与原来日方设想的 12 月初实行第七次增援莱特岛作战相吻合,因此从 11 月 29 日夜里到 12 月 3 日黎明的这段时间内,日军每天晚上都组织了针对美军鱼雷艇的狙击。第一夜(29 日夜至 30 日清晨)日军共有 6 架战机参战,发现了 6 艘美军鱼雷艇,击沉了其中 2 艘。第二夜共 6 架水上轰炸机和若干夜战飞机参战,击沉了美军鱼雷艇 4 艘,重创 1 艘。

第三夜共 5 架水上轰炸机和 5 架月光型夜战飞机参战,在卡莫特斯群岛以北至卡里加拉湾之间的海域上,炸沉了美军鱼雷艇 1 艘,重创 2 艘,又让梅里达(Merida)港内的美军运输船 1 艘着火;另在苏里高航道上击中了 1 艘美军驱逐舰。第四夜共计有 6 架水上轰炸机参战,在卡莫特斯海击沉了美军小型运输船 1 艘,击破大型鱼雷艇 1 艘、小型运输船 1 艘。同样是第四夜,第七次运输部队的第三、第四梯队杀入奥尔莫克港,与在泊中的 3 艘美军驱逐舰交火,夜战队与水上轰炸队则在旁边进行了协助。

　　如果说上述日军取得的较好战果与其擅长夜战(经过了训练)有关,那么接下来美军在空战中出神入化的表现,则一定与美军先进的雷达技术有关。雷达的功能就是发现敌人和指引攻击,美军把雷达安装到自己的潜艇上,这些潜艇曾经成为日军飞机和舰艇的噩梦,那么进入 12 月以后,这一噩梦还会继续上演。

　　(二)美军战机在轰炸运输船作战中的优秀表现

　　进入 12 月,随着美日两军在莱特岛上的争夺进入最后阶段,岛外两军航空兵互相轰炸运输船的战斗也如火如荼。

　　日军发现进入 12 月后美军从奥尔莫克湾方向攻打莱特岛的倾向日益明显,遂于 4 日清晨以 4 架陆上攻击机在连接卡里加拉湾和莱特湾的圣凡尼科(San Juanico)航路的西出口处,选择 14 个地方埋下了浮式鱼雷。同时日军不断在莱特湾之外攻击美军的运输船。12 月 3 日,日方从达沃派出 6 架战机前去苏卢安岛的东南防线攻击美军的运输船,所获战果不明。12 月 5 日,日军发现有 4 支(共约 80 艘)美军舰队正从苏里高海峡东方朝莱特湾赶来,接到情报的达沃和宿务驻军迅速起飞作战,击沉美军舰艇 6 艘,击伤 3 艘。

　　12 月 6 日,宿务岛方面的日军特攻队(15 架特攻战机,14 架护航战机)分 4 次攻击了莱特岛西面海上的美军运输船队,但无显著战果。是日，40多架日军战机罕见地都没有执行任务，全部停在地面上。美军看准机会，在中午时分轰炸了它们，一共炸毁地面上24架日军战机。当晚，日军出动2架陆上攻击机，7日晨又出动8架水上轰炸机，分别攻击了奥尔莫克港南方的美军运输部队，但效果不显。这是美军情报工作的胜利。

12月7日午后，日军侦察机发现美军的大部队开始从卡莫特斯群岛的南方出发向宿务岛方向航行，日军判断美军要开始攻打宿务岛，于是下令举全部航空兵力猛攻美军。日军从克拉克基地出动了56架飞机前往攻击，在卡莫特斯海击沉美方巡洋舰1艘、驱逐舰2艘。日方档案记载称，此战中日军战机没有战斗损失，但因为海上天气恶劣而有20架飞机坠海。

现在，尽管日军拼上了航空部队最后仅存的全部兵力，但美军势力过于强大，正在一点一点地向莱特湾的奥尔莫克港——日军增援运输的登陆点压迫而来。日军的莱特岛增援作战面临困境，只能勉强与美军周旋。12月7日，美军舰队在奥尔莫克港南部对陆上的日军设施进行炮击，美军开始登陆奥尔莫克港。当时日方已无可以反抗的舰队。是日，等到日军的第八次运输部队刚刚在圣伊西德罗（San Isidro）港靠岸，美军的数十架战机就及时赶到，日军的25架护航战机护卫失败，日军的运输舰起火，最终只有舰上的人员勉强登陆成功。这是美军情报工作的第二次优秀表现。接着在12月12日，当时日军第九次运输部队正在航行途中，就在日军两批护航战机交接的当口，日军运输部队的上空出现了短暂的护卫真空（暂时没有一架飞机），美军的数十架战机准时赶到，对日军运输队发起攻击，日方的2艘运输舰起了大火，剩下的1艘勉强到达了帕隆蓬港。这是美军情报工作的第三次优秀表现。

至此，日军在菲战机几乎被消灭干净，舰队也早已失去反抗力量,美军已经在奥尔莫克登陆,夺取莱特岛的日子越来越近了。

第十一节　美军占领莱特岛

继驻岛日军第16师团损兵折将、付出惨重的伤亡代价数日之后,增援部队日军第1师团共13 000人于11月1日在莱特岛西岸的奥尔莫克登陆,其作战任务是推进到莱特岛北岸的卡里加拉地区,在那里与美军交战。

11月3日,日军第1师团得知卡里加拉已经被美军占领后,马上调整了原来的部署,命令第57联队到莱蒙山一线、第49联队到552高地、第1联队到皮纳山各自设防,企图共同攻击美军的后方。第57联队从11月5日起便在莱蒙山正面与美军展开了激烈的拉锯战。美军拥有250门火炮,日军仅有36门,火力悬殊。而第49联队方面则出于各种原因,直到11月14日才登上552高地。[①] 第49联队经过11月18日和19日两天的苦战,虽然局部战胜了美军,但到21日因为精疲力竭而无法执行师团长突袭美军主力侧后的命令。这样,在夺回该高地后,第49联队只留下少数兵力守卫,奉命将主力撤回师团司令部,这时只剩下353人了。11月30日,552高地被美军占领。[②]

日军火力不及美军,但是作战也很勇猛,两军一番苦战之后,美军开始攻击日军防线中比较薄弱的左翼,于12月5日以两个师的兵力发起总攻击,12月7日在奥尔莫克附近的伊皮尔(Ipil)实现登陆,4天之后即夺取奥尔莫克。奥尔莫克被美军占领,意味着日

---

① 参见唐茜、丛丕编著:《太平洋战争中的日本陆军联队全史》,第159页。
② 参见唐茜、丛丕编著:《太平洋战争中的日本陆军联队全史》,第160页。

军作战的补给线已经被切断。见此，位于宿务岛的日方海军航空部队虽然也对其发起过阻截作战，但没能遏制住美军的势力。日军唯一的增援道路被堵死，岛上日军的处境急速恶化。

为了创造空中支援的可能性，日军大本营从 11 月下旬起开始着手准备"和号作战"计划。具体来说，就是日本陆军打算于 12 月上旬往莱特岛上的布拉文方面投下空降部队，同时由陆军在同一地区的地面进行接应，试图夺回丢掉的据点。随着 12 月 7 日高千穗空降部队在杜拉格基地着陆，和号作战计划开始实施。作为策应，第 16 师团的敢死队 1 300 人加上第 26 师团第 13 联队第 3 大队的 40 支敢死队一同杀至布拉文机场周边地区，但天亮以后遭遇美军强大火力的反击而无法扩大战果，后经努力也未能实现作战目标，各部只得退出战斗。

12 月 13 日，第 57 联队在损失 2 000 人之后，残部撤至师团司令部所在地，1945 年 1 月撤至宿务岛的人员仅仅剩下 174 人。第 49 联队在 12 月 20 日奉命撤往宿务岛时仅存 208 人。[①] 12 月 21 日，日军第 1 师团第 1 联队也被迫从莱蒙山撤退，当退至莱特岛西部的坎奇伯特山时，第 1 联队仅剩下战斗员 142 人。[②]

至此，之前增援而来的全部陆军部队都已惨败。

12 月 11 日，日军第 8 师团步兵第 5 联队主力 2 500 人在莱特岛西岸帕隆蓬上岸，赶上了莱特岛陆战的最后作战。12 月 18 日，高阶联队长赶到了指挥莱特岛守备部队的第 35 军司令部，授命攻击巴伦西亚（Valencia）方向的美军。但是 12 月 19 日美军就突袭了第 35 军司令部，当晚抵达利巴贡（Libagon）前线的第 5 联队主力

---

① 参见唐茜、丛丕编著：《太平洋战争中的日本陆军联队全史》，第 160 页。
② 参见唐茜、丛丕编著：《太平洋战争中的日本陆军联队全史》，第 157 页。

与美军的一个师正面交战,几乎全灭。

由于日军的陆上作战已经完全失败,12 月 25 日圣诞节这一天,麦克阿瑟元帅宣布美军已经掌握莱特岛。同一天,指挥莱特岛防守的日军第 35 军司令官铃木宗作中将也下令放弃莱特岛,对岛上的日军残部要求"自活自战,永久抗战"①。

莱特湾战役中,除去双方的舰艇乘员和航空部队之外,日军6.8万人死亡,400 人投降,1 000 余人撤离;盟军战死 3 500 人,负伤 1.2 万人。②

从时间上来看,与莱特湾海战关联的航空作战从 10 月 10 日美军航母舰队登陆西南群岛开始,以 12 月中旬日军放弃对莱特湾进行增援而告终。美军首先拿莱特岛开刀,这是采取了中部切割(腰斩)的战法,与此前的"打点断援"战法一脉相承。然后美军抓住莱特湾大作文章,几乎是将它变成一个吞噬钢铁巨兽的大漩涡,将整个菲律宾的主要日军兵力都吸引到莱特湾和莱特岛上来,并完成了大绞杀。莱特湾战役消灭了日军的几乎全部航空兵力以及大部分的海军兵力,因此大大减轻了美军下一步反攻吕宋岛和棉兰老岛的压力,美军将要付出的代价也就小得多了。

对于日本而言,莱特湾攻防战的成功与否直接决定着整个菲律宾防御作战的大势,为此日本海军倾注了全部的残余舰队和航

---

① 参见唐茜、丛丕编著:《太平洋战争中的日本陆军联队全史》,第 164 页。

② 参见赵振愚:《太平洋战争海战史:1941—1945》,第 615 页。关于这一组数据,似乎存在着很多版本,比如有学者写道:"在莱特战役中,盟军消灭日军 8 万余人,其中有三分之一是在肃清战斗中被消灭的。其间,被第 6 军俘虏的日军士兵 828 人。美军的伤亡情况是,陆军 3 508 人阵亡,12 000 人受伤。此外,在莱特岛的四周,美国海军有数百人牺牲……"(参见[美]安德鲁·威斯特、格里高里·路易斯·莫特逊著,穆占劳等译:《血战太平洋》,北京:国际文化出版公司 2002 年版,第 256 页。)

空兵力,这被认为是赌上了日本国力的一战。从结局来说,莱特湾战役无疑再次沉重地、更为彻底地打击了日军的作战信心。

几乎每个学者都认为,在莱特湾海战中,日军的航空兵力明显占据劣势决定了此次战役美日双方的命运。笔者认为,还应该重视情报的破译和雷达的先进,它们显示出美军的情报工作非常出色。

在此后的菲律宾战场上,1945 年 1 月 9 日美军自林加延湾方面开始登陆吕宋岛,虽然日本第 14 方面军也对反攻的美军实施了"特攻"或敢死式阻击,但由于日军在吕宋岛的地面作战方面准备不足,以及美日双方空战能力悬殊,所以战场态势逐渐倾斜。至 5 月末,美军已控制吕宋岛的大部地区。

第八章　盟军攻入日本本土

　　莱特湾战役之后,日本的本土已经暴露在盟军眼前,日本败亡之色日浓。台湾岛—冲绳岛—硫黄岛一线,这是日本防守国土四大岛的最后一道防线。

　　早在 1944 年 10 月莱特湾战役刚刚发动之时,美国参谋长联席会议便向太平洋战区总司令尼米兹上将下达指令,要求美军在占领硫黄岛之后,下一步攻取琉球群岛的一个或数个海岛。对日军的这最后一道防线,美军司令部决定在轰炸日本本土四大岛震慑敌胆的同时,继续采取打点断援的战略,于 1945 年 2 月中旬首先攻打硫黄岛,切断日本本土同冲绳和台湾两岛之间的互联互援,然后在 3 月下旬攻打琉球群岛(美军给冲绳战役起的代号为"冰山")。

第一节　盟军攻克硫黄岛

一、战前的情况

　　硫黄岛位于日本四大岛最南端的九州岛以南,属于小笠原群岛,长约 8 千米,宽约 4 千米。由于地近九州岛,硫黄岛是美军踏上九州岛的最近跳板,所以战略地位重要。

日军大本营对小笠原群岛的防守也是有准备的。早在 1944 年 5 月末,日军大本营将硫黄岛所在的小笠原群岛的陆军部队合编为第 109 师团,栗林忠道任师团长,统一指挥硫黄岛的防守战。7 月 10 日,海军也派来第 27 航空战队助战。

其后,随着莱特湾前期"去势"作战的展开,美军也对硫黄岛实施了轰炸。据日本守岛高炮部队记录显示,1944 年 8 月 16 日近 11 时,美军大型飞机 8 架攻击了硫黄岛以北的母岛,于是日军硫黄岛守军开始加紧备战。17 日开始至 31 日,美军每天出动飞机 16 架以上轰炸硫黄岛上的第一机场和第二机场,最后两天还进行了夜间空袭。此时岛上的日军战机已经不能使用。进入 9 月,美军加大了轰炸的频率。9 月 1 日晨,美军 F－4 野猫战机和舰攻机一共 100 架次以上袭击了第二机场、气象站、高炮阵地,傍晚也是无休止的空袭。9 月 2 日,战舰 2 艘、驱逐舰 4 艘构成的美军舰队用舰炮射击了日军阵地。9 月 3 日 13 时半,美军战机 21 架轰炸第一机场、电探和日野炮高地。

面对美军的大力度轰炸,日军从本土调派了部分战机增援硫黄岛:9 月 4 日 3 架,6 日 3 架,7 日 9 架,13 日 2 架,9 月上中旬日军一共来援 17 架。美军依然以每天或间隔一天的频率在反复轰炸硫黄岛上的两处机场和高炮阵地,9 月上半月出动了至少 280 架次战机;下半月,美军出动 24 架次,频率大为减少,轰炸了日军第一机场和海岸阵地。其间日军增援飞机 19 架,损失 4 架,美军损失飞机 1 架。至 10 月 1 日,日军在岛飞机大约有 32 架。

在第二阶段,随着莱特湾战役正式开始,10 月 1 日至 10 日,美军对硫黄岛的轰炸频率也降低了,只出动了 48 架,轰炸对象仍然

是岛上日军的机场和海岸阵地。15 日、21 日、25 日，美军分别出动
了 27 架、28 架、30 架轰炸机场，日军仅仅击落其中 2 架。特别是
10 月 15 日，美军飞机高度在 6 000 米以上，日军炮兵叹息"野战高
炮的炮弹打不着，很遗憾"①。

　　进入 11 月，随着莱特湾大空战的进行，为了减少日军航空力
量对莱特湾的增援，美军加大了对硫黄岛的轰炸力度。11 月 1 日
至 12 日，美军至少出动了 117 架次飞机轰炸硫黄岛。

　　在莱特湾战役接近尾声时，11 月 9 日斯大林在演说中宣称苏
联视日本为侵略国，盟军方面更添了一个强大的助力。

　　失去菲律宾屏障之后的日军大本营已经没有多少牌可以打
了。随着 1945 年初美军逼近日本本土，日军大本营为防守本土采
取了两个明显的动作。一是在本土的北方，日军驻北千岛的千岛
方面根据地部队的大部撤至大凑附近，与日本陆军会合一道，企图
以其残余兵力共同防守千岛。然而，这些部队已无作战实力。二
是在本土的南方，为了防备盟军从九州和西南群岛对日本本土发
起攻击，日本海军于同年 2 月 10 日组建了第 5 航空舰队，其作战任
务确定为专门针对盟军舰船实施"特攻"。特攻舰队的组建，是日
本法西斯丧心病狂的表现。

二、硫黄岛战役的经过

　　美军专门针对硫黄岛的轰炸始于 1945 年 1 月。但此时硫黄岛
内的日军作战飞机已经不多。如表 8-1 所示，从 1945 年 1 月中旬
开始直到 2 月 14 日，日本在用包含带伤战机在内的飞机增援硫黄

---

① JACAR(アジア歴史資料センター)Ref. C08030697700、昭和 19 年 8 月 16 日～昭和
20 年 1 月 29 日 硫黄島 2 段岩野高砲台戦時日誌(防衛省防衛研究所)。

岛,其中的可作战飞机总计 51 架,从表中的多处"大破"字样可以看出,到 2 月 14 日,日军仅有的这些飞机在同美军的交战中受损严重,已经没有战斗力了。

表 8-1　硫黄岛航空队燃料班作业记录整理表

时间	来岛日机情况	本岛可作战飞机(架)
1 月 17 日	零战 11 架来(3 架大破),彩云 2 架(去塞班),一式 3 架(2 架运输机,1 架去南鸟岛)	13
1 月 18 日	零战 1 架(大破)	0
1 月 21 日	零战 1 架(大破)	0
1 月 31 日	一式运输机 3 架(其中 1 架去南鸟岛)	3
2 月 3 日	预定夜战空运,但天气原因没有到达	—
2 月 5 日	飞龙 5 架 6 时到来	5
2 月 6 日	飞龙 7 架 6 时到来(1 架大破),飞往南鸟岛的一式机到达	7
2 月 7 日	飞龙 4 架 6 时到来(1 架大破)	3
2 月 9 日	一式运输机 2 架	2
2 月 11 日	一式运输机 3 架、彩云 5 架、飞龙 4 架到来	12
2 月 13 日	飞龙 5 架 9 时到来	5
2 月 14 日	一式运输机 1 架 10 时 30 分到来	1

资料来源:JACAR(アジア歴史資料センター)Ref. C13120009800、硫黄岛航空隊作業日誌 昭和 20 年度(防衛省防衛研究所)。

从 1945 年 2 月下旬开始,为进一步阻止日军后方增援,美军还对日本本土四大岛扩大了轰炸规模,加大了轰炸力度,日本兵工厂的受损激增,其概要见表 8-2。

表 8 - 2　太平洋战争期间日本全国兵工厂受损情况

类别 ＼ 时间	1942—1944	1945				
		1 月	2 月	3 月	4 月	5 月
美空袭次数	76	79	78	91	101	123
美空袭架次	2 079	598	3 193	4 608	2 997	5 462
美投弹种类 炸弹	4 980	2 793	4 997	7 263	25 100	14 025
燃烧弹	42 027	36 597	92 352	64 920	112 781	904 018
鱼雷				770	87	769
日死伤者 死者	2 657	1 515	1 516	89 045	8 957	11 186
重伤者	1 729	693	854	8 783	3 749	5 691
轻伤者	2 058	1 426	1 852	49 817	7 164	22 013
小计	6 444	3 634	4 222	147 645	19 870	38 890
日建筑物受损 全烧	20 394	3 969	25 178	54 503	283 916	356 560
半烧	622	682	1 208	5 037	3 025	3 025
全损	1 017	1 045	915	3 648	7 970	5 558
半损	1 622	1 865	1 434	4 840	8 441	7 543
日受灾者	62 498	18 891	85 352	2 194 283	1 169 099	1 320 414

资料来源:JACAR(アジア歴史資料センター)Ref. C13071361900、太平洋戦争各期に於ける全般状況(防衛省防衛研究所)。

　　经过外科手术式的打击之后,1945 年 2 月 16 日,美军开始缓慢登陆硫黄岛。按照计划,日军利用滩头阵地对登陆的美军实施了阻击。2 月 17 日,日军利用滩头阵地击退了逼近神山海岸及二根海岸的美军舟艇。2 月 19 日,日军在东部地区也击退了美军的登陆部队。同日 21 时,守岛的日军坦克联队两三次将大约两个师团的美军包围在圣何塞(San Jose)附近,致其大损,但是美军最终让日军的坦克全部失去了战斗力。

　　登陆部队上岛之后,美军以大约 60 艘舰艇的 400 余门舰炮猛轰岛上的要地。美军的舰炮射击威力巨大，档案显示，仅 2 月 18 日这一天，美军即从南海岸发射了 5 000 发炮弹，从正东面发射了 1 400 发，从正北面发射了 1 500 发。美军在两个星期内发射的炮弹推测大约有 3 万发。此外美军还有大约 130 艘的舟艇在不分昼夜地向岛上进行射击。美军的炮击和轰炸不仅对日军造成了巨大的杀伤，而且还从心理上极大地震慑了日军。

以航母为核心的美军航母舰队直接协助了本次作战，它们以舰载机 10 余架保持制空，同时对日军的海岸阵地、机场和主阵地进行了扫射。即使在登陆以后，从黎明到黄昏，美军的航母也是动辄出动数十架乃至 100 余架的战机无间断地加以扫射，一天之内进行扫射的战机达到 1 600 架次之多，完全控制了日军在白天的行动。获得千岛机场之后，美军更是从该机场直接起飞 P-38 等型飞机，对高射炮阵地等明显的目标实施反复扫射。舰炮及轰炸带来的硫黄岛每平方米的中弹量见表 8-3。另外美军还大量使用近地炸弹，协助渗透进攻。

表 8-3　美军的舰炮及轰炸给硫黄岛带来的每平方米的中弹量

地区	时间	一平方米的弹量	炮弹来源	
			舰炮	飞机
硫黄岛北部村落	1945 年 1 月 22 日	1.234 吨	6 000 发	60 架
硫黄岛南海岸	1945 年 1 月 18 日	1.278 吨	5 000 发	40 架

注：美军公布称，登陆硫黄岛之前的舰炮射击弹量达到 8 000 吨，火箭弹 8 000 发。另，上表不含美军地上炮火的弹量。

资料来源：「戦訓特報第 43 号 硫黄島に於ける戦闘教訓並に作戦経過の概要 昭和 20 年 3 月 22 日」、JACAR（アジア歴史資料センター）Ref. C19010117200、戦訓特報綴 其の 5 昭 20.3～20.6（防衛省防衛研究所）。

美军对日军主阵地的攻击颇有特点，具体如下：

第一，大炮、飞机、坦克、步兵之间的配合和联系极为紧密，以猛烈的炮轰压制既设阵地的整个纵深。

第二,美军虽然在阵地前数百米展开,但不是对阵地全体发起攻击,而是先上飞机实施轰炸,再以数辆至十多辆坦克通过开炮和扫射开路,引领步兵选择日军阵地的薄弱点楔入(飞机、坦克的配比大致是每2—3辆坦克配1架飞机)。

第三,美军使用的M1重型坦克碾压日军的轻型坦克。特别是美军的水陆两用坦克M4坦克速度极快,一秒可以跃进5米,给日军坦克部队和步兵造成了巨大的伤亡。在登陆之初的2月19日拂晓,美军的水陆两用坦克发起轮番进攻,日军独立速射炮第8大队小队长中村少尉在操炮打趴20多辆坦克后战死。独立速射炮第12大队2月22日在元山机场迎击一边猛烈开炮一边攻击而来的美军坦克,通过事先准备好的火力网,致美军坦克受损严重。该大队的大队长早内大尉更是操炮打趴数辆,致其起火。待己方的火炮基本被美军击毁之后,早内又率先抱起炸药包冲向一辆美军坦克,同归于尽。至3月10日,尽管日军打趴了美军坦克计270辆,但日军的重火力部队也已损失殆尽,而美军仍有坦克作战,并且损坏的坦克修理也很快。

在美军的强势攻击之下,日军丢弃洞外阵地,被迫退入洞窟阵地作战,并坚持了很久。由于初次在日本本土作战,并且一开始就遭遇到了洞窟作战,美军对此很不熟悉,也付出了巨大的伤亡代价。最后美军采取的办法是,先通过猛烈的射击逼迫日军退入洞窟,进而对准洞口喷射火焰,再以坦克堵住洞口,之后则在洞窟的上方实施凿洞爆破,通过炸塌洞门让日军窒息。

至3月16日,退守硫黄岛东北部的日军大部被歼,小股残余在最高指挥官栗林指挥下继续游击战。战斗进行到尾声的3月27日,日军司令部每个小时受到的炮击不少于100发,最终达到了每个小时600发,并且其中掺杂了黄磷燃烧弹。至此,日军全部阵亡,历时两个多月的硫黄岛战役宣告结束。

三、硫黄岛战役的战果及意义

据战后统计,此战防守一方的日军先后参战兵力 2.3 万人,死亡 2.23 万人,其余被俘;进攻一方的美军参战兵力至少 6.1 万人(不含舰艇部队),死亡 2.6 万人。[①]

美军在此次作战中的伤亡被公认为在整个太平洋战争中最大的,主要原因是日军依托洞窟修筑的坑道让美军伤亡惨重。不过硫黄岛战役对美军来说有重要意义。首先美军在此次作战中首度遭遇大规模且坚固的洞窟阵地,为接下来的冲绳战役中攻打日军洞窟阵地积累了经验。其次,美军登陆日本本土作战首战告捷,无疑增大了美军继续进军的信心,相反,日军受到的心理打击非常巨大。最后,也是最为关键的一点,那就是美军通过此战获得了踏上九州岛的跳板,达成了战略目的。

第二节　盟军攻克冲绳岛

从台湾岛—冲绳岛—硫黄岛—九州岛这条日军补给线来看,美军要攻入九州岛,必须要打掉九州岛同台湾岛之间的两个中继点,其一是硫黄岛,其二是冲绳岛。现在美军已经打掉了硫黄岛,按照美军打点断援的战法,冲绳岛顺理成章地就成了美军下一个作战目标的选项。加上此时美国国内要求立即进攻日本本土的呼声高涨,因此美军也需要在广大的正面设立航空基地及进攻基地。另外,冲绳岛距离九州岛大约 550 千米,如果将日本战机的作战半

---

① 参见赵振愚:《太平洋战争海战史:1941—1945》,第 628—629 页。

径纳入考虑的话,那么只有拿下冲绳岛,美军才能够回避日本航空部队来自台湾岛、中国大陆和九州方面的攻击。

一、战前的国际形势

欧洲战场方面。自美英联军在北非成功登陆开辟第二战场以来,1944 年 12 月,德军在西部战线的反击攻势失败,继而 1945 年 1 月中旬德军在东部战线遭受苏军的冬季攻势,后退到了奥得河(Oder)。苏联于 4 月 6 日宣布苏日中立条约到期后不再有效。

缅甸战场方面。日军在 1944 年 12 月末完成了对南坎、孟密、曼德勒附近伊落瓦底江(Irrawaddy River)左岸一线以及缅甸西南要地的态势整理,并积极准备下一期的会战,但伊落瓦底江畔的会战未能成功。

中国战场方面,日军在作最后的挣扎。2 月上旬日军的粤汉作战达成目的,粤汉线被打通,同时日军攻占了江西的遂川、赣州方面的美军航空基地,接着在 3 月开始了湖北老河口作战,4 月开始了湖南芷江作战。

二、美军的反攻准备

对于美军对台湾或冲绳的作战,日军大本营判断,美军将在菲律宾群岛作战结束后(1944 年末菲律宾群岛方面作战正在进行时),继续沿华南沿岸至台湾一线作战。进入 1945 年,日军大本营判断,2 月末开始至 3 月上旬左右美军将在台湾作战,3 月下旬至 4 月上旬美军将直接杀向冲绳岛方面,"估计其作战规模最初有 3 个师团左右"[1]。

---

[1] 「沖縄作戦に関する質問書」、JACAR(アジア歴史資料センター)Ref. C15010011800、連合軍司令部の質問に対する回答文書綴 2/26 昭 20. 12. 10～20. 12. 22(防衛省防衛研究所)。

　　日军大本营在美军下一步反攻方向上的判断并没有错,但是美军为了反攻冲绳岛所派出的兵力超过了日军大本营的预想。美国陆军中将西蒙·巴克纳(Simon B. Buckner)受命负责冲绳反攻战役的陆军作战,他手下的兵力包括:第 10 军团(下辖 4 个陆军师)、3 个陆军师(预备队)、1 个海军陆战师,总参战兵力为战斗员 18 万余人。此外海军方面的负责人则是美国第 5 舰队司令斯普鲁恩斯海军上将,他手下的兵力有登陆编队舰艇计 1 200 余艘,支援兵力有第 58 特混舰队(美军)和第 57 特混舰队(英军),后勤舰队有 100 余艘。海军的战机(舰载机)共有 1 550 架。①

　　美军对冲绳岛的反攻准备分为以下两个阶段。

　　第一阶段是铺垫阶段。在此阶段,美军通过狂轰滥炸,首先清除了冲绳县的中心城市那霸市的重点目标。在对硫黄岛发起攻击之后不久的 1944 年 10 月 10 日,美军飞机就轰炸了那霸的军事目标,次日继续轰炸了那霸市中与支持战争有关的机构。②

---

① 参见赵振愚:《太平洋战争海战史:1941—1945》,第 630 页。对于此处的美军参战人数,英国学者萨默维尔有不同说法,他写道:"总算起来,大约有 50 多万美军和超过 1 200 艘战舰(包括一支重要的英国分遣队)参加了对冲绳岛的战斗。"参见[英]萨默维尔著,文娟译:《二战战史》,长春:吉林文史出版社 2017 年版,第 227 页。

② 具体情况可以参照如下日方的抗议材料。《对美军战机无差别轰炸那霸的抗议》:"1944 年 10 月 10 日美军战机在白天 5 次空袭冲绳,第一次至第三次攻击主要对军事目标进行,及第四次攻击(八九十架左右)和第五次攻击专门针对非军事目标的那霸市区,轰炸了两天,让其化为废墟。此间美军以低空进行无差别的扫射和轰炸,杀伤很多无辜的非战斗人员,做出了非人道的行径。"《美军战机违反国际法规的情况》:"对非军事目标的盲射盲炸情况:美军战机主要在第四次和第五次对各学校、政府部门、制糖工厂等非军事目标及普通民宅投下炸弹、燃烧弹,被炸城市户数的大约三分之二烧毁,另外美军对于在防空洞及屋外行动的非战斗人员一人一马也不放过,加以射击。"参见「那霸無差別爆撃関係」、JACAR(アジア歴史資料センター)Ref. B02032457100、大東亜戦争関係一件/戦況/米機本邦空襲関係(A. 7)(外務省外交史料館)。

　　进入 1945 年 1 月以后，以菲律宾群岛为基地，美军飞机连日以一至数架 B‑24 组成的编队前往冲绳岛实施有计划的侦察。在侦察的同时，美军飞机也对海面上的日方大小船舶、陆上汽车等实施彻底攻击。伴随美空军的察打行动，美潜艇部队的活动也日益活跃。至 1945 年 2 月中旬以后，美军的前期打击已经完全阻断了日军运输船同本土与台湾之间的交通。

　　第二阶段是在硫黄岛战役大局已定之后的正式备战阶段。美军首先开始加紧运输军用物资。从 1945 年 2 月下旬开始，美军运输船队从中部太平洋出发，逐渐加大往北（马里亚纳方向）和往西（菲律宾方向）的运输量。3 月 1 日，尼米兹麾下的美军第 58 航母舰队派出一部开往冲绳岛海域。至 3 月上旬，美军已经悉数占领菲律宾群岛的重要机场，并在这些机场中部署了大量的航空兵力，同时美军派出很多潜艇对奄美大岛及冲绳岛周边实施进一步的侦察，并且猛然加大了运输力度。差不多到 3 月下旬，美军已经可以随时对冲绳方面发起攻击。

三、日军的防御计划及准备

（一）第一期战备

　　随着 1944 年 2 月美军航母舰队空袭特鲁克岛，日军大本营企图促进西南群岛及台湾方面的作战准备，于同年 3 月下旬开始制定"十号作战准备纲要"。该作战准备的目的，在于防卫西南方面的国土以及确保西南方面同"南方圈"（被日本占领的东南亚及太平洋地区）之间的交通，加强台湾至西南群岛的战备，以防美军偷袭，并形成能够粉碎美军进攻的态势。当时日军的紧要任务是加强该方面的航空战备。第 32 军也是为了达成上述目的于 1944 年 3 月编成，直属大本营并部署在西南群岛。当时第 32 军的司令部设在那霸市外，司令官为陆军中将渡边正夫，参谋长为陆军少将北川洁水。

该时期美军潜艇尚不活跃，日军大本营判断美军的进攻有三种可能性：（1）与进攻马里亚纳一线同时进攻冲绳；（2）夺取马里亚纳之后，经过充分的准备再夺取冲绳；（3）依然采取蛙跳战法，跳过新几内亚、菲岛、台湾的整体或者一部分，直接进攻冲绳。总之，美军很可能不会在乎小的岛屿，而会直接进攻西南群岛中具有大根据地性质的岛屿如冲绳岛或者宫古岛。

上述十号作战的战备方针是以航空作战准备为主，地面作战准备为辅。第 32 军的战备包括两方面：一是航空战备方面，日军在德之岛设了 2 个机场，在伊江岛设了 3 个机场，在冲绳岛设了北、中、南、东 4 个机场，在宫古岛设了东、中、西 3 个机场，在石垣岛设了 1 个机场；二是陆上战备，包括在冲绳岛地区以独混第 44 旅团、重炮第 7 联队为主，其主力置于鸟尻地区，一部置于伊江岛及本部半岛地区。

（二）第二期战备（捷号作战战备）

随着一直以为不会陷落的马里亚纳一线陷落，日军大本营立即开始增强在西南群岛、台湾、菲岛三方面的战备。1944 年 7 月下旬由大本营下令制定了捷号作战的指导计划，其中将抵挡美军攻打西南群岛的作战称为"捷二号作战"。

捷二号作战的指导要领是实施航空作战，其要点是：（1）以陆海航空的主力（集中使用在日本本土、中国大陆、台湾岛、菲岛方面的航空战力，总数在 1 500 架左右，相当于推定的美军机动飞机保有架数）将美军消灭在登陆前；（2）联合舰队应以全力参加作战；（3）第 32 军以所在岛屿的守军与航空及联合舰队的攻击相配合，歼灭登陆的美军。其中的航空作战计划概要如下：

第一，关于陆军航空兵力运用的计划方案：

从内地动用　6FA(一般飞机约 300 架,特攻战机约 400 架);

从中国动用　一般飞机约 100 架,特攻战机约 50 架;

从印支(越南)动用　一般飞机约 40 架给台湾;

从台湾岛动用　8FD(一般飞机约 200 架,特攻战机约 250 架)。

第二,陆海军航空部队迅速在中国东海的周边地区(中国东南、台湾,日本西南群岛、九州,朝鲜的南部)展开,歼灭美军攻击部队,海军主要协助歼灭美军航母舰队战机,陆军主要协助歼灭美运输船队。

第三,陆海军都要重视灵活运用特攻兵力和整顿。

第四,指挥上以陆海军协同作战为原则。①

日军大本营责成第 10 方面军司令官制定冲绳的防守计划,冲绳防卫的任务交给了其下辖的第 32 军。大本营下达给第 10 方面军司令官的任务是:(1) 防卫台湾及西南群岛(1945 年 2 月上旬为止);(2) 破坏美军基地在台湾及西南群岛的推进,以封杀美军对日本本土、朝鲜及中国沿海方面的攻击。另外,台湾及冲绳岛应该成为与九州及长江下游地区相辅相成的航空作战基地。

基于以上基本任务,第 10 方面军司令官下达给第 32 军司令官的作战任务是:以现有兵力(第 24、43、44 师团为基干的部队)确保冲绳岛等,破坏美军基地的建设,同时确保和加强日军的航空基地。②

---

① 「沖縄作戦に関する質問書」、JACAR(アジア歴史資料センター)Ref. C15010011800、連合軍司令部の質問に対する回答文書綴 2/26 昭 20. 12. 10～20. 12. 22(防衛省防衛研究所)。

② 「沖縄作戦に関する質問書」、JACAR(アジア歴史資料センター)Ref. C15010011800、連合軍司令部の質問に対する回答文書綴 2/26 昭 20. 12. 10～20. 12. 22(防衛省防衛研究所)。

基于大本营的捷二号作战计划，第 32 军主力在冲绳岛的作战方针是"以有力的一部致力于确保伊江岛及本部半岛，同时以第 32 军的主力占领冲绳岛南半部，对登陆该方面的敌军作临时处置，以集中兵力协同航空部队及海军，将美军歼灭在登陆地带"①。为了紧扣这一作战方针，作战计划的主干如下：

美军很可能会以五六个师团乃至 10 个师团登陆冲绳岛。

鉴于以前的战例，第 32 军司令部认为己方航空部队的战果不可过多期待。但是美军登陆时很可能会受到日本航空部队及海军的攻击，并出现极大的损失。

攻击登陆美军的有利时机，应该是美军登陆后在狭窄的海岸等待其海空军提供掩护的数日之间。

应当以有力的炮兵（集结待机的各种炮共有 100 门，轻型炮约数百门），对聚集在桥头堡的敌军及其资材给予沉重打击。

各兵团及主力炮兵的集中机动虽然会相当困难，但应积极利用夜间，完善交通网并加强训练。机动后的战斗在该方面通过事先准备好的洞窟阵地以及军需品，有成功的可能。

相信夜间可能的原因，在于敌军的登陆带有越洋性质，加上协助登陆的敌空军又全是舰载机，因此其夜间起降非常困难，以及敌军的舰炮射击在夜间也不太准。

敌军的战法一贯比日军注重科学和正确，因此他们不大可能从多个方面实施认真的登陆。这样，我军便极有可能对敌实施彻底而集中的攻击。

① JACAR（アジア歴史資料センター）Ref. C11110000100、沖縄作戦記録（改訂版）昭和 24 年 11 月（防衛省防衛研究所）。

　　由于我军及资材都在洞窟内,敌军登陆前的大规模炮击应该不会对我方造成任何损失。[1]

　　根据捷二号作战的防御计划,1944 年 7 月 15 日,第 32 军被编入台湾军。第 24 师团于 1944 年 8 月 1 日从日本国内出发,5 日、6 日抵达冲绳接受第 32 军指挥。师团司令部设在嘉手纳。第 62 师团于 1944 年 7 月划归大本营直辖。同年 8 月 20 日,该师团在冲绳岛那霸港登陆,归入第 32 军隶下。1944 年 7 月中旬至 8 月间,大本营将独混第 15 联队由内地空投到冲绳,并将第 9、24、62 师团部署到冲绳岛,将第 60 旅团部署到宫古、石垣两岛,将独混第 64 旅团部署到德之岛,将步兵第 36 联队部署到大东岛。

　　这样一来,在冲绳岛上,部署的骨干兵力有第 9 师团、第 24 师团、第 62 师团、独混第 44 旅团、独立机枪 4 个大队、独立速射炮 3 个大队和 2 个中队、坦克第 27 联队(缺编 1 个中队)、军炮兵队、军防空队、重炮第 7 联队、军船队、第 3 和第 4 游击队、电信第 36 联队,等等。后来冲绳战役爆发前,骨干部队中最精锐的第 9 师团被调走了。

　　9 月以后,第 32 军被编入第 10 方面军,军队的首脑也发生了如下变动:军参谋长由长勇少将(自 1944 年 7 月 10 日起)担任,军司令官由牛岛满中将(自 1944 年 8 月 10 日起)担任。

　　日军在第一期作战准备中关于美军企图攻取西南群岛的判断到了现在已经变得越来越清晰,特别是在美军进攻贝里琉和莫罗泰之后更是如此。因此第 32 军司令部估计美军攻打西南群岛的时间在 1945 年春季之后。具体来说,二期作战准备中第 32 军的敌

---

[1] JACAR(アジア歴史資料センター)Ref. C11110000100、沖縄作戦記録(改訂版)昭和 24 年 11 月(防衛省防衛研究所)。

情判断如下：

（1）尽管大本营在失去马里亚纳之后在加强第32军战备方面投入了很大的努力，但是自从美军开始进攻贝里琉和莫罗泰以来，其主要战线将指向菲岛一事就逐渐明朗化了。这样，日军战备的重点也必然专门指向菲律宾方面。

（2）美军航母舰队在3月10日举其主力攻击日本西南群岛，该攻击同台湾—冲绳空战及菲岛作战都有联系。当时美军的攻击重点指向了冲绳岛，来袭的飞机总计1000余架次，攻击目标为机场、港口和船舶等，最后冲绳的首府那霸受到燃烧弹攻击，连续燃烧数小时。该市也几乎烧光。船舶受损最大，死伤者中军方人员约有200人，市民约有数百人，军需品中粮食大约损失了一个月的份额，步枪、机枪的弹药损失了大约70万发，小口径炮弹损失大约1万发。

美军来袭的目的是协攻菲岛。从作战上看，军方的物质损失是轻微的，毋宁说对我方而言，这次空袭成了难得的一次（防空）训练。另外空袭在提高部队的自信心方面起了很大的作用。

（3）第32军的地面战备给空战提供了长达一个月的宝贵时间，地面经过尽力准备，取得了显著的进步。具体来说，洞窟阵地逐日加固，基于全军及各部队作战方针的大规模且彻底的多项演习陆续实施，效果显著。二期作战准备末期，全军官兵逐渐有了必胜的信心。[1]

（三）第三期作战（天号作战）准备

1944年10月下旬美军开始进攻菲岛中部，日军大本营下令实

---

[1] JACAR（アジア歴史資料センター）Ref. C11110000100、沖縄作戦記録（改訂版）昭和24年11月（防衛省防衛研究所）。

施捷一号作战,决定在该方面寻求决战。基于同年11月17日的大本营命令,第32军司令官将最精锐的第9师团抽出支援菲岛作战。随着第9师团被调走,11月25日第32军重新制定了防守冲绳岛的作战计划。

新的冲绳防守计划的核心有二:其一,指导思想是,第32军自主决定作战,以求最大化地消灭敌人;其二,作战方针是,以一部极力久守伊江岛,同时以主力占领冲绳岛南部的岛尻地区,在岛尻地区主防御阵地的沿岸一带粉碎美军的登陆行动,在北方主阵地的陆地正面寻求战略持久战,如果美军登陆中、北机场,则以主力出击该方面。

如上所述,第32军以独立的立场和计划准备着第三期作战。随着日军在菲律宾群岛的捷一号作战最终绝望,1945年2月上旬之后,面对新形势的日军大本营制定了新的作战计划(即天号航空作战计划)。该作战指导的一般方针是,对前来攻打西南群岛、台湾岛、中国大陆、中南部中国沿岸及法印(越南)南部等东中国海周边地区的美军,投入可用的陆海军全部航空兵力将其消灭,其中抵挡美军对西南群岛的战斗被称为"天一号作战"。作为最直接的体现,冲绳南机场的建设曾在1944年7月被命令暂停,现在大本营又下令继续修建。

不过第32军认为航空部队按照天号作战实施部署有些不合时宜,于是在1945年3月即向大本营作了反映,称立即、悉数、彻底地将冲绳岛内的所有机场都破坏掉方为对本方有利。但是第32军的意见没有立即被大本营认可,只有伊江岛的机场被允许破坏。这样,从3月10日开始第32军以当地航空部队开始对机场实施破坏。

基于新的作战计划,第32军开始了新的战备。这些战备具体而言包括以下各项。

1. 以红薯为主食实现自存

冲绳岛面积 1 207.5 平方千米,与中国上海市的崇明岛面积(1 269.1平方千米)差不多,相当于 55 个硫黄岛那么大。当时岛上的大米产量极少,农产品主要是红薯,每年不得不从台湾调入 20 余万石的大米。

日第 32 军进驻冲绳岛之后,考虑到依靠海上运输粮食不安全、不能确保粮食自给,作为军管时期的对策,第 32 军司令部决定军、官、民三方全部依靠当地自产的红薯维生。第 32 军司令部认为,既然岛上出产的红薯颇为丰富,那么另外再宰杀岛上所有的牛、马、猪等家畜作为军、官、民三方的粮食,则基本上可以实现自存。

粮食之外,第 32 军还尝试了制造木船、辎重车辆、部分药品等,只是由于岛上资源贫乏、工业基础薄弱而难见成果,不过作为汽车燃料的酒精生产取得了不错的成果,当时每个月以红薯为原料,能够生产 300 罐酒精。①

2. 分批向岛外和岛内疏散居民

战火即将点燃,为了避免非战斗人员的无辜伤亡,同时考虑到军食的确保问题,第 32 军从 1944 年夏天以来就对西南群岛特别是冲绳岛的居民强行实施了疏散。一个方法是向岛外疏散。第 32 军利用运输军队、军需品的空船,将冲绳岛居民主要疏散到九州岛,将宫古岛和石垣岛的居民主要疏散到台湾岛。总计起来,战斗

---

① 参见 JACAR(アジア歴史資料センター)Ref. C11110000100、沖縄作戦記録(改訂版)昭和 24 年 11 月(防衛省防衛研究所)。以下直到第 6 项("加强通信能力")的数据,如无特别说明,则均来此份档案。

开始之前,日军往岛外疏散的人员前者大约有 8 万,后者大约有 2 万。另外一个方法是实行岛内疏散。岛内疏散的主要原因有二,一是海上运输能力有限,二是有些岛民不太愿意迁移。1944 年年末,第 32 军预想到即将发生激战,决定将冲绳岛南半部的居民疏散到北半部,概况如下:(1) 60 岁以上的老人、国民学校的在校学生以及学前儿童,在 1945 年 3 月末之前完成了向北半部的疏散。第 32 军以北行的空车及空机帆船援助了疏散;(2) 其余的非战斗人员在判断战斗必然爆发的时刻,按照第 32 军的命令同时疏散到了北半部。通过军、官、民三方合作,在战斗开始前第一类疏散人员大约有 3 万人,第二类疏散人员与第一类差不多。

3. 在现有兵力基础上就地增兵

当时直接负责冲绳岛防御的日军陆军中将牛岛满率领的第 32 军,核心骨干兵力包括 3 个师团、1 个旅团、1 个坦克团以及数个炮兵部队。此外,日军海军少将太田实的 1 万名海军也驻扎在岛上。海军的具体情况为:(1) 西南群岛冲绳方面部署有海军根据地队司令官及第 4 海上护卫队司令官(同一司令官兼任)指挥下的部队及海军航空队的部队。根据地队及海上护卫队所辖有防空队、海岸炮台守备队、护卫舰艇部队等,与航空部队的部署相关联,部署在奄美大岛、喜界岛、冲绳岛、宫古岛及南大东岛;(2) 冲绳岛的海军部队的兵力、配置及指挥关系概要如下:兵力总员约 8 000 人,经过训练的战斗员有两千数百人,其他是新招入伍者,或者是工员和雇工等。兵器装备有 120 毫米以上的岸炮大约 40 门,高射炮数十门,高射机关炮约 100 门,重机枪约 150 挺,轻型迫击炮数十门,轻机枪约 200 挺,重掷弹筒约 200 个。大部配置在小禄海军机场周边,一部配置在陆军阵地内。总计起来,陆军和海军大约 10 万人。

最为精锐的第 9 师团被调走以后,第 32 军只能就地征兵补充兵员。为此牛岛满中将组织了当地民兵和志愿者来协助防御①，即日军所谓的"防卫召集"。除特设警备中队、特设警备工兵队的要员之外，根据岛民全员参加"皇土防卫"的精神，1945 年 1 月至 3 月期间，冲绳岛居民中 17 岁至 45 岁的男子几乎全部参战。他们具体包括：（1）海上挺进队的作业人员；（2）由冲绳岛各海上基地大队的主力改编的战斗部队。他们作为新补充的 4 个战队，合计人员大约有 3 000 名；（3）兵站地区队的作业要员；（4）由庆良间群岛各海上基地大队的主力改编的战斗部队。他们作为专门补充冲绳岛的兵力，编成了兵站地区队长指挥下的水上勤务一中队和一个小队。在此之外，还有从当地新招的大约 2 000 名兵站作业员；（5）1.5 万名战列部队新兵。他们负责后勤支援作业；（6）参战的男女中学生：冲绳岛内男子中学高年级学生被编成铁血义勇队，分配给各战列部队。另有大约 1 500 名学习成绩良好的学生从 1944 年秋入伍当通信兵，大约 600 名冲绳岛内的女子中学高年级学生从 1944 年秋天入伍当卫生兵。② 这些新兵中参加一线战斗的，由于训练不足，其战斗力如何可想而知。

4. 防御工事的构筑与兵力部署

陆军第 32 军自 1944 年 4 月起驻守在冲绳岛。指挥官牛岛满中将下令在岛上的两座城市——那霸和首里修建碉堡和相互连通的隧道，并加固岛上的洞窟。第 32 军的防守阵地在编成上属于洞窟据点式，洞窟构筑的目标是能够收容一切的人员、武器弹药、粮食等资材，其强度能够抵御敌舰主炮炮弹及一吨炸药。冲绳岛到

---

① 参见［美］安德鲁·威斯特、格里高里·路易斯·莫特逊：《血战太平洋》，第 280 页。
② JACAR（アジア歴史資料センター）Ref. C11110000100、沖縄作戦記録（改訂版）昭和 24 年 11 月（防衛省防衛研究所）。

处有无数的大小天然洞窟,大的可以容纳 1 000 人以上,这一点无疑有助于第 32 军构筑阵地。第 32 军各兵团从 1944 年 11 月末至 12 月上旬,转移到了新的作战地区,着手新的防御工事。以第 32 军第 24 师团为例。该师团本来在 1944 年 11 月就大致完成了工事,"可以随时应对美军的进攻了"①,但由于同年 11 月末开始实施新的作战计划,第 9 师团被调走(参加菲律宾防守作战),第 24 师团遂受命移防岛尻地区。各部队在 12 月 9 日、10 日各自由现驻地出发,10 日、11 日到达岛尻地区执行新任务。第 24 师团在接手第 9 师团的防区时,阵地工事只完成了 30%。其进驻以后,当地居民在提供粮食、构筑坦克路障以及提供各种劳务方面都极为积极,十分配合。工事方面,因为炸药不多,第 24 军团继续修筑时进展迟滞不前,工事尚未完成之际,美军就对其发起了进攻。同样,因为美军很快就开始了攻打,所以教育和训练也没能彻底实施,只不过联队长在图上推演了一次而已。尽管如此,战斗开始之前,第 32 军主阵地区域内的洞窟总长度也达到约 100 千米。阵地编成方面,最初各部队都期待能够完成可以容纳本队 3 倍兵力的工事,但由于第 9 师团的调走引起的防务调整,各部队也就建成了仅仅能容下本部队的工程而已。

第 9 师团是第 32 军最精锐的师团,它被调往菲律宾战场对士气的影响很大。从工事的完成度来说,结果与预期也是出入甚大的。因为作为工事材料的坑道木材需求量极大,一个兵团即需要数万根,将其转运到新的作战区域有困难。

被调走近 1/3 的兵力之后,第 32 军只能就现有的兵力布阵。

① JACAR(アジア歴史資料センター)Ref. C11110000100、沖縄作戦記録(改訂版) 昭和 24 年 11 月(防衛省防衛研究所)。

最后牛岛中将将大部分兵力部署在嘉手纳机场附近，另外将一个师团置于那霸市的北面防线，把另一个师团和一个独立混成旅部署在冲绳岛的南部据点。但是冲绳岛的北部防守明显薄弱，只有两个营的兵力，后来美军就是从岛的北部登陆的。[①]

5. 努力增加武器弹药

在菲律宾战场陷入绝望之际，日军大本营将运往该方面途中的兵器改运第 32 军，大致包括步枪数千支、轻机枪约 400 挺、重掷弹筒约 400 个、重机枪约 200 挺、速射炮及机关炮各约 10 门。这些兵器装备到了一线部队及特设部队，主阵地带正面达到了 1 千米有轻机枪、重掷弹筒各约 25、重机枪约 10 的密度。这样的密度对步兵来说是非常充实的，但是日军的坦克数量有限，而美军的坦克在后续补充的能力上是非常强大的。

航空部队方面，第 8 飞行师团基于第 32 军司令部的天号空战要领，在同第 6 航空军进行协作，订立作战具体要领方案的同时，将师团参谋派往九州掌握和推进新配给师团的特攻队，切实推进战备，3 月中旬基本上完成。

除了武器，还需要弹药。临战的第 32 军在弹药方面是严重缺乏的。具体的情况为：轻型迫击炮每一门仅仅保有 300 发，陆海军合起来共计 200 门的有力的迫击炮队不过只有 20 分钟的发射弹药，威胁力几乎为零。第 32 军从 1944 年秋以来想尽办法得到弹药，但未达目的，直到战斗快要打响前，作为代用品，日军大本营才同意拨给九二式步炮弹药 10 万发，但是为时已晚。这 10 万发弹药大部分在运输途中沉没在了奄美大岛附近的海里，或者滞留在鹿

① 参见［美］安德鲁·威斯特、格里高里·路易斯·莫特逊：《血战太平洋》，第 280—281 页。

儿岛港无法出港,最终想方设法运到冲绳岛的不过大约 1.5 万发而已。[①] 也就是说,第 32 军拥有众多的迫击炮却在临战时发挥不了其应有的作用。

燃料也时常处于缺乏状态,大大阻碍了作战准备。1945 年 1 月,伊江岛及冲绳北、中各机场合计保有约 5 000 桶航空燃料。鉴于第 32 军的情况紧急,以防万一,这些燃料大部移动到了主阵地区域之内,之后则根据所需再补给到各个机场。不过战斗打响之后,全数燃料的三分之一左右都"送"给了美军。

6. 加强通信能力

在加强通信能力方面,第 32 军采取了以下各项措施:(1) 无线通信。同第 10 方面军及日军大本营之间保持 2 个通信系统,同下辖的岛屿守备兵团之间(包括航空通信),大体保持一个通信系统。冲绳岛内的无线通信除了同国头支队及伊江岛之间,开战前基本上还仅仅停留在训练阶段;(2) 冲绳岛内的有线通信基本上比较完备,伊江岛同本部半岛之间也敷设了海底电缆;(3) 防炸装置。无线收发所分散设在洞窟阵地内,其中一部为混凝土构筑,而有线通信网的重要干线全部埋设在地下;(4) 雷达设在各主要岛屿。在冲绳岛上,陆军设置了数处雷达站,性能优异的雷达可测距离达到一百数十千米,普通的雷达在 70 千米内可以探知到敌人的入侵;(5) 作为局部地区的补充性通信,数量可观的军犬和军鸽被投入使用,而且开战之后也派上了用场。

如前所述,到了 1944 年末至 1945 年初,鉴于菲岛作战的推移、美军在中南部太平洋的兵力集结以及总体战略的考量,日军大本

---

① JACAR(アジア歴史資料センター)Ref. C11110000100、沖縄作戦記録(改訂版)昭和 24 年 11 月(防衛省防衛研究所)。

营判断美军必然前来攻打冲绳，攻打的时机在 1945 年 3 月至 5 月之间。日军注意到，美军在进攻西南群岛时，一直以来都将攻击点置于冲绳岛或者宫古岛，但鉴于目前的全盘情况特别是鉴于推测的美军作战企图，日军上下指挥机关一致判断美军不会进攻宫古岛。1945 年 2 月以后，随着菲岛战况的急速恶化，根据硫黄岛战场的态势、美航母舰队的行动以及美军兵力的集结等情况，日军判断美军将在 3 月末至 4 月上旬进攻冲绳。事后证明日军对美军进攻时间的预测是准确的。

四、冲绳岛血战的经过

（一）突破日军外围防线，消灭日军国头支队

在日军第 32 军的防御计划中，国头支队主要负责首里以北的防线即北方防线，另外还负责防守冲绳本岛周边岛屿，主要包括庆良间群岛、伊江岛和津坚岛（后两者是冲绳本岛近旁两个较大的岛），它们一道构成以首里为中心的防御战略的外围防线。下面补充叙述国头支队主力、伊江岛守备队、庆良间群岛守备队被美军消灭的过程。其他还有几个较小的游击队也隶属于国头支队，因为它们几乎没有战斗力，属于一触即溃之流，故在此从略。

1. 美军登陆冲绳周边小岛

登陆冲绳岛之前，美军仍旧采用惯常的战法，即先进行飞机轰炸，除掉岛上和来援地的重要军事目标，然后再行登陆。

美军于 1945 年 3 月 18 日开始空袭九州、四国和台湾的机场等重要军事设施，开启前期作战，正式拉开了冲绳战役的序幕。同时，美军参战舰队各部起航，驶向目的地冲绳岛。

3 月 20 日，美军数架 B-29 前去侦察冲绳本岛上空，日军第 62 师团综合情报认为美军进攻在即，便下令下辖各部队备战。3 月

23 日上午 7 时开始,美军航母舰队袭击冲绳及宫古岛附近,继而开始在冲绳岛周边的各岛屿登陆。驻防的第 32 军立即下达了甲号战备命令。

当时美军进攻冲绳岛的最大前进基地是刚刚攻克的菲律宾群岛,北进攻打冲绳岛是正常的路线。驻防冲绳岛南部的第 24 师团接令后判断,美军不可能从小禄及丝满的正面登陆,但有可能会以一部在凑川、米须海岸登陆,于是将步兵第 89 联队部署到了凑川,将步兵第 32 联队部署到了米须。实际上美军采取的是皮球战法,即在两处同时登陆,真正的攻击强度相机而定。3 月 24 日早上以来,30 艘左右的美军舰船同时出现在冲绳岛的南、西两面,各自都停泊在距离海岸 5—20 千米的海面上对岛上军事目标实施猛烈射击。看到美军似乎必然登陆,驻防西部海岸的第 62 师团特别加强了美军极可能登陆的北谷附近的掩体。

接下来美军的舰载机以一日上千架次、大型舰炮以一日数千至 3 万发(射击量逐日增大)的规模对冲绳岛实施登陆前的预备射击,攻击目标首先是机场、船舶、港湾、村落,其次是中南部沿岸的重要防御设施,全岛呈现出如火山喷发一般的景象。不过日军事先明白自身在武器上不及美军,在兵力上也不一定占有优势,因此为了避免过早的战损,决定在美军登陆前的预射期间不作大的应战,以隐藏日军在战略战术上的部署及企图。

北方防线是日军防御计划中的明显薄弱环节,因此在对冲绳岛实施预射期间的 3 月 26 日,美军一部即在庆良间群岛中的座间味、阿嘉、渡嘉敷三岛实施登陆。

2. 庆良间群岛守备军首先被消灭

庆良间群岛位于冲绳岛西南的海上,其形状独特,由 5 个较大的岛组成:由 4 个岛围成一个圆圈,圆心偏西处又点缀了 1 个岛。

该群岛是防守冲绳岛南部的门户,第 32 军在这里部署了海上挺进队的 3 个战队,其中第 1 战队驻守座间味岛(北),第 2 战队驻守阿嘉岛(西),第 3 战队驻守渡嘉敷岛(东)。精锐的美海军陆战队从庆良间海湾登陆后,3 月 26 日首先攻击了驻座间味岛的第 1 战队、驻渡嘉敷岛的第 3 战队,27 日又对驻阿嘉岛的第 2 战队发起攻击。当时驻守三岛的日军守备队无力从海上迎击美军,船队队长率全部战队撤往冲绳岛的企图也落空,因此除一部之外,其余日军都在陆上阻击战中战死,仅存的残部被逼到山里。从 27 日起,3 个战队同第 62 师团之间的通信联络就断绝了。残部一直到 8 月 15 日战争结束才从山里出来。

通过登陆冲绳岛西面的庆良间群岛,美军获得了攻击冲绳岛的至近陆上基地和舰船停泊处。

3. 美军登陆冲绳岛后的大穿插作战

美军的动向如此明显,3 月 27 日第 32 军即作出综合判断:(1) 确信美军将在冲绳岛的中部西海岸特别是嘉手纳一带登陆,但不能排除美军以一部在冲绳岛南部海岸登陆的可能性;(2) 如果美军以主力进攻西部海岸嘉手纳的正面,并以一部进攻南部凑川的正面,则其主力将会一面排除日军的抵抗,一面南下猛攻日军的主阵地区域,这一过程至少需要 10 天;(3) 如果美军一部为策应西面登陆的主力进攻而在南部的凑川正面登陆,那么趁机对登陆凑川的美军实施逐个击破倒是个绝佳机会。① 基于这一判断,第 32 军决定的方针是,在加强北方陆上正面防卫的同时,首先在南方凑川的正面对登陆美军予以逐个击破。

---

① JACAR(アジア歴史資料センター)Ref. C11110000100、沖縄作戦記録(改訂版) 昭和
　24 年 11 月(防衛省防衛研究所)。

　　为了攻击美军的登陆舰船，3 月 27 日拂晓，日军第 8 飞行师团派出特攻第 32 飞行队的 9 架飞机，在师团参谋神少佐的直接指挥之下，对冲绳岛西方海面的美军舰队实施空中突击，撞沉美军大型舰艇 5 艘，击沉或大破大型舰艇 4 艘。接下来的两天，日军依靠隐蔽在冲绳岛上的剩余 7 架特攻飞机对美军舰艇实施了"特攻"。①日军的"特攻"有一定战果，让美军大为震撼。另外，为了防止美军飞机侦察到日军部署的细节，日军的野炮部队派出了机动狙击队，对沿岸而来的美军小艇进行攻击。

　　不管是"特攻"攻击，还是驱逐，都无法挡住美军进攻的步伐。3 月 28 日，美军加强了登陆作战，第 32 军于是下达了启动天一号作战的命令。

　　3 月 31 日，美军一部在冲绳岛西方海面的神山岛登陆，并随即部署七八门 100 毫米级的远程大炮，不分昼夜地向日军主阵地内侧发起炮击，由于炮击主要针对日军阵地内侧的交通要道，所以大大限制了日军的军事行动。不过日军及其武器弹药都隐蔽在此前精心构筑的洞窟阵地内部，因此日军受损轻微。

　　面对美军强大的炮击，担任西海岸正面防守的第 62 师团自 4 月 1 日黎明开始撤至牧港附近。拂晓以后，美军先是以飞机大炮对嘉手纳、北谷一带实施狂轰滥炸，9 时起开始以大型舟艇约 150 艘、小型舟艇约 60 艘在嘉手纳、北谷海岸一带登陆。当地的日军特设第 1 联队受到美军攻击后四散逃窜。6 万美军在登陆之后就直扑岛上的中、北机场，该方面交战的炮火遮天蔽日。按照预定计划，日军特设第 1 联队破坏了中、北机场的各种设施。14 时，美军

① JACAR（アジア歴史資料センター）Ref. C11110000100、沖縄作戦記録（改訂版）昭和 24 年 11 月（防衛省防衛研究所）。

进抵北谷—佐久川—中机场一线,傍晚又进一步抵达北谷—吴富士—屋良—伊良皆—座喜味一线。

4月2日,美军以倍于前日的猛烈程度炮击日军各要地,入夜后也不间断,成功掩护了后续两个师登陆。美军登陆部队几乎没有遇到任何抵抗,上岸之后即开始大穿插。两天之内,登陆美军一路开始北进,一路抵达东海岸之后开始南进。北进的一路美军在嘉手纳沿岸登陆后,一面以海军陆战队第3军扫荡国头方面,一面又以第24军压迫日军第62师团的贺谷支队。

4. 伊江岛守备队被美军消灭

冲绳岛是一个狭长的大岛,呈东北—西南走向,如果大致将冲绳岛三等分的话,那么从东北端往西南端去的1/3处就是本部半岛。而伊江岛即与本部半岛的尖头部隔海相望,两地相距大约只有8千米。伊江岛设有航空基地,是美军攻击的重点目标之一。作为国头支队的一部,伊江岛守备队起到北方防线的海防前哨的作用,它被美军消灭的过程如下。

开战前,日军第32军判断,美军很可能会仗着其优势战力一举登陆第32军的大航空根据地——伊江岛,因此在对岸的本部半岛的支队主力阵地内部署了独立重炮第100大队的一个小队以及海军10⁺型大炮2门,计划阻止美军登陆伊江岛之后使用岛上机场。但是美军很慎重,选择了在日军大炮射程之外的地点登陆,于是日军的这些远程大炮没能发挥其威力。

4月15日夜,美军在伊江岛的西海岸登陆,一面以火力压制驻防该岛的机场勘建部队(由田村大尉指挥),一面向右侧本部半岛中部的82高地一线突击并取得成功。16日夜,美军又在伊江岛的东南岸登陆。至此,美军实现了从西、南两面对以城山为中心的日军守备队主力的阵地发起攻击。尽管日军守备队顽强抵抗,但在美军炮火的猛烈夹攻之下,终究势单力薄,难以支撑。事实上,第32军司令部自从16日夜最后一次收到伊江岛守备队关于美军已登陆的报告之后,再无该守备队的消息。19日夜,当日军守备队队长佐藤少佐在城山山麓战死时,已是部队战力殆尽之时。20日,美军完全占领伊江岛。①

5. 美军消灭国头支队的主力

4月1日嘉手纳海岸登陆的美国海军第3军以一部攻击了中、北机场,以主力经陆路北上名护方面。其主力之一部于4月7日在名护湾登陆后,9日即包围了位于本部半岛的国头支队主力。13日开始,美军以大炮实施饱和射击,开始缩小对国头支队主力的包围圈,次日便将国头支队的主力包围在八重山周围,然后集中火力对八重山的270高地发起攻击,成功突破了日军阵地。15日夜,国头支队队长决定撤出八重山附近的阵地,退往塔尼约山(Taniyo,音译)打游击。国头支队的主力从18日开始逐渐到达塔尼约山,至20日集结了大约4 000人的兵力。23日国头支队主力完成了初步的防御部署,但是行动迅速的美军在当日即完成了对塔尼约山的包围。24日起,美军一面集中炮火轰击塔尼约山,一面从羽根地、名护的正面对塔尼约山发起攻击。是夜,国头支队的主力分散撤退至国头郡的北部地区。25日美军完成了对塔尼约山的占领。其后国头支队基本上是各自行动,游击并无效果。

至此,美军在大部队已经登陆冲绳并完成大穿插(分割包围的前提)的情况下,早早地在4月下旬就消灭了日军的国头支队,为接下来消灭南北主阵地内的日军主力扫清了障碍。

---

① JACAR(アジア歴史資料センター)Ref. C11110000100、沖縄作戦記録(改訂版) 昭和24 年11 月(防衛省防衛研究所)。

（二）消灭日军主力的战斗

1. 美军从东西海岸夹击日军成功，日军丧尽元气

1945 年 4 月 3 日上午，西海岸的美军登陆部队新增了 3 个师，登陆之后的海军师北上挺进国头方面，另外两个陆军师南下。北进的美军进至岛袋地区的普天间一线，受到日军第 62 师团贺谷支队的阻击。美军以主力还击贺谷支队，另以一部（坦克约 30 辆、汽车约 20 辆、士兵约 1 000 人）横穿冲绳岛进入东海岸。在这场战斗中，美军虽然遭受了重大损失，但给贺谷支队造成的战损更大，以至于贺谷支队的主力不得不在入夜后退至 161 高地。南进的美军 2 个师在行军途中逐渐接近了日军的主阵地区域。实际上美军之前并未察知日军部署的企图，在追击贺谷支队时接触到了日军的主阵地并遭到顽强抵抗后，才明白日军的企图。

4 月 3 日当晚，日军第 32 军讨论了军参谋长的方案：趁着双方战斗形势尚处于浮动之际，日军宜以主力转入攻势，凭借大规模的渗透作战，将战场引入双方混杂的情形，让美军优势的炮兵无法发挥作用，这时日军可用擅长的近战歼灭美军。对此，参谋八原大佐主张，无论如何应该在现有兵力部署下尽量争取持久战，但因其他人都赞成军参谋长的方案，于是军司令官采纳了攻势方案。次日正午，美军的前锋已经抵至萩道—宜野湾北侧—大山一线，日军贺谷支队的主力则位于中城—普天间一线。当天傍晚，第 32 军司令部将各兵团长叫来通知了司令部的攻势对策。可是通知完毕后没过几个小时，司令部在深夜就收到航空部队发来的电报，内称发现大约有 50 艘之多的美军舰艇出现在了南方海面。于是第 32 军不得不放弃这次的攻势计划。

4 月 4 日早上开始，西海岸方面的美军突破普天间的日军阵地，之后又开始攻击第 62 师团的右翼一线主阵地。同时，南下美

军的进攻也很顺利。4 月 5 日夜半,基于日军大本营指示的第 10 方面军的命令到达第 32 军司令部,内称:"第 32 军应向中、北机场发起攻击,攻击开始时间为 4 月 8 日。"①日军大本营的意图是"当以攻势破坏美军的战斗力,努力确保北机场和中机场"②。据此,第 32 军司令部认为既然正北面的双方主力决战即将开始,而且已经确认凑川正面之敌的举动系牵制和佯动,便下令暂时将此前增加给凑川正面防线的部队调回北方。日军大本营为了夺回中、北机场,也派出了大和舰队(大和号战列舰以及 4 艘驱逐舰)前往助战。但第 32 军最终没有能够夺回中、北机场。

4 月 6 日,美军乘南下之余威一路奔袭,很快抵达日军主阵地前面的和宇庆—南上原—我如古—85 高地—牧港一线,双方在此展开了激烈的厮杀。为防止美军增兵冲绳岛,当天日军联合舰队对冲绳岛周边的美军舰艇发起了第一次航空总攻击,而且连日的攻击颇有成效,迫使美军在接下来的数日内减少了舰船和飞机的出动数量。但是在当天的陆战中,美军仍然攻克了第 62 师团在(西海岸的)宜野湾以西的大部分阵地。

日军第 62 师团团长严令部队夺回宜野湾以西的阵地,第 32 军司令部也调来炮兵增援。4 月 7 日上午,第 62 师团火线各部开始了惨烈的夺回作战。美军发挥优势,对牧港—85 高地—我如古—南上原—和宇庆一线的日军主阵地实施了猛烈的炮火覆盖,美军坦克约 200 辆引导着步兵冲杀,宜野湾以西一线阵地陷入混战,激

---

① JACAR(アジア歴史資料センター)Ref. C11110000100、沖縄作戦記録(改訂版)昭和 24 年 11 月(防衛省防衛研究所)。

② 「沖縄作戦に関する質問書」、JACAR(アジア歴史資料センター)Ref. C15010011800、連合軍司令部の質問に対する回答文書綴 2/26 昭 20. 12. 10～20. 12. 22(防衛省防衛研究所)。

战甚至阻断了日军的通信。傍晚时分，一部精锐美军（坦克 130 辆、步兵约 5 000 人）在名护与国头支队交上了火。最终第 62 师团不但未能夺回原阵地，还另外丢失了 85 高地等 4 处阵地，美军的两个中队甚至在东海岸攻入了小那霸。另一方面，远道而来的日军大和舰队在 4 月 7 日凌晨也被美军第 5 舰队的雷达发现。美军发现正在东海航行的该舰队后，立即起飞了 386 架飞机前往攻击。在美军舰载机的饱和攻击下，大和舰队于 14 时后覆灭。

此间津坚岛（冲绳岛以东的近距离海岛）守备队以及位于伊江岛（冲绳岛西北方向的近距离海岛）及本部半岛（冲绳岛西部的突出半岛）的国头支队的主力都相继失守，为了挽回态势，第 32 军的内部也发生了意见对立，大部人主张以攻势求决战，只有高级参谋八原大佐主张应该寻求战略持久，最后第 32 军司令官决定在 4 月 8 日实施总攻。7 日 14 时，第 32 军司令部下令，4 月 8 日以全军的主力实施攻势。该攻击计划的方针是，日军于 4 月 8 日举全力转为攻势，歼灭登陆之美军，然后主力进至 220 高地东西一线。

4 月 7 日 15 时，暂时取得了重大胜利的美军把大约 110 艘之多的大型舰队开到了第 62 师团防御阵地左侧的浦添洋面上。看到第 62 师团的左侧出现重大威胁，日第 10 方面军准备出动特攻战机对美军舰队发起攻击，于是对第 32 军下令，冲绳及各岛屿的驻守部队不要顾虑登陆防御，应全面协助航空部队的作战。实际上美军航母舰队的到来，或许仅仅是想展示一下美军航母舰队的强大而已，但也有可能因为破译了第 10 方面军的密码而害怕日机"特攻"，总之，就在 4 月 8 日的清晨，浦添洋面的美军大型舰队消失了踪影。

取得暂时性胜利的美军也决定于 4 月 8 日在全线加强进攻。当天在西海岸方面，美军对宜野湾以西地区实施了特别激烈的攻击,85 高地成了双方争夺的焦点。尽管第 62 师团被美军打得不断后退,但并不甘心就这样丢失 85 高地,于是实施了夺回作战,但是在又一番血战之后,也仅仅是夺回了 85 高地南边的一隅而已。对于第 62 师团的右翼方面,美军力克该师团在北上原及我好古的阵地,但次日在继续攻击南上原时失败。由于正北面首里市的外围防线告急,日军第 32 军不得不在当天终止第二次攻势,第 24 师团的一部也奉命于 4 月 11 日夜集结到首里周边。

在首里市外围防线告急的情况下,日本联合舰队决定派出以特攻队为主的航空部队参战。4 月 9 日夜,日本联合舰队司令给麾下全军下达了这一"壮烈"电令:(1) 综合各种情报来看,美军有动摇的苗头,日军若抓住战机则有七成胜算;(2) 联合舰队打算趁此机会投入麾下的一切航空战力以实现总目标,完成天号作战。①

为了完成天号作战,日军从陆、海两面展开了协同作战。

首先是陆上作战方面。4 月 10 日早晨以来,西海岸道方面,美军猛攻 85 高地以西的日军嘉敷阵地,日军独步第 13 大队全力抵抗,并击退了美军。此战双方的损失都很惨重,死尸填满了嘉敷沟谷一带,而第 62 师团独步第 13 大队的战力更是下降到了原来的 1/5。

第 32 军根据全局形势,决心在 4 月 12 日以精锐之一部夜袭美军,于 4 月 10 日夜下达了军令。此时担任正面战场的第 62 师团步兵第 63 旅团战力已经下降到了 1/3 以下,缺乏转为攻势的实力,而步兵第 64 旅团的右翼正面又不可以抽走部队,最后第 62 师团另外组建了正本支队加上军司令部调拨的支援部队来实施本次进攻。

---

① JACAR(アジア歴史資料センター)Ref. C11110000100、沖縄作戦記録(改訂版) 昭和 24 年 11 月(防衛省防衛研究所)。

4月11日，第62师团准备展开攻势，但一线各部队已经丧失了战力的大半，不仅不具备强行发起攻势的能力，反而更需要休整。应该加入一线的第24师团炮兵大队要进至炮击地点也很困难，前进途中蒙受了重大的损失。只有正本支队的主力在拂晓前集结到了岛仲由附近待命，士气尚可。4月12日，各队按预定计划实施夜袭，攻击的结果如下：(1) 步兵第22联队方面：不明美军情况，不熟悉美军地形，准备也不充足，先头部队出师不利，未及联队主力参战，行动即告结束；(2) 步兵第63旅团方面：在攻击队队长的指挥下，攻击队突破美军阵地前沿并向纵深挺进了大约一千米，但13日拂晓后，攻击队陷于孤立无援之境，损员高达1/3，是夜只好后撤至己方主阵地内；(3) 步兵第64旅团方面：包括大队长在内，独步第273大队几乎全部死伤，受到毁灭性打击，行动完全失败。

是日，美军的攻击重点依然在西海岸道方面，对嘉敷正面的攻击很激烈。当天上午，美军舰炮便开始对凑川实施猛烈轰击，正午更是派了大型舰队抵达凑川洋面。第62师团立即开始调兵遣将，以加强西海岸方面的防御战力。

同时在海军方面，日军联合舰队启动了"特攻"作战。疯狂的日军神风特攻队对美军第5舰队实施了轮番攻击。"185架自杀性军用机和150架战斗机、45架鱼雷轰炸机从日本起飞投入对美军舰队的轰炸。"①日军飞机撞沉或击沉了美军舰艇6艘，毁伤24艘。美军舰队奋起反击，击落了日军特攻战机383架，可谓战果辉煌。②天一号航空作战以失败告终。

---

① ［美］安德鲁·威斯特·格里高里·路易斯·莫特逊：《血战太平洋》，第282页
② ［美］安德鲁·威斯特·格里高里·路易斯·莫特逊：《血战太平洋》，第282—283页。但是英国有学者认为，美海军兵力遭到了神风特攻队狂风暴雨式的袭击，400多艘舰船被击沉或损毁。参见［英］萨默维尔：《二战战史》，第227页。

　　4 月 14 日至 18 日,虽然美军在局部战场上继续策动了以坦克为中心的进攻,连日来在各处发起小规模的激烈战斗,但是双方的战线并无大的变化。夺取津坚岛之后的美军于 4 月 15 日在东海岸道方面增兵,直接威胁到了与那原,日军第 24 师团立即派出一部前往阻止美军登陆。4 月 16 日,美军的进攻使得日军第 62 师团防守的和宇庆、仲间处境危殆。4 月 18 日,美军再烧一把火,继续以猛烈火力(坦克 50 台、汽车 20 辆、士兵约 500 人)猛攻和宇庆的正面,攻守双方在付出巨大伤亡代价后,美军后撤。不过,是日在西海岸道方面,美军一部以数十辆坦克开路突破了日军海岸重镇牧港。此际美军已经从东西两端咬住了第 62 师团的防线,而第 62 师团则因为损员显著增加,而负担日重。

　　利用这一有利态势,美军在 4 月 19 日晨在全线发起攻击,从中央街道附近出发,重点指向嘉敷正面。同时美军在海上也停了很多的战舰,通过炮击和轰炸对本方在北方的陆地正面战场实施立体支援。此战虽然被日军成功阻击,美军因此而损失了 19 辆坦克[1],但是美军也取得了重要战果,那就是不但占领了和宇庆及其西侧高地,而且还占领了凑川周边以及 48 高地。要地丢失如此之多,第 62 师团团长不得不严令部队夺回它们,但是夺回作战在付出巨大伤亡代价后仍然没有达到目的。

　　第 62 师团团长还不死心,4 月 20 日再次严令部队迅速歼灭凑川方面的美军。此时该师团的中央及右翼方面占据地形之利,因此战线保持良好。但是师团由于中央阵地的正面发生激战而无法指挥,虽然也投入了预备兵力,却依然被城间至机场的海正面防御所牵制。如此一来,第 62 师团防御战线的左翼未能充分地转为陆

---

[1] 同一份档案的另一处记载说,是日第 62、24 两师团一共打趴了美军 45 辆坦克。

地正面,美军便乘此间隙发起了攻击,左翼阵地因而被美军逐步蚕食。至傍晚时分,美军已经进抵伊祖—44 高地—牧港附近一线。从牧港经伊祖至安波茶一带,在地形上则是日军防御的薄弱处,极利于美军发挥装甲部队进攻的优势。见此,日军第 24 旅团对美军发起攻击,结果反而被已经获得增兵的美军突破了主阵地,之后美军更是直逼首里市的中廊阵地。

4 月 21 日,美军夺取了伊祖附近的高地,从而直接威胁到附近嘉敷一带的日军阵地。虽然美军对日军的 141 高地—我如古一线发起猛攻后归于失败,但是在嘉敷成功地将第 62 师团独步第 23 大队逼退到了安波茶。而在东海岸道方面,美军经过反复冲锋,终于占领了 155 高地的一部。4 月 22 日,美军乘胜占领了南上原附近。入夜,日步兵第 64 旅团在第 32 军司令官的直接激励之下,以独步第 15 大队及独步第 21 大队协同臼炮第 1 联队的主力偷袭了美军阵地,虽然得以进至伊祖—48 高地一线,但并未全面夺回阵地。

面对压力,美军从海陆两方面向牧港附近实施增兵。4 月 22 日、23 日,美日双方全线发生激战。在南上原高地上,美军同日步兵第 63 旅团的主力展开激战;在伊祖正面的战场上,美军同日步兵第 64 旅团的主力展开激战。随着时间的流逝,两个战场的天平都逐渐向美军倾斜,日军在逐渐陷入危机。

至 4 月 23 日,经过两旬的激战之后,日军第 32 军的一线兵力及资材已经耗尽,只能全面收缩战线进行休整。此时日军第 62 师团的战力已经难以保持战前的 1/3,并且随着一线部队的战力剧耗和衰退,不仅和宇庆已经告急,伊祖—城间方向的战况也普遍对日军不利,该方向的各要地正在逐渐被美军蚕食。不得已之下,第 62 师团的主力只得退往安波茶,而第 24 师团也被军司令部命令以其主力退守首里东侧地区,以余部退守首里西侧地区,同时独立混成第 44 旅团也被转用于北方的陆防正面。

当时第 32 军司令部的考虑如下:

(1)我们确信,当美军继续攻击并进至首里东西一线时,将在地形上扼住我军的死命,并可以占领和使用他们想要的机场。因此美军不会在我们的背后实施危险的登陆作战,他们将尽情倾洒他们的弹药,专心于目前的攻击。

然而正如美军大致所料,很显然,要想一边排除我军的顽强抵抗一边进至首里东西一线尚需时日和巨大牺牲。因此,如果(美军)在我军为解北方战线之急而逐步将主力投入北方之时在我背后实施新的登陆,那么其登陆会比较安全和容易,战斗终结也会更快;从美军的角度考虑,东面会更为有利。

基于此,我们观察认为美军依然会坚持前业,或者也许正在考虑走后一步棋以打开局面。其行动一概在于美军的意志如何,不容犹豫;作为我方来说,不管美军下一步如何走,都务必做好万全的准备。

(2)眼下和第 62 师团交战的美军是第 24 军团的 3 个师,在北方国头地区作战的美军是海军第 3 军团的 2 个师,另外美军还在两者之间的中头地区部署了 1—2 个师的兵力。我们必须清醒地看到,在不久的将来,这些兵力也会被投入到主力方面。

对于如此强势的美军,日本第 32 军不能仅仅以第 62 师团去对抗。迄今为止,第 62 师团已经在战斗中减员一半以上,尽管作战勇敢顽强,但也正在一天天地向美军交出阵地。

如果第 32 军太过害怕美军在背后再次登陆,依然将全军主力摆在海上防御的正面,可能就顾不了第 62 师团的正面,战线的崩溃会迅速到来,到时候只会落得个鸡飞蛋打的结局。

因此目前到了军司令部必须下大决心的时候了。

（3）方针

第 32 军将主力投入北方陆地正面的战线，继续实施战略持久战。

如果美军在第 32 军的背后实施新的登陆，则（我应）将兵力集中到事先准备的以首里为中心的复廓阵地，战至最后一兵一卒。①

2. 北方防御线坍塌，日军逃入首里市

经过一个月的激战，至 4 月下旬，美军在冲绳岛上已经消灭了日军兵力的主力。从全局来看，日军第 32 军的外围防线在 4 月 25 日已经被完全摧毁，内侧防线（南部防线和北方防线）的北方防线（第 62 师团）到了 4 月 24 日也已全面告急。美军打败第 32 军已经胜利在望。

4 月 25 日，美军在西海岸道方面继续增兵，攻势凌厉，连日与日军反复争夺要地。4 月 26 日，中央道路方面，美军在 10 余辆坦克的引导之下猛攻前田东北方第 62 师团阵地的一角；仲间方面，美军正在逐步夺取日军的据点。见此，第 62 师团立即增兵前田、仲间两地。

至 4 月 26 日，美军对南上原高地（东）及牧港（西）正面的日军阵地的渗透效果已极为显著。为了堵住东西阵地之间的间隙，第 32 军一面抽调部队占领首里—天久—那霸方面一线的阵地，一面下令独混第 44 旅团进至首里西面与之衔接。4 月 27 日，美军对前田东端至仲间东地高地一线形成普遍威胁，并在 8 辆坦克的开

---

① JACAR（アジア歴史資料センター）Ref. C11110000100、沖縄作戦記録（改訂版）昭和 24 年 11 月（防衛省防衛研究所）。

路下对第24、62师团的阵地接合部实施渗透。是夜,第62师团下令正在南上原血战的3个大队趁夜色撤至前田,第24师团则在安谢—小波津—翁长—幸地—前田一线完成展开。至此两师团的新作战地界为首里古城遗址(含)—大名—仲间东端、宜野湾西端一线。

至4月28日,第24师团方面,美军在占领南上原高地之后,继续向日军第24师团的新设阵地一线靠近,在各处积极发起攻击。美军一部则沿着中城湾海岸前进,打算进至安谢方面,但受到日军知念支队侧防炮火的威胁,而导致行动并不如预期。前田高地方面,第24师团独步第13大队等部队在美军的压迫下,被迫退入了高地斜面中的洞窟阵地内。

在直到首里山麓的中间地带中,前田、仲间高地的位置至关重要,因为从两处高地上不仅可以居高临下地威胁到日军的全部阵地,而且一旦被这两处高地挡住视线,日军就看不到美军阵地内的情况了。因此确保两处高地不仅对日军的全部阵地而言很重要,而且对于日军的西线兵团及第32军的炮兵部队也是至关紧要的。于是第32军司令部命令隶下的第62、24两师团务必紧密合作以保住这两处高地。第24师团让新锐的步兵第32联队担此重任。入夜后,步兵第32联队实施偷袭,但因两处高地的地形复杂而且情况不明,所以第32联队在美军猛烈的炮火中攻击异常艰难,最终第32联队的主力遭到了毁灭性的打击,夺回行动就此失败。是日,第62师团方面,其右翼步兵第63旅团在步兵第32联队的掩护下转入休整,但是左翼步兵第64旅团为了保住仲间—安波茶—屋富祖—32高地一线,正在同迅速渗透进来的美军激战。渗透进去后,美军开始逐步蚕食前田、仲间的据点。同时在左翼的城间方面,美军一部推进到了宫城(冲绳岛东部的毗连岛)一线,另一部则在 10 多辆坦克的引导下终日攻击幸地。4 月 30 日，美军继续攻打幸地，与日军近战 6 小时后，仍被日军击退。5 月 1 日，尽管美日两军继续在幸地方面和安真方面激烈争夺阵地，双方的损失也不相上下，但是美军终于完全占领了仲间村。

自 4 月 1 日美军登陆以来，日军尽管一直奋力抵抗，也给美军造成了巨大的损伤，但是每天日军的阵地纵深被蚕食达 100 米左右，到 5 月 1 日为止日军主阵地区域已经有大约 2 000 米的纵深区域被美军夺取了。

作为第 32 军的主力，第 24 师团、独混第 44 旅团以及军炮兵队等后方部队尽管还是无损状态，但是第 62 师团的战力已经减少到了一半以下。严酷的现实令悲观的气氛在日军中挥之不去，战局的前景不能不令第 32 军司令部日益忧虑。在这种情况下，第 32 军的参谋长提出，如果照此下去，第 32 军的战斗力明显会像蜡烛燃烧一样被慢慢消磨干净，因此最好趁着现在还有战斗力，策划一下怎么才能以攻势打开危局。他的提议获得了司令部众参谋的热烈支持。就这样，第 32 军在 4 月 29 日再度决定放弃持久战的方针，并于 5 月 4 日转入攻势。

4 月 30 日，日军各兵团部队基于第 32 军司令官的意图各自开始了攻势战备。是日在第 24 师团的阵地正面，美军一部进至吴屋和翁长；在第 62 师团的正面，美军已经将城间攻克，并在仲间—安波茶—泽岻北侧高地一线对日军形成绝对性压制，日军仅存一部躲藏在洞窟阵地内顽强抵抗，而该洞窟阵地位于美军战线的一侧。在前田高地，日军第 24 师团的步兵第 32 联队第 1 大队和第 62 师团的独步第 12 大队依托高地中腹的洞窟，也在与美军交战。

5 月 2 日，第 32 军确定在次日发起总攻时将第 62 师团全部部署在守势地区，以第 24 师团方面为主攻正面。是日，美军逐渐向前田、仲间附近增兵，数十辆坦克已经抵达前田村。第 32 军在本次攻击中采取了一贯的战法：为了在纵深上开辟混战地带以扰乱美军（以便让美军的大炮无法发挥作用），5 月 3 日，日军的左路反登陆部队（船舶工兵第 26 联队的一部）在付出巨大代价后成功登陆，但登陆以后受到了陆上美军的阻击；右路（独立混成旅团）的夜间机动虽然在美军的炮火轰击下损失了大约 70 名战斗人员，但是行动还是大抵如期进行了。5 月 4 日凌晨 5 时 30 分，总攻时刻一到，日军第 24 师团与第 32 军炮兵队按军司令部计划对美军发起了全线攻击。为了夺回前田、仲间地区，该师团右翼部队主动攻击美军，但是美军如暴雨一般倾泻的炮弹让日军死伤不断。此战中，日军的新式坦克首次投入使用，让日军略占优势。美军开始不断增兵，对日军第 24 师团的攻击部队在兵力上形成了绝对优势，最终美军完全占领了仲间、前田村。而在安波茶—屋富祖—中西方面，美日两军阵地也呈犬牙交错之势，阵地被反复争夺，激战之中，日军第 24 师团的各部队逐渐开始成建制地战死，而此时该师团早已不再有预备兵力可以补充。尽管第 24 师团阵地的主攻方面在 5 月 5 日显露出了一丝有利的态势，但是与之呼应的第 62 师团的防守阵地处在美军的严重压迫之下，而仲间东面的要地也已经全部失守，第 24 师团的攻击部队被包围后失去消息。眼看攻击毫无进展，而己方的损失却在不断增加，显然即使进一步投入混成旅团也无胜算，于是日军第 32 军司令部在 18 时决定中止攻击，部队撤回原阵地。

5 月 6 日早上开始，前田村附近的美军即在坦克引导下对日军第 62 师团的南方阵地发起猛攻，夺取了日军阵地的大半。之前美军已经打退第 62 师团的另一个大队，逼其退往首里市平良町。是日入夜后，第 62 师团步兵第 22 联队也退至石岭附近。虽然第 62

师团在 5 月 7 日入夜后夺回了在前田方面丢失的大部阵地,但在当日白天的仲间方面,占领着仲间的美军包围了安波茶,使得第 62师团的独步第 23 大队和步兵第 24 旅团身陷绝境、回天无术。5 月8 日,仲间方面,第 62 师团步兵第 63 旅团山本支队攻击仲间,企图夺回剩下的要地,却遭到美军迎头痛击,以至于求救无途。5 月 9日夜,求救无途的山本支队和师团辎重队分别从仲间、前田两个方向同时潜入美军阵地实施搅乱作战,结果被美军包围,几近全灭(山本支队仅有四五十人突围出来)。5 月 10 日,第 62 师团的独立野战高射炮第 81 大队的大炮也已完全丧失了作战能力。至 5 月 11 日,第 62 师团的战力已经极度损耗,而前田附近的战局已势难挽回。

第 32 军全体退往首里市已成定局。有鉴于此,第 32 军司令部便让第 24 师团守住前田阵地,给全军在首里市复廓的备战争取时间。至 5 月 12 日,西海岸道方面的美军数日来在数十辆坦克的协助下,以大部队连拔日军据点,已经进至真嘉比、天久一线。5 月13 日,仲间方面,美军在数十辆坦克的助力下一举攻克泽岻,剑锋直指首里的复廓;前田方面,第 62 师团的两支部队入夜后撤至首里市平良町附近。5 月 14 日,经过一整天的猛攻,美军突破第 62师团步兵第 64 旅团的正面阵地,第 62 师团的余部后退至首里市平良町。在前田以南地区,陷入包围的第 62 师团辎重部队也撤至首里市平良町。5 月 15 日,第 62 师团加强首里市内的复廓阵地,为最后的战斗作准备。

3. 美军攻克首里市

(1)第 24 师团方面的战况

5 月 5 日傍晚,日军第 24 师团接到军司令部命令,要求中止总攻,撤至首里市北侧地区。5 月 6 日、7 日,第 24 师团在发起攻击的旧阵地大致完成了态势的转换。其后至 5 月底,第 24 师团概况如下。

（甲）步兵第 22 联队方面

中止总攻之后，联队连日竭力保住了现有阵地。但是美军通过进攻第 89 联队而直接给第 22 联队的右翼造成了威胁。5 月 4 日夜开始，美军连续数日攻击联队正面，致使各大队的战斗员都减至数十人，而且后者在武器弹药方面也得不到补充。5 月 13 日，美军攻击日步兵第 22 联队的新阵地，日军阵地减员严重，连联队本部的人员以及伤员都上了火线。战斗结束后，各大队仅剩下 10 余人。5 月 19 日、20 日，美军包围了第 22 联队的第 3 大队和第 1 大队，后只有第 1 大队获救突围。第 3 大队全灭之后，全联队仅剩几十名战斗员。

（乙）步兵第 32 联队方面

5 月 7 日，联队接到占领连接胜山北端及经塚北端一线并实施持久战的任务。经过屡次战斗，第 32 联队的战力消耗甚大。美军逐渐以主力从胜山方向对上述战线发起攻击，同时从经塚西方压迫第 32 联队。该联队第 1 大队死守 150、140 两高地不放手，美军利用优势兵力和优势武器力攻，使得日军第 1 大队每日都减员 40 余人。经过连日苦战，第 1 大队伤亡惨重，最后全大队（包括大队长在内）只剩下 20 余人，只好后撤。

（丙）5 月 12 日第 24 师团的防御情况

首先是左翼前田南方地区，美日双方纵深犬牙交错，混战使得彼此战线几乎没有变化。其次是中央石岭正面，美军利用建设中的机场跑道，派出数十辆坦克向首里发起数次集群冲锋，都被日军坦克第 27 联队的 4 门九零式野炮击退。再次是最右翼的中城湾海岸方面，由于侧面受到日军炮兵部队的威胁，美军暂时不敢接近运玉森高地。

（丁）步兵第 89 联队方面

5 月 7 日第 2 大队完成部署。随着美军 12 日夺取 54 高地，15 日夺取安里西北的高地，25 日夺取运玉森，日军第 1、3 大队受到压迫。25 日夜，美军强攻并突破与那原附近的联队阵地，进至雨乞森—岛袋一线，26 日美军增兵后插向联队的后方。损员严重的步兵第 89 联队获得补充兵员后，于 27 日试图夺回与那原，但归于失败。

5 月 17 日，美军连日对日军第 24 师团的正面残余阵地进行猛烈炮击，日军伤亡迭出，阵地漏洞百出，美军趁机夺取了西原村 150 高地。

（2）独混第 44 旅团方面的战况

5 月 6 日、7 日，美军与第 62 师团在全线发生激战，给后者以极大的压迫。当时为了解救泽岻附近的燃眉之急，第 32 军将在雨乞森的步兵第 2 联队第 3 大队划归第 62 师团团长指挥；同时为了防止第 62 师团的左翼崩溃，第 32 军还下令独混第 44 旅团再度回归天久台方面的阵地。5 月 9 日，美军的攻势全面变猛，尽管日军在幸地以东和主阵地一线以西的地区，还保有前田南方无名村子—经塚北端—安波茶西方高地、泽岻北侧高地—安谢川一线，但是美军终于还是夺取了仲间。

5 月 10 日，原来在前田、仲间地区苦战了大约 2 周的步兵第 65 旅团下辖的 3 个大队退至首里或安波茶附近，而苦战了 20 余天并致美军大损的步兵第 64 旅团下辖的第 23 大队及独立机关枪第 14 大队，则分别撤退到了经塚、泽岻地区。这两支撤退的部队战力已经下降到了最初战力的 1/5。是日，在混成旅团正面的安谢川河口，美军的攻击很活跃。5 月 11 日，美海军第 3 军终于渡过安谢川，进入了天久台。与对首里正面要点泽岻保持高压相配合，美军对日军左翼(独混第 44 旅团)的攻击也顿然激烈起来。5 月 12 日，美军对经塚—泽岻—天久台一线发起猛烈攻击，终于夺取了日军独立混成旅防守的天久台西端的 495 高地。5 月 13 日，美军占领了天久台的大部分阵地。

5 月 15 日、16 日，美军对那霸市发起强攻，遭到日军混成旅团特别是独混第 15 联队的顽强抵抗。第 32 军司令部让特设第 1 旅团改编的精锐大队加入混成旅团，与此同时把海军陆战队改编成 100 组挺进敢死队，从大名—末吉方向深入美军背后，并投入仲西—安谢方面，试图缓和美军对混成旅团正面的攻击力度。

5 月 18 日，战线并无大的变化。日第 32 军方面，失去当前阵地的混成旅团将海军的 3 个陆战大队集结起来，部署在以首里为中心的阵地线上，企图继续顽抗。但是日军的天久台—那霸一线濒临崩溃，如果这一战线崩溃，对于第 32 军将是致命的，因此第 32 军的指挥层全都吓破了胆，只有祈祷国场川这一障碍和南岸高地的火力支援能保住首里的左翼战线。5 月 19 日、20 日，天久台方面，美军海军陆战兵团遭到日军混成旅团的殊死抵抗后，损失甚大。

5 月 21 日，东海岸方面的美军逐渐越过东机场，向运玉森高地逼迫而去。

至此，美军已经对日军第 32 军的全部战线实现了渗透，第 32 军有组织的防御能力已经达到极限。在第 32 军的最左翼，美军海陆两路呼应，攻入了那霸市，日军只能利用纵深阵地进行顽抗。特别是在最右翼方面，美军巧妙地利用日军的死角，进入了与那原，并夺取了第 32 军右翼战线中最重要的运玉森，从这里美军可以一举杀到津嘉山。如果不迅速扑灭此股美军，日军的首里防线很快就会崩溃，于是第 32 军下令第 24 师团及军炮兵队迅速歼灭已经进入与那原的美军。

（3）第 62 师团方面的战况

日军的抵抗虽然顽强，但是战力既已失去大半，又毫无补充兵力。美军看穿了日军的薄弱战力，更加以最大限度充实其人员、武器和弹药，并继续以其优势的坦克开路碾压日军的一线阵地。

5 月 14 日，日军第 62 师团步兵第 64 旅团的战斗力丧失殆尽，旅团长率部在洞窟内外用手榴弹同美军交战时接到命令，要求他们当晚趁着黑夜突出重围撤至首里，然后以平良町—大名—末吉一线作为主要的抵抗线。

5 月 16 日，美军在主攻的西海岸道方面一举突破日军坚固阵地并开始攻击那霸市，在助攻的东海岸道方面完全切断日军的退路并朝首里地区包抄而来，在中央道路方面也对日军发起了猛烈进攻。美日双方在首里地区进入决战态势。5 月 18 日美军占领真嘉比，开始猛攻首里市的复廓阵地。面对来自陆海空三面的美军猛攻，日守军利用有利的地形顽固阻击，寸步不让，双方出现巨大伤亡。大名、平良町方面，步战联合的美军逐日夺取日军的重要据点，而日军已无兵员补充。继高桥町方面的连日巷战之后，23 日起美军又以步战联合对松川町、金城町方面发起攻击。日军第 62 师团已经抵挡不住，便依军司令部企图派出先遣队，准备撤离。

5 月 25 日夜，从东海岸道方面西攻的美军一部突破了日军防守的与那原，进抵雨乞森—岛袋一线。此时在首里市的西方，美军已经攻克那霸市。是日，日军第 62 师团除一部留置首里之外，主力经津嘉山、与那原进至南风原一带攻击美军。5 月 26 日，第 32 军决定将全军主力撤往冲绳岛的南端实施持久战。5 月 27 日，第 62 师团的主力朝着新的作战地区撤退，并在当夜到山城收集粮草和弹药。

（4）日军被迫撤往冲绳岛南端

5月23日，首里战线的命运已经危在旦夕。在此，日军究竟是应该依托以首里为中心的圆形复廓阵地作最后的抵抗，还是放弃首里战线，以残存兵力后退到知念半岛或喜屋武半岛方面实施新的持久战，必须立即作出决定。

第32军司令部讨论了3个方案（坚守首里复廓的方案、撤往知念半岛的方案、撤往喜屋武半岛的方案）之后，于当日深夜决定实施第三方案，下令第一线主力在5月29日左右即可开始往喜屋武半岛方面运送军需品。

在新的作战指导计划中，后退作战的指导方针的核心，是要一面隐藏企图，一面脱离现在的战线，一举后退到喜屋武半岛的阵地去。不过也要在各战线上留置一部分精锐部队，作持久的抵抗。一线主力的撤退时机预定为5月29日夜。如果第62师团反击与那原方面取得成功，则全军延期后撤。日军占领喜屋武半岛阵地的方针，是以残存兵力占领坡名城—八重濑山—与座山—国吉—真荣里一线的喜屋武半岛西南地区，尽量多地牵制和阻止美军的兵力，同时逼他们出血，以此作为日军作战的最后寄托；陆地正面，尽全力投入到以八重濑、与座两高地为据点的主阵地区域，以抵抗作战为主义。

5月24日，第32军第24师团没有能够击退攻入与那原的美军，军司令部将最后的可用援兵（200名左右）配属给了第24师团。另一方面，美军在逐步蚕食第62师团和独混第44旅团位于那霸市方面的阵地，日方仅仅剩下天久台的东南角未被攻克。5月25日，日军第24师团防守的运玉森高地被美军攻破，重炮兵第7联队也失去了雨乞森高地。美军凌厉的前锋已经抵近岛袋附近。

日军第32军司令部极力让上述各部队阻止美军扩大突破口，

同时将第 62 师团的主力(战斗员约 3 000 人)从首里地区调往津嘉山东南地区,决定趁着美军因道路泥泞而撤出与那原方面之际对其加以痛击,以确保第 32 军的主力后撤。如果成功,则可将该方面的美军阻截在与那原以北,日军依然打算固守首里战线。

5 月 26 日到 28 日,日军第 62 师团于 25 日夜首先让步兵第 64 旅团进攻津嘉山东部地区,并合并了原在该地区防卫的特设第 3 联队等部队,基本上在保持喜屋武——宫平一线的同时,将师团的主力在 26 日夜撤至神里的东南地区,并指挥当时丢掉雨乞森、大里城旧址后正往真境名——稻福方向撤退的重炮兵第 7 联队及船舶工兵第 23 联队,以及根据军司令部命令由知念半岛北进中的特设第 4 联队的主力,从 27 日开始进至平良附近,开始攻击南下之美军。

第 24 师团及混成旅的正面已经全线被美军肆意渗透。鉴于整体的情况特别是第 62 师团的攻击不如意,日军第 32 军司令官在 28 日决定,按预定计划于 29 日夜向喜屋武半岛地区后撤。

4. 日军主力撤至冲绳岛南端后全部灭亡

(1) 第 24 师团的灭亡

5 月 27 日许,美军进至第 24 师团右翼方面(那霸——与那原方面)。基于军司令部的命令,为了进一步加强持久战略,第 24 师团于 5 月 28 日下达了撤往岛尻地区的命令。同日,第 24 师团司令部从首里出发,在津嘉山潜伏一日之后,29 日在新垣集结。第 32 军司令官则在 29 日夜从津嘉山出发,30 日拂晓之前进入了位于摩文仁南侧 89 高地的天然洞窟里。第 24 师团的主力 29 日开始撤退。步兵第 89 联队在 5 月 29 日从运玉森南北一线出发,31 日集结于与座。步兵第 22 联队在 5 月 29 日从原阵地出发,成为第二收容部队,是夜占领了友寄附近饶波川一线。31 日开始,美军渐渐尾追而来,第 22 联队各大队未敢恋战,美军逐渐迂回而去。6 月 1 日夜,第 22 联队将第 1 大队留下后,7 日到达真碧成为预备队,第 1 大队在 8 日傍晚也撤至真碧。步兵第 32 联队将三分之一的兵力留在阵地上之后,在 5 月 29 日傍晚开始撤退。美军从 5 月 30 日开始以主力(有坦克助战)尾随而来,遭到第 32 联队的有效阻击,联队如期在大城森、贺敷附近完成了集结。5 月 31 日,第 24 师团撤下了残留在火线上的所有部队。

6 月 12 日为止的第 24 师团情况:6 月 6 日,第 24 师团火线部队自西海岸占领国吉—大里—与座—八重濑山一线的阵地,努力巩固阵地。其中,步兵第 89 联队方面:6 月 5 日美军进至东风平村以北友寄附近,7 日终于进入东风平。6 月 9 日开始,美军逐渐增加了正面的兵力,给联队造成极大的压迫。日军各部队通过白天防御晚上进攻的方式,连日给美军造成了很大的损害,也取得了一定的战果。步兵第 32 联队方面:6 月 4 日至 9 日,联队一直致力于部队整编和阵地加固。其间美军主力一直都故意不接近联队的正面,但是到了 6 月 10 日,美军成功迂回到了联队的主阵地内,双方开始激战,美军被击退。12 日,美军以坦克开路发起攻击,战斗愈益激烈,美军虽然遭受重大损失,但是由于第 32 联队的装备贫乏,美军未受到彻底的打击。国吉方面则是美军的重点正面,那里的战斗也极为惨烈。步兵第 22 联队(缺第 3 大队)方面:依然在真碧附近作为预备队。

6 月 12 日,美军开始对日军第 24 师团的正面展开全线攻击。在日军第 32 联队的阵地上,两军激烈交战,美军受损甚大。因感到失去八重濑山之后会很危险,第 24 师团及军炮兵队频繁要求加强和保持八重濑山的阵地。

6 月 13 日以后,美军的攻击在各条战线上都极为激烈,师团的受损又极大。鉴于第 32 中队正面的重要性,师团让第 3 大队将占领的真荣里的阵地交给第 32 中队,企图加强第 32 中队衰弱的战力。师团为了收缩并加强步兵第 32 联队的正面,还将部署于二线的步兵第 22 联队的主力推进到最左翼真荣里的正面,同时为了解除来自八重濑山方面(属于师团的侧背面)的威胁,让搜索第 24 联队的主力在该方面采取攻势。6 月 14 日,独步第 15 大队尽管承受着全军的期待,但是其进军缓慢,第 24 师团最终不得不放弃确保八重濑山的希望。第 24 师团的主力正面基本上还保有其阵地。

自 6 月 14 日至 17 日,美军自 157 高地前面向第 24 师团发起攻击,第 24 师团搜索第 24 联队力战防卫。6 月 17 日,美军接近第 24 师团的所有正面阵地,并展开攻击。步兵第 89 联队的阵地方面,美军于 6 月 15 日以大约 2 个中队的兵力在坦克的助力下,突破了八重濑山和与座山之间的地带,19 日,步兵第 89 联队包括联队长在内全体战死。步兵第 32 联队的阵地方面,继 6 月 13 日日军全线攻击失败后,17 日午后美军的主力终于突破了第 32 联队左翼的正面阵地并突进至真荣里,18 日起美军开始不断重创日军各大队,数日后美军以 10 余辆坦克开路向第 32 联队本部的阵地不断发起攻击,最终成功突破。伴随着日军联队第 22 中队的全灭,美军开始猛攻联队的左侧背。6 月 22 日傍晚,第 32 联队再无有组织的抵抗。步兵第 22 联队的阵地方面,6 月 13 日,美军逐渐加大对第 22 联队的攻击力度。至 6 月 17 日,美军主力已指向联队的正面。进攻的美军被第 22 联队奋力击退,但是第 22 联队各大队也只剩下两三条步枪而已,几乎全体战死。最终联队阵地被美军全面突破,联队本部被围,联队长及其部下全体战死。

鉴于美军攻击紧急,而且师团同隶下各部队的通信已经断绝,有组织的统一指挥事实上已经难以继续,第 24 师团团长于 6 月 20

日下令各部"当于现阵地战至最后一兵,勿成敌俘"①。6 月 23 日,
因无法同师团司令部联络,各部队开始各自为战。6 月 24 日,防守
中央道路地区的第 24 师团各部队也受到美军攻击。6 月 30 日,在
甲江城战斗司令所的洞窟内,第 24 师团团长及参谋、各部长等
自杀。

　　(2) 第 62 师团和独混旅的灭亡

　　5 月 30 日,美军缓和了攻击力度,日军各部队趁此开始有序后
撤。6 月 1 日,日军第 32 军右翼第 62 师团的正面新战线没有大的
变化。是日,占领着首里高地的美军出现在了国场川一线,步兵第
64 旅团第 32 联队及海军根据地队在本部、津嘉山及长堂一线奉命
阻击美军。基于军司令部的命令,第 24 师团下令各部于 6 月 1 日
占领与座山的阵地。

　　同时,经过整编之后,第 62 师团的战斗减员已基本得到补充。
不过师团的新补战斗员素质低,而且武器弹药也已极度减少,一个
大队只有步枪 70—80 条,掷弹筒 4—5 个,迫击炮 4—5 门,重机枪
中队只有 3—5 挺重机枪,速射炮中队只有 1 门炮,联队炮中队也只
有 1—2 门炮。6 月 2 日,步兵第 64 旅团及步兵第 32 联队撤出现
有防线。

　　6 月 3 日,美军由大里城旧址经稻福附近对知念半岛发起的追
击战十分激烈。第 62 师团团长麾下的重炮兵第 7 联队及船舶工兵
第 23 联队的残部正在逐渐向丝敷方向后退,但是美军对其余正面
的追击并不活跃,第 62 师团的主力位于稻岭东西一线,步兵第 22
联队则位于友寄附近饶波川一线。海军根据地队以一部依然保持

---

① JACAR(アジア歴史資料センター)Ref. C11110000100、沖縄作戦記録(改訂版)昭和
　24 年 11 月(防衛省防衛研究所)。

在长堂、根差部附近，后撤至喜屋武阵地的船队指挥官大木中佐及其部下 1 500 人已经在新阵地部署完毕，归为独混第 44 旅团指挥。

6 月 4 日，第 62 师团及第 24 师团的各主力、独混第 44 旅团、军炮兵队都各自后退到喜屋武的新阵地。得以在新阵地集结的部队如下：

第 24 师团配属部队	12 000 人
第 62 师团	7 000 人
独混第 44 旅团	3 000 人
军炮兵队	3 000 人
军直辖部队等	5 000 人
合计	30 000 人[①]

这些是各兵团大致掌握的兵力，实际数字应该更多，另外首里战线后退时的推定总数大约是 5 万人，说明撤退作战中消耗甚大。

虽然日军还残存了 3 万人，但是其中大部人员是未加训练的后方人员以及新招入伍者，而精锐的战斗员在各部队中都只有美军登陆时候的 1/5 左右，不过指挥系统还基本健全。其实比起人员方面，日军在武器方面的损耗更大。具体来说，步兵自动武器只保有 1/5，步兵重武器减少到了 1/10（几近于无），手榴弹和手雷也几乎没有。损失意外少的是火炮，此时野炮级存有 1/2，特别是军炮兵队还保有各型火炮共 28 门。

6 月 5 日，从知念半岛方面发起追击的约 200 名美军神速抵达具志头，次日便同日军防守部队独混第 15 联队第 1 大队交上了火，战斗越来越激烈。6 月 7 日，日军第 62 师团调整指挥和部署，加强

---

① JACAR（アジア歴史資料センター）Ref. C11110000100、沖縄作戦記録（改訂版）昭和 24 年 11 月（防衛省防衛研究所）。

了对海上正面的防备。是日,具志头附近的战斗愈益激烈。混成旅团团长本想让具志头53高地附近的阵地成为前进阵地,但是鉴于该阵地的价值,决定视其为主阵地的一部并固守之。6月8日,美军的大部队在南下至东风平一带之后,逐步由志太伯附近从四面朝日军的左翼包抄而来,日军被迫撤至主阵地内。6月9日,日军第24师团和混成旅团正面的阻击牵制了美军对日军海上基地正面的进攻,第32军司令部下令作为预备兵团的第62师团支援混成旅团正面。6月10日,美军进至安里、富盛之后,对混成旅团所有阵地的正面发起猛攻,进攻持续数日,遭到日军猛烈的阻击。6月11日,美军开始采用大规模的坦克集群战法,对混成旅团在安里的阵地的正面发起重点进攻,同时以10多辆坦克从安里北侧的122高地以东杀到了在八重濑山的日军守备队的背后。美军的这一进攻路线,正戳中日军部署的弱点。作为日军主阵地内的两大据点之一,八重濑山的日军防守基础开始出现裂痕,加之具志头的日军守备队已经全灭,因此日军混成旅的两翼均告危急。

6月12日,在混成旅团阵地的中央部(与座、仲座附近)与右翼(面向海岸的断崖上)两处,战斗至为激烈,美军动辄以五六十辆坦克碾压日军的阵地,这两处的日军部队逐渐失去了同左翼之间的联系。至此,混成旅团不仅把握不了八重濑山方面的情况,也无力加强左翼方面。两日来,日军第32军司令部一直把一些装备劣质、训练不足的杂牌部队增援给混成旅团,结果这些部队一上战场就伤亡惨重,于是第32军司令部又把第62师团的两个独立步兵大队划归混成旅团指挥。

6月13日,混成旅团不仅没能恢复同八重濑山方面的左翼之间的联系,而且眼下自身正忙于保持其中央及右翼阵地,根本无力解救左翼。混成旅团团长基于军司令部的企图,将重新增加的独步第 15 大队、独步第 13 大队也分别投入最右翼，试图阻止两翼的崩溃。军炮兵队尽管拥有各种炮大约 20 门，但弹药殆尽，加上部队的素质已经下降到了极限，而且因为各炮间已经失去通信联络功能，所以多数时候步炮之间无法做到协同作战，军炮兵队的实力已经不能与首里战线时同日而语了。

此际美军的舰炮、航空炸弹、迫击炮、机枪等面对的攻击对象，是一群一群几乎赤手空拳的日军官兵，他们挥舞着双手向美军的坦克群冲去。日军大本营仅仅通过第 6 航空军空投过两三架次的手榴弹和掷弹筒而已。另外奄美大岛守备队队长支援了 5 船（独木舟）满载的弹药，它们从遥远的德之岛平安南下航行到了中城湾外的津嘉岛洋面，但在向第 32 军主力阵地呼唤的当口，被美军扫雷艇击沉了。

6 月 14 日，奉命增援混成旅团右翼的独步第 13 大队在队长原大佐的指挥下，排除万难由山城附近迅速参加了进军与座、仲座两侧的战斗，但因珊瑚岸上既无阵地又无地表物，只坚持了一天，便丧失了其大部分战斗力。

6 月 15 日，日军第 62 师团司令部仍然在山城。根据军司令部命令，第 62 师团让步兵第 63 旅团团长中岛中将一并指挥混成旅团，负责东方正面的战斗，步兵第 64 旅团则推进至真荣平的东南。第 24 师团最右翼，即占领着与座山附近阵地的步兵第 89 联队的侧背不断受到来自八重濑山方面的威胁，战力不得不分散，同时军心也动摇了。终于，在地形上被认为是最为坚固的与座、八重濑两个高地的中间地带，被美军从北面突破了。至此，第 23 军将第 62 师团的全部残部投入到混成旅团的正面战场，决定在战败之前让东方正面的美军出点血。

是日，混成旅团方面继左翼之后，臼炮第 1 联队队长指挥的一个中队也失去了联系。旅团的战线不再统一，各部陷入孤立无援，都在依托安里、仲座附近的各据点作垂死的抵抗。

6月16日，在混成旅团正面，其主力的右翼（独混第15联队）也终于失去消息，位于108高地的第62师团司令部遭到了美军坦克群的直接攻击。是夜，第62师团的主力在不熟悉的地形上移动，在美军猛烈的炮击下迟迟无法前进。第62师团司令部本来的企图是，先在混成旅团的掩护下在与座山南方一线整顿好态势，然后再以半遭遇战的形式攻击前进，夺回旧阵地，不得已的话，就在现有态势的一线上，游击美军。

已经连续在具志头方面、八重濑山方面的作战中取得绝对优势的美军，6月16日在全线加大攻击力度后，17日又在西海岸的真荣里作战中取得绝对优势。日第32军在全线的争夺中已经完全失利。在早已走投无路的情况下，第32军于当日（17日）下令第62师团撤往摩文仁。美军司令巴克纳将军希望已经穷途末路的牛岛满及其部下投降，但遭到无言的拒绝。美军决定采用爆破和火攻将其消灭。这个方法极其有效，日军很快陷入被动挨打状态。不幸的是，巴克纳将军在6月18日（一说是6月17日）阵亡。

日军混成旅团司令部及其直辖部队正在108高地及与座山附近顽抗。第62师团的主力依然在移动中。第32军司令官下令第62师团团长，让其前进至摩文仁高地。在第24师团正面，步兵第89联队丢掉了与座，被压迫到了新垣附近后又遭遇了更为强大的美军，日军步兵第32、22联队的中间地带被美军突破，呈全线崩溃状态。是日，步兵第22联队本部几乎全体战死在73高地。

6月18日，第62师团的移动大致结束。是日正午，突破真荣里之后的美军一路猛攻，突进至米须，成功斩断了第62师团的头和尾。步兵第63旅团位于摩文仁108高地的中间地带，步兵第64

旅团位于真荣平以东地区。是夜混成旅团司令部也撤退到了摩文仁。第24师团正面,步兵第89联队所坚持的战场逐渐崩溃,同时美军坦克群突破了步兵第32联队阵地,正在进入师团司令部所在的真荣平西北地区。

这样,第32军以摩文仁为中心的军司令部,以第62师团、军炮兵、混成旅团的各自司令部为基干的部队,以及以真荣平为中心、以第24师团司令部为基干的部队,这三部分在态势上已经逐渐远离。此际为止,日军卫生机关以及所有后方人员都已配属到战斗部队。

6月19日,日军第32军司令官明白全军的气数已尽,在向大本营、方面军及有关各军发出诀别电报的同时,对麾下各部队下达了概要如下的最后命令:

> 全军将士通过长达两个月的勇敢战斗,毫无遗憾地执行了本军司令部的任务,本人不胜感激之至。然而如今刀刃已卷,箭无一羽,我军的命运危在旦夕。部队间的通信联络几近断绝,本军司令官的指挥已经至难。而今在各战场上,当由生存者中军阶较高者实施指挥,战至最后,以铸大义。[1]

是日,从军司令官、全体参谋以仅存的罐头和一些酒举行诀别宴之时开始,摩文仁以东大约1 500米的棱线上出现了10多台美军坦克,炮弹集中倾泻在了司令部洞窟的附近。当晚,大部参谋及司令部官兵大约20人在接受了联络大本营或展开游击战的任务后,各自离去。接报称,步兵第89联队队长及工兵第24联队队长在新垣战死。

---

[1] JACAR(アジア歴史資料センター)Ref. C11110000100、沖縄作戦記録(改訂版)昭和24年11月(防衛省防衛研究所)。

同日,米须的美军大部队步战联合,以一部杀向新垣、真荣平方面的背后,以主力逼向摩文仁、小渡等所有日军防御阵地。第62师团陷入绝境。

6月20日,摩文仁周围1 500米的范围内激烈的炮弹爆炸声之中,坦克炮、机枪、步枪的声音开始变得稀疏,战斗渐入尾声。是日,第62师团各部接连全体战死,摩文仁也随处都是冲天的黑烟。

6月21日,第32军司令部同第24师团司令部之间通过徒步进行了最后一次联系,同样在摩文仁高地周边的第62师团、混成旅团、军炮兵队的各司令部之间依然继续依靠徒步保持联络。第32军司令部以一个卫兵小队夺回了昨天被美军夺取的当地的一个村子。是日东京的陆军大臣和参谋总长给第32军司令官发来了诀别电报。

同日,美军同日军残部在89号高地激战,最终彻底歼灭了日军。第62师团有组织的战斗全部结束。

6月22日凌晨2时许,第62师团团长、步兵第63旅团团长等军官自杀,仅剩的余部在各地打游击,8月15日战争结束之后终止了战斗行为。6月22日正午,摩文仁村的枪声停止。守卫该村的卫兵全灭。

6月23日夜,第32军司令部决定以生存者趁黑夺回89高地,黎明时全员向摩文仁村子方向突围。当夜,军直炮兵队司令部的全员冲入美军阵地战死。凌晨4时10分,美军杀到了日军第32军司令部的洞窟顶上,在清除了出口的卫兵后,向洞内投入手雷和手榴弹,炸死炸伤了参谋长室附近的官兵十多人。最后"美国大兵叉着双腿站在大约3米宽的岩石上,有的拿着手榴弹,有的端着自动步枪,威武地俯瞰着下面"①。在这种走投无路的情况下,第32军的中将司令官牛岛满和中将参谋长长勇,当着部下的面剖腹自杀了。

美军的冰山战役最终以胜利而结束。

五、冲绳战役后日军残部的情况

(一)第32军主力方面

前面已经述及,就在1945年6月23日黎明第32军司令官自决前后,第62师团、独混第44旅团、军炮兵队等各司令部在摩文仁附近战死,第24师团司令部在6月28日在真荣平战死。其他一线各部队也基于军司令部的最后命令,在各局部地区继续孤立地作战,6月末之前各部队都基本上战死了。

其后,失去指挥官的官兵中,突破美军火线逃到国头郡方面,打算继续进行游击战的人数不下数千,但他们几乎全部战死,残存的官兵在各个洞窟阵地继续进行游击战,直到战争结束时其人数有数千人。其中最为突出的,是步兵第32联队(含配属部队的一部)大队长及其以下数百人,他们在第24师团的主阵地区域上国吉村附近的洞窟阵地进行游击战,直到战争结束。

(二)第32军主力之外的方面

庆良间群岛及国头郡方面的部队死伤较少,其大部健在于不受美军攻击的地区,或分散存在于地下、密林,或藏于岛民之中,他们坚持游击战直至战争结束。

_____

① 「沖縄作戦における牛島、長両中将の自決状況」、JACAR(アジア歴史資料センター)Ref. C11110041400、昭和20年6月20～20年6月22日32A・牛島満、長勇両中将の自決状況(防衛省防衛研究所)。

1945 年 8 月 15 日日本投降后,上述的幸存官兵被逐步解除武装,他们中大部分在 1945 年 9 月上旬之前陆续走出阵地进入设在石川的收容所。加上后来陆续前往收容所的官兵,至年末为止,日军幸存者的概数如下:(1) 本土派遣前往者当中军官大约 500 人,下士大约 1 500 人,士兵大约 7 000 人,总约 9 000 人;(2) 冲绳本地部队当中,军官及士兵大约 8 000 人;(3) 海军方面不超过 1 000 人。① 这 1.7 万人是冲绳、布哇等各地收容所加起来的人数。在笔者看来,如果这些数字属实,很可能与两大原因有关,一是通信不畅或者通信联络的过早断绝,让很多作战单位的残部失去了上级的指挥,不能继续参加战斗;二是洞窟多,密林多,易于生存。

六、关于美日双方作战的得失

(一) 关于伤亡

据日军第 32 军战后统计,冲绳战役中的日军战死大约 75 000 人,负伤者推定为幸存者的大约半数,即约 12 000 人负伤,此外冲绳岛居民(非战斗员)的死者推定大约有 50 000 人。② 关于平民的死亡,英国学者写道:"更多的平民索性选择了自杀。"③据战后调查,绝大多数死亡的平民是在军方或政府"忠于天皇"的强迫之下自杀的。

据美国在战后公布的数字,美军在冲绳战役中地面战死大约 10 000 人,负伤大约 27 000 人,计 37 000 人。海上战斗中舰船被

---

① JACAR(アジア歴史資料センター)Ref. C11110060900、沖縄作戦に於ける第 62 師団戦闘経過の概要 昭和 19 年 8 月 20 日～20 年 6 月 22 日(防衛省防衛研究所)。
② JACAR(アジア歴史資料センター)Ref. C11110060900、沖縄作戦に於ける第 62 師団戦闘経過の概要 昭和 19 年 8 月 20 日～20 年 6 月 22 日(防衛省防衛研究所)。
③ [英]萨默维尔:《二战战史》,第 227 页。

撞沉或击沉的有 35 艘,大破及以下 223 艘(含战舰 10 艘,大型航母 8 艘,改型航母 3 艘,中型航母 2 艘),计 258 艘;战死 4 907 人,负伤 4 824 人,计 9 731 人。[①]

从上面的官方统计数据来看,日军战斗人员的伤亡比美军大得多,这主要是武器不及美军造成的。美军拥有充足的飞机、坦克和大炮以及相应的弹药,这三种武器的杀伤力都是极大的,却都是日军所缺乏的,而且日军还缺少弹药。可以说,美军与日军打了一场极不对称的战役。

其一,就飞机而言,日军不但飞机有限,而且飞行员的训练时间严重不够;不但飞机的设计性能不及美军,而且导航技术极差,雷达的发现能力和部署密度也不及美军。

其二,就坦克而言,日军由于缺少燃油而很少使用坦克,性能上不及美军。美军动辄使用性能优越的坦克开路冲锋。第 32 军在战后的作战总结中,至少提到过美军 30 次的坦克攻击,特别是登陆初期美军实施了大规模的坦克作战战法。战后第 32 军是这样总结的:(1)美军攻击日军平坦阵地时采用的仍然是老办法,先以舰炮攻击、飞机扫射,或者以迫击炮对日军阵地进行压倒性的射击,将日军逼入洞窟,再以步战联合战法占领洞窟阵地。这导致了日军损伤逐渐变大。具体来说,美军一般每 20—40 名步兵配备一辆坦克,当坦克开到距离日军射击地带大约 300 米处停下,然后彻底破坏日军的射击孔和掩体,之后步兵再开始前进;(2)美军攻击日军洞窟阵地时,首先通过大炮轰击将日军逼入洞窟,接着压制和破坏洞窟的出口(日军设置炮门和射击孔的地方)。具体来说,美军通过坦克的炮塔设计,破

---

① JACAR(アジア歴史資料センター)Ref. C11110060900、沖縄作戦に於ける第 62 師団戦闘経過の概要 昭和 19 年 8 月 20 日～20 年 6 月 22 日(防衛省防衛研究所)。

坏和压制洞窟的开口部,或在坦克射击的掩护下通过喷射火焰(火焰长度达 135 米)来压制开口部,接着使用炮击、骑马攻击,最后攻克日方阵地。[1]

其三,就大炮而言,美军有数量众多的舰炮对日军陆上阵地进行攻击,而日军的军舰数量很少,只能用于舰对舰作战,而且还只能实施小规模的舰对舰作战。陆战方面,日军的速射炮近战威力大。对美军 M4 坦克而言,日军的 TA37 毫米、TA47 毫米这两种速射炮很有效果,特别 47 毫米速射炮从隐蔽阵地对美军 M4 级坦克进行至近射击时的威力最大。比如 4 月 4 日 12 时大川东南 85 高地,日军对美军 5 台 M4 坦克(其中一台为 M1)发起攻击,47 毫米速射炮发射了 20 发炮弹就让其熄火 2 台、起火 2 台、大破 1 台。[2] 日军总结发现 15k 级炮弹容易击破美军 M4 级坦克。但是美军的优势有二,一是只要日军一开炮,美军就会数倍还击,所以如果日军首弹不中或者射出首弹后不迅速变换阵地,就会被美军击垮;二是美军随时可以用牵引车搬运熄火的坦克,拿去修理。日军大炮终究抵不过美军的坦克,也没有专门的牵引车。

美军伤亡小的另一个重要原因,那就是在不久前的硫黄岛战役中,美军因对洞窟战斗不熟悉而遭受了极为重大的伤亡,那么在本次的冲绳岛战役中同样遭遇洞窟战斗时,美军便吸取了在硫黄岛战役中的教训。

---

① 「戦訓速報第 187 号 沖縄作戦の教訓 昭和 20 年 6 月 20 日(1)」、JACAR(アジア歴史資料センター)Ref. C19010165600、沖縄作戦の教訓 昭和 20.6.20(防衛省防衛研究所)。

② 「戦訓速報第 187 号 沖縄作戦の教訓 昭和 20 年 6 月 20 日(1)」、JACAR(アジア歴史資料センター)Ref. C19010165600、沖縄作戦の教訓 昭和 20.6.20(防衛省防衛研究所)。

其四,其实不仅是武器落后,日军武器的损耗还相当严重。依靠洞窟阵地进行 50 天的战斗之后,其武器损耗见表 8-4。

表 8-4　日军在冲绳战役中的武器损耗

武器	数量	与战前的比例	弹药
A　BA　SA 迫　F1A　B1A	96 100	60%	中口径一基数 A、BA 六到七基数
MG EG 掷弹筒	146 438 468	30%	

资料来源:「戦訓速報第 187 号 沖縄作戦の教訓 昭和 20 年 6 月 20 日(1)」,JACAR(アジア歴史資料センター)Ref. C19010165600、沖縄作戦の教訓 昭和 20.6.20(防衛省防衛研究所)。

(二)关于战术

战后日军第 32 军总结认为,美军重视佯攻战术。他们认为,反登陆作战在本质上,是防守的日军一直到美军登陆为止都处于被动的地位,然而一旦开始作战,日军就必须克服防御者的被动心理,果断处在主动的地位上。他们认为美军船队对冲绳岛的佯动,屡屡制约了日军的攻势移转。比如 4 月 4 日美军佯动,日军本应该转为攻势,但凑川附近美军登陆企图变得浓厚,日军中止攻势后,4 月 8 日美军便转为攻势了。

第 32 军最大的战术问题出在了布阵上。日军的排兵布阵是南北两道防守线,却留下了中空地带,以至于美军登陆以后,大部队基本上是兵不血刃就直接由西海岸大穿插到了东海岸,从而实现了从东西两面夹击、调动日军的目的。

其次是日军攻守态势轻易转移,过于频繁。第 32 军的最高指挥官总是容易在出现危局时就立刻由守势转为攻势,毫不顾及自身的实力,结果又总是失败。

再次是空军战术。日本空军的战法主要依靠"特攻"战术。奉命实施"特攻"作战的日军飞行员飞行训练时长不够,气候和地形对他们的飞行也影响极大。气候因素尚好,因为基本上能够靠基地决定是否出击,但地形因素成了这些生手夜航的杀手。日军战后总结时写道:"宫古岛和冲绳岛之间长达 200 千米的海上没有一座岛屿,这给我们的飞行特别是夜间飞行带来了不少误导,为此牺牲了不少飞机和人员。"①与此不同,从九州出发进行沿岛进攻时,虽然特攻队技术低劣,但是他们几乎不用引导,因为有地面参照物。而到了冲绳岛上空,海面或陆地却几乎没什么参照物,因此自己坠落的飞机很多。这说明日本飞机上的导航技术很差。

在战法上,美军至少有两点令日军觉得很新奇,一是美军鉴于损耗的舰艇较多,就将相当多的工作舰部署在庆良间的泊地及嘉手纳洋面附近,每天能够修理 10 多艘舰艇;二是美军在冲绳战役的中期开始设置烟幕阻止日军的攻击,特别是在庆良间泊地,全天都用了烟幕。这两项战法从技术上讲并不是不可实现,日本早该做到,也能够做到,却没有做到,因为早在莱特湾海战中美军就对日军使用了大量的烟幕弹。

(三) 日军战场指挥者的意志薄弱

这一点是第 32 军战后总结出来的。他们举了个例子,指出 5 月 4 日攻势中止的原因:日军攻势的实际情况是,仅有第 24 师团的大约两个大队的轻型坦克在烟幕的掩护下渗透突进,炮兵却没有伴随行动,结果未能维持和培养火线战力。攻势前进的火线和美军对后方的截断射击极为猛烈,日军联络断绝,使师团司令部、军司令部方面不明火线情况,加上美军从海陆空进行集中射击,日方不断出现战死

---

① JACAR(アジア歴史資料センター)Ref. C11110000100、沖縄作戦記録(改訂版) 昭和 24 年 11 月(防衛省防衛研究所)。

和战伤,因此各师团和军的直辖部队相继向军报告了战力减少消耗的情况。军司令部方面似乎是在接到各方面伤亡不断的报告后,鉴于"应尽量长期地寻求战略持久的任务",提出取消攻势为上策,于是下达了中止攻击的命令。然而事实上,前一晚上日军逆登陆成功,造成美军大乱,而且日军的坦克部队损伤相对较小,正是到达美军阵地附近的攻势准备线的时刻,虽然难以断定继续攻击下去是否能够成功,但是日军的攻势还没到顿挫就被下令中止了。

（四）日军部队之间合作不畅

第32军战后总结指出,冲绳战役中,作战兵团之间没有相互通报本方阵地的构成,导致尽管岛尻地区的第24师团火速转移到北部正面,但是该兵团进入的是其他兵团构筑的阵地,结果出现了不少的混乱。另外兵团之间的阵地间隙也往往让美军钻了空子。

（五）日军存在畏惧心理

美军的压倒性饱和攻击对日军官兵产生了强烈的心理上的震慑作用,也就是日军出现了害怕的心理。上面谈到日军速射炮近战是很厉害的,于是面对美军强大的攻势,日军普遍"抱有依赖炮兵的惯性心理,没有炮兵射击时各项行动都犹豫不决"。比如日军在洞窟门口设置了重机枪,却"害怕美军的报复射击,明明有好的机会却不射击",还"害怕美军的炮轰,对占领阵地变得消极,全员暴露给美军让美军射击"。[1]

七、冲绳战役的胜利对于盟军的意义

继丢失硫黄岛之后,日本再度失去冲绳,这意味着盟军的双脚

---

[1] 「戦訓速報第187号 沖縄作戦の教訓 昭和20年6月20日(1)」、JACAR(アジア歴史資料センター)Ref.C19010165600、沖縄作戦の教訓 昭和20.6.20(防衛省防衛研究所)。

已经踏上日本的本土。获得了硫黄岛和冲绳岛之后,盟军便获得了更多地前进基地,下一步就可以直接攻打日本本土的四大岛了。

附录一　日军第 8 飞行师团在冲绳战役中的行动

一、战斗经过概要

1945 年 3 月 23 日清晨,美军精锐的航母舰队袭击冲绳岛及宫古岛。于是第 8 飞行师团立即下令准备应战,同时加强冲绳方面的搜索力量。24 日,在冲绳岛南部海岸附近出现了美军的大型舰队,由数十艘舰艇组成,它们开始对日军的陆上阵地实施炮击。第 8 飞行师团立即转为迎战态势,准备出击。25 日,综合各方情报,第 8 飞行师团认为美军登陆冲绳岛的企图愈益明显,因此指示在九州的西参谋及在冲绳的神参谋,命令他们指挥逐步抵达的特攻队攻击冲绳周边的美军舰船,同时又因为侦知当晚美军的航母舰队正游弋在庆良间群岛附近,终于下定决心,准备于 26 日晨以一部攻击之。之后美军对冲绳岛的舰炮射击逐渐激烈,美舰船的动向也以庆良间群岛为中心愈益活跃,只是从舰船的动向等全盘情况来看,日军推测美军很可能企图在攻克冲绳岛周边岛屿之后再登陆冲绳岛。

4 月 1 日,美军开始针对冲绳中、北两机场从西海岸正式登陆,于是第 8 飞行师团基于事先的准备,立即开始以主力对其发起攻击。日军继续攻击了大约 2 个月,到了 6 月上旬冲绳岛方面的战场态势逐渐明朗起来,美军对宫古岛方面的进攻企图也逐渐浓厚起来,于是师团初步中止了对冲绳方面的攻击。

这之后第 8 飞行师团的攻击目标也有第 32 军所要求的,主要变成了攻击大型舰艇。如此,师团便协同联合舰队(第 6 航空军)密切策应第 32 军的反击,继续不断地对美攻击,但第 32 军不久中止了反击,于是之后师团主要基于航空部队自身的见地而实施攻击。

二、第一期作战

(一)第 9 飞行团的攻击情况及成果

3 月 26 日,战损为失踪诚第 17 飞行队的 4 架,独立飞行第 23 中队的 6 架突入美舰队;战果为击沉美军大型舰艇 1 艘,击破 1 艘。3 月 28 日,战损为失踪 1 架,战果不明。3 月 29 日,战损为失踪 1 架;战果为大破 1 艘,"特攻"攻击大破 1 艘大型舰艇,致其起火。4 月 1 日,战损为失踪 11 架;战果为致 2 艘起大火、2 艘冒黑烟,中破 3 艘。4 月 2 日,战损为坠落 1 架,失踪 8 架特攻、2 架掩护机;战果为击沉 3 艘,大破 2 艘。4 月 3 日,战损为失踪特攻 1 架、轰炸 2 架;战果为击沉 6 艘,击破 1 艘,致 1 艘冒黑烟。4 月 8 日,战损为特攻 1 架、轰炸 2 架,战果为大破 2 艘。4 月 9 日,战损为失踪 1 架,战果不明。4 月 10 日,战损为失踪 3 架,战果为中破 3 艘。4 月 11 日,战损为失踪特攻 5 架、掩护 4 架,战果为大破 1 艘。日军总共出动 14 次,共派出 115 架,击沉各型舰艇 10 艘,击破 15 艘,致 2 艘起火、3 艘冒黑烟,日方自损飞机 50 架。

(二)第 22 飞行团的战斗情况

飞行团自开战以来,主要作为二线部队一面谋求增强实力一面负责编成和训练特攻队。随着对冲绳方面的攻击的进展,飞行第 19 战队 3 月 28 日在石垣、4 月 5 日在宜兰归为第 9 飞行团指挥,同时在 4 月 1 日独立飞行第 47 中队被抽调作为师团直辖部队。

4 月 10 日,为了应对台湾形势,诚第 117、118 飞行队各自在台东及潮州归为飞行团指挥,攻击了美军舰队。

(三)九州方面投入的特攻部队的战斗经过

1. 西参谋对特攻队的掌握及推进

西参谋接受的任务是"掌握特攻队并指导开赴台湾"。3月16日西参谋到达新田原,25日之前掌握的部队如下所示,撤退中接到"台飞作命甲第213号"。

太刀洗	诚第33、34、35飞行队
雁巢	诚第36、37、38第飞行队
熊本(健军)	诚第32、39飞行队
知览	诚第40飞行队
新田原	诚第41飞行队

在此,第32飞行队在3月25日傍晚、第41飞行队在3月28日分别到达冲绳中机场,归入神参谋指挥下。

3月29日,诚第39飞行队飞向冲绳,但该队在德之岛紧急迫降,而后受第6航空军隶下的第6飞行团指挥,担任对冲绳方面的攻击。

3月27日,师团下达电令,于是西参谋在指挥特攻队撤往台湾的同时,努力联络第6航空军。经由太刀洗及福冈等地之后,为了由九州直接攻击冲绳,西参谋就特攻机的增补及往台湾运输飞机同有关部队接触。

3月31日,在福泽参谋到达新田原的同时,西参谋又将该任务向其告知,并到4月3日出发为止一直援助福泽参谋。

2. 神参谋率领的特攻队攻击美军舰船

神参谋作为第32军参谋兼第8飞行师团参谋,一直留在冲绳,基于台飞作命甲第213号之二,指挥逐步到达的特攻队实施了攻

击,初战告捷:

3 月 27 日,派出 11 架,击沉 5 艘,大破 5 艘;

3 月 28 日,派出 6 架,击沉 3 艘,致 1 艘起火;

3 月 29 日,派出 5 架,击沉 3 艘,致 1 艘起火,返回 1 架;

3 月 31 日,派出 5 架,战果不明,飞回 1 架。

3. 福泽参谋指挥特攻队攻击美军舰船

福泽参谋基于台飞作命甲第 220 号,3 月 31 日到达新田原,继承了西参谋的任务。

当时美军对冲绳各机场及德之岛机场的攻击逐渐激烈。在向德之岛(作为中继)或者向冲绳机场推进了特攻队之后,日军已经不可能对美军舰船发动攻击。于是福泽参谋没有跟往常一样将在九州的特攻队归到神参谋的指挥之下,而是认为直接由新田原实施攻击更为有利,因此之后就指导特攻队从九州直接实施攻击。4 月 1 日、3 日、6 日,特攻队分别从九州(含德之岛和冲绳)实施了攻击。这些攻击取得了相当的战果:

4 月 1 日,派出特攻 5 架,击沉 2 艘,致 1 艘起火;

4 月 3 日,派出特攻 6 架,击沉 4 艘,击破 2 艘;

4 月 6 日,派出 28 架(内 27 架特攻),击沉 7 艘,击破或致其起火 18 艘,1 架特攻迫降,特攻效果确认机飞回。独立中队派出 30 架,击沉 5 艘,击破 6 艘,致 1 艘起火。

三、第二期作战

(一)战斗经过概要

4 月 12 日晨,两群组成的美军航母舰队来袭台湾北部,于是日军师团暂时中止了对冲绳方面美军的攻击。虽然日军准备攻击美航母舰队,但因难以捕捉到美军航母舰队的位置,终于没能够达成目的。13 日傍晚,因美航母舰队远遁宫古岛南面海上,日军师团再度开始了对冲绳方面美军的攻击。

此际美军飞机对宫古岛及石垣方面的袭击变得激烈,日军使用两岛机场进行攻击逐渐困难,于是日军师团极力限制使用先岛群岛的基地,同时谋求增加各种飞机,以便用尽可能多的兵力直接从台湾对冲绳发起攻击。这样,4 月末为止日军攻击极为顺利,战果颇大。

此时,第 32 军的地面战斗形势不妙,逐渐被压向首里北方高地一线,士气普遍不高,因此师团在 4 月 28 日发出激励电报。4 月30 日夜半,收到了第 32 军壮烈的反击电报后,师团立即下达命令,决定举全力协助第 32 军作战。

(二)各部队的战斗经过

1. 第 9 飞行团

4 月 12 日以来,第 9 飞行团一直在为攻击出现在花莲港以东近距离洋面的美军航母舰队作准备,但终未能捕捉到对手,故以一部准备攻击,以主力再度于 4 月 17 日开始攻击冲绳方面。

此前,基于师团命令,4 月 14 日独立飞行第 41、42、43 中队并诚第 114、115 飞行队归入飞行团长指挥之下。

之后飞行团分数次与地上兵力合作,以图击落美机,同时连日修复机场。4 月末至 5 月 5 日之间,日军通过不断的攻击,不仅致美军大损,而且 5 月 4 日晚第 32 军的反击伴随反登陆时,很好地进行了协助,奠定了该部队成功的基础。战果方面,日军此期间共派出 55 架飞机,击落 3 架美机,击沉 21 艘美舰,自损 27 架飞机。

其他飞行团在此期间,共派出 76 架飞机,击沉美舰 26 艘,击落美机 4 架,战损 53 架飞机。此外,军侦中队此间共派出 16 架飞机,击沉美军 1 艘舰船,自损 6 架。

2. 第 22 飞行团

第 22 飞行团的兵力此间逐渐被抽调，只剩下飞行第 17 战队、教练机特攻队二队以及诚第 15 飞行队，一面随时准备战斗一面训练。

3. 师团直辖战队

无甚突出表现。

四、第三期作战

（一）战斗经过概要

师团在 5 月上旬的作战中消耗了大部分战力，而且不仅连续两个月颇为勉强地编成特攻队，飞机也需要大整顿，加之先岛群岛的使用逐渐受限，因此在 5 月上中旬之交，师团决定主要整顿态势和修理整顿飞机，首先将第 9 飞行团的主力召到台湾本岛，同时加上新配属的特攻队，加强第 22 飞行团，让两个飞行团并肩战斗。师团下达了相关命令，扎实地一步步进行 5 月中旬末以后的准备。

（二）战果与战损

各飞行团第三期的攻击成果和战损如下：

第 9 飞行团，共派出 71 架，击沉 2 艘，战损 13 架；

第 22 飞行团，共派出 28 架，击破 5 艘，战损 19 架；

其他部队，共派出 54 架，击沉 5 艘，击破 2 艘，致 2 艘起火，战损 20 架；

军侦中队，共派出 3 架，击沉 1 艘，战损无；

5 月 18 日、21 日对冲绳发起攻击，共派出 14 架，击破 3 艘，战损 9 架。

此间第 6 航空军在 5 月 24 日实施了"义号作战"（对冲绳中、北机场发起的强行着陆进攻），但因天气不佳，师团不仅没能够给予协助，而且也没能马上充分利用其成果。

5月30日天气暂时恢复,师团实施了部分攻击,6月5日、6日连续投入相当的兵力攻击了冲绳方面的美军舰艇。

五、第四期作战

虽然能够体察到5月末以来冲绳方面的战况越来越接近尾声,但是与此相反,美军在宫古岛及石垣岛方面的活动逐渐活跃起来。日军师团判断美军很可能要攻打该方面,于是在6月上旬中止了对冲绳方面的攻击,为应对接下来的作战而专门致力于整顿,专心充实战力。6月20日,第32军决然实施了最后的总冲锋,至此,冲绳岛地面兵团有组织的抵抗就结束了。

开战以来,尽管日军航空部队给美军舰船造成了很大的损伤,但是由于3个月连续不断的兵力投入,日军战力消耗也不小。

第8飞行师团以6月上旬的攻击初步终止了对冲绳方面的大规模作战,开始为第二阶段作战作准备。

师团中止攻击之后,海军即第6航空军还在继续进行部分攻击,6月18日,美军突破了八重濑山(首里以南大约10千米),强行向日军主阵地渗透而去。20日晨,第32军在各据点集结兵力尝试了最后的抵抗,但难以抗住美军的猛烈进攻。20日夜半,第32军以主力实施了反击,是为最后的有组织的抵抗。如此,美军逐步展开了对冲绳岛及其周边岛屿的平定作战,并正式启动以冲绳中、北机场为核心的大空军基地的恢复及军事利用。

六、第8飞行师团战果统计

(一) 第8飞行师团对冲绳作战的成果(3月26日—6月6日)

　　　　出动特攻机　共293架,未归224架

　　　　一般出动　　共254架,未归44架

计出动　　　共 547 架，未归 268 架

出动天数　　共 45 天

出动次数　　共 58 次（薄暮、夜间、拂晓）

战果：共计击沉 67 艘，击破 61 艘，致 31 艘起火、20 艘冒黑烟，总计破坏 179 艘以上美舰。

（二）第 8 飞行师团的伤亡统计

参战军官 890 人，参战士兵 4 917 人；死亡军官 174 人，死亡士兵 208 人；负伤军官 9 人，负伤士兵 28 人；失踪军官 9 人，失踪士兵 5 人。

（三）第 8 飞行师团武器的损耗统计（3 月 23 日—6 月 20 日）

损失特攻机 243 架（含未归），大破 40 架，待机中遭受中小破 37 架，待机中遭全毁 73 架，因飞行事故大破 67 架、中小破 460 架。

七、航空作战的作用

（一）第 32 军所见的航空作战的要领

正如战备一节所述，西南群岛方面基于天号作战计划的"近身总特攻"主义行动很迟缓，根本没有"近身"，但"总特攻"倒是切实实施了的。

航空作战方面，航空部队想将登陆美军一举消灭在海上的企图终于没能实现，其正式的活动，是在美军登陆开始之后，连日以十数架飞机至数十架飞机对麇集在本岛周边的美军舰船实施敢死冲锋，整个作战中，到达冲绳近海实施突击的飞机不下 1 500 架。

（二）空战对地面作战的影响

从纯作战的角度来看，日军的空战对地面作战的影响不大，美军如期实现了攻克冲绳。另外如下所示，其战果从统计上来看往往很不确定，实际上比这要少。

　　　　大破起火　　389—390

　　　　中小破　　　230—231

　　　　总计　　　　619—621

　　但是空战给地面作战的支援不应低估,其主要的支援作用如下:

　　(1)特攻机的英勇鼓舞了地上官兵们的斗志,对于维持地面部队的信心效果绝大。

　　(2)特攻队的进攻时机主要选择在黎明和薄暮,因此美军舰艇从日暮到清晨这段时间内,其主力(一部滞留在沿岸持续炮击)常常避退到距离海岸 30—40 千米处,日军地面部队利用这个时间段展开兵力、调整部署、修补工事、补充运输弹药,所以特攻队对地面作战贡献很大。①

附录二　日本海军在冲绳岛的作战

　　海上挺进队作战的最初方针是,将海上挺进第 1、2、3 战队配置在庆良间群岛,将海上挺进第 26—29 战队配置在冲绳岛南部,以随时应对美军的最初动作,准备调动并集中其主力攻击美军的运输船队,一举取得决胜性效果。但是在美军即将登陆之前,第 32 军最高层的意向倾向于持久消耗战的时候,海上挺进队一开战就失去了在庆良间的 3 个战队,这才不得不完全放弃决胜方针。基于此,第 32 军决定通过持久战法,保持小规模的出击,以此逐步削弱美军海上舰艇的战力,减轻陆上作战的压力。

----

① JACAR(アジア歴史資料センター)Ref. C11110000100、沖縄作戦記録(改訂版) 昭和 24 年 11 月(防衛省防衛研究所)。

　　第 32 军基于新的方针，以海上挺进第 27 战队的一部，以及中城湾方面的其余兵力，分别捕歼嘉手纳洋面的美军舰艇。攻击从 4 月上旬开始，以策应 5 月 4 日攻势中达到最高潮的反登陆作战，一直持续到 5 月下旬首里战线后退。

　　开战前日军保有的可出动舟艇大约有 280 艘，战后其推定命中的美军舰艇有 124 艘，击沉美舰有轻巡舰等 10 余艘。攻击精神旺盛的各战队在用完了攻击用舟艇之后，仍利用所在地的独木舟装上炸弹继续攻击美舰。之所以对击沉的美舰数只可推定，是因为在夜晚实施攻击难以确认战果。海军根据地队用还利用了微型潜艇攻击庆良间方面的美军。

　　海军炮台方面，设在海岸上的鱼雷发射机没有实施攻击。

　　6 月 4 日清晨 5 时，在日本海军根据地小禄半岛，美军从镜水经大岭登陆，一举进至那霸丝满街道一线。当时日本海军部队的主力位于金城—丰见城—宇荣茂间地区。6 月 5 日，日本海军根据地队被美军包围和压缩到金城—小禄—丰见城之间的地区。6 月 11 日，第 32 军司令部收到小禄海军根据地队司令官发来的最后的电报："美军坦克群正在攻击我司令部所在的洞窟，根据地队在今天 11 日 23：30 全体战死。谢谢从前的厚谊，祈祷我军的武运长久。"[1]

---

[1] JACAR（アジア歴史資料センター）Ref. C11110000100、沖縄作戦記録（改訂版）昭和 24 年 11 月（防衛省防衛研究所）。此处二则附录皆为笔者根据该记录翻译整理，录此供读者参考。

第九章　盟军最后的战斗

　　战争进行到 1945 年 5 月，除了中国战场还有庞大的日军盘踞之外，全世界的反法西斯战争已经接近尾声了，形势可谓一片大好。

　　欧洲战场方面。苏联于 4 月 6 日宣布苏日中立条约到期后不再有效。进入 5 月后，希特勒自杀身亡，8 日德意志终于无条件投降。

　　缅甸战场方面。5 月上旬，美军攻克南坎，日军不得不将其缅甸方面军的主力集结至缅甸南方的要地，不但已经不能对在华日军形成助力，反而陷入了自身难保的境地。

　　太平洋战场。进入 5 月之后，美军在太平洋战争中的反日本法西斯战争已经进入尾声。5 月 1 日，日本新设海军总司令部，统一指挥联合舰队、各镇守府、警备府部队的作战。

　　进入 7 月，美军加大了对日本本土的攻击力度，连日以小型飞机轰炸日军本土基地，以大型飞机轰炸日本重要城市，生产设施、军事设施、交通线、港湾等都成为轰炸的主要对象，日本国家和军事的有机运转日渐困难。另外还有对外线婆罗洲的收复，盟军对日作战进入了全面结束的阶段。

第一节　盟军收复婆罗洲

继解放了新几内亚岛之后，1945 年初麦克阿瑟指挥的盟军并没有继续往西收复荷属婆罗洲，而是先行攻打婆罗洲北方的菲律宾，以斩断菲律宾方面对婆罗洲的支援。盟军解放菲律宾群岛以后，马来、爪哇等婆罗洲地区的日军就陷入了孤立。

同时，盟军解放菲律宾之后，日本的西南方面舰队司令部也随之丧失了作为方面舰队的功能。为此，日本在 1945 年 2 月 5 日新设了第 10 方面舰队。在第 4 南遣舰队于 3 月 10 日被解散后，澳北方面也归到第 10 方面舰队的管辖之下。

负责东南亚各地区防守的日本南方军总司令官根据当时的形势，确立了如下作战方针：将东南亚各地区的海军兵力重点集中到马来地区，以马来地区为中心抵抗到底。为此，日本南方军总司令官决定将原在帝汶、小巽他群岛及塞兰地区的兵力移动到马来方面，同时极力减少外派兵力。

当时第 10 方面舰队麾下的唯一机动兵力是第 13 航空舰队，它虽然下辖第 23 及第 28 这两个航空战队，但实际兵力不过是零式战机大约 50 架、月光战机大约 5 架、舰载攻击机大约 17 架而已，外加若干的中小型舰艇，可以说总兵力连本地防卫都不够。

1945 年春天，作为在东南亚地区反攻作战的第一步，盟军攻打了日本海军防守的打拉根和巴厘巴板，两地均属于荷属婆罗洲。防守的日本海军第 22 特别根据地队是在 1942 年春日军攻克之初设立的，主要负责巴厘巴板的防空以及海上护航，地面上的防备兵力几乎为零。至 1945 年春，日军在这几个地区的兵力如下：

巴厘巴板地区　第 22 特别根据地队司令部、第 2 警备队

（可转为陆战的兵力约 2 个大队）、第 2 防备队、第 102 燃料厂、第 2 潜务部、陆军 1 个大队

　　打拉根地区　第 2 警备队打拉根派遣队（可转为陆战的 1 个大队）、陆军 1 个大队

　　三马林达（Samarinda）地区　第 101 燃料厂、第 102 燃料厂

　　伯恩卡拉卡（Bengkalaka）地区　第 22 特别根据地派遣队（约 250 名）

这几个地区的防守部队在遭遇盟军来攻时不能指望任何的支援兵力，所以等待他们的只有死路一条。

　　打拉根地区方面，1945 年 4 月 13 日左右，盟军的登陆舟艇出现在莫罗泰岛周边。4 月 27 日，盟军的舰艇到达打拉根海面。同日至次日 28 日，盟军悠然地在日军阵地的正面泊好舰艇，然后开始预备射击，29 日即开始了登陆。在打拉根的大约 2 000 名日军奋力阻击，一部击沉了扫雷中的美军舰艇，但随着兵力的消耗，6 月 11 日以后日军就转为游击战，不复存在任何有组织的抵抗。

　　巴厘巴板地区方面，防卫一直由第 22 特别根据地队担任。此前，该方面的第 102 燃料厂由于在 1944 年秋季以后受到盟军不断的大空袭，进入 1945 年之后便一直无法运转，所以到了 1945 年 6 月，日军为了自存便放弃了该厂，向其他地区转移。同年 6 月 8 日，盟军开始登陆荷属婆罗洲的纳闽（Labuan），同时也开始在巴厘巴板方面登陆了。

　　日军防守部队最初确立的方针是将盟军阻止在海边，到了 6 月中旬便改为在三马林达以东长约 5 000 米的密林地带展开游击战。6 月 15 日晨，盟军的舰载机开始大规模轰炸巴厘巴板地区，接着又以舰炮攻击该地区。之后的大约半个月期间，盟军一面反复

实施炮轰一面继续排雷。其间日军通过海军炮台的炮击以及鱼雷攻击等也取得了若干的战果，但是已经完全不能左右大势了。7月1日，盟军开始登陆巴厘巴板，日军展开阻击。到了晚上，日军也曾利用小艇奇袭美军舰艇的泊地，但是由于自身在陆上的生存空间被压迫得越来越小，到7月22日以后该股日军便逐渐向三马林达方面以东的密林地带转移，并在8月15日根据停战命令缴械投降。

　　7月4日黎明，日军第2防备队及第2勤务队乘上小艇，用鱼雷攻击了盟军的船队，击沉了其中3艘。之后受到盟军的攻击，两支部队完全丧失战斗力，开始向斯巴克（Sepak）方面撤退，在该地与第102燃料厂部队会合。不过盟军还没来得及攻打斯巴克方面，战争就结束了。①

第二节　苏联红军大败日军

一、日军的对苏作战方针

　　自从1939年日军在诺门罕与苏军交手之后，苏日关系平静。苏日既已签订了中立条约，何况对付美英更为急迫，日本无暇北顾，对苏作战绝对需要避免，因此"日本专门避免了做出刺激苏联的行动"②。特别是到了太平洋战争的第二阶段，日本的对苏作战方针是，倘若对美、英、荷作战如期进展而且带有积极性，就更应该

① 参见JACAR（アジア歴史資料センター）Ref. C14061129800、1945年に於けるボルネオ方面の作戦（防衛省防衛研究所）。

② 「対ソ海軍作戦」、JACAR（アジア歴史資料センター）Ref. C14061104600、南西方面の作戦 西部ニューギニヤ方面及び濠北方面の作戦 対ソ海軍作戦（防衛省防衛研究所）。

谨慎对待北方,必须避免对苏作战。到了日本对美英作战转为防守的太平洋战争第三阶段,此时美苏在北方有联合,对日本构成了最大的威胁,加上苏日中立条约依然存在,因此日本的对苏作战方针便是决不轻言开战。一言以蔽之,整个太平洋战争时期日本的对苏作战方针就是"回避"二字。到了太平洋战争尾声,随着美军攻入日本本土,日本陆海军的全部力量都在为决号作战作准备,因此战备方面也是以粉碎美英军的登陆企图为主要目标,根本没有任何准备应对来自北方苏联的参战。

苏联方面则从1944年8月左右开始便陆续将兵力转用于东西伯利亚,1945年4月5日又宣布苏日中立条约到期后不再延长,并已在苏"满"边界上驻扎精锐兵力,时刻准备对关东军发起歼灭作战。

当时的关东军虽然在"满洲"、北朝鲜方面一直有应对万一情况的配备,在日本海一侧也配备了初步的兵力,但其兵力因屡次被抽调而战力下降,如今苏日间风云突变,日本只能决定将万一开战时的抵抗线后退至朝鲜半岛北部国境地区,另外还考虑从中国战场抽调部分兵力至"满洲"地区。

至于海军方面,由于已经失去了主战兵力,日本海军在苏联的参战问题上就只能消极应对了。千岛方面的海军兵力与决号作战相关联,也就是说是要转用于本土的,所以进入1945年以后便开始逐步撤退了。另外同年8月11日,罗津根据地队移动到元山并改称元山根据地队。因此,在苏联参战时从正面对抗苏军的日军陆海兵力,在千岛方面、萨哈林岛方面、北海道方面、北朝鲜方面、舞鹤镇守府、镇海警备府都没有一艘舰船,只在大凑警备府象征性地摆放了2艘老式小型驱逐舰和5艘海防舰而已。

由上可知,日本在本土北面的外线防守极为薄弱,可以预见在遭遇苏联红军异常强大的攻击时会是一个什么样的结果。

二、苏联宣布参加对日作战

太平洋战线的战局变得日益对日不利。进入 1945 年 7 月后，苏蒙联军对伪满东部"国境"方面的战略展开已经开始。

7 月 13 日及 21 日，日本两次请求苏联斡旋对美英停战，但因当时正值波茨坦会议进行中，所以此事没有具体化。7 月 26 日，美、英、中发布了《波茨坦宣言》，宣言中并没有出现苏联的国名，因此日本心存侥幸，拒不投降，对《波茨坦宣言》保持了沉默。但是当 8 月 6 日美军在日本广岛投下第一颗原子弹后，8 月 9 日零时苏联对日宣战。苏联的宣战理由在宣战书中讲得很清楚：

苏联对日宣战书

在希特勒支配下的德意志失败并投降之后，日本便成了依然主张继续战争的唯一的大国。今年 7 月 26 日要求日本武装兵力无条件投降的三国——即美利坚合众国、英国及中国——的要求，遭到了日本的拒绝，因此日本政府就远东战争的调停而向苏维埃联邦提出的提案也就丧失了其一切的基础。

考虑到日本提出调停而拒绝投降，联合国向苏维埃联邦政府提议，希望苏维埃联邦政府参加抵抗日本侵略的战争，缩短终止战争的时间，减少牺牲的数量，以尽快恢复全面的和平。

苏维埃联邦政府根据本国对联合国的义务，接受了联合国的提议，对今年 7 月 26 日的联合国宣言表达了共鸣之意。苏维埃联邦政府认为，本国政府的前述方针，是为着促进和平、将各国国民从今后新的牺牲与苦难中解救出来，并能让日本国民避免像德意志那样因拒绝无条件投降而蒙受危险与破坏的唯一道路。有鉴于此,苏维埃联邦政府宣布自明日即8月9日起,苏维埃联邦同日本进入交战状态。①

三、日本决定对苏联发动全面作战

随着1945年8月9日零时苏联政府突然发布对日宣战公告,早已在边境上待机的苏蒙联军便如决堤一般,同时对苏"满"及苏朝边境的日本关东军发起了猛烈的进攻。在东方,苏军从符拉迪沃斯托克(Vladivostok)、哈巴罗夫斯克(Khabarovsk)方面开始西进;在西北方,苏军从赤塔(ЧиТа)方面南进。这两部苏军都首先以哈尔滨方面为目标开始了迅速的攻击,航空部队的一部也对哈尔滨—吉林方面发起了攻击。其余的两部苏军中,一部从布拉戈维申斯克(Blagoveshchensk)方面开始攻击,另一部展示了向朝鲜进攻的态势。关东军立即迎战攻击而来的苏军,同时决定加速完善应对全面开战的准备,即时发动了"战时防卫规定"和"满洲国防卫法"。9日黎明,边境各处都发生了激战。

同日(8月9日),日军大本营发布了以下命令(大陆命第1374号),将第17方面军纳入关东军的战斗序列,下令确立起对苏作战态势,同时迅速开始全面对苏作战准备。

1. 苏联宣布对日作战,并在9日零时以后在苏联及"满"苏国境方面到处开始了战斗行动,只是其规模并不大。

2. 大本营打算以国境方面的驻军摧毁苏军的进攻,迅速

---

① 「対ソ海軍作戦」、JACAR(アジア歴史資料センター)Ref. C14061104600、南西方面の作戦 西部ニューギニヤ方面及び濠北方面の作戦 対ソ海軍作戦(防衛省防衛研究所)。

发动全面的对苏作战准备。

3. 第 17 方面军加入关东军的战斗序列。隶属转移的时机为 8 月 10 日 6 时。

4. 关东军总司令官当以目前国境方面的驻军摧毁苏军的进攻，开始全面对苏作战的准备。

该作战应该依据的纲要如下：

(1) 关东军的主作战指向对苏作战，以保卫"皇土"朝鲜；

(2) 此间南朝鲜方面，应以最小的兵力应对苏军的进攻。

5. 遣华军总司令应准备迅速将一部兵力及军需品转用于南"满"方面，同时以现有驻军抵御苏军的进攻。

6. 关东军与遣华军之间的作战地界为：山海关—大城子—塔利湖东端—游库秀尔庙（线上属于遣华军）。

7. 关东军总司令官应将重新编入遣华军的部队归入遣华军总司令官指挥。①

基于以上命令，同日大本营又通过大陆指第 2536 号，就由中国方面转用于南"满"方面的兵力及军需品作出了具体指示，要求对关东军司令部拨给大约 6 个师团、大约 6 个旅团、约 6 个师团会战所用的弹药，以及其他资材的一部分。与此同时，大本营也对驻北海道的第 5 方面军司令官下令（大陆命第 1375 号），要求"在执行现有任务的同时，以当前国境方面的驻军摧毁苏军的进攻，迅速准备发动全面的对苏作战"②。

———————————

① JACAR（アジア歴史資料センター）Ref. C13071257800、昭和 18 年以降の関東軍関係統帥概史 第 2 巻（防衛省防衛研究所）。"塔利湖"和"游库秀尔庙"为音译，原文分别为"タリ湖""ユークシュル廟"。

② JACAR（アジア歴史資料センター）Ref. C13071257800、昭和 18 年以降の関東軍関係統帥概史 第 2 巻（防衛省防衛研究所）。

日军大本营决心在 8 月 10 日发动对苏全面作战,对关东军总司令官发布了命令:"大本营的企图是,期望在完成对美主作战的同时,为摧毁苏联的野心重新开始全面作战,击破苏军以护持国体,保卫皇土。"①

四、苏联红军大败日本关东军

如上所述,在关于苏联宣战的预测中,日军大本营认为如果开战,届时大陆方面及部分岛屿方面的作战将会对日不利,但也只能依靠当地的日军部队去应付了。日军大本营认为,在对苏作战中,"只要是关于日本本土的,受到苏军的航空攻击就是有限的,所以不曾设想过苏军会登陆作战"②。面对苏联 8 月 9 日的对日宣战,日本自然不想再惹火烧身,所以没有对苏宣战。日军大本营基于对苏防御作战计划,在 8 月 9 日下令关东军对苏展开全面作战,并于 11 日下令将北朝鲜元山方面特别根据队纳入关东军司令官的指挥之下。此时的日本依然认为,至为重要的不是北方的苏军进攻,而是如何阻止美英两国对日本本土的攻击,因此日军仍将本土部队的正面作战放在了太平洋的正面。

苏军以迅疾的速度加快进军,势如破竹,在"满洲"的各个地区与当地的关东军展开激战,尽管关东军竭力战斗,但在兵力上、武器上都与苏军悬殊,因此很快便崩溃了。

朝鲜半岛方面。8 月 9 日 9 时 20 分,日军海防舰 87 号及屋代号正想要进入雄基港时,遭到苏军 50 多架飞机的袭击,接着在 10

---

① JACAR(アジア歴史資料センター)Ref. C13071257800、昭和 18 年以降の関東軍関係統帥概史 第 2 巻(防衛省防衛研究所)。

② 「対ソ海軍作戦」、JACAR(アジア歴史資料センター)Ref. C14061104600、南西方面の作戦・西部ニューギニヤ方面及び濠北方面の作戦・対ソ海軍作戦(防衛省防衛研究所)。

时又遭到大约 30 架苏军飞机的袭击，日军虽然进行了还击，但最终舰船因为被苏军飞机发射的至近弹命中而受伤。是日，北朝鲜方面有 3 艘日军运输船在苏军的攻击下起火，南朝鲜方面则有 2 艘小型海船被苏军飞机轰炸而沉没。

萨哈林岛方面。8 月 11 日入夜以后，苏联海军以数艘舰艇（潜艇及监视艇等）对萨哈林岛西岸的安别（日文地名，读作 Yasubetu）发起了炮击。12 日上午 8 时后，便有大约 300 名苏军在安别附近登陆。13 日上午 7 时，在以炮火对安别西面海岸的日占惠须取（今乌格列戈尔斯克，Uglegorsk）实施压制后，800 名苏军开始登陆。驻防该地区的日军战斗力极弱，与苏军一触即溃。

8 月 15 日日本宣布无条件投降后，日军大本营下达停战命令，基于此，在"满洲"及朝鲜半岛各地区的关东军不得不缴械投降。

第三节　盟军在日本本土继续作战

一、千岛群岛方面的战斗

1945 年 3 月，为准备本土作战，日本海军军令部命令千岛方面根据地队的大部撤退到大凑附近。接着，海军军令部又在同年 6 月 15 日解散了该部队。这样一来，北千岛就只有幌筵守备队留下了若干残余部队而已。

8 月 9 日苏联对日宣战后，苏联海军很快便在北千岛及萨哈林岛实施登陆作战。8 月 12 日，日军在温祢古丹岛（Onekotan）周边发现有疑似苏军巡洋舰和驱逐舰活动，当晚松轮岛和幌筵岛擂钵[1]

---

[1] 地名，日本海军基地（海军主用、陆军共用）。

便受到了苏联军舰的炮击。13 日以后,苏军以数艘巡洋舰及驱逐舰攻击占守岛方面,日本海军与陆军部队协同抵抗失败,苏军登陆。8 月 15 日日本宣布投降后,8 月 18 日上午该方面仍在激烈战斗,占守岛基地的日军守备队最终被一个半大队的苏军兵力消灭。

二、津轻海峡方面的战斗

1945 年 7 月中,美军共约 320 架飞机攻击了津轻海峡的门户大岛,岛上的日军防守部队以高射炮等武器进行抵抗,7 月 10 日取得击落 10 架、击伤 4 架美军战机的战绩。7 月 14 日,美军航母舰队接近津轻海峡东方,以 700 余架战机袭击了北海道及本州岛奥羽地区(今本州岛东北地区)的航空基地和主要工厂,更从 11 时 40 分开始以战列舰、巡洋舰、驱逐舰计 10 余艘炮击釜石。

在 8 月 9 日苏联对日宣战后,美军的航母舰队便来到了大岛附近的海面,出动 150 架舰载机从云层里对守岛日军进行盲炸,日军连一架也没击落。[1] 守岛日军在 8 月 15 日全部投降。

三、美军攻克日本本土最大的本州岛

结束冲绳战役之后,美军马上增强了己方在冲绳基地的航空兵力。随着对马里亚纳和硫黄岛两个航空基地的逐步完善,7 月中旬美军轰炸了北海道、本州岛奥羽地区以及东京湾的日军基地,7 月下旬美军先后空袭了日本的中国、四国、九州、近畿四个地区,以大约 700 架飞机分三次轰炸了关东甲州地区,特别是 24 日出动多达 2 000 架的飞机对日本本土各地实施了空袭。之后,美军舰队便

---

① JACAR(アジア歴史資料センター)Ref. C08030440300、昭和 20 年 6 月 1 日～昭和 20 年 8 月 15 日 大島防備隊戦時日誌(防衛省防衛研究所)。

继续游弋在日本的近海。

（一）本州岛最北端——大凑的战斗

大凑是位于本州岛最北端下北半岛陆奥湾的海边城市，当时是日军北部海防的重要城市。大凑防备区的主要任务是警戒东面及北面的太平洋洋面及空中之敌，并担任平馆海峡和津轻海峡的通航护卫。

1945 年 6 月 24 日即冲绳战役结束的次日，美军便空袭了大凑。6 月 28 日，10 架 B-29 轰炸机又光顾了津轻海峡。至 7 月上旬，美军战机更加活跃，或侦察青森县和北海道地区，或在船川港敷设鱼雷以阻止日军舰船出入。7 月 14 日至次日，美军出动了 4 架格拉曼 F6F 战机空袭大凑，对日军的舰艇实施轮番轰炸和扫射。当时港内的 17 艘日军舰艇奋力还击，但毫无战果，反而受损甚大，计沉没 3 艘、轻破 6 艘、中破 2 艘。此战基本上摧毁了大凑防备区的日军海上力量。[1]

（二）本州岛东端——东京湾的战斗

1. 轰炸东京湾入口的左侧——横须贺军港

横须贺港位于日本关东地区的神奈川县，扼东京湾的湾口，距离东京直线距离大约 60—70 千米，是防守东京的门户。

1945 年 7 月上旬，美军航母舰队便开始接近日本本土沿海并空袭关东地区。美军经常以中小型飞机与 B-29 重型轰炸机相结合，或截断日本本土沿岸的补给，或频繁轰炸日本本土的机场与重要设施，并专门使用了 B-24 飞机在东京湾附近地区实施侦察和警戒，低空扫射在附近航行的船舶及渔船。7 月 4 日至 30 日，美军

---

① JACAR（アジア歴史資料センター）Ref. C08030452700、昭和 19 年 12 月 1 日～昭和 20 年 7 月 30 日 大凑防備隊戦時日誌戦闘詳報（防衛省防衛研究所）。

战机和轰炸机至少出动了 11 次袭击东京湾。其中 7 月 10 日早上
5 时后开始的 12 小时之内,空袭关东地区的美军飞机数量多达
1 200 架。美军的轰炸特点是,先以 P‑51 或 F6F 这类小型战机轰
炸军事设施和交通要点,然后以战斗机和轰炸机的混编队伍对军
港、船舶、海军工厂进行轰炸和扫射,以降低日军的生产力,同时对
部分日军炮台和机枪炮台进行攻击,以削减日军地面的抵抗火力,
之后美军的大型飞机则以单机或双机编队对平塚地区投下燃烧
弹,以摧毁日军的军用资材,也起到了撼动民心的作用。整个 7 月
中,日军对抗美军飞机的武器是 113 门高角炮和 156 挺高射机枪,
形成了密集的火力网,其中高角炮击落 31 架,击伤 56 架;高射机枪
击落 35 架,击伤 107 架。日军的伤亡则比较轻。[1] 这些战绩的取
得,很可能与 7 月 18 日的美军轰炸有关。当日午后 3 时半许,美军
的陆轰机共约 250 架轰炸了横须贺军港。美军飞机密集,被击中
的可能性比较大,日军至少俘虏了美军飞行员 2 名。[2]

虽然日军取得了一定的战绩,但是已经无法改变日本战败的
大势。

2. 轰炸东京湾入口的右侧——木更津港

作为扼守东京湾湾口右面的军港,历史悠久的木更津军港内
设有日本海军的航空基地。在日本投降前的最后的日子里,美军
的小型飞机基本上都是以 3—4 架为一个编队来到基地上空,然后
以一个极速俯冲实施投弹或扫射,或者背对着山或太阳超低空飞
来袭击,常常让防守基地的日军各炮群疲于应付、狼狈不堪,日军

① JACAR(アジア歴史資料センター)Ref. C08030464500、昭和 19 年 1 月 1 日～昭和
　20 年 7 月 31 日 横須賀海軍警備隊戦時日誌戦闘詳報(防衛省防衛研究所)。
② JACAR(アジア歴史資料センター)Ref. C08030383400、昭和 20 年 2 月 25 日～昭和
　20 年 7 月 18 日 横須賀防備隊戦闘詳報(防衛省防衛研究所)。

常常是射击没有战斗效果，白费弹药。[①]

（三）本州岛最南端——下关的战斗

下关位于日本第一大岛本州岛的最南端，与九州北端隔下关海峡相望。从硫黄岛战役前后开始，一直到冲绳岛战役结束，美军就在下关海峡高频率地敷设水雷以破坏日军的运输。日军记录显示，美军总是一次派一批飞机前往该海峡布雷，不过每一批派遣多达 30—60 架次，而每一批的布雷量多达 200 多枚。这些鱼雷的种类并不单一，而是多达四五种，不仅让日军的下关防守部队为扫雷而疲于奔命，而且也确实让日军的运输遭受了惨重的损失。[②]

（四）本州岛西南端——广岛吴港地区的战斗

吴港，是日本第一大岛本州岛西南端广岛地区的一个海军军港，属于内海港口。

1945 年上半年美军陆上基地的航母舰队对吴港附近也进行了数次攻击，有鉴于此，基于机密海上挺进部队命令第 1 号（即"海上挺进部队伪装计划"），日军在 1945 年 6 月中旬以后开始在吴港抓紧伪装准备，7 月 2 日基本完成了港内军舰的伪装；同时基于第 4 号命令（即"海上挺进部队伪装泊地对空警戒要领"），又在附近的陆地上设置哨所及高射机枪座，以努力加强泊地的防空，并在 7 月中旬完成。根据当时港内北上号军舰的作战记录，吴港防守军原本的计划是在美军飞机来袭之际，首先以泊地附近陆上机枪阵地（27 挺 25 毫米单装机枪）的中远程射击分队进行驱赶性射击，极力

---

① 「戦闘詳報 第 9 号 20 年 7 月 10 日」、JACAR（アジア歴史資料センター）Ref.
　C08030293000、昭和 20 年 7 月 10 日 木更津防空砲台戦闘詳報（防衛省防衛研究所）。

② JACAR（アジア歴史資料センター）Ref. C08030391800、昭和 19 年 5 月 1 日〜昭和
　20 年 6 月 30 日 下関防備隊戦時日誌（防衛省防衛研究所）。

防止本舰被发现,在遭到美军飞机的集中攻击之前,舰艇周边及舰上的对空武器不许开火;如果美军飞机没有转而对本舰实施攻击,此时北上号再打开全部火力实施攻击。

现存的 1945 年 7 月 24 日的战斗记录显示,当日 7 时 30 分至 7 时 45 分,22 架美军飞机对吴港及广岛方面发起了第一波攻击,然后退去。9 时 40 分左右,美军 52 架飞机再度袭击吴港、广岛、早濑,吴港守军便用附近陆上阵地的机枪和舰上机枪开始还击。10 时许,约 40 架美军飞机开始了对北上号军舰的围攻,北上号舰上和陆上的火力立即全开还击。到 16 时 20 分第五波攻击时,美军仍有 20 架飞机在轰炸北上号。北上号受到重创。该日总计五波的轰炸中,日军击落美军飞机 5 架,击伤 8 架,日方战损为战斗员 33 死、52 伤。①

四、美军攻克日本本土南部最大的九州岛

九州岛位于日本本土的南部,是日本本土四大岛中的第三大岛。它的南方海洋中有冲绳岛等众多岛屿,因此美军的炸弹在轰炸冲绳时就开始光顾它了。

在九州岛的东端,大分县境内的佐伯军港隔海与四国岛相望,扼守着从太平洋进入濑户内海的门户,地理位置重要。据日本档案记载,1945 年 5 月 13 日美军共出动飞机 240 架次分 13 次对该军港进行了猛烈轰炸。美军仅仅损失了 7 架(其中 1 架不确)飞机,但彻底破坏了军港内的官舍、军营(2 座)、士官食堂、士官浴室、轻质油、主计科仓库、士兵食堂、士兵浴室、邮电所、理发室,其他破坏

---

① JACAR(アジア歴史資料センター)Ref. C08030576200、昭和 20 年 7 月 24 日 軍艦北上戦闘詳報(防衛省防衛研究所)。

还有很多。7月9日，美军2架飞机袭击港内日军舰艇，日军受损甚大，美军飞机仅受轻伤。[1]

在九州岛的西部，7月中、下旬美军轰炸了长崎县的佐世保军港，在此期间美军只损失了2架飞机。

在九州岛的南部，虽然日军在6月21日丢失了冲绳岛，但是并不甘心放弃冲绳岛，所以一直到1945年8月15日为止，专事"特攻"的第5航空舰队从未停止过对冲绳的侦察和攻击。在冲绳岛被美军攻克的当天夜间，第5舰队便使用了全部兵力进攻冲绳岛，但未取得大的战果，次日白天和夜间的攻击也仍然归于失败。6月25日，该舰队出动55架飞机（其中15架中途折返）攻击了冲绳岛上的美军及岛周海上的美军舰艇，只有1架日机在名护湾炸沉了1艘美军运输舰，可以说战果可怜。之后，日军转为小规模轰炸，其大致的规律是白天派出4—7架飞机攻击美军，晚上攻击美军的飞机则要多一些，有10—16架左右。尽管规模小，但是日军几乎每天都去报到，除了轰炸冲绳岛，还轰炸冲绳泊地和冲绳周边海上的美军舰船。不过由于日军机队的规模较小，所以往往没有多大轰炸效果，经常出现用1枚鱼雷击中了美军的舰船，却因为后续弹量不够，最终没能击沉美军舰船的情况。至6月30日，美军在冲绳泊地有战列舰和巡洋舰各3艘，驱逐舰31艘，运输船155艘，其他舰船185艘，还有飞艇50架。反观日军，截至7月1日的情况却是"航空燃料不足，对（来自美军的）小型飞机的迎击已经不得不中止"[2]。

相对而言，美军由于兵力充足，所以动辄出动数十架甚至数百

[1] JACAR（アジア歴史資料センター）Ref. C08030413100、昭和19年11月1日～昭和20年7月9日 佐伯防備隊戦時日誌戦闘詳報（防衛省防衛研究所）。

[2] JACAR（アジア歴史資料センター）Ref. C13120085100、第5航空艦隊の作戦記録 昭和20年2月～20年8月（防衛省防衛研究所）。

架飞机空袭日军基地,并能成功重创本已为数不多的日军兵力。
比如,7月15日美军从冲绳方面起飞战机和轰炸机共100余架空
袭了南九州,28日上午美军从冲绳派出B-25、P-47共约300架
空袭了南九州,31日冲绳的美军派出B-29、B-25共约400架袭
击了北九州和南九州。

不仅如此,战场记录显示,从7月10日开始,九州岛的日军航
空舰队已经无法掌握美军航母舰队的情况了。美军声东击西的惯
常打法以及迷魂的电报,已经让南九州的日军舰队完全犯了糊涂,
奔来扑去却再也找不着美军航母舰队的踪影了。

至此,美军已经攻克了日本本土四大岛中的两个,剩下的北海
道和四国岛已经彻底陷入孤立无援的境地,日本离投降不远了。

第四节　日本宣布无条件投降

进入1945年8月,苏、美为首的盟军加大了对法西斯帝国日本
的打击力度。8月6日8时30分,美军向广岛市区的上空投下了
第一颗原子弹,广岛的市区和近郊在一瞬间都遭到了毁灭性的破
坏。8月8日,美军60架B-29轰炸机袭击了宇佐的筑城基地,该
基地中的日军零式战机损失惨重。8月9日晨,美军舰载机轰炸了
奥羽地区的航空基地和港湾,位于神町、松岛基地的日军陆攻战机
和银河型战机受损严重。同日,美军在长崎投下第二颗原子弹,苏
联则对日宣战。由于原子弹的杀伤力前所未有,日军都倾向于认
为"敌人很可能会继续原子弹攻击"[1]。

---

[1] JACAR(アジア歴史資料センター)Ref. C13120085100、第5航空艦隊の作戦記録 昭
和20年2月～20年8月(防衛省防衛研究所)。

8月9日10时30分，在日本天皇亲临的情况下，日本政府的重臣和大本营的指导者们在皇宫召开了最高战争指导紧急会议。会议的主题是讨论"继续战争还是求和终战"，但没有得出结论。

接着在当日的午后，日本内阁举行临时会议继续讨论，但是由于会上陆相、海相、外相在和战问题上分为两派，讨论仍然没有结果。会上陆相主张应该断然继续战争，只是如果外交上有和谈的余地，则可以在下述条件之下展开谈判：（1）维持日本国体；（2）日军自主从"满洲"和华南撤军；（3）不认可敌军进驻日本本土；（4）战争责任人应作为国内问题自主进行认定和追究。①日本陆军是对中国发起侵略的带头者，正是陆军的侵华引发了后面的太平洋战争。因此，在面对失败必然带来的追责和受罚时，陆相代表陆军所表达的恐惧立场是可以理解的。作为从犯的外交和海军，他们的罪责自然是要小一些，因此对于陆相的这一主张，海相和外相当场表示，只要盟军答应"维持日本国体"，就可以接受《波茨坦宣言》。陆海外三相的共同主张则是维护天皇，保留天皇制。

同日深夜，御前会议再次举行，对于是和是战仍然达不成一致意见。鉴于时间紧迫（盟军在等待日本答复），日本又害怕美国再投原子弹，因此8月10日凌晨2时40分，天皇终于下定决心，决定在"维持国体，接受《波茨坦宣言》"的方针之下推进同盟军的谈判。

这样，10日白天东京便以广播向盟军宣布求和，并开始了与美军的接洽。

---

① JACAR（アジア歴史資料センター）Ref. C13071248800、大本営陸軍関係統帥概史 昭和15年7月〜20年1月（防衛省防衛研究所）。本节的其余引文出处同此。

很多在一线作战的日军首领对此不理解，11 日以南方军为始，在外各军纷纷发来照会电，纷纷表示很惊骇。

11 日夜，美军回复了和议方案，其中没有对维持国体的确证。于是在 12 日的日军大本营会议之后，陆相上奏天皇，强硬主张继续战争。同日，皇宫里举行了皇族会议，天皇通告了有关议和的事项，让皇族做好面对多种可能性命运的思想准备。

13 日，美军的正式答复文书到达日本政府。当日 16 时，日本内阁召开会议讨论美军的正式答复，由于文书内容之中没有确保天皇制之类的词句，所以讨论没有结果。14 日 10 时 45 分，天皇召集各大臣和陆海统帅部的首脑开会，并在会上作出以下两点指示：(1) 本皇认为美军的回答文书的内容是承认天皇王权的，尔等当按此去作解释；(2) 陆军的苦衷我很理解。然而如今必须隐忍。尔等当向陆海军人下达敕谕传达此意。当日 12 时整，天皇下旨给日本内阁，表示日本接受《波茨坦宣言》。

8 月 15 日 12 时，东京向全国播放天皇的投降诏书，宣布日本无条件投降。同日，日军大本营发布大陆命第 1381 号，内称：(1) 大本营的企图在于完成 8 月 14 日诏书的主旨；(2) 各军在收到新的命令之前，当各自继续执行现有任务，只是应当终止积极的进攻作战。另外，应当整肃军纪，巩固团结，步调一致，且在本土、朝鲜、桦太（即萨哈林岛）及台湾，应当致力于防止治安动摇。16 日，日军大本营再次向大本营直辖的各军司令官下达了即时终止战斗行动的命令（大陆命 1382 号）。基于该命令，同日大本营下令关东军总司令官与苏军就局部停战及收缴武器两事进行交涉（大陆指第 2544 号）。18 日，大本营对直辖各军下令（大陆命第 1385 号）：(1) 在另示的时机以后，解除授予关东军总司令官的现有任务；(2) 关东军总司令官在该时机之后，当停止一切的武力行动；

（3）诏书发布以后，不将进入美军势力下的帝国军人及军属认可为俘虏。应当迅速彻底告诫隶下直至每个人，严戒轻举妄动，应当顾及皇国将来之兴隆而隐忍自重。基于此令，22 日大本营又下令（大陆命第 1388 号）指出：（1）大陆命第 1385 号第一、第二项所指的时机，对于南方军、遣华军、关东军、第 5 方面军、第 8 方面军、第 10 方面军以及小笠原兵团而言，为 1945 年 8 月 25 日零时。只是我对华派遣军对国共军队的无序行动，在万不得已时可以实施局部性的自卫措施；（2）第 17 方面军从关东军战斗序列中解除，其时机为 25 日零时。只是在对苏停战问题上，关东军司令官应当指挥第 17 方面军。

日本海军方面。苏联 8 月 9 日对日开战，日本陆军随即与之作战，日本海军仍然将作战的重点置于太平洋战场。此时美军的舰队主要是停泊在本州岛旁边的海上，重点震慑日本首都东京所在的本州岛，并继续对以东京为首的日本各大城市实施轰炸。8 月 11 日，日军大本营海军总队下令不要顾虑决号作战（本土作战）的准备问题之有无，应积极攻击美军航母舰队的战机。8 月 13 日 7 时 42 分，日本海军总队下令"决 3 号（东部）、决 4 号（东海）、决 5 号（中部）、决 6 号（西部）、决 7 号（对马及其以西）作战警戒"，10 时 57 分向联合舰队指挥官下达了航空作战的指导要领。日军大本营妄想拽上全部国民为自己的体面死亡殉葬。

可是日本最高军事统帅天皇却在原子弹的巨大威力和苏联红军的破竹攻势面前恐惧了。尽管日本政府和大本营在战和问题上出现了激烈的对立，但是日本天皇看到国运已灭，回天无术，遂于 8 月 14 日 10 时 30 分召开御前会议，向众臣表明了准备投降以结束战争的决定。8 月 15 日，日本以广播的形式播放了天皇关于日本向盟军无条件投降的录音讲话。随后日本海军军令部下令太平洋战场的前线部队停止所有战斗。

　　同年(1945 年)9 月 2 日,日本向盟军投降的仪式在停泊于东京湾的美军密苏里号舰上举行。第二次世界大战至此结束。9 月 9 日,中国战区接受日本投降,受降仪式在中国首都南京举行。

结　语

太平洋战争结束后,迄今已经过去了77载。现在的世界秩序仍然维持着二战结束时的状态,全世界的政治界和学术界的主流声音也仍然认为,太平洋战争在性质上是法西斯的日本帝国主义与反法西斯的盟国之间的较量,并以日本投降和盟军获得胜利而告终。本书亦是赞同这一主流观点的。

毋庸置疑,二战是人类历史上规模最大、杀伤力最强的一次国际战争。同样毋庸置疑的是,太平洋战争是人类历史上最大规模的海陆空立体战。在东方,盟军通过艰苦的作战,最终打败了东方法西斯轴心日本并占领了其整个国土,可以说,太平洋战争在二战中的地位是与欧洲战场同等的。

通过本书的研究,我们得出了如下几点重要的结论,在此奉献给各位读者。

一、关于日本发动太平洋战争的原因

19世纪中后叶开始,全世界掀起了一场民族觉醒和民族解放的风潮。在这一巨大的历史潮流之下,任何发动对外军事扩张的国家,都是逆流而动。在东亚,日本和中国都先后经历了民族觉醒、产生了民族自决意识,并相继建立起代表新型生产力的资产阶级政权。但是与中国趋于和平的传统国家性格不同,日本在鸦片战争爆发的大约 20 年前就已经出现以佐藤信渊为代表的内生型的亚洲扩张主张(先占据中国,再徐图东南亚及南亚),所以从明治维新的新政权建立(1868 年)之初开始,日本就走上了对外扩张的军国路线。因此,日本发动太平洋战争的原因,稍远可以追溯到明治维新以前的佐藤信渊的主张,至于近因,无疑是在于侵华战争,而其实施发动太平洋战争的重要契机,则是受到了西方法西斯德国的侵略行动的刺激与鼓动。

为什么说日本发动太平洋战争的近因在于它自己发动的侵华战争呢? 如果切实地考察一下日本发动太平洋战争的时间点和日本政府作此决定的理由和逻辑,就会明白,日本发动太平洋战争实际上是在其处理侵华战争问题骑虎难下的现实情况下,日本法西斯集团对外侵略本性的一种内在的、自然的归趋,是有其必然性的。这个现实的情况就是,侵华战争已经陷入泥潭,日本法西斯欲罢不能。中国广袤的国土和战略纵深导致日军作战的补给线不断延长,这早已让日军的用兵成为强弩之末,而要维持占领地区的治安、维持长期驻军、为军队长期提供给养绝非易事,何况他们还要面对不屈的中国军队。不仅如此,中国军队正在从苏联和美国那里获得源源不断的军事支持,而日本却没有这样强大的后盾,希特勒能够提供给日本的仅仅是精神支持而已。日本想要谈判,可是中国政府又不愿意,除非日本无条件撤军,而日本又是绝对做不到的;继续这样对峙下去的话,日本肯定耗不起,只能是死路一条。这就是日本骑虎难下的窘迫状况。日本不想坐以待毙,想要行动起来,自然就想到了往北发展或往南发展。往北发展是与苏联开战,这条路行不通;那就只剩下往南发展的选项了,东南亚各国普遍弱小，而且多为美、英、法、荷等国的殖民地，因此南进更容易做到。往南发展，可以获得印尼的石油，还可以获得橡胶等资源，更可以在占领东南亚之后切断欧美经由该方面向中国提供的外援，这三点好处都完全符合日本的迫切需要。问题是南进必然与英、法、荷、美的利益相冲突，相对于英、法、荷来说，美国在东南亚的切身利益相对要小一些，所以日本认为可以同美国谈判。但美国既表明了日本必须自中国撤军的立场，又表明了反对日本南进的立场，这就激怒了日本法西斯集团。对于法西斯集团而言，他们本身就是资产阶级和地主阶级利益的代表，资本内在的贪婪性和冒险性，促使他们这时候必然会铤而走险，对美开战。因此，尽管开战前御前会议的与会重臣一致认为对美英法荷开战必输无疑，却也不得不同意陆军大臣东条英机开战的主张。日本无路可走，开战，并因开战而走向灭亡，是日本法西斯集团的必然前路，因此众人才会同意东条英机的说法——与其坐以待毙，不如舍命拼杀，兴许还有一线生机。

综上，日本之所以走到后来的穷途末路，近因就在于侵华战争。也就是说，如果日本不发动侵华战争，就不会有后来无条件投降的绝境。

二、美军在太平洋战争中的突出特点

（一）美国的综合实力强大

一战开启了现代战争的总体战和立体战模式。所谓总体战，不仅指举国一致的体制，还包括科技战、经济战、金融战、资源战、后勤战和心理战等。所谓立体战，不仅指陆海空三军协同作战，还包括信息战。总体战的各项构成要素方面，日本是远远不及美国的；立体战的各项构成要素方面，日本也是不及美国的。更何况美国身在盟军阵营,阵营内的成员几乎都是大国,阵营整体的综合实力比起日本法西斯集团要强大得多。

(二)美军的武器装备实力雄厚

正如读者在本书中所读到的那样,太平洋战争是绝对实力的较量。在太平洋的海战、空战和陆战战场上,美军都无疑展示了其高度发达的军事装备。在不对等的条件下开战,美国完胜日本是一个大概率的事件。

仅就武器装备的产能而言,我们姑且以1941年、1943年、1945年这三个年份来分别代表开战之初、战争中期、战争末期,并以最具杀伤力的迫击炮、坦克和自动火炮、作战飞机、作战舰艇4项的产能为例(见表10-1),就能看出两国之间的巨大落差。

表10-1 战争期间日本和美国主要武器装备产量表

品种 \ 国别 \ 年份		1941	1943	1945
迫击炮(门)	日本	1 100	1 700	300
	美国	400	25 800	40 100
坦克和自动火炮(辆)	日本	1 000	800	200
	美国	900	38 500	12 600
作战飞机(架)	日本	3 200	13 400	8 300
	美国	1 400	54 100	37 500
作战舰艇(艘)	日本	23	55	43
	美国	5	262	113

注:表中1941年的日方数据是全年产量,美方数据是该年12月的产量。

资料来源:原苏联国防部军事历史研究所编:《第二次世界大战总结与教训》,转引自赵振愚:《太平洋战争海战史:1941—1945》,第662页。本书仅引用部分数据。

从表中可以看到：

(1) 在开战之初的 1941 年最后一个月，迫击炮方面美国的产能占到了日本全年产能的近 1/3，坦克和自动火炮的产能占到了日本全年产能的九成，军机的产能占到了日本全年产能的近 44%，作战舰艇的产能占到了日本全年产能的近 1/5；

(2) 在战争中期的 1943 年（全年），迫击炮方面美国的产能是日本产能的 15 倍多，坦克和自动火炮的产能是日本的 48 倍多，军机的产能是日本的 4 倍多，作战舰艇的产能是日本的近 5 倍；

(3) 在战争最后一年 1945 年的前 8 个月里，迫击炮方面美国的产能是日本的近 134 倍，坦克和自动火炮的产能是日本的 63 倍，军机的产能是日本的 4.5 倍多，作战舰艇的产能是日本的近 3 倍。

也就是说，美军不但在战争的净启动能力上很强，而且一旦战争机制启动，美军的后续战争潜力极为巨大。比如在 1943 年开始的太平洋战争中后期，美军在迫击炮数量上的对日优势是呈几何级数增长的，而坦克和飞机的对日优势基本上维持在 40 倍以上。尽管美军这些巨大的产能也包含了美军在欧洲作战的需要量，但这也在很大程度上解释了太平洋战场上的美军战力为何总能对日保持优势这一疑问。美国能拥有如此巨大的产能特别是扩产能力，无疑与美国在财政、技术、材料、人才、管理、人心凝聚等多方面都具备良好的条件有关。

（三）美军的"打点断援"战术很突出

正如本书所示，从总体上看，美军主导的盟军对日反攻战略是"三步走战略"，即反攻日军外围防线—反攻日军防卫内线—反攻日本本土三个阶段。

我们看到，在反攻的每一个阶段中，美军总是先选择某一个重要的"点"（某岛屿或某群岛）来打。一旦决定了要打某个"点"之后，美军首先是启动航空力量清除周边威胁，也就是先将该"点"周边日军关联据点的机场、港口、舰艇、运输船队打掉，然后才开始猛力攻打选择的对象"点"，并且一边打"点"一边再度出拳清除周边的威胁，直至拿下该"点"。这一依托空中力量的打法颇似"围点打援"打法，在莱特湾战役、冲绳岛战役等战役中体现得淋漓尽致，运用得非常成功。

（四）美军在信息战方面占据了上风

所谓信息战，我们的理解是它既包括密码战，也包括战场感知能力战。在密码战当中，美军既在密码破译方面占据上风，赢得部署上的主动，也在电报迷惑战方面屡有斩获。众所周知，太平洋战争开始才 3 个月，美军就已经破译了日军的军事密码和外交密码，这不但直接帮助了美军在珊瑚海海战中取得战略上的主动，而且也直接在中途岛战役这一大转折中起到了重要作用。对日军密码的成功破译在其后的军事斗争中一直发挥着极大的作用，直到太平洋战争结束。

在战场感知能力战当中，美军主要通过将雷达安装在陆地和潜艇上，做到了先敌发现和及时、准确捕捉战机，取得了骄人的战绩。比如本书中出现的美方军机突然乘隙赶到空中某域歼灭日机，或者趁着日机罕见地集体在"家"之际及时赶到并成功地实施团灭作战，就是密码破译和雷达探知相结合的典范。事实上除了探测功能之外，美军雷达还能发射干扰电波让日军飞机在海上迷失方向。比如日军的机群有时候升空之后就莫名其妙地在海上集体失踪（最多的一次失踪数量将近 50 架），我们推测很可能与美军雷达发射的干扰电波有关。

三、日军在太平洋战争中的显著弱点

（一）日军的军事装备相对落后

如上，我们认为，美军正是因为有着坚实而强大的装备实力作为后盾，才有了在太平洋战场上的出色表现。

反观太平洋战场上的日军，尽管他们的军官和士兵作战都很勇敢，但是很明显，他们最大的弱点就在于军事装备相对落后。

在进入太平洋战争之前的 10 年之中，日军的主要交手对象是中国军队和苏联军队。在同中国军队交手时，日军的武器装备总的来说是先进的，但在同苏联军队交手时，关东军的武器装备在水平和规模上都差了一截。如果说日军同中、苏军队交手时还仅仅局限于陆战，那么到了太平洋战争时期，日军同盟军之间的较量不仅有陆战，更有海战，日军在海、陆、空三方面的装备比起主要对手美军都落后了很多。

1. 海战方面

在作为现代战争的太平洋海战中，军舰的吨位及性能、雷达的侦测能力、潜艇的察打能力、鱼雷的性能、通信系统的发达程度、舰载机的综合性能（航程、武器装备、瞄准性能）、后勤补给能力、指挥官的能力等多种要素，共同构成了现代海战的立体作战体系，特别是航母作战群的出现，让海战更多地变成了舰载机之间的较量。可以说，这里所列的 8 项要素中，如果任何一项特别突出，都会改善本方在海战中所面临的局面。但遗憾的是日军在前 7 项的比较中都处于下位，具体分析如下。

（1）虽然日军的造舰能力尚可（比如大和舰），但是在总吨位即数量上不及美国，这是产能上的差距。而在舰炮的性能方面，美日之间的差距仍然存在。比如在太平洋战争中后期，美军的舰炮可

以连射,而日军的舰炮则不能。

(2)日军雷达的性能及装配数量远远不及美军。特别是与日军的雷达主要装配在陆地和岛屿上不同,美军甚至将雷达装配到了舰艇上。

(3)潜艇方面,日军的潜艇在数量上远远不及美军,而且还总是轻易毁于美军的深水炸弹。相比之下,美军的潜艇在太平洋战争中一直因其数量众多、活动区域广大、活跃度极高、察打能力突出而大放异彩。

(4)鱼雷方面,现有的研究已经表明,太平洋战争中日军的鱼雷表现并不出色,一是使用频率偏低,二是命中率极低,三是日军的鱼雷和深水炸弹对美军的潜艇几乎不起作用。

(5)通信系统方面,日军在陆战(岛屿作战)中主要还是使用传统的有线通信,甚至连有线通信都难以做到有保障。虽然日军在海战中的移动通信依靠无线通信,但一封电报从发出到接收有时甚至要花费两个小时,这在进行海战时无疑是十分不利的。

(6)舰载机方面,现有的研究表明,日军的零式战机在太平洋战争初期尚可,但到了中期及后期,其不但在性能上被美军战机拉开了代差,而且在可出动数量上也与美军有着天壤之别。

(7)后勤补给能力方面,日军在同美军交手后通常总是完全丧失制空权,因此日军依靠空中和海上途径对守岛部队实施补给的企图全部落了空。

在此还须补充的是,日本海军在太平洋海战中总是企图寻找美军舰队的主力进行决战,实际上这种想法本身是出于孤注一掷的念头,因为到了太平洋战争的中后期,即使是航母编队的对战,美军的舰炮在性能上也已经超过了日军。只不过美军总是力避以舰炮与日军舰队对战,而更愿意利用自身的空中优势,通过舰载机对日军舰队实施空中打击。美军的这一优势在太平洋战争开始不久的珊瑚海海战中就体现出来了。

2. 陆战方面

在太平洋战争中的数次岛屿争夺战役中,美军展示了飞机、坦克、装甲车、非装甲车、各型火炮、轻重机枪、冲锋枪、火焰喷射器等陆战利器。对于这里所列的各种武器,日军无论是在性能上还是在规模上都不及美军。特别是飞机,如上所述,在太平洋战争中后期,日军无一例外都会在作为陆战前奏的空战中丧失制空权,最后只有依靠高射机枪之类的防空武器来抵抗美军的轰炸,其抵抗效果几乎为零。

(二)战争中后期日军的战斗意志不够坚定

如果说军事装备是硬实力,那么战斗意志就可以说是战场上的软实力了。日军的第二个明显弱点,就是战斗意志不够坚定,特别体现在进入战略防御阶段之后。

防御战自古以来都极具挑战性,更何况日军面对的是实力强大的盟军。作为统帅部,日军大本营在开战之前就预知会战败,只是心存侥幸而开了战。在大概率会输的情况下心存侥幸开战,不能不说暗含着一种"自暴自弃"的心理。在日本军界,没有人比海军更了解"科技"和"实力"这两个词的分量,因此作为日军太平洋战争的主力,兵败中途岛对日本海军意味着什么,日本海军军令部的首脑们心里比谁都清楚。而接下来一场又一场的战败,让他们不断地品味着"实力"二字的内涵。于是日本海军军令部组织了自杀性质的"特攻舰队"。在太平洋战争的最后一场海军超级大对决——莱特湾战役中,当作战中的一名海军支队长报告牺牲太大希望暂避锋芒时,日本联合舰队司令居然对他说出了"相信上天保佑,全军即日突击"的话(详参第七章第八节)。走到这一步,日军大本营海军军令部无疑已是一种听天由命、自暴自弃的心态了。

对于身处一线的一般日本军官和士兵而言,中途岛海战之后的防御战从一开始就让他们不太适应,而当防御战长期化之后,他们开始心怀恐惧和憋屈。

恐惧容易诱发神经质的言行或者自乱阵脚。我们注意到,就单个战斗员而言,有时不同的战斗员居然会犯下完全一样的错误,即误报观察对象与数量,最严重的一次是,一名日本海军哨兵把1架美机来袭误报为10架飞机来袭,可见恐惧已经令其产生了严重的神经质。不仅是单个战斗员,连日军航母战斗群的司令官也患上了严重的神经质。日军航母战斗群某日仅仅因为1架侦察机未归,便大动干戈地出动了数百架飞机升空寻歼美军,最后无功而返。这种毫无目标的盲动行为,是典型的过度神经质所致。实际上1架侦察机未归未必就是被美军击落了,有可能是飞机自身故障导致坠落大海,也有可能是海上天气恶劣导致失踪,而后两种情况是当时日军战机在远程飞行时经常出现的情况。因此这种盲动行为不仅于事无补,多数时候甚至还会为对手提供聚歼的机会。另外,在美日双方舰队发生遭遇战的过程中,日军舰队不止一次出现自乱阵形、舰船相互碰撞的狼狈情形。这也是一种集体性恐慌的表现。

除了恐惧心理,日军的憋屈心理诱发了多起虚报战果的行为。如前所述,日军大本营海军部对太平洋战争的灰暗前景是心知肚明的。当然这并不是说日军大本营对战果就不期待了,事实是他们的期待反而更为强烈。这种强烈的期待自然就诱发了一线战斗部队的迎合性虚报。另一方面,日军一线部队不断吃败仗,心里非常憋屈,因此也十分渴望取得战果。这种憋屈心理就导致他们喜欢虚报战果。一线虚报了战果,后方的指挥机关自然也就不能准确掌握一线的情况。比如冲绳战役结束后,日军大本营曾这样写道：“战果与战损容易被夸大，平时需要教导下级和士兵务必如实报告，同时应在如实审查各种情报的收集与确认方面下功夫。”①这一记载说明当时存在着较为严重的虚报情况。

从以上来看，在太平洋战争的中后期即日军进入战略防御阶段之后，日军的战斗意志是很不坚定的。

四、中国战场极大地支援了盟军在太平洋战场的作战

1941 年 12 月珍珠港事件后，中国战场与美军在太平洋的作战形成了相互配合、相互支援的作用。从 1931 年九一八事变到 1941 年太平洋战争爆发，中国人民独自抗击日本侵略长达 10 年。从 1937 年中国全民族抗战开始到 1939 年 9 月大战在欧洲爆发之前，当英、美、法实行绥靖政策的时候，中国人民孤军奋战，英勇抗击了百万日军的进攻。

中国的抗战牵制和削弱了日本的力量，使之不敢贸然北进苏联，从而使苏联避免了东西两面作战的不利局面；同时也推迟了日本发动太平洋战争的时间，并使其陆军主要兵力深陷中国战场不能全力南进，从而减轻了美、英军队受到的压力。从日军开战之初横扫菲律宾美菲联军和马来半岛英军来看，这一点显得尤为重要。

中国坚持持久抗战，抗击和牵制着日本陆军主力，并为同盟国军队实施战略反攻创造了有利条件。美国总统罗斯福说：“假如没有中国，假如中国被打垮了，你想一想有多少师的日本兵可以因此调到其他方

---

① 「戦訓速報第 187 号 沖縄作戦の教訓 昭和 20 年 6 月 20 日（1）」、JACAR（アジア歴史資料センター）Ref. C19010165600、沖縄作戦の教訓（その他の戦訓綴）昭 20.6.20（防衛省防衛研究所）；「戦訓速報第 187 号 沖縄作戦の教訓 昭和 20 年 6 月 20 日（2）」、JACAR（アジア歴史資料センター）Ref. C19010165700、沖縄作戦の教訓（その他の戦訓綴）昭 20.6.20（防衛省防衛研究所）。

面来作战?"苏联领袖斯大林说:"只有当日本侵略者的手脚被捆住的时候,我们才能在德国侵略者进攻我国的时候避免两线作战。"

中国作为亚洲太平洋地区盟军对日作战的重要后方基地,还为盟国提供了大量战略物资和军事情报。[①] 这为盟军打败日本作出了重要贡献。中国在自身遭受日本侵略的同时,1942 年派出 10 万远征军到缅甸作战,营救了大量英军人员;1943 年发起缅北反攻作战,中国远征军取得重大胜利。这是盟军在亚洲大陆地区发起的第一次成功的反攻战。

当然,太平洋战争爆发后,日军从中国大陆抽调兵力进攻东南亚等方向,客观上减轻了中国战场的压力。特别是盟军反攻、轰炸日本本土,直接鼓舞了中国人民抗日的斗志。这就是两个战场之间互相影响、互相配合的作用。

总之,中国是全世界参加反法西斯战争的五个最大的国家之一。中国人民的抗日战争开展时间最早、持续时间最长,中国是在亚洲大陆上反对日本侵略者的主要国家。在太平洋战争爆发前,中国抗击日本陆军的 80%左右,在太平洋战争爆发后,中国仍抗击日本陆军的半数以上。中国在抗日战争中,为了自己的解放,为了帮助各同盟国,付出了巨大的牺牲,作出了伟大的贡献。

五、日本侵略者在东南亚遭到普遍的抵抗

日本发动太平洋战争,入侵东南亚地区,宣称战争的目的是解放亚洲,实际上这是一场对东南亚人民实行残酷剥削和压榨的侵

[①] 中国除了向苏联、美国、英国等提供大量桐油、锡矿和钨矿等战略物资外,中共方面向苏联提供了德国进攻苏联的战略情报、日本关东军部署情报;中美成立了以破译日本密电为主要目标的中美特种技术合作所,中国为美军飞机轰炸提供了基地;中共也在提供气象情报、营救美军飞行员方面提供了合作。

略战争。日本大肆宣扬建设所谓的"大东亚共荣圈",希望东南亚各国加入到"消灭西方殖民统治"的队伍中去,虽然也确实有一些当地领导人(爪哇的苏加诺、缅甸的巴莫)曾一度接受了日本人的虚伪宣传,但实际上日本的入侵给东南亚地区的发展带来的是破坏性的后果。日本侵略者在东南亚各地掠夺战略物资,滥发纸币,任意逮捕、刑讯逼供甚至屠杀当地民众。如此种种恶劣行径,自然引发了当地人民强烈的反抗。对东南亚人民而言,日本的占领带来的是经济上的贫困与政治上的压迫,他们没有受到平等对待,而是被当作了日本人的奴隶。正是因为日本入侵后实施了极其残酷的统治,忍无可忍的当地人民才揭竿而起,纷纷投身到轰轰烈烈的抗日洪流之中。

东南亚人民的抗日主力是当地各国共产党领导的抗日武装力量。在越南,胡志明建立"越盟",领导了越南人民的抗日(独立)运动。日本投降后,越盟发动武装起义并夺取了政权。马来亚共产党面对日军的侵略,从民族解放的大局出发,联合了英军一起抵抗日本侵略者。菲律宾共产党领导的人民抗日军发展到2万多人,解放了拥有100万人口的广大地区,并建立了3个省级政权。印尼共产党人成立了名为"自由印度支那运动"的抗日组织,他们进行抗日宣传的工作,发起了抵抗日本侵略者的运动。缅甸共产党联合各派爱国力量建立了"反法西斯人民自由同盟",获得了全社会广泛的支持,几乎所有左翼政党和各阶层群众都加入了该同盟,同盟拥有国民军和游击队共约5万人。缅共还创建起抗日根据地,袭击了日军的交通线,给日本占领军以有力的打击。

东南亚各国的华人华侨也成为抗日的重要力量。面对日军残酷的镇压和剥削,以陈嘉庚为首的南洋华侨开展了声势浩大的抗

日救亡运动。他们踊跃捐款捐物，还组织起了抗日义勇军，有力地
支援了祖国的抗日战争。

六、太平洋战争的意义与启示

作为结果，太平洋战争以捍卫本方民族既有利益的盟军一方
获胜和侵略成性的法西斯日本失败而宣告结束。它同时也结束了
日本帝国主义军队对东亚、东南亚等广大地区的占领和奴役。从
全世界的反法西斯战争进程来看，太平洋战争的结束同时标志着
第二次世界大战的结束。

太平洋战争对全世界的重大意义与启示之一是，日本那种搞
武力对外扩张的法西斯主义是祸害人类和平、祸害人类生命、祸害
人类生产、祸害人类文化、祸害人类文明与财产的毒瘤，是被全世
界大多数爱好和平的国家与人民所反对的。人类的良知在这种灾
难时刻起了决定性的作用，它呼吁并唤起了和平爱好国与和平爱
好者的空前的国际大团结，是他们的团结、智慧，特别是他们当中
的战斗员们的浴血奋战，拯救了亚洲、大洋洲、北美洲、欧洲的有关
各国自身，甚至可以说，在深层的意义上，也拯救了他们战时的共
同敌人——日本。

太平洋战争对全世界的重大启示之二，是法西斯日本的野心
和自暴自弃的性格是值得警惕和铭记的。当一个国家具有了"破
罐子破摔"这种性格之后，就会自甘沉沦，甚至祸害他国。日本正
是如此。它在侵华战争进入相持阶段以后，干脆"破罐子破摔"，孤
注一掷，进一步南进而走上了加速自灭之途，同时也祸害了更多的
国家与人民。这是一种对本国、对本地区和全世界都极为不负责
任的国家性格。因此，虽然太平洋战争的结局印证了战争挑起者
日本在发动前的预测，但是日本的野心和自暴自弃的性格无疑永

远给包括其自身在内的全世界都留下了深刻的印象，这是值得警惕和铭记的。对于因侵略他国而自身战败的日本而言，这无疑是一个极为沉重、极为惨痛的教训；对于被日本侵略过的国家（包括美国）而言，这真可谓"前事不忘，后事之师"。

太平洋战争对全世界的重大启示之三，是和平国家必须拥有扎实的基础研究和应用型高精尖武器才能切实地捍卫自身的安全与世界的和平。人类科学技术的发展历史告诉我们，科学技术不仅仅是和平国家的追求，同时更是扩张主义国家的追求，甚至可以说，扩张主义国家对它的追求更为疯狂。太平洋战争期间，法西斯日本也非常重视研发高精尖的军事技术与军事装备，只不过没有达到目标而已。相反，美国达到了目标。其原因不外乎是日本不具备扎实而深厚的基础研究罢了，而这一点恰恰是美国所具备的。倘若法西斯日本拥有了深厚的基础研究，历史就很可能会改写。因此不管怎么说，爱好和平的国家首先要从基础研究开始，并在适当的时候将基础研究转化为应用型研究，研制出高精尖的自卫武器，才能切实捍卫本国的安全、本地区的和平乃至世界的和平。从科技层面看，可以说太平洋战争再次确认并巩固了美国作为环太平洋第一强国和世界第一强国的地位。

太平洋战争对于东亚及东南亚各国的重大启示是，恐惧、姑息、纵容乃至加入日本法西斯集团的国家，其决策是错误的。反法西斯战争不仅在道义上是正确的，就是在总体战争潜力上也是胜过法西斯国家的，抗日国家通过国际团结，就一定能够战胜法西斯日本。在这一点上，太平洋战争的结果正好印证了中国共产党领导人毛泽东的论断，那就是"得道多助，失道寡助"。

毋庸置疑，太平洋战争对战后世界的影响很大。比如战后美国单独占领日本并给日本制定了新的和平宪法一事，其影响就极为深远。日本和平宪法当然对日本、对全世界来说都是一件好事情，但是美国单独占领日本也导致了另一方面的结果，那就是，正是日本对东亚、东南亚各国和美国等的侵略，才导致美国在战后进一步增强了其在东亚的军事存在。而这正是美国梦寐以求的事情。

参考文献

一、著作

1. 中文专著

［德］联邦德国经济研究所著,蒋洪举、卜大壮译:《1939—1945 年德国的战时工业》,北京:生活·读书·新知三联书店 1959 年版。

中国科学院经济研究所世界经济研究室编:《主要资本主义国家经济统计集(1848～1960)》,北京:世界知识出版社 1962 年版。

［日］服部卓四郎著,张玉祥等译:《大东亚战争全史》第 1 册,北京:商务印书馆 1984 年版。

全国政协文史资料研究委员会《远征印缅抗战》编审组编:《远征印缅抗战》,北京:中国文史出版社 1990 年版。

潘俊峰主编:《日本军事思想研究》,北京:军事科学出版社 1992 年版。

中国抗日战争史学会、中国人民抗日战争纪念馆编:《抗战时期的经济》,北京:北京出版社 1995 年版。

军事科学院军事历史研究部:《第二次世界大战史》第 2 卷,北京:军事科学出版社 1995 年版。

中国第二历史档案馆编:《中华民国史档案资料汇编》第 5 辑第 2 编,"财政经济"(8),南京:江苏古籍出版社 1997 年版。

赵振愚:《太平洋战争海战史:1941—1945》,北京:海潮出版社 1997 年版。

军事科学院军事历史研究部:《第二次世界大战史》第 3 卷,北京:军事科学出版社 1998 年版。

[美]安德鲁·威斯特·格里高里·路易斯·莫特逊著,穆占劳等译:《血战太平洋》,北京:国际文化出版公司 2002 年版。

章骞、谭飞程、张致铖等:《联合舰队内幕:旧日本海军主战装备与太平洋战争》,上海:上海人民出版社 2007 年版。

符林国:《太平洋战争美军岛屿进攻作战后勤保障研究》,北京:军事科学出版社 2010 年版。

侯鲁梁:《中途岛之战:情报的胜利》,武汉:武汉大学出版社 2013 年版。

周小宁:《马里亚纳大反攻:靠不住的绝对国防圈》,武汉:武汉大学出版社 2013 年版。

刘庆、钟庆安:《重返菲律宾:世界史上最大的航空母舰对决》,武汉:武汉大学出版社 2013 年版。

毛元佑:《拉包尔之战:制空权和制海权之战》,武汉:武汉大学出版社 2013 年版。

肖鸿恩、钟庆安:《登陆日本:最后一战》,武汉:武汉大学出版社 2013 年版。

陈培军:《瓜岛战役:可怕的消耗战》,武汉:武汉大学出版社 2013 年版。

骆地编著:《尼米兹统帅艺术》,北京:兵器工业出版社 2013 年版。

[日]前坂俊之著,晏英译:《太平洋战争与日本新闻》,北京:新星出版社 2015 年版。

[英]马克·希利著,彭莹译:《中途岛 1942:太平洋战争的转折点》,北京:海洋出版社 2015 年版。

[英]爱德华·M. 杨著,李金梅、吴越译:《F6F"地狱猫"对阵 A6M"零"式:太平洋海空战 1943—1944》,北京:中译出版社 2016 年版。

唐茜、丛丕编著:《太平洋战争中的日本陆军联队全史》,北京:台海出版社 2016 年版。

［英］萨默维尔著，文娟译：《二战战史》，长春：吉林文史出版社 2017 年版。

［美］保罗·达尔著，谢思远译：《日本帝国海军战史：1941—1945》，长春：吉林文史出版社 2019 年版。

胡烨：《太平洋战争：蒙达之战》，北京：中国长安出版社 2019 年版。

［英］H. P. 威尔莫特著，马哈拉什维利、何国治译：《莱特湾海战：史上最大规模海战，最后的巨舰对决》，北京：民主与建设出版社 2020 年版。

2. 外文专著

楫西光速『日本資本主義の發展』Ⅱ、東京大学出版會、1953 年。

歷史学研究会編『太平洋戦争史』Ⅳ、東洋経済新報社、1954 年。

防衛庁防衛研修所戦史室『ミッドウェー海戦』、朝雲新聞社、1971 年。

小山弘健『日本軍事工業の史的分析』、お茶の水書房、1972 年。

防衛庁防衛研修所戦史室『大本営陸軍部(4)』、朝雲新聞社、1972 年。

防衛庁防衛研修所戦史室『大本営海軍部・聯合艦隊(2)』、朝雲新聞社、1975 年。

富永謙吾『現代史資料(39)・太平洋戦争(5)』、みすず書房、1975 年。

二、论文

詹方瑶、李郑钢：《日本入侵印支与太平洋战争的爆发》，《郑州大学学报（哲学社会科学版）》1995 年第 1 期。

高辉：《浅析日本发动太平洋战争的原因》，《日本研究》1995 年第 3 期。

郑会欣：《统制经济与国营贸易——太平洋战争爆发后复兴商业公司的经营活动》，《近代史研究》2006 年第 2 期。

何晨青、石斌：《错觉与战争的起因——以太平洋战争爆发为例》，《国际政治研究》2007 年第 1 期。

付晓斌：《日本统帅部太平洋战争指导评析》，博士学位论文，军事科学院，2009 年。

伊原泽周：《论太平洋战争期中的中印关系——以蒋介石访问印度为中心》，《抗日战争研究》2012 年第 2 期。

张俊义:《1941年太平洋战争爆发前国民政府对美日妥协之因应》,《抗日战争研究》2014年第4期。

张北根:《太平洋战争前夕蒋介石对待美日谈判的态度——以〈蒋介石日记〉为中心》,《社会科学》2015年第5期。

姜涛:《太平洋战争爆发之初国民政府对美英军事合作的构想及交涉》,《抗日战争研究》2016年第3期。

章百家:《不对称的同盟:太平洋战争时期的中美关系》,《开放时代》2015年第4期。

附录　日军部队及舰船代号含义对照表

代　号	含　义
Abg	根据地队
Bg	特别根据地队
Ch	反潜舰
Chg	反潜队
d	驱逐舰
dg	驱逐队
F	舰队
GF	联合舰队
Gg	炮舰队
KdB	航母舰队
KF	南遣舰队
Kg	补给部队
LST	坦克登陆舰部队
S	战队
Sd	水雷战队
Sf	航空战队
Sg	潜艇队

代　号	含　义
Ss	潜水部队
w	扫雷艇
wg	扫雷队

索　引

后　记

　　从 2018 年 1 月 17 日填报课题申请表开始，直到现在交付书稿为止，时间已然过去了整整两年半。当时恩师张宪文教授提出了一个关于抗日战争专题研究的重大计划，然后他和朱庆葆教授推荐我来承担本课题的研究任务，我感到无上的光荣，同时也感到任务相当艰巨。说起来，我只是在写博士论文的时候涉及了美日谈判的部分，而后续的太平洋战争的作战部分从未涉及，但是他们依然信任我，令我万分感动。我深知太平洋战争研究是一个很大的课题，所以我邀请了近代史功底非常深厚的宋开友博士和英语语言功底非常深厚的叶君武副教授，由我三人一起来完成这个艰巨的任务（任务分担明细及另两位作者介绍附后）。值此出版之际，首先我要感谢张宪文教授和朱庆葆教授的信任，其次感谢我的两位好搭档——宋开友博士和叶君武博士的通力合作，更要感谢于百忙之中拨冗审阅本书书稿并提出宝贵意见的陈谦平教授、李继锋教授等，最后还要感谢出版社编辑的细致意见和辛勤劳动。

雷国山

2021 年 6 月 30 日于南京

附：本书任务分工及另两位作者介绍

雷国山　承担日文资料的收集、翻译统筹与整理、拟定提纲、写作、统稿。写作承担部分：序言、第一章、第二章、第五章、第六章、第七章、第八章、结语。

宋开友　南京大学近现代史专业博士。现任鲁东大学马克思主义学院讲师，纲要教研室主任。主要研究领域为民国史、抗战史、海洋问题等。曾经承担（含参与）省级、校级课题多项，发表论文多篇。著有《近代外资与中国现代化：北洋时期日本对沪纺织业投资研究》。

承担英文资料的收集与整理、协拟提纲、写作。写作承担部分：第三章、第四章、结语。

叶君武　南京大学翻译学硕士，博士在读。现任南京工程学院副教授。主要研究方向为翻译学。曾主持江苏省哲学社会科学项目2项，参与完成国家社科项目2项、教育部社科项目3项，在《中国翻译》等期刊发表论文多篇。

承担英文资料的翻译、写作。写作承担部分：第九章。

附表　海军部队兵力部署（马来部队第一兵力部署乙）(1941.12.9～12.16)

区分			护卫队			第1航空部队	第2航空部队	根据地部队	潜水部队		机械水雷部队	西贡基地部队	金兰湾基地部队	婆罗洲基地部队	附属部队
	南方部队主力		主力	第1护卫队	第2护卫队				第4潜水部队	第5潜水部队					
指挥官	2F长官 / KF长官	KF长官	7S司令官	3Sd司令官	驱逐队司令	22Si司令官	12Si司令官	9Bg司令官	4Ss司令官	5Ss司令官	前任舰长	11Abg司令官 户刈隆治	朝日特务舰长	横二特司令	
兵力	1d/4S(旗、爱宕、高雄)、2d/3S(金刚、榛名)、4dg(岚、萩风、野分、舞风)、8dg(大汐、满汐、朝汐、荒汐)	7S(旗、熊野、最上、铃谷、三隈)、11dg(续波、敷波、浦波)、20dg[夕雾、朝雾、天雾、白雪、吹雪]		3Sd(旗、川内)、11dg(续波、敷波、浦波)、20dg[夕雾、朝雾、天雾、白雪、吹雪]	12dg(白云、东云、严云、云)、Ch7/1wg(w6、w3、17日调入)	22Si(美幌空、元山空、羽鸟、富士川丸)、23Si(高雄空、台南空派遣队、战斗机队36架[c,6架fo]、21Si侦3架)(鹿空主力,27架flo)	12Si(旗、神川丸、山阴丸[11日后调离]、相良丸、等七昭南丸[缺第十二昭南丸])(观测机130武式水上侦3架)	91Kg(西贡基地部队派遣、缺陆警一小队)、9Bg、91Gg(初鹰、野岛丸、水兴丸)、91Chg(长江丸)、11Chg(Ch8、Ch7、Ch9)、1wg(w6、w5、w2、w3、w1、w4,但w6、w3 16日后调离)	4Ss(旗、鬼怒、18Sg[伊53、54、55]、19Sg[伊56、57、58]、21Sg[吕33、34]、13Sg[伊121、122])	5Ss(旗、由良、29Sg[伊62]、30Sg[吕65、66]里约热内卢丸)	2d/17S(辰宫丸、长沙丸)	11Abg大部分及其部分(永福丸及其他)、9Bg特设潜水一小队(第十二昭南丸)	朝日 11Abg部分(81dg及其他)、9Bg陆警一小队半	横二特第4设营班	KF特别气象班、日米丸(给油)、木国丸(给水)、曾川丸(医院)、室户丸(给炭)、广兴丸(给兵)、业丸(杂用)、日丸(杂用)、黑潮丸、野岛丸
主要任务	(4dg从12月13日到19日编入第1护卫队)	继续执行上一任务	支援全体作战	一、直接护卫第25军先遣兵团第二次登陆部队至米卡附近(根据战情况及部分护卫至哥里巴亚以及古晋登陆) 二、歼灭敌海上兵力	一、直接护卫部分川口支队以及婆罗洲基地部队在米里、诗里亚以及古晋登陆 二、歼灭敌海上兵力	一、攻击敌航空兵力以及舰艇 二、侦察敌情 三、运输船队航行中的对空警戒 四、援助婆罗洲登陆部队以及古晋攻略部队至米里、诗里亚以及古晋登陆 五、航空基地的对空警戒	婆罗洲攻略部队的登陆援护(12日以后婆罗洲攻略部队登陆根据地) 15日以后回归南方部队潜水部队编入丰岛部队	一、设置未卡登陆根据地(视情况在北大年设置登陆根据地) 二、设置未卡水上基地 三、部分兵力协助维护北大年机场 四、对泊地附近的敌舰艇进行警戒	继续执行上一任务(13Sg在15日以后回归南方部队潜水部队)		在纳土纳、巴士海峡(Bashi Channel)铺设机械水雷	占领、确保、维护米里、古晋航空基地 继续执行上一任务	继续执行上一任务	一、气象观测通报 二、维护 三、补给 四、治疗	

注：(1)本部署是关于先遣兵团第一次登陆部队马来登陆完成后，到到英领婆罗洲攻略部队登陆完成日为止的内容。(2)4dg第二次登陆部队12月13日起自12月13日起19日，编入第1护卫队。(3)浓雾号12月13日非人第1护卫队。(4)1wg(w6、w3)12月17日参加婆罗洲作战(主力)，进行婆罗洲作战。编入第2护卫队。(5)11Chg(Ch7)自12月11日起至12月30日起自12月11日起至12月15日从马来部队除名，重新加入南方部队潜水部队。(6)13Sg(Ch7)自12月15日由山阴丸编入丰岛部队)。

资料来源：「马来攻略作战」(第四)，马来第二次上陆作战。JACAR(アジア歴史資料センター)Ref. C14061136500，昭和16年12月昭和17年3月马来攻略作战(防衛省防衛研究所)。